영어전통문법론

영어전통문법론

이환묵 지음

아르케

머리말

　현대의 문법이나 그 이론은 대부분 전통문법에 그 근원을 두고 있다. 전통영문법을 집대성한 스위트(H. Sweet), 크라이싱어(E. Kruisinga), 파우츠머(H. Poutsma), 예스퍼슨(O. Jespersen), 컴(G. O. Curme), 잔트보우엇(R. W. Zandvoort), 쿼크(R. Quirk) 외 3인 등도 희랍문법, 라틴문법, 중세사변문법, 초기영문법으로부터 물려받은 문법적 전통을 이어받고 있다. 이 책은 이러한 문법적 전통을 통해 정립된 전통영문법의 성립 과정을 밝히고, 현대영어의 주요한 문법현상을 전통문법적으로 기술하고 설명하는 데에 그 목적이 있다.
　전통문법(traditional grammar)의 전통(tradition)이라는 용어는 우리보다 먼저 살고 간 사람들로부터 물려받은 지적 유산이라는 사전적 의미를 그대로 지니고 있다. 모든 학문은 전통을 무시한 혁명적인 것이라기보다는 선행 연구의 결과로 온축된 지적 유산인 전통을 바탕으로 하는 진화적 성격을 가진 정신적인 작업이다. 문법도 하나의 학문인 이상 여기에서 예외가 될 수 없을 것이다. 우리가 전통문법의 전통의 의미를 이러한 맥락에서 이해해야 한다는 데에는 논란의 여지가 없다. 그럼에도 전통문법을 말이 아니라 쓰여진 글을 규범적으로 다룬 문법이라거나, 심지어 블룸필드(Bloomfield, 1933) 이전에 쓰여진 문법 내지 그 이후에 쓰여졌다 하더라도 블룸필드의 영향을 받지 않았다면 그것은 전통문법이라고 정의함으로써, 구조주의 언어학자들은 전통문법을 지금은 별로 쓸모가 없는 지난 시대의 유물에 불과한 것처럼 간주하고 있다(글리슨, 1965, 76 ; 오츠카 다카노부, 1971, 125). 이러한 오해의 일부는 라틴어를 가르치기 위한 준비단계로 10여 살 안팎의 어린 학동들에게 문법학교(grammar school)에서 가르쳤던 소위 학교문법(school grammar)을 전통문법의 전부로 잘못 안 데서 생긴 그릇된 평가이다.

학교문법도 희랍문법과 라틴문법의 문법체계를 따르고 있다는 점에서 전통문법의 범주에 속한다. 그러나 학교문법은 참고문헌을 제시하지 않아도 된다는 사실만 보아도 알 수 있듯이, 주어진 문법적 진술을 아무런 의문이나 평가도 없이 그대로 학습해야 하는 성격을 띤 문법이다. 이런 점에서 전통학교문법의 전통이라는 용어는 아무런 비판 없이 옛 것을 그대로 받아들인다는 것을 뜻한다는 점에서 인습적이라는 의미를 가지고 있다. 주어진 하나의 현상에 대하여 부단한 의문을 제기하고 그에 대한 해답을 추구하는 것이 학문이 갖추어야 할 주요한 속성의 하나라는 것을 인정한다면, 주어진 언어현상에 대한 남들의 말을 그대로 따르며, 언어현상을 인간 마음대로 통제할 수 있는 것처럼 생각했던 규범적인 학교문법은 문법과학이라는 학문의 영역에 들어올 자격이 없는 것이다. 오늘날 전통문법이 문법학도의 관심에서 벗어나고 있다면, 그것은 이러한 학교문법을 전통문법의 전부로 오해한 것이 그 원인이라고 말할 수 있다.

우리가 이 책에서 논의하려는 스위트를 비롯하여 크라이싱어, 파우츠머, 예스퍼슨, 쿼크 등으로 대표되는 전통문법이 블룸필드(1933) 이전에 쓰여진 것은 물론, 그 후에 쓰여진 것도 그들이 블룸필드의 영향을 받지 않았다는 것은 사실이다. 블룸필드를 위시한 구조언어학은 그 명칭의 구조라는 용어가 말해 주듯이 언어가 갖는 문법현상을 이해하기 위해서는 언어현상, 보다 구체적으로 말하면, 문장은 하나의 구조라는 전제하에 그것을 이루고 있는 구성요소를 찾아내고, 이들 구성요소를 분류하며, 구성요소간의 관계를 밝히겠다는 것이 구조주의 언어학자들이 표방한 존재이유이다. 그러나 구조문법이 그들 고유의 특징으로 내세운 이러한 구조주의는 알고 보면 구조문법만이 갖는 그들 특유의 주장이라기보다는 언어의 문법현상을 이해하려고 할 때에, 어떤 문법이론이나 적용하고 있는 하나의 보편적인 방법론에 불과한 것이다. 따라서 전통문법과 구조문법의 차이는 그들이 택하고 있는 분석방법에서 찾는 것보다는, 오히려 그들이 사용하고 있는 문법범주체계가 서로 다른 데에서 찾아야 할 것이다. 전통문법이 희랍문법범주를 사용하고 있는 반면, 구조문법은 그들 특유의 임의적인 범주체계를 사용하고 있기 때문이다 (프리스, 1952).

전통문법 이후에 새로 나온 대표적인 문법으로는 구조문법, 변형생성문법, 범주문법 등이 있다. 구조문법은 분석하고자 하는 주어진 언어자료가 바로 그 언어 자체라고 가정하고, 그 문법현상을 경험과학적으로 분석하려는 기술문법이다. 그러나 구조문법은 명사, 동사, 형용사와 같은 전통문법의 범주체계를 사용하지 않았다는 점에서 전통문법과 구별된다. 주어진 언어자료에만 전적으로 매달린 구조문법과는 달리, 변형생성문법은 전통문법처럼 명사, 동사 등과 같은 범주체계를 사용하면서도 언어 사용자의 언어직관을 분석자료에 포함시켜 화자의 머리 속에 들어 있는 문법을 형식화하는 데에 궁극적인 목표를 둔 문법이다. 전통문법이 문법현상의 기술에 중점을 둔 기술문법인 반면, 변형생성문법은 언어의 습득과 생성의 원리를 객관화하고 설명하는 데에 중점을 둔 설명문법이다. 앞선 세 가지 문법이 자연언어에 근거하여 그 문법체계를 경험과학적으로 이해하려고 한 반면, 범주문법은 먼저 규칙체계를 만들고, 이들 규칙을 가지고 언어를 생성한다는 점에서 형식과학적 접근방법을 택하고 있는 생성문법에 속한다. 다시 말하면, 전통문법과 변형생성문법은 희랍문법의 범주체계를 가지고 자연언어를 분석하고 이해하려는 귀납논리에 바탕을 둔 경험과학적인 성격을 띤 문법이다. 반면, 범주문법은 수리논리라는 인공언어에 근거하여 자연언어를 분석하려는 연역논리에 바탕을 둔 형식과학에 속하는 생성문법이다. 그러므로 우리가 논의하고자 하는 전통문법은 희랍문법의 범주체계에 근거하여 언어의 문법현상을 기술하는 데에 역점을 둔 기술문법이라는 점에서 그에 후속하는 구조문법, 변형생성문법, 범주문법과 구별된다.

우리에게 주어진 하나의 현상이 무엇인가를 밝히려는 학문적 접근 작업은 두 가지 의문을 수반하고 있다. 그 연구 대상이 실제로 어떠한 것인가를 알고자 하는 의문(how-question)이 그 하나이고, 연구 대상이 왜 그러한 현상을 갖게 되는가를 알고자 하는 것(why-question)이 또 하나의 의문이다. 이 두 가지 의문에 대한 해답을 추구하고 그 해답을 찾기 위한 방법의 모색이 바로 그 현상이 무엇인가를 이해하려는 학문적 접근이기 때문이다. 학문적 접근이 갖는 이러한 두 가지 의문에 대한 결과는 기술(description)과 설명(explanation)의 형태로 나타나며, 학문은 모두 기술에서 시작하여 설명을 궁극적인 목표로 삼고 있다.

문법도 학문의 한 분야인 이상, 이러한 두 가지 의문에 대한 해답을 부단히 추구해 왔다. 우리는 전자의 접근 방법, 즉 *how*-의문을 중요하게 생각한 문법을 기술문법(descriptive grammar)이라 하고, 후자의 접근방법, 즉 *why*-의문을 더 중요하게 여긴 문법을 설명문법(explanatory grammar)이라고 하여 문법을 두 가지로 나누고 있다. 이런 점에서 전통문법과 구조문법은 기술문법이고, 변형생성문법과 범주문법은 설명문법이다. 그러나 희랍문법에까지 그 뿌리를 소급할 수 있는 전통문법이 이룩한 업적을 주의 깊게 들여다보면, 전통문법은 기술문법이면서도 단순히 문법현상을 기술하는 기술문법의 범주에만 머무르지 않고, 언어의 문법현상을 설명하기 위하여 언어의 변화에 관심을 갖기도 하고, 서로 다른 두 언어를 비교하기도 하고, 여러 언어간의 공통점을 찾으려는 등 문법현상을 설명하기 위하여 부단한 시도와 노력을 멈추지 않았다. 전통문법이 갖는 *why*-의문에 대한 이러한 접근방법을 우리는 역사문법, 비교문법, 일반문법(general grammar)에서 쉽게 접할 수 있다. 역사문법을 위시한 이들 세 가지 문법이 모두 *why*에 대한 해답 추구의 시도인 이상, 이들이 설명문법의 범주에 속한다. 이렇게 보면, 전통문법은 기술문법이면서 동시에 설명문법에 속하는 문법이다.

이 책의 1장, 2장, 3장에서는 우리가 논의하는 전통영문법의 전통이 되는 희랍문법, 라틴문법, 중세문법의 윤곽을 밝히고, 4장은 이들 고대문법을 토대로 하여 이루어진 초기영문법이 어떻게 성립하였는가를 살펴보았다. 5장에서는 학습문법 내지 규범문법의 테두리를 벗어나지 못한 초기영문법을 토대로 하여 영어의 문법현상을 과학적으로 기술하고 설명하려는 기술문법으로 발전시킨 스위트 이래 쿼크 등에 이르기까지 전통문법의 일반적인 특성을 살펴보았다. 6장과 7장에서는 문장과 문장구조를 살펴보고, 8장과 9장에서는 문장의 주부를 이루는 명사구와 그 명사구와 밀접한 관계가 있는 형용사를, 그리고 10장에서는 명사구와 통사적으로 공통점이 많은 대명사를 기술하였다. 11장은 문장의 술부를 이루는 동사를 다루고 12장과 13장은 동사의 하위범주인 조동사와 준동사를 동사와 관련지어 기술하였다. 14장 부사, 15장 서법, 16장 태를 다루고, 17장 부정은 대부분 문장의 구성요소보다는 문장 전체를 의미나 통사적으로 관련지어 다루었다. 따라서 1장부터 5장까지는 전통문법과 그 전통을 살펴보고, 나머지 6장부터 17장까지는 전통문법이 영어의 문법현상을 어떻게 기술하고 설명하는가를 쿼크 외 3인(1985)에 근거하여 구체적으로 예를 들어 보여주는 데에 중점을 두었다.

전통문법 중에서도 쿼크 이전의 전통문법은 낱말의 문법적 속성에 관심을 가진 낱말문법(word grammar)이다. 반면, 쿼크로 대표되는 현대 전통영문법은 낱말, 구, 절 등을 그들 구성표현들 사이의 관계는 물론, 이들 표현이 그것이 속한 문장과의 관계와 관련하여 그들이 갖는 문법적 특성에 더 많은 관심을 가지고 있다는 점에서 문장문법(sentence grammar)이다. 스위트로부터 예스퍼슨으로 대표되는 전통문법을 낱말문법이라 하고, 쿼크 외 3인(1972, 1985)의 전통문법을 문장문법이라 한다면, 낱말문법으로부터 문장문법으로의 발전은 문장을 이루고 있는 낱말간의 관계를 선택관계(paradigmatic relation / or-relation)로부터 결합관계(syntagmatic relation / and-relation)로의 전환을 의미한다 (허들스턴, 1984, 9).

이 책을 통하여 우리는 기술문법을 대표하는 전통문법이 영어의 문법현상을 얼마만큼 폭넓게 관찰하고 객관적으로 기술할 뿐만 아니라 우리의 언어직관을 충실히 반영하고 있으며 또 그렇게 하는 것이 전통문법이 지향하고 있는 목표라는 것을 이해하게 될 것이다. 이런 점에서 우리는 이 책을 통하여 전통문법이 영어를 배우고 가르치는 데에 필수적이며, 문법이론을 논의하고 수립하는 데에 기초가 된다는 것을 알게 될 것이다.

저자의 이러한 본래의 욕심이나 기대와는 달리 탈고하고 보니 너무나 미진한 데가 많아서 부끄러운 마음을 감당하기가 어렵다. 앞으로 깁고 더 보텔 것을 다짐하면서 이 책이 나올 수 있게 도와주신 분들께 감사의 말씀을 드리고 싶다.

먼저 이 책의 원고를 심사하면서 세심하게 고쳐주시고 여러 가지 귀한 제언을 주신 심사위원께 심심한 감사를 드린다. 영어학의 기초를 닦아주시고 학문의 길로 인도해 주신 신상순 선생님, 이 책을 쓸 수 있도록 격려해 주신 김방한 선생님, 그리고 집필과정에서 원고를 다 읽어주시고 여러 가지로 귀중한 지적을 해주신 장석진 선생님께 머리 숙여 감사드린다. 문법용어와 관련된 희랍어를 도와주신 이강서 교수, 배로의 『라틴문법론』의 이해에 도움을 주신 John Mayor 교수, 중세사변문법과 관련된 라틴어는 물론 체제와 용어 등을 손보아 준 이기용 교수께도 감사한다.

수 년 동안 모여 앉아 전통문법을 논의하고 기초 자료를 정리해 준, 박한기, 배문숙, 이생근, 조영순 교수의 헌신적인 도움이 있었으며, 민경호 박사는 어려운 유학생활을 하면서도 귀중한 자료를 구해 주었다.

컴퓨터 원고와 참고문헌을 정리해 준 김지민, 이혜은 선생과 외국어 고유명사를 국어로 표기하고 찾아보기를 만들어준 대학원생 이지영 양의 수고도 잊을 수 없다.

공부보다는 사람되는 것을 더 중하게 가르쳐주신 아버님, 학문의 길을 걷도록 해주신 형님, 그리고 이 책의 집필에 헌신적인 내조를 해주고도 탈고를 못 본 채 먼저 떠난 아내의 영전에 삼가 이 책을 올린다.

1999년 8월 25일

瑞石山 東湖書室에서

李桓默

차례

머리말 · 5

제 1 장 희랍문법

   1.0 서론 ——————————— 25
   1.1 언어 기원 ——————————— 26
   1.2 문법의 규칙성 문제 ——————————— 29
   1.3 낱말범주체계 ——————————— 31
        1.3.1 명사 / 동사 · 31
        1.3.2 명사 / 동사 / 접속사 · 32
        1.3.3 명사 / 동사 / 접속사 / 관사 · 36
        1.3.4 명사 / 동사 / 분사 / 관사 / 대명사 / 전치사 / 부사 / 접속사 · 43
   1.4 요약 ——————————— 47

제 2 장 라틴문법

   2.0 서론 ——————————— 49
   2.1 배로 ——————————— 50
        2.1.1 어원론 · 51
        2.1.2 언어의 규칙성 문제 · 53
        2.1.3 형태론 · 57
   2.2 퀸틸리언 ——————————— 63
   2.3 도나투스 ——————————— 65
   2.4 프리시언 ——————————— 67

    2.4.1 형태론 · 69
    2.4.2 통사론 · 72
 2.5 요약 ──────── 74

제 3 장 중세사변문법

 3.0 서론 ──────── 77
 3.1 학습문법 ──────── 78
 3.2 사변문법 ──────── 80
 3.3 의미양식문법 ──────── 85
 3.4 품사론 ──────── 88
    3.4.1 어형변화범주 · 90
    3.4.2 무변화범주 · 91
 3.5 통사론 ──────── 93
 3.6 요약 ──────── 95

제 4 장 초기영문법

 4.0 서론 ──────── 97
 4.1 초기영문법의 성립배경 ──────── 101
 4.2 철자법 ──────── 104
 4.3 운율론 ──────── 108
 4.4 문법의 정의 ──────── 111
 4.5 대표적인 초기영문법 ──────── 112
    4.5.1 윌리엄 블로카 · 113
    4.5.2 벤 존슨 · 115
    4.5.3 조셉 프리슬리 · 118
    4.5.4 로버트 라우스 · 120

   4.5.5 린드리 머리 · 122
   4.5.6 제임스 해리스 · 127
 4.6 초기영문법의 품사체계 ——————— 135
 4.7 통사론 ——————— 143
 4.8 요약 ——————— 146

제 5 장 전통영문법

 5.0 서론 ——————— 149
 5.1 전통문법의 문법체계 ——————— 150
   5.1.1 음운론 · 150
   5.1.2 형태론 · 151
   5.1.3 통사론 · 153
 5.2 전통문법의 문법범주 ——————— 154
   5.2.1 품사체계 · 154
   5.2.2 위계범주 · 159
   5.2.3 수식관계와 서술관계 · 163
 5.3 전통문법의 설명 ——————— 169
   5.3.1 불규칙동사의 과거형 *went*와 *held* · 169
   5.3.2 명사 소유격의 어포스트러피(') · 170
   5.3.3 *and*의 반복과 생략 · 171
   5.3.4 형용사의 제한적 용법 · 171
   5.3.5 형용사의 어순 · 172
 5.4 대표적인 전통영문법 ——————— 173
   5.4.1 헨리 스위트 · 173
   5.4.2 헨드릭 파우츠머 · 175
   5.4.3 오토 예스퍼슨 · 179

5.4.4 엣스코 크라이싱어 · 185

    5.4.5 조지 컴 · 188

    5.4.6 랜돌프 쿼크 외 3인 · 191

  5.5 전통문법용어의 의미 ──────── 194

    5.5.1 번역이 잘못된 용어 · 194

    5.5.2 본래의 의미와 관련없이 번역된 용어 · 197

    5.5.3 본래의 의미가 드러나지 않는 용어 · 201

  5.6 요약 ──────── 204

제 6 장 문장

  6.0 서론 ──────── 207
  6.1 문장의 분류 ──────── 209
  6.2 서술문 ──────── 213
  6.3 의문문 ──────── 214
    6.3.1 일반의문문 · 215
    6.3.2 의문사의문문 · 217
    6.3.3 선택의문문 · 220
    6.3.4 부가의문문 · 222
    6.3.5 서술의문문 · 223
    6.3.6 감탄의문문 · 224
    6.3.7 수사의문문 · 225
    6.3.8 반향의문문 · 226
  6.4 명령문 ──────── 227
  6.5 감탄문 ──────── 232
  6.6 비정형문 ──────── 234
  6.7 요약 ──────── 235

제 7 장 문장의 구조

    7.0 서론 ——————— 237
    7.1 동사와 문장의 유형 ——————— 238
    7.2 주어 ——————— 240
    7.3 목적어 ——————— 242
    7.4 보어 ——————— 244
        7.4.1 보어를 취하는 동사 · 244
        7.4.2 보어의 특성 · 247
    7.5 필수부사 ——————— 249
    7.6 요약 ——————— 250

제 8 장 명사

    8.0 서론 ——————— 251
    8.1 핵어 ——————— 252
    8.2 한정사 ——————— 254
        8.2.1 중심한정사 · 254
        8.2.2 앞자리한정사 · 254
        8.2.3 뒷자리한정사 · 255
    8.3 앞자리수식어 ——————— 255
    8.4 뒷자리수식어 ——————— 260
        8.4.1 형용사(구) · 260
        8.4.2 관계절 · 262
    8.5 동격표현 ——————— 267
        8.5.1 완전동격과 부분동격 · 268
        8.5.2 강동격과 약동격 · 270
        8.5.3 제한동격과 비제한동격 · 270

8.5.4 동격표지 · 271
　8.6 요약 ──────────── 273

제 9 장 형용사

　9.0 서론 ──────────── 275
　9.1 형용사의 수식기능 ──────────── 275
　　9.1.1 제한적 용법 · 276
　　9.1.2 비제한적 용법 · 276
　　9.1.3 강조적 용법 · 277
　9.2 서술기능 ──────────── 278
　9.3 형용사의 기능에 의한 분류 ──────────── 279
　9.4 형용사의 의미에 의한 분류 ──────────── 284
　9.5 형용사의 어순 ──────────── 286
　　9.5.1 앞자리수식 형용사 · 286
　　9.5.2 뒷자리수식 형용사 · 289
　　9.5.3 위치에 따라 의미가 달라지는 형용사 · 291
　9.6 비교 ──────────── 292
　　9.6.1 비교형의 형태 · 292
　　9.6.2 비교의 유형 · 298
　　9.6.3 특수 비교구문 · 300
　　9.6.4 형용사의 특수용법 · 304
　9.7 형용사의 보충어 ──────────── 306
　　9.7.1 전치사구 · 306
　　9.7.2 that 절 · 307
　　9.7.3 부정사 · 309
　　9.7.4 -ing형 보충어 · 313

9.8 형용사절 ──────── 315
9.9 요약 ──────── 318

제 10 장 대명사

10.0 서론 ──────── 319
10.1 인칭대명사 ──────── 321
    10.1.1 인칭 · 323
    10.1.2 성 · 324
    10.1.3 수 · 325
    10.1.4 격 · 325
    10.1.5 유의해야 할 대명사 · 327
10.2 재귀대명사 ──────── 330
10.3 소유대명사 ──────── 332
10.4 관계대명사 ──────── 332
    10.4.1 관계대명사의 종류 · 333
    10.4.2 관계대명사의 용법 · 335
    10.4.3 의사관계대명사: *what, but, as, than* · 337
10.5 의문대명사 ──────── 339
10.6 지시대명사 ──────── 340
10.7 부정대명사 ──────── 343
    10.7.1 복합부정대명사 · 346
    10.7.2 부분부정대명사 · 347
    10.7.3 *some*과 *any* · 348
    10.7.4 양화사 · 349
10.8 요약 ──────── 352

제11장 동사

  11.0 서론 ──────── 353
  11.1 형태상의 분류 ──────── 353
      11.1.1 시제동사와 비시제동사 · 353
      11.1.2 단순동사와 복합동사 · 355
  11.2 기능상의 분류 ──────── 360
      11.2.1 완전동사 · 360
      11.2.2 두기능동사 · 361
      11.2.3 서법조동사 · 363
  11.3 의미상의 분류 ──────── 367
      11.3.1 동작동사 · 367
      11.3.2 상태동사 · 368
      11.3.3 자세동사 · 369
  11.4 보충어에 의한 분류 ──────── 370
      11.4.1 자동사의 보충어 · 370
      11.4.2 타동사의 보충어 · 374
      11.4.3 불완전타동사의 보충어 · 383
  11.5 시제 ──────── 389
      11.5.1 현재시제 · 390
      11.5.2 과거시제 · 394
      11.5.3 미래시제 · 396
  11.6 상 ──────── 402
      11.6.1 의미상의 분류 · 402
      11.6.2 형태상의 분류 · 407
  11.7 요약 ──────── 417

제 12 장 조동사

12.0 서론 ──────────── 419
12.1 조동사의 일반적 특성 ──────────── 421
12.2 두기능동사 ──────────── 424
    12.2.1 두기능동사 *be* · 424
    12.2.2 두기능동사 *have* · 425
    12.2.3 두기능동사 *do* · 426
12.3 서법동사 ──────────── 429
    12.3.1 서법조동사(중심서법조동사) · 429
    12.3.2 주변조동사 · 443
12.4 요약 ──────────── 457

제 13 장 준동사

13.0 서론 ──────────── 459
13.1 분사 ──────────── 459
    13.1.1 분사의 형태 · 460
    13.1.2 분사의 특성 · 460
    13.1.3 분사의 용법 · 462
13.2 부정사 ──────────── 471
    13.2.1 부정사의 형태 · 471
    13.2.2 부정사의 특성 · 472
    13.2.3 부정사의 용법 · 473
13.3 동명사 ──────────── 487
    13.3.1 동명사의 형태 · 488
    13.3.2 동명사의 특성 · 489
    13.3.3 동명사의 용법 · 492

13.4 요약 ──────────── 496

제14장 부사

14.0 부사의 정의 ──────────── 499
14.1 부사의 분류 ──────────── 500
 14.1.1 형태상의 분류 · 500
 14.1.2 의미상의 분류 · 501
14.2 부사의 수식기능과 통사적 특성 ──────────── 501
 14.2.1 부가부사 · 502
 14.2.2 종속부사 · 515
 14.2.3 부연부사 · 524
 14.2.4 접속부사 · 526
14.3 요약 ──────────── 529

제15장 서법

15.0 서론 ──────────── 531
15.1 서법 표현 ──────────── 532
15.2 서법의 종류 ──────────── 535
15.3 직설법 ──────────── 535
15.4 명령법 ──────────── 536
 15.4.1 명령법의 실현 · 537
 15.4.2 명령문의 부정 · 541
 15.4.3 특수명령문 · 542
15.5 가정법 ──────────── 545
 15.5.1 가정법의 분류 · 545
15.6 여러 가지 가정법 표현 ──────────── 554

15.6.1　혼합가정문 · 554
　　15.6.2　조건절 · 555
　　15.6.3　조건절-귀결절 · 558
　　15.6.4　기원문 · 559
　　15.6.5　*lest*가 이끄는 가정법 · 560
　　15.6.6　*wish*의 목적절에 나타난 가정법 · 560
　　15.6.7　기타 여러 가지 가정법 표현 · 561
15.7　요약 ──────── 566

제 16 장　태

16.0　서론 ──────── 567
16.1　수동문을 써야 할 경우 · 568
16.2　태의 제약 ──────── 570
16.3　수동문의 의미변화와 중의성 ──────── 572
16.4　수동문의 종류 ──────── 574
　　16.4.1　완전수동문 · 574
　　16.4.2　반수동문 · 575
　　16.4.3　유사수동문 · 576
16.5　여러 가지 수동표현 ──────── 578
16.6　요약 ──────── 581

제 17 장　부정

17.0　서론 ──────── 583
17.1　문부정 ──────── 583
　　17.1.1　문부정의 형성 · 584
　　17.1.2　문부정의 통사적 특성 · 588

17.1.3　문부정과 비단언표현·590
　　　17.1.4　부정의 영역·595
　　　17.1.5　부정의 초점과 전제·596
　17.2　요소부정 ─────────── 599
　　　17.2.1　요소부정의 형성·599
　　　17.2.2　요소부정의 통사적 특성·600
　　　17.2.3　요소부정의 형태·601
　　　17.2.4　요소부정의 의미·603
　17.3　부정극어 ─────────── 605
　17.4　부정강조표현 ────────── 606
　17.5　서법조동사의 부정 ──────── 608
　17.6　이중부정 ─────────── 610
　17.7　요약 ──────── 612

참고문헌·613
영·한 인명 대조표·641
찾아보기·650

제 1 장
희랍문법

1.0 서론

서구학문의 뿌리를 대부분 희랍시대에서 찾는 것은 희랍인들이 보통 사람들이라면 아무런 의문을 갖지 않은 채 당연한 것으로 무심히 보아 넘겨버릴 것들에 대하여 시시콜콜 의문을 갖고 그에 대한 대답을 얻기 위하여 부단한 논의를 하였기 때문일 것이다. 우리가 여기서 관심을 갖는 서구문법의 전통인 낱말범주에 대한 논의도 언어표현과 그것이 가리키는 대상과의 관계에 대한 희랍철인들의 의문과 논의에서 그 출발을 찾을 수 있다.[1]

---

[1] 서구언어학자들이 희랍/라틴문법에 대해서 본격적으로 관심을 갖기 시작한 것은 1950년대부터이다. 그전의 100여 년 동안은 음성학과 음운론에 주로 관심을 가진 서구언어학은 희랍/라틴문법보다는 고대인도의 파니니(Panini) 문법에 더 관심을 가지고 있었다. 왜냐하면 희랍/라틴문법의 주된 관심은 문법, 즉 통사론에 있었기 때문이다. 그러나 1950년대부터 서구언어학이 그 관심을 음성/음운론으로부터 통사론으로 옮겨감에 따라 희랍/라틴문법에 관심을 갖기 시작하였다. 로빈스(R. H. Robins, 1951, 1957, 1966, 1967)나 촘스키(N. Chomsky, 1967)와 같은 언어학사적인 연구가 나오기 시작한 것도 이때부터인 것은 조금도 우연한 일

언어표현과 그것이 가리키는 대상과의 관계 내지 언어의 기원에 대한 희랍철인들의 논쟁은 언어현상을 보다 구체적으로 면밀하게 관찰하게 하는 직접적인 동기가 되었다.[2] 언어현상에 대한 면밀한 관찰은 언어현상의 규칙성 여부에 대한 또 하나의 새로운 관심을 불러일으켰다. 그리하여 희랍철인들이 언어의 기원에 대하여 가졌던 관심이 언어의 문법현상에 대한 면밀한 관심으로 연결되고, 문법현상의 규칙성에 대한 관심은 또다시 후세의 문법에서 오랫동안 계속된 규범문법과 기술문법에 대한 논쟁의 근원이 되었다.

1.1 언어 기원

기원전 5세기경부터 파메니디스(Parmenides)를 비롯하여 희랍철학자들이 가졌던 가장 두드러진 의문 중의 하나는 문화현상, 즉 인간과 관계가 있는 모든 종류의 제도나 관습들이 '얼마만큼 당연하고 자연스럽게 주어진 것인가($\phi\upsilon\sigma\iota\delta$', 아니면 '얼마만큼 인위적이고 상호약속에 의해 만들어진 것인가($\theta\varepsilon\sigma\iota\delta$' 하는 문제였다.[3] 소피스트들은 언어의 기원에 대한 문제를 이러한 맥락에서 제기하였고, 당시의 철학자들은 두 파로 나뉘어 언어와 그것이 가리키는 대상과의 관계에 대하여 필연설과 약정설을 각각 주장하기에 이르렀다.

이 아니라고 보아야 할 것이다.
2) 언어는 하나의 기호체계이고, 기호체계는 기호가 가리키는 대상이 있어야 비로소 그 성립이 가능하다. 이 때문에 언어표현과 그것이 가리키는 대상과의 관계인 의미상의 문제와 언어의 기원에 관한 문제가 근본적으로는 서로 다른 문제이면서도 뒤섞이어 논의되는 경우가 많이 있다. 더 자세한 것은 핀보그(Pinborg, 1975, 70) 참조
3) 로빈스(1951, 7)는 이러한 문제에 대한 더 자세한 문헌으로서 스타인할(H. Steinhal, 1863, *Geschichte der Sprachwissenschaft*, Berlin, 42-109)과 앨런(W. S. Allen, 1948, "Ancient Ideas on the Origin and Development of Language", Trans. Philological Soc. of Great Britain)의 문헌을 들고 있다.

플라톤(Plato, 429-347 B. C.)의 『크래틸러스(*Cratylus*)』를 보면, 크래틸러스(Cratylus)와 헤라클라이투스(Heraclitus)는 사물의 속성이 그것을 나타내는 낱말 내지 언어표현의 음성구조에 반영된다고 믿고, 언어의 발생은 필연적이라는 필연론자(naturalists)의 입장을 취하였다.[4] 그리하여 희랍글자 *rho*(ρ)는 그것을 발음할 때, 혀가 빨리 움직이기 때문에 동작을 나타내기 쉬우므로, '흐르다'를 의미하는 *rhoein*과 같은 낱말에 적합한 소리라는 것이다. 그리고 *lambda*(λ)는 그것을 발음할 때 혀가 미끄러지므로 '미끄러운'의 의미를 가진 *leios*와 같은 낱말에 적합하다는 것이다. 반면, 허모지니스(Hermogenes)와 데모크리터스(Democritas)는 '딱딱함'을 의미하는 *sklerotes*와 같은 낱말에서도 *lambda*가 쓰이는 것처럼 낱말의 구조가 사물의 속성을 나타내지 않는 경우가 너무나 많다는 점을 들어, 언어의 근원은 상호약속에 의한 것이라는 약정론자(conventionalists)의 입장을 취하고 있다. 이러한 논쟁의 자리에 소크라테스가 중재자로 초대를 받고 이들 두 가지 상반된 견해의 장단점을 지적한 후, 결국 언어는 근본적으로 약정적인 쪽으로 결론을 내리고 있다(디닌, 1967, 74-76).

필연론자들은 의성어를 예로 들기도 하고, 언어변화가 사회의 변화에 기인하는 경우나, 언어표현이 갖는 성이나 수간의 구별이 그 언어표현이 나타내는 실제 세계를 반영하고 있는 예를 들어 어떤 사물을 나타내는 낱말은 필연적으로 그런 표현일 수밖에 없다는 주장을 고수하고 있다. 그러나 우리가 접하는 언어현실은 이러한 주장을 받아들이기에는

---

4) 낳으면 죽을 수밖에 없는 것이 자연의 법칙이다. 다시 말하면, 자연법칙은 A이면 B일 수밖에 없는 필연적인 법칙이다. 따라서 어떤 사물이 이름을 갖는다면, 그것은 예를 들어 A라는 이름 외에 다른 이름을 가질 수 없다는 것이 필연론자의 주장이다. 따라서 *naturalists*는 자연론자로 번역하는 것보다는 필연론자로 번역하는 것이 원의를 더 분명하게 드러내는 것 같다. 김방한(1990, 28)에서도 'by nature'가 '필연적'으로 번역된 바 있다.

거리가 먼 것들이 너무나 많이 있다. 그러고 보면 언어와 사물간에는 필연적인 관계가 있는 것이 아니라, 사람들이 이것은 무엇이라고 부르고, 저것은 또 무엇이라고 부르자는 식으로 상호약속에 의해 만들어진 임의적인 관계가 있을 뿐이라고 보는 약정론자들의 주장이 더 수긍하기 쉬울 것이다. 그럼에도 언어기원의 약정설을 받아들이려 할 경우, 그러한 약정은 아무런 언어형식의 도움도 없이 가능했을 것인가, 다시 말하면 이러한 약정은 무슨 언어나 수단을 가지고 만들어졌을까 하는 의문이 생기고, 이러한 의문에 대한 설득력 있는 대답을 하지 못할 경우 언어약정설은 그만큼 타당성을 상실하게 될 것이다(로빈스, 1951, 8-9).

언어의 기원에 대한 이들 두 가지의 논쟁이 해결을 못 본 채 계속되고 있는 가운데, 언어는 신이 인간에게만 내려준 특별한 선물이라든가, 또는 하느님이 에덴동산에서 아담으로 하여금 모든 사물에 이름을 붙이게 했다는 등 신과 관련된 언어기원설이 나오기에 이르렀다.[5] 기독교가 내어놓은 이러한 신의 기원설은 언어의 기원을 이 세상이나 인간과 관련하여 추구하지 않고, 우리가 살고 있는 실재의 세상과는 거리가 먼 데서 찾고 있다는 점에서 신의 기원설을 언어기원의 낭만설이라고 부른다. 그러나 낭만설이라는 그 명칭이 보여주듯이, 이러한 기원설도 수긍하기 어렵다는 것을 알 수 있다.

언어의 기원에 대한 주장은 이들 세 가지 외에도 민족과 종교에 따라 제각기 그들 고유의 언어기원설을 내세워 주장하고 있지만, 어느 하나도 우리 모두가 만족할 만큼 수긍이 가는 주장이 없다. 그리하여 이제는 "언어기원에 관한 논문은 더 이상 접수하지 않겠다"라고 프랑스 언어학회가 공언하기에 이르렀다는 것이 언어의 기원에 대한 학계의 입장이라는 것은 다 알려진 사실이다(로빈스, 1951, 8의 각주 2).

---

5) 로빈스(1951, 7-8)는 이러한 신의 기원설은 이미 플라톤을 위시한 몇몇 희랍철인들이 표면에 드러내어 말하지는 않았지만 이미 가지고 있었던 견해라고 주장하고, 그 전거로서 『크래틸러스』의 397 C와 425 D를 들고 있다.

언어의 기원에 이들 주장이 모두 수긍하기 어려움에도 불구하고, 우리는 언어의 기원설을 가볍게 과거의 이야기로 넘겨버릴 수는 없다. 왜냐하면 이러한 논쟁에서 희랍사람들은 그들의 주장을 뒷받침하기 위하여 언어현상을 보다 주의 깊게 관찰하고 누구나 수긍할 수 있는 언어자료를 찾으려고 노력하였을 것이기 때문이다. 그 결과 희랍인의 철학적인 관심과 의문이 언어 자체의 구조에 대한 관심과 의문으로 연결되었을 것이다. 이처럼 희랍인의 언어에 대한 철학적인 관심이 문법적인 관심을 싹트게 했다는 것이 우리에게는 중요하고, 우리가 희랍문법에 대한 논의를 그들의 언어기원에 대한 논의로부터 시작하는 이유도 바로 여기에 있는 것이다.

1.2 문법의 규칙성 문제

언어기원과 관련하여 필연론자들과 약정론자들은 자신들의 주장을 뒷받침할 수 있는 자료를 실제 언어현상에서 찾으려고 노력하였다. 이러한 과정에서 그들이 새로이 부딪친 문제는 언어현상이 규칙적이냐(analogy), 아니면 규칙적이지 않느냐(anomaly)의 문제였다. 희랍철인들이 낱말을 분류하기 위하여 최초로 사용한 문법범주는 명사와 동사이다. 소피스트들의 시조인 프로타고라스(Protagoras 481?-411 B. C.)는 명사를 하위분류하기 위하여 분류기준으로서 문법성(gender)을 사용하였다. 생물을 가리키는 낱말의 경우, 그들이 갖는 자연성(sex)과 문법성이 일치하는 경우가 희랍어에는 많았다. 그러나 무생물을 나타내는 명사는 자연성과 문법성이 일치하지 않는 경우가 많았다. 여기서 희랍인들은 문법을 실제로 접하는 언어현상보다 더 규칙적으로 기술할 것인가, 아니면 언어현상이 아무리 예외가 많고 불규칙적이라 하더라도 언어현상 자체에 충실하여 문법현상을 있는 그대로 기술할 것인가의 두 가지 문제에 당면하였다. 전자의 문제를 긍정적으로 받아들이는 입장은 언어가 자연현상을 그대로 반영하고 있다는 전제하에 언어현상을 지배하는 문법규칙도 자연현상만큼이나 필연적이어서 규칙적일 수밖에 없다는 판단에서 문법은 예외 없이 규칙적이어야 한다는 입장(analogy)에 선 것이다. 반면, 언어현상의 불규칙적인 면을 긍정적으로 받아들이려는 사람들은 언어가 그것이 나타내고자 하는 실세계와 어떤 필연적인 관계에서 생긴 것이 아니고, 언어사용자의 상호약속에 의해 임의적으로 발생한 것으로 본 약정론자와 입장을 같이 함으로써, 문법현상이 임의적이어서 규칙적일 수가 없다(anomaly)는 입장을 취하였다.

문법의 성격이 규칙적이어야 한다는 입장은 언어기원에 대한 필연론자의 입장과 그 시각을 같이 하고 있다. 다만 필연론이 언어기원에 대한 문제를 언어와 실세계와의 관계에서 그 해답을 구하고 있다는 점에서 철학적인 반면, 문법의 규칙성 여부의 문제(analogy / anomaly)는 언어현상 자체에 더 관심을 갖고 있다는 점에서 문법적이라고 말할 수 있다.[6] 현대적인 용어로 말하면, 규칙성(analogy)을 주장하는 문법은 규범문법(normative / prescriptive grammar)에 속하고, 무규칙성(anomaly)을 주장하는 문법은 기술문법(descriptive grammar)에 상응한다는 점에서 규칙성 대 무규칙성의 논쟁은 우리의 관심을 끌기에 충분하다.[7]

---

6) 문법의 규칙성과 무규칙성에 대한 논쟁은 기원전 3세기의 지노도터스 필러델푸스(Xenodotus Philadelphus)로부터 시작하여 수세기 동안 계속되다가 기원후 2세기경의 애펄로니어스 디스컬러스(Apollonius Dyscolus)와 그의 아들 헤로디언(Herodian)에 이르러 그 절정을 이루었다(디닌, 1967, 95).

7) *analogy*와 *anomaly*는 언어현상의 규칙성 여부를 나타내는 서로 대립된 개념이다. *analogy*는 보통 '유추'로, 그리고 *anomaly*는 '불규칙' 내지 '변칙'으로 번역되어 쓰이고 있다. 그러나 *analogy*는 먼저 규칙이 있어야 가능하다는 점에서, 그리고 *anomaly*는 언어가 임의적이고 본래 규칙이 없다는 것을 뜻한다는 점에서, 이들이 갖는 이러한 의미를 보다 직접적으로 드러내기 위하여 여기서는 이들을 각각 '규칙성'과 '무규칙성'으로 번역하였다. 불규칙이나 변칙은 규칙을 전제한다는 점에서 *anomaly*가 갖는 본래의 의미와 다소 거리가 있다는 느낌이 있기 때문이다.

그러나 보다 중요한 것은, 문법기술의 성격에 대한 이러한 논쟁이 언어 기원에 대한 논쟁과 더불어 문법개념을 형성하고, 나아가 문법을 철학의 영역 안에서 하나의 독립된 지적 탐구작업으로 발전하게 한 하나의 중요한 계기를 만들었다는 데에 있다.[8]

1.3 낱말범주체계

1.3.1 명사 / 동사

플라톤의 『크래틸러스(*Cratylus*)』에서 거론된 언어의 기원에 대한 필연론 대 약정론의 논쟁에 대한 입장이 그 토론을 주재한 소크라테스(Socrates)의 견해인가, 저자인 플라톤의 견해인가, 아니면 이러한 논쟁과 그에 대한 견해가 이미 소크라테스 이전부터 있었던가 하는 문제는 아직도 확연한 대답을 구하기 힘든 문제로 남아 있다.[9] 그러나 명사(ονομα-onoma)와 동사(ρημα-rhema)에 대한 논의는 프로타고라스가 시작했다고도 하지만, 이 두 범주를 처음으로 확실하게 구별한 것은 플라톤의 업적이라는 것이 학계의 정설로 되어 있다. 플라톤은 『테아이테토스(*Theatetus*)』에서 소크라테스의 입을 빌려 *logos*를 *onoma*와 *rhema*로 나누었다. 우리는 *onoma*를 '명사', *rhema*를 '동사', 그리고 *logos*를 '문장'이라고 번역하여 쓰고 있다. 그러나 플라톤에서 *onoma*가 문법적인 용어로 쓰일 때는 '명사'나 '주어'를 의미했지만, 일상 언어에서는 '이름'을, 논리학 용어로는 '논리주어'를 나타냈다. *rhema*도 문법적

---

[8] 이에 대하여 더 자세한 것은 로빈스(1951, 16-17, 51-52)와 디닌(1967, 94-97)을 참조.
[9] 그러나 로빈스(1951, 17)는 플라톤이 저자라는 점에서 『크래틸러스』와 『소피스트(*Sophist*)』에 나오는 문법에 관한 견해를 플라톤의 주장으로 보고 있다.

인 용어로는 '동사'나 '술어'를 의미하고, 일상용어로는 '구'나 '말'을, 논리학에서는 '논리적 술어'를 의미했다. *logos*도 '자연', '논증', '구', '절', '문장', '명제' 등 여러 가지 의미로 쓰였다. 따라서 우리는 *onoma*, *rhema*, *logos*가 명사, 동사, 문장 외에도 여러 가지 의미로 쓰였다는 점을 유의해야 할 것이다(디닌, 1967, 76-79). 플라톤은 *onoma*와 *rhema*를 형태나 순수히 언어학적인 근거에서 구별한 것이 아니라, 언어표현과 그것이 가리키는 대상과의 관계인 의미에 근거하여 구별했다는 점에서 그의 *onoma*와 *rhema*는 논리 내지 철학적인 분류명칭이다.

희랍어의 형용사가 형태상으로는 동사보다는 명사에 더 가깝지만, 플라톤은 서술어(predicate)로 쓰일 수 있다는 형용사의 문법적인 기능, 즉 의미에 근거하여 형용사를 동사로 분류하였다. 이것을 보더라도 그의 분류가 다분히 철학적인 성격을 띠고 있음을 알 수 있다. 따라서 희랍 최초의 낱말범주의 분류작업은 형태가 아니라 의미에 의해서 이루어졌고, 이것은 품사의 분류가 철학자에 의해서 행해진 당연한 결과라고 보아야 할 것이다. 의미에 근거한 품사분류는 형태상으로는 아무런 공통점이 없는 언어에도 적용할 수 있는 장점도 있겠지만, 문법적 분석 내지 기술이 실제로 접하는 언어의 형태에 소홀했다는 비판도 가능할 것이다.

1.3.2 명사 / 동사 / 접속사

희랍문법사에서 플라톤 다음으로 중요한 철학자는 아리스토텔레스(Aristotle, 384-322 B. C.)이다. 그가 희랍문법에 기여한 것으로 품사분류와 낱말의 정의를 들 수 있다. 희랍어의 낱말을 아리스토텔레스는 명사($ονοματα$-onomata), 동사($ρηματα$-rhemata), 접속사($συνδεσμοι$-syndesmoi)로 분류하였다.[10] 그는 그 자체에 의미가 있는 낱말을 명사와 동사로 분류하고, 이들 명사와 동사를 제외한 모든 낱말, 즉 문법적인 기능만을 갖고 있는 낱말들을 모두 접속사로 분류하였다. 따라서 여기서 말하는 접속사에는 논리적으로나 문법적으로 두 요소를 연결하는 기능을 가진 오늘날 우리가 말하는 접속사를 비롯하여 인칭대명사, 관계대명사, 관사와 같은 낱말들이 포함되었다는 점에 유의해야 할 것이다.

플라톤의 명사/동사 품사체계와 아리스토텔레스의 명사/동사/접속사 품사체계 간에는 문법이론의 성립과 발전과정 면에서 보면, 커다란 차이가 있다. 언어현상과 그것이 가리키는 대상과의 관계를 갖고 낱말을 분류한 것은 의미가 그 분류기준이면서 동시에 언어현상을 실세계와 관련하여 이해하려는 철학적 접근방법이다. 반면, 아리스토텔레스가 명사와 동사 외에 접속사를 따로 인식하여 그것을 하나의 낱말범주로 분류한 것은 언어현상을 실세계와 분리시켜 언어현상 자체만 가지고 그것을 분석하고 이해하려 했다는 점에서 그의 품사분류는 언어학적 내지 문법적 접근방법이다. 이 세상의 모든 것은 계속적이어서 부분 간의 이음새가 없다. 이처럼 이음새가 없는 실세계를 이해하기 위하여 인간은 자연만물을 부분으로 쪼개고 그 쪼개진 부분을 다시 전체로 종합하는 과정에서 부분을 잇는 어떤 접착물이 필요했을 것이고, 그 접착물이 접속사라는 언어표현으로 등장한 것으로 볼 수도 있기 때문이다. 이렇게 보면 낱말의 범주에 접속사를 거론한 것은 언어를 실세계와 일대 일로 연관시키지 않고 언어현상 자체에 주목하여 그것을 분석하고 이해하기 시작했다는 점에서 아리스토텔레스의 품사분류는 플라톤처럼

---

10) onomata와 rhemata는 각각 onoma와 rhema의 복수형이다. 로빈스(1951, 17-18)나 디닌(1967, 76-79)을 보면, 명사나 동사와 같은 낱말범주의 명칭으로서 단수형과 복수형이 구별없이 인용되고 있다. 명사나 동사에 의해 지칭되는 낱말은 적어도 두 개 이상이기 때문에, 그들이 근거한 원전에서도 onoma의 복수형인 onomata와 단수형인 onoma가 혼용되었는지도 모른다. 그러나 범주는 원래 그것이 대표하는 사물의 집합을 가리키기 때문에, 현대언어학에서는 범주명칭은 보통 단수형을 쓰고 있다.

철학 안에 머무르지 않고, 문법의 영역을 새로이 개척했다고 말할 수 있다.[11]

낱말을 분류하고 그 범주를 논의할 때, 먼저 해야 할 일은 '낱말이란 무엇인가'에 대한 분명한 대답이다. 플라톤의 *onoma*와 *rhema*를 우리는 '명사'와 '동사'로 번역하고 있지만, 이들 용어가 가리키는 것은 명사나 동사 외에도 주어나 술어, 또는 행위자나 행동도 의미하는 용어였다(디닌, 76-79). 그러고 보면 *onoma*와 *rhema*를 우리가 말하는 낱말의 범주 명칭이라고만 말하기는 힘들 것이다. 아리스토텔레스도 낱말을 무엇이라고 분명하게 정의하지는 않았지만, 명사와 동사를 정의하면서 '의미가 있는 것'이라든가, '그 부분은 의미가 없는 것'이라는 표현을 쓰고 있는 것을 보면, 아리스토텔레스가 낱말을 '의미를 가진 최소 단위'로 보았다고 말할 수 있을 것이다(로빈스, 1951, 20). 의미에 근거한 아리스토텔레스의 이러한 낱말의 정의는 블룸필드(1933, 178)가 형태 내지 기능에 근거하여 낱말을 '최소자유형'이라고 정의한 것과 상보적 관계를 이루고 있음을 알 수 있다.

명사와 동사를 의미에 근거하여 분류하고 정의한 것은 아리스토텔레스도 플라톤과 마찬가지로 다분히 철학적 성격을 띠고 있다. 그러나 접속사를 독립된 품사로 인식한 데서 엿보였던 품사에 대한 그의 언어학적 접근방식은 명사를 다루면서 남성, 여성, 중성의 세 가지 문법성을 구별한 데서도 분명하게 나타난다. 프로타고라스도 명사와 관련하여 문법성을 막연하게 언급하기는 했지만, 명사가 갖는 성을 자연성과 연관

---

11) 길(D. Gill, 1991)은 중국어나 다코타어(Dacota)와 같은 몇몇 언어에는 영어 *and*에 해당하는 접속표현이 없다는 점을 들어 *and, or, if … then, if and only if*의 의미를 밝히는 것이 주요한 목표인 명제논리의 보편성에 대하여 부정적인 입장을 취하고 있다. 명제논리의 보편성 문제는 그만두더라도, 여기서 우리의 관심을 끄는 것은 접속사가 실재세계에는 없는 언어 고유의 현상이라는 것은 분명한 사실이다.

시키지 않고, 언어현상에 충실하여 그것을 논의하고, 나아가 명사가 성에 따라 갖는 형태를 가지고 명사를 남성, 여성, 중성으로 분류한 사람은 아리스토텔레스이다.

희랍시대의 범주체계는 2분법(dualism)으로 시작하여 3분법(triadism)으로 확장되었다. '자연(physis)과 인위(nomos)', '규칙성 대 무규칙성' 그리고 '명사 대 동사'와 같은 2분법적인 범주체계가 플라톤까지의 대표적인 희랍시대의 범주체계이다. 그러나 아리스토텔레스는 명사, 동사, 접속사라든가 남성, 여성, 중성과 같은 3분법을 쓰기 시작했고(콜린지, 1986), 이러한 3분법식 사고방식은 비단 문법범주에서뿐만 아니라, '언어와 사고와 실재', '마음과 언어와 실재', '의미와 지칭과 필연성', '언어와 믿음과 형이상학' 등에서 볼 수 있듯이 오늘날에도 즐겨 쓰는 표현양식이 되었다. 이런 표현양식은 윌킨슨(Wilkinson, 1963, 175ff.)의 주장처럼 '인간 본능 깊숙이 자리한 3박자식 배열'과 밀접한 관계가 있는지도 모른다. 그러나 이러한 3분법도 따지고 보면 2분법의 확장임을 곧 알 수 있다. 명사, 동사, 접속사의 범주체계는 낱말을 먼저 그 자체가 의미를 가지고 있는 낱말(명사와 동사)과 그 자체는 의미가 없는 낱말(접속사)로 나누고, 의미가 있는 낱말을 다시 명사와 동사로 나눈 것이다. 이와는 달리 남성, 여성, 중성의 3분법은 남성도 아니고 여성도 아닌 것(oudeteron, 'neither')을 중성으로 분류한 것이다. 이러한 분류방식에 의해 생긴 중성과 같은 범주를 우리는 '헝겊통 범주(rag bag term)'니 '휴지통 범주(wastebasket category)'니 하여 이러한 분류방식에 대한 불만을 간접적으로 나타내고 있다고 말할 수 있다(콜린지, 1986, 12-15).

아리스토텔레스는 동사가 시간을 나타낸다고 정의함으로써 문법에서 시제를 처음 논의하였으며, 명사와 마찬가지로 동사의 경우도 의미를 그 분류기준으로 삼았다. 그러나 명사의 성은 그 분류기준이 의미가 아니고 형태였던 것을 보면, 아리스토텔레스는 문법현상을 파악하고 그

범주를 설정할 때, 분류기준으로서 언어 외적인 의미와 언어 내적인 형태를 혼용하였다는 것을 알 수 있다.

1.3.3 명사 / 동사 / 접속사 / 관사

아리스토텔레스가 명사와 동사를 제외한 모든 낱말을 접속사로 분류한 반면, 스토아학파(Stoics, 300-150 B. C.)는 접속사를 다시 접속사와 관사(αρθρα-arthra)로 하위분류함으로써 4품사설을 주장하였다.[12] 명사 / 동사의 낱말범주는 플라톤의 주장이고, 명사 / 동사 / 접속사의 낱말분류는 아리스토텔레스의 주장이라고 그 주장자가 분명히 밝혀지고 있다. 그러나 스토아학파란 제논(Zenon, 335-263), 크라이시퍼스(Chrysippus, 280-207), 바빌론의 디오게네스(Diogenes from Babylon, 240-150) 등으로 대표되는 철학자들을 말하지만, 명사 / 동사 / 접속사 / 관사의 낱말범주체계는 다만 스토아학파의 주장이라고 막연하게 말할 뿐, 그것을 주장한 사람이 구체적으로 누구인지 밝혀지지 않고 있다. 호브다우건(Hovdhaugen, 1982, 40)은 '직접격과 사격에 대하여', '문장의 요소에 대하여', '어원론' 등과 같은 전문적인 글이 스토아학파에 의해 쓰여졌다는 것은 후세 사람들의 해설이나 요약 등의 문헌에서 언급되고 있지만, 이들 논문이 남아 있지 않을 뿐더러 그 저자들의 이름마저 알 수 없기 때문이라고 그 이유를 말하고 있다. 이처럼 스토아학파의

---

[12] 후기 스토아학파 중에는 명사를 다시 고유명사와 보통명사로 나누고, 명사가 나타내는 성질(signifying qualities)에 근거하여 고유명사는 '개체적 성질(individual qualities)'을, 그리고 보통명사는 '일반적 성질(general qualities)'을 나타낸다고 정의하고 이들 두 명사간의 차이를 격어미와 같은 어형변화의 차이를 가지고도 구별하려 하였다. 그러나 로빈스(1951, 27-28)는 두 명사간의 이러한 구별이 의미면에서는 모호하고 형태면에서는 희랍어나 라틴어에는 적용할 수 없다고 지적하고 있다. 보통명사와 고유명사의 구별 내지 정의에 대하여 더 자세한 것은 블룸필드(1933, 205)와 예스퍼슨(1924, 64-71)을 참조.

자료는 빈약하고 그것들마저 여기저기 흩어져 있는 것들을 모아놓은 것이어서 그 근거가 불확실하다. 그 결과 스토아학파의 설로 지칭되는 문법에 대한 견해는 일관성을 찾기가 어렵다. 그럼에도 불구하고 문법의 전통에서 스토아학파의 주장이 중요한 비중을 차지하고 있는 것은 그들의 주장이 문법이론의 발전에 크게 공헌을 하였기 때문이다.[13]

스토아학파가 말하는 접속사는 오늘날 우리가 말하는 접속사와 전치사를 가리키며, 관사는 인칭대명사, 정관사, 관계대명사를 총칭한 것이다. 아리스토텔레스가 접속사를 의미가 없는 낱말이라고 본 반면, 스토아학파는 말(discourse)을 연결하는 기능이 바로 접속사의 의미라고 보았다. 오늘날 우리가 전치사라고 하는 것을 스토아학파는 그것이 갖는 통사적 기능에 따라, 즉 그들이 연결하는 언어표현에 따라 전치사적 접속사(prepositive conjunction)라 하여 접속사의 한 하위범주로 분류하였다. 예스퍼슨(1924, 89-90)이 명사나 명사구를 목적어로 취하는 타동사와 명사절을 목적어로 취하는 타동사는 더 이상 세분하지 않으면서도, 접속사와 전치사만 그들이 연결하는 목적어가 절이냐 절이 아니냐에 따라 이처럼 구별하는 것은 논리에 맞지 않다고 지적한 것을 보더라도, 스토아학파가 접속사와 전치사를 그들이 갖는 미세한 차이는 인정하면서도 이들을 하나의 범주로 취급한 것은 지금도 충분히 수긍이 가는 분류라는 것을 알 수 있다.

아리스토텔레스가 접속사에 포함시켰던 대명사와 관사를 스토아학파는 관사라고 칭하여 별개의 새로운 품사로 분류하였다. 스토아학파는 관사를 다시 정관사와 부정관사로 나누고, 인칭대명사는 정관사로, 그리고 오늘날의 정관사와 관계대명사는 부정관사로 분류하였다. 이러한 분류를 보면, 오늘날 우리가 한정적(definite)이라고 분류한 것을 스토

---

13) 디오게네스 레이어시어스(기원후 4세기경) 등 스토아학파에 대한 자료는 호브다우건(1982, 40-43)과 핀보그(1975, 77-79)에 인용된 자료 참조.

아학파는 부정적(indefinite)이라고 분류하였다. 인칭대명사는 1, 2, 3인 칭을 가리킨다는 점에서 한정적이라고 했을 뿐, 하나의 독립된 품사로 취급하지 않았다. 관사나 관계대명사를 부정관사라고 스토아학파가 분류한 것은 이들이 사람을 가리킬 때, 인칭어미와 같은 형태상의 제한이 없다는 사실에 근거한 것으로 볼 수 있다(로빈스, 1951, 29-30).

명사, 동사, 접속사 외에 관사를 또 하나의 품사로 설정한 것도 스토아학파가 아리스토텔레스보다 언어현상을 보다 언어학적으로 분석한 것이라고 볼 수 있다. 그러나 문법이론 면에서 스토아학파가 이룩한 보다 중요한 공헌의 하나는 명사와 동사를 일차범주(primary category)라 하고, 이들 일차범주의 문법적 특성을 기술하기 위하여 이차범주(secondary category)를 설정했다는 점을 들 수 있다(로빈스, 1951, 30). 스토아학파가 말하는 일차범주는 오늘날 전통문법의 낱말범주에 해당되며, 이차범주는 수, 성, 격, 태, 법, 시제 등을 가리킨다.[14] 이들 이차범주 가운데는 스토아학파 이전에 이미 논의된 것들이 있지만, 이들을 완전히 문법적인 현상으로 파악하고 이에 대한 체계적인 기술을 시도한 것은 스토아학파의 공헌이다.

명사와 관련된 이차범주인 수, 성, 격에 대한 스토아학파의 기술을 요약하면 대강 다음과 같다(로빈스, 1951, 31-32).

수(number) : 명사가 주어로 쓰일 때, 수는 명사와 동사간의 일치를 요구하는 언어현상에 나타나는 형태상의 범주이다. 실세계의 수는 0 내지 1로부터 무한대까지 무한한 수가 있지만, 문법에서 말하는 수는 다만 단수, 즉 하나인 것과 복수, 즉 하나가 아닌 것의 구별이 있을 뿐이다. 더구나 실세계에서 도시 아테네는 하나인데도 이것을 나타내는 언

---

14) 스토아학파의 일차범주와 이차범주의 차이는 훠프(Whorf, 1945)의 *selective category*와 *modulus category*의 차이와 비슷하다고 말할 수 있다.

어표현인 athenai($\alpha\theta\eta\nu\alpha\iota$)는 형태상으로는 복수라는 점에서 언어표현과 그것이 나타내고자 하는 실세계간의 불일치를 보여주고 있다. 이것은 당시의 용어로 말하면 수의 범주에서 볼 수 있는 불규칙 현상(anomaly)이다.

성(gender): 희랍문법에서 문법성(gender)에 처음으로 관심을 가진 사람은 프로타고라스이다. 그는 중성명사를 '무생물'을 가리키는 *skeuos*라고 불렀다. 반면, 아리스토텔레스는 중성명사를 '중간'이라는 의미를 가진 *metaxu*라고 명명하였다. 그러나 스토아학파는 명사가 갖는 중성을 '남성도 아니고 여성도 아닌' 것으로 보아 *oudeteron*이라고 하였다. 오늘날 우리가 쓰는 *neuter*가 *oudeteron*에서 유래한 것임을 안다면, 중성이라는 문법적인 개념에 확고한 명칭을 처음 사용한 것은 스토아학파라고 말할 수 있겠다(호브다우건, 46). 수와 마찬가지로 성도 형태상의 일치를 나타내는 범주로 보았을 뿐만 아니라, 문법성과 자연성이 일치하지 않는 경우가 많다는 것을 스토아학파들은 지적하고 있다.

격(case): 아리스토텔레스는 명사의 격어미뿐만 아니라 동사의 파생과 굴절어미도 아무런 구별없이 모두 격이라 하고, 대명사와 관사, 접속사와 전치사도 모두 접속사로 분류하였다. 반면, 스토아학파는 명사와 관형대명사(article-cum-pronoun)가 갖는 형태상의 어미만 격이라 하고, 이러한 격 개념에 근거하여 관형대명사를 격이 있다는 근거에서 접속사로부터 분리시켜 하나의 독립된 품사로 분류하였다. 뿐만 아니라 플라톤이 동사에 포함시켰던 형용사를 스토아학파들이 명사의 일종으로 분류한 것도 격을 기준으로 한 분류이다. 스토아학파는 분사(participle)가 명사의 격형태를 가지고 있다는 점을 알면서도 분사를 동사의 특수한 형태로 보았지만, 분사가 후세에 하나의 독립된 품사로 취급된 것도 격의 관점에서 본 분류이다.

아리스토텔레스는 격이란 용어를 사용하면서도 주격은 인정하지 않고 사격만 인정했다. 반면, 스토아학파는 격을 직격(upright case)과 사격(oblique case)으로 나눈 후, 주격을 직격이라 하고 사격을 대격(accusative), 소유격(genitive), 여격(dative), 호격(vocative)으로 세분함으로써 현재 우리가 쓰고 있는 5격체계를 확립하였다.[15]

격이라는 용어 *case*는 '떨어지다(fall)'를 의미하는 희랍어 ptosis($\pi\tau\omega\sigma\iota\omega$)를 라틴어 *casus*로 번역한 것이고, *casus*를 다시 영어로 번역한 것이다. 격은 명사나 대명사가 문장 내에서 다른 낱말에 대하여 갖는 문법적 기능 내지 관계를 나타낸다는 것이 우리의 일반적인 견해이다.[16] 이러한 문법적인 개념을 희랍인들은 왜 '떨어진다'의 의미를 가진 *ptosis*라는 용어를 써서 은유적으로 표현하였는지에 대해서 고대로부터 현대에 이르기까지 후세 사람들의 견해가 구구하다. 그중 가장 수긍이 가는 견해는 '떨어짐'은 주사위가 떨어짐을 의미한다는 시티그(Sittig, 1931)의 해석이다(핀보그, 1975, 76). 주사위 자체는 아무런 변함이 없으면서도 어느 면을 위로 향하여 떨어지느냐에 따라 그것이 나타내는 의미가 달라진다. 명사나 대명사도 그 자체의 의미는 그대로 지니면서 다른 낱말을 향하여 그것이 어떻게 기울어지느냐(oblique)에 따라 이차적으로 각각 다른 의미를 갖게 되는 것을 형태상의 차이로 나타내고 있는 것이 격이다. 이런 점에서 격을 *ptosis*라는 은유표현으로 명명했는지도 모른다. 그러나 핀보그(1975, 76-77)는 시티그와는 다른 견해로서 배릭(Barwick, 1933)과 하이어시(Hiersche et al., 1955)를 들고 있다. 배릭은 *ptosis*에는 오늘날 우리가 말하는 격뿐만 아니라 수, 법, 시제 등도 포함

---

15) 다섯번째 격이 호격(vocative)이 아니라 부사라는 스토아학파의 견해가 있다. 엘음스레우(Hielmslev, 1935)도 호격을 격으로 볼 경우 격체계를 일관성 있게 설명하기 어렵다는 점에서 호격을 격으로 보는 견해에 반대하고 있다.

16) 핀보그(1975, 80-82)는 디오게네스 라에르티오스 VII과 플루타크(Plutarch)의 「플라톤의 제문제」 등에서 인용 번역한 것으로 보이는 '기본명제는 주어(ptosis)와 술어(kategorema)로 되어 있다'라는 대목을 들어 *ptosis*가 주어라는 의미로도 쓰였으리라 보고, 그와 관련하여 상당히 자세한 언급을 하고 있다.

되었다는 점을 들어 시티그와 견해를 달리했으며, 하이어시는 ptosis가 낱말형태의 변화를 의미하는 막연한 용어로 사용되었으리라는 입장을 취하고 있다.

주격은 '곧바로 서 있다(upright)'는 점에서 기본격이고, 나머지 다른 격들은 기본격으로부터 '기울어진(oblique)' 것으로 보아 스토아학파가 직격이니 사격이니 하는 개념을 사용하였으리라고 우리는 미루어 이해할 수 있겠다. 소넌샤인(Sonnenschein, 1929, 4-6)은 주격은 'naming case', 호격은 'calling 또는 addressing case', 목적격은 'causal case', 소유격은 'generic(possessive) case', 그리고 여격은 'giving case'를 뜻하는 희랍어를 번역한 것이라고 주장하지만, 격이 갖는 의미를 제대로 나타낸 것이라고 보기 어렵다.

소넌샤인은 격 이름과 관련하여 논란의 대상이 되는 용어로서 accusative와 genitive를 들고 있다. 영어 accusative는 라틴어 accusativus를 번역한 것이고, 라틴어 accusativus는 희랍어 명사 αιτια(aitia)의 형용사인 αιτιατικοσ(aitiatikos)를 번역한 것이다. 희랍어 αιτια는 '책임, 죄 또는 죄에 대한 비판'이라는 의미와 '원인, 즉 어떤 결과를 낳는 것'이라는 의미를 가진 낱말이다. 희랍인들이 명명한 αιτιατικη πτωσισ(aitiatike ptosis)의 αιτιατικη는 '원인이 되는'의 의미를 가지고 있으므로, αιτιατικηπτωσισ는 원인격(causal case)을 의미했던 것이다. 그런데도 로마문법학자들이 αιτιατικη를 그의 명사인 αιτια가 책임이나 죄라는 의미를 가진 경우만을 생각하고 그것을 '고발한다'는 의미로 받아들여 accusativus로 번역했던 것이다. 이러한 오역을 후세의 영문법이 그대로 받아들여 accusative로 잘못 번역한 결과, 원래 희랍어에서 원인격이라고 명명한 것을 우리는 고발격이라고 아무런 의심없이 받아들여 쓰고 있는 것이다. 명사가 목적어로 쓰이면서 그것이 동작의 원인이 되는 예로서 *a dog gnaws a bone*이나 *I love Socrates*를 들 수 있다. *a bone*

이나 *Socrates*를 *gnaws*나 *love*의 동작을 일으키게 하는 원인으로 볼 수 있다면, 목적어로 쓰이는 일부 명사가 동작의 원인이 된다고 보아 이러한 명사가 갖는 격을 '원인격'이라고 부르는 것이 '고발격'이라고 하는 것보다 희랍용어에도 충실할 뿐만 아니라 언어직관에도 훨씬 가까운 것이다. 더구나 현대심리학에서는 목적어를 주어의 행위에 대한 자극이라고 보는 견해가 있다. 이러한 견해는 $αιτιατικη\ πτωσι ς$를 원인격(causal case)으로 번역하는 것이 타당하다는 것을 뒷받침해 주고 있다.

*genitive*는 '출생이나 기원과 관련된'이라는 의미를 갖는 라틴어 *genetivus*를 영어로 번역한 것이다. 그러나 라틴어 *genetivus*가 갖는 이러한 의미는 이 격에 대한 희랍어의 또 하나의 명칭인 $πατρικη$ (patrike)가 갖는 의미와 같다. 그리하여 라틴문법에서는 이 격을 *genetivus*라고도 하지만, *patricus* 또는 *paternus*라고도 한다. 따라서 출생이나 근원과 관련된 의미를 가진 것으로 보려면, 이 격은 *patricus*나 *paternus*라고 불러야 할 것이다. *genetivus*가 유래한 희랍어 $γενικη$ (genike)는 *kind*나 *class*를 의미하는 희랍어 $γενος$(genos)에서 파생된 것이므로, *genitive*는 '분류하는' 내지 '정의하는'의 의미로 받아들여야 할 것이다. 물론 *genitive*가 나타내는 기능이나 의미가 '소유', '근원' 등과는 관계가 없고, 다만 '분류', '정의'의 의미만 있다는 말은 아니다 (소넌샤인, 1929, 5-6).

스토아학파는 동사를 기술하기 위한 이차범주로서 태, 법, 시제를 들고 있지만, 명사의 이차범주와는 달리, 이들 이차범주에 대해서는 그들의 일관성 있는 견해를 찾기가 어렵다(펀보그, 1975, 89-94).

태(voice) : 동사가 나타내는 행위와 그 주어와의 관계를 나타내는 동사의 형태를 우리는 태라고 부른다.[17] 스토아학파 이전에는 경험이나 사건과 같은 의미로서 태를 분류한 반면, 스토아학파는 능동태와 수동태에 대한 정의를 명사의 격형태와 굴절어미로 정의한 점이 주목할 만하다(로빈스, 1951, 34).

법(mood) : 법은 프로타고라스 때부터 문장의 형태인 서술, 명령, 의문 등을 논의할 때 사용되었으나 점차 동사의 형태를 중심으로 분석되었다. 법에 대해서도 태의 경우와 마찬가지로 스토아학파 고유의 견해는 찾기 어렵다.

시제(tense) : 스토아학파는 시제를 현재와 과거로 나누고, 동사의 상을 계속과 완료로 구분함으로써 현재진행, 현재완료, 과거진행, 과거완료의 4시제체계를 정립하였다(로빈스, 1951, 35). 스토아 학파가 시간은 현재, 과거, 미래로 나누고, 희랍동사를 형태상으로는 이에 따라 구별하면서도, 미래는 불확실하다는 점에서 시제체계로부터 미래를 제외한 것은 그들이 형태보다는 의미에 너무 의존한 결과가 아닌가 하는 견해도 있다.

1.3.4 명사 / 동사 / 분사 / 관사 / 대명사 / 전치사 / 부사 / 접속사

희랍문법이 철학의 일부가 아니라, 독자적인 학문으로서의 면모를 갖춘 것은 문법적인 문제에 관심을 가진 희랍의 철학자나 스토아학파에 의해 이루어진 문법이 아니라, 전문적인 문법학자에 의해 쓰여진 문법으로부터 시작되었다. 철학적인 관심에서가 아니라 순수한 문법적인 관심에서 문법에만 전력을 기울인 희랍문법학자 가운데서 기원전 2세기

---

17) 여기서 하나 유의해야 할 점은 우리가 말하는 '동사'를 희랍문법에서는 *rhema*와 *kategorema*로 구분하고 있다는 점이다. *rhema*는 낱말범주 명칭으로서 부정동사(infinitive)를 가리키며, *kategorema*는 문장의 술부(predicate)로 쓰이는 정동사를 가리킨다. 따라서 태, 법, 시제는 문장의 술부인 *kategorema*와 관련된 문법개념이고, *kategorema*나 문장은 태, 시제, 법에 따라 능동, 수동, 현재, 과거, 서술, 명령 등등으로 세분된다. 이에 대하여 더 자세한 것은 로빈스(1951, 28-36)와 퓐보그(1975, 87-94)를 참조.

경의 스랙스(Dionysius Thrax)가 가장 대표적인 문법학자이다.

스랙스는 알렉산드리아(Alexandria) 사람으로 그의 저서로 알려진 『문법학(Tekhne Grammatike)』은 25개 항목으로 구성된 15페이지밖에 안 되는 짧은 책이지만, 지금까지 온전하게 전체가 남아 있는 유일한 희랍 문법책이다(로빈스, 1957, 67).[18] 『문법학』은 간결하고 논리가 정연하다는 평가를 받았으며, 고대로부터 18세기에 이르기까지 희랍어 표준문법서로 쓰였다. 그의 문법은 글자와 음절을 다룬 음성학에 해당하는 부분과 희랍문법을 품사로 서술한 품사편으로 구성되어 있다.

스랙스는 Tekhne Grammatike의 서론에서 문법을 "시인이나 산문작가의 어법을 이해하는 데에 필요한 실용적인 지식"이라고 정의하고 있다. 그의 문법의 첫째 부분은 운율에 맞추어 소리내어 정확하게 읽기, 둘째 부분은 작품에 나오는 문학적 표현을 설명하기, 셋째 부분은 문체와 주제에 대한 주 붙이기, 넷째 부분은 어원 찾기, 다섯째 부분은 규칙성(analogia) 이해하기, 그리고 여섯째 부분은 문학 작품 감상하기 등 6개의 부분으로 구성되어 있다(로빈스, 1979, 31).

스랙스는 서론에서 거론한 주제를 모두 본론에서 다루지 않았을 뿐만 아니라, 다른 주제들도 그 비중을 같이 하여 다루지 않았다. 그러나 스랙스는 '낱말을 문장의 가장 작은 부분'으로 보았고, 이들 낱말을 명사, 동사, 분사, 관사, 대명사, 전치사, 부사, 접속사 등의 8개 범주로 분류하였다(호브다우건, 1982, 56-61). 다음은 『문법학』이 서구문법의 문헌 중에서 지금까지 남아 있는 가장 오래된 문법이라는 점에서 그 구성이 어떠하고 그 주제들이 무엇인가를 짐작할 수 있도록 호브다우건의 인용 중에서 그 목차를 다시 인용한 것이다.

---

18) Tekhne Grammatike의 저자가 스랙스가 아니라 기원후 3세기경에 나온 책이라는 주장이 있다. 이에 대한 자세한 것은 핀보그(1975, 103-114)와 호브다우건(1982, 53-55)을 참조.

【문법학】
목차

1. 문법에 대하여
2. 소리내어 읽기에 대하여
3. 강세에 대하여
4. 구두점에 대하여
5. 암송에 대하여
6. 요소에 대하여
7. 음절에 대하여
8. 장음절에 대하여
9. 단음절에 대하여
10. 통음절[장단 양음절]에 대하여
11. 낱말에 대하여
12. 명사에 대하여
13. 동사에 대하여
14. 결합에 대하여
15. 분사에 대하여
16. 관사[접속]에 대하여
17. 대명사[이름의 교환]에 대하여
18. 전치사[앞에 놓는 것]에 대하여
19. 부사[뒤에 말해진 것]에 대하여
20. 접속사[함께 결합한 것]에 대하여

위의 목차가 보여주듯이 스랙스의 문법은 음운론과 형태론만 다루고 통사론은 다루지 않았다. 스랙스는 음운론보다는 형태론을 더 많이 다루었고, 형태론 중에서도 명사를 가장 자세히 다루었다. 동사는 그 다음으로 자세히 다루고 나머지 품사들은 간단히 언급되었다. 이들 낱말범주에 대한 정의를 로빈스(1951, 40)와 호브다우건(1982, 57-62)에 근거하여 간단히 요약하면 다음과 같다.[19]

명사(ονομα) : 격변화를 하는 품사로서 일반적이거나 특수한 사람이나 사물을 나타낸다.

동사(ρημα) : 격변화를 하지 않는 품사로서 시제, 인칭, 수의 어형 변화를 하며, 행위나 수동을 나타낸다.

분사(μετοχη) : 동사와 명사가 가진 형태와 기능을 함께 가지고 있다.

관사(αρθρον) : 격변화를 하는 품사로서 명사나 관계대명사의 앞이나 뒤에 놓이며, 희랍어 정관사(ο, η, το)가 여기에 속한다.

대명사(αντωνυμια) : 명사 대신에 쓰이는 품사로서 인칭을 나타낸다.

전치사(προθεσισ) : 통사적 결합이나 낱말을 형성할 때 다른 낱말 앞에 놓인다.

부사(επιρρημα) : 격변화가 없고 동사를 수식한다.

접속사(συνδεσμοι) : 생각의 흐름을 연결하고 생각의 흐름을 해석할 때 빈틈을 채운다.

---

19) 로빈스는 *part of speech*라 하고, 호브다우건은 *part of sentences*라고 한 것을 우리는 여기서 '품사'라고 번역하였다. 원래 이를 가리키는 희랍어 *logos*는 '문장'을 의미했지만, 라틴문법 학자들이 이것을 영어 speech에 해당하는 *oratio*로 잘못 번역하였고, 이것을 영문법에서 그대로 받아들여 *part of speech*로 통용되었다는 견해가 있다. 물질은 원소단계까지 쪼개지 않는 이상, 아무리 작은 부분도 전체의 성질을 가지고 있다. 말(speech)이 소리로 된 물질인 이상, 그의 부분이 될 수 있는 것은 비단 낱말만이 아니고, 크게는 문장과 절이나 구도 말의 부분이고, 작게는 음절과 모음이나 자음과 같은 낱낱의 소리도 말의 부분임을 부인할 수 없다. 이런 논리에서 예스퍼슨(1924)은 품사 *parts of speech*라는 용어가 적합하지 않다는 것을 지적하고, 그 대신 어류 *word class*라는 용어를 쓰고 있다.

스랙스의 낱말범주체계는 낱말어미의 형태와 낱말이 문장 안에서 갖는 위치나 기능과 같은 통사적 특성을 대부분 품사분류의 기준으로 삼았다. 그의 문법은 의미에 근거하여 낱말을 분류한 경우에도 성질, 개체 또는 보편성과 같은 추상적이고 철학적인 의미가 아니라, 겉으로 나타난 구체적인 의미를 중요하게 취급하였다. 그러나 접속사가 생각의 흐름을 연결한다고 정의한 것은 철학적 내지 심리학적인 견해가 그의 문법에 들어 있음을 보여준다. 스랙스의 경우, 문법의 중요한 기능은 시인이나 문필가들의 훌륭한 문어체의 희랍어를 언어 내적 부패와 언어 외적 오염으로부터 보호함으로써 그들의 훌륭한 희랍어를 보존하는 데에 있었다. 그가 이처럼 문헌을 중요하게 여긴 것은 문법을 '시인이나 산문작가의 어법을 이해하는 데에 필요한 실용적 지식'이라고 정의한 데서도 나타난다. 스랙스는 또한 언어의 문법규칙, 즉 *analogiai*를 찾아내는 것이 문법가의 임무라고 보았다. 그 결과 스랙스는 책이름으로 의도했던 바와는 달리, 문법을 과학(tekhne-science)의 경지로 끌어올리지 못하고, 실용적인 지식(empeiria-practical knowledge)의 수준에 머물게 했다는 후세의 평가를 받기도 했다.[20]

1.4 요약

희랍문법이 스랙스의 문법으로 대표되고 있는 이상, 스랙스의 낱말범

---

20) 희랍인들은 지적 작업을 기술(peira), 실용적 지식(empeiria), 과학(tekhne), 진리(episteme)로 구분하였다. 스랙스가 속한 알렉산드리아학파는 언어연구를 *tekhne*의 수준까지 높일 수 있다고 본 반면, 스토아학파는 *empeiria*의 수준으로밖에 올릴 수 없다는 입장을 취했다. 스랙스가 *Tekhne Grammatike*의 *Tekhne*를 '실용적 지식'으로 정의한 것은 스랙스가 스토아학파의 영향을 받지 않았나 하는 견해가 있다. 이에 대하여 더 자세한 것은 로빈스(1957, 67-106)와 랑언돈(Langendoen, 1966, 33)을 참조.

주와 전통문법의 8품사를 비교해 보면, 희랍문법에서는 관사와 분사가 독립된 품사로 자리를 잡고 있는 반면 전통문법에서는 감탄사와 형용사가 독립된 품사라는 것을 알 수 있다. 스랙스의 낱말범주체계를 라틴어 분석에 적용하는 과정에서 라틴문법학자들이 라틴어에 없는 관사를 빼고, 그 대신 부사의 하위범주였던 감탄사를 하나의 독립된 품사로 분류하기 시작한 것은 기원후 1세기경의 렘미우스 펄리몬(Remius Palaemon)부터였다(볼렛, 1975, p. 45). 이러한 낱말범주체계는 라틴문법, 중세사변문법, 그리고 블로카(Bullokar, 1586) 등의 초기 영문법을 거쳐 프리슬리(Priestley, 1769)가 분사 대신에 형용사를 독립된 품사로 분류함으로써 오늘날 우리가 말하는 전통문법의 8품사체계가 정립되었다고 말할 수 있다(프리스, 1971, p. 93의 각주 1).

제 2 장
라틴문법

2.0 서론

희랍사람들이 언어현상과 관련하여 부단히 가졌던 의문은 언어의 발생은 필연적인가 아니면 상호약속에 의한 것인가, 언어는 규칙적인가 아니면 불규칙적인가, 그리고 낱말범주에는 어떤 것들이 있는가의 세 가지로 요약할 수 있다. 언어에 대하여 희랍인들이 제기한 이러한 문제는 로마시대를 거쳐 중세와 근대에 이르기까지 시대에 따라 이들 의문 중에서 어떤 문제가 더 중점적으로 논의되었느냐의 차이는 있지만, 거의 2000년 동안 서구언어학의 중심과제가 되어 왔다고 말할 수 있다. 이런 점에서 서구언어학이 희랍인들로부터 물려받은 전통은 언어의 기원, 언어의 규칙성, 낱말범주에 관한 문제의 세 가지로 요약할 수 있다 (해리스 & 테일러, 1989, xi-xviii). 이 장에서는 라틴문법을 대표하는 배로(Varro), 퀸틸리언(Quintilian), 도나투스(Donatus), 프리시언(Priscian)의 문법을 중심으로 라틴어의 문법현상을 기술하는 데 희랍문법이 어떻게 수용되어 라틴문법이 정립되었는가를 살펴보겠다.

2.1 배로

마커스 테렌시어스 배로(Marcus Terentius Varro, 116-27 B. C.)는 군인과 정치가로서 일생의 대부분을 보냈지만, 시저(Caesar)와 폼페이우스(Pompey)와의 권력투쟁에서 폼페이우스의 편을 들었다가 시저로부터 겨우 사형만을 모면하고 정치적인 활동을 그만둔 후 여생을 젊어서 몰두했던 학문에 전력하였다. 그는 정치와 행정 면에서도 중요한 활동을 했지만 학문 면에서는 로마가 낳은 가장 훌륭한 학자라는 평가를 받았다. 그는 박학다재해서 언어학은 물론 농업으로부터 수학에 이르기까지 55권의 저술을 하였다. 그의 이러한 저서 중에서 오늘날까지 온전하게 남아 있는 것은 농업에 관한 것뿐이고 나머지 것들은 부분적으로만 남아 있다. 라틴어에 관한 그의 기념비적인 저작인 『라틴어 문법론(De Lingua Latina)』은 본래 25권이었지만, V권부터 X권까지 6권과 나머지 19권 중에서 극히 단편적인 것들만 지금까지 남아 있을 뿐이다.[1]

배로의 『라틴어 문법론』은 지금까지 남아 있는 라틴어 문법 가운데서 가장 오래된 문법서이다. 『라틴어 문법론』은 크게 세 부분으로 나눌 수 있다. 첫째 부분(II-VII)은 이름이 사물에 어떻게 붙여졌는가를 다룬 어원론이고, 둘째 부분(VIII-XIII)은 낱말의 어형변화를 중심으로 언어의 규칙성 문제를 다루고 있으며, 셋째 부분(XIV-XIX)은 낱말이 어떻게 결합하여 문장이 되는가를 다루는 통사론(VII. 110)이다(이하 『라틴어 문법론』의 권수는 로마 숫자로, 항목은 아라비아 숫자로 표기하겠다). 그러나 총 25권 중 오늘날까지 남아 있는 것은 V권부터 X권까지의 여섯 권뿐이어서 어원과 언어의 규칙성을 다룬 것만 일부 남아 있다. 따라서 우리는 다만 이들 남아 있는 자료로부터 배로의 어원론이 어떻고, 그가 언어의

---

1) 배로의 『라틴어 문법론』은 주석을 붙인 영역본 켄트(Kent, 1938)를, 학자로서의 배로에 대한 평가는 스카이스가드(Skydsgaard, 1968)를, 그리고 배로의 언어이론을 재구한 것에 대해서는 테일러(1974)를 참조.

규칙성에 대한 문제를 어떻게 생각하고 있는가를 어느 정도 짐작할 수 있을 뿐이다. 형태론도 그가 언어의 규칙성 문제를 다루면서 논의한 낱말의 어형변화에 대한 단편적인 언급으로부터 그 윤곽을 재구한 것이다.

2.1.1 어원론

어원론은 『라틴어 문법론』의 II권부터 VII권까지 6권에 걸쳐 다루어지고 있다. 배로는 어원론에서 모든 낱말에 대하여 가질 수 있는 두 가지 의문에 대한 해답을 추구하고 있다. 첫째 의문은 왜 낱말이 그렇게 명명되었고 그 낱말은 어디서 나왔는가이고, 둘째 의문은 낱말이 무엇을 가리키느냐이다. 첫째 의문에 대한 해답을 추구하는 분야의 학문을 희랍사람들은 어원론($ετυμολογιαν$-etymologian)이라 부르고, 둘째 의문에 답하려는 분야를 희랍사람들은 의미론($σημαινομενων$-semainomenon)이라고 불렀다(V. 2). 배로는 이중에서 낱말의 어원만을 다루고, 낱말의 의미에 대해서는 언급한 것이 별로 없다.

어원론의 첫 세 권(II-IV)은 낱말의 어원에 대한 원리를 다룬 것으로 그의 형사재판관이었던 퍼블리우스 셉티미어스(Publius Septimius)에게 바친 것이다. 나머지 세 권(V-VII)은 라틴어의 어원을 다루어 시세로(Cicero)에게 바친 것이다. V권에서는 주로 장소와 관련된 낱말의 어원을, 그리고 VI권에서는 시간과 관련된 낱말의 어원을 다루고 있다. 이들 장소와 시간과 관련된 낱말이 산문에서 나온 것인 반면, VII권에서는 시에서 쓰인 장소나 시간을 나타내는 낱말들의 어원을 다루고 있다(VI. 97 ; VII. 109-110).

배로는 어원을 다루기 위하여 낱말을 당시 쓰고 있는 일상적인 낱말, 외래어, 그리고 당시에 이미 더 이상 쓰이지 않는 고어 내지 폐어의 세 가지로 나누고, 어원론의 대상을 일상 쓰는 낱말과 외래어에 한정시키고 있다. 일상 쓰고 있는 낱말에 대해서는 어떻게 하여 이들 낱말은 그러한 형태를 갖게 되었는가를, 그리고 외래어에 대해서는 어디서 이들 외래어가 들어 왔는가를 밝히는 것이 그의 어원론이었다(V. 10).

배로는 다시 어원설명의 수준을 네 가지로 분류하고, 제일 낮은 수준은 보통 사람도 낱말을 보면 그 어원을 알 수 있는 것, 둘째 단계는 문법가들이 다룬 수준으로서 시인들이 만들어 쓴 낱말에 대한 어원을 밝히는 것, 셋째 단계는 철학자들이 시도한 것으로서 낱말의 성질을 밝히는 것이고, 최고의 수준인 넷째 단계는 보통 사람이 접근하기 힘든 신비의 단계라고 주장했다. 배로 자신은 둘째 단계의 수준은 넘어섰지만 넷째 단계까지는 이르지 못하고 있다고 하면서도 마치 의사가 환자의 건강이나 병을 추측하듯이 우리도 낱말의 어원을 어느 정도 추측할 수 있다는 입장을 취하였다(V. 7-8). 그 결과 낱말의 역사를 연구하는 것이 어원론이라는 우리의 기대와는 달리, 배로의 어원에 대한 설명은 상당한 부분이 고대어원론과 마찬가지로 낱말의 역사적인 사실에 근거한다기보다는 상상력이 더 많이 작용한 환상적인 성격을 띠고 있다.

낱말의 어원에 대한 배로의 몇 가지 대표적인 설명을 보면, 우리는 그의 어원론의 일면을 짐작할 수 있을 것이다.

'아버지'를 의미하는 *pater*는 '분명하게 하다'를 의미하는 *patet*에서 나왔다. 아버지는 (그 아이가) 누구의 자식(seed)인가를 분명하게 하기 때문이다(V. 65).

'해'를 의미하는 *sol*은 '홀로'라는 의미를 가진 *solus*에서 나왔다. 해는 홀로 비추기 때문이다(V. 68).

'빵'을 의미하는 *panis*는 '옷감'을 의미하는 *panus*에서 나왔다. 여인들이 빵을 처음 만들 때 옷감 모양으로 만들었기 때문이다(V. 105).

여자의 '화장도구'를 의미하는 *mundus*는 '깨끗함'을 의미하는 *munditia*에서 나왔다(V. 129).

'값'을 의미하는 라틴어 *pretium*은 '전문가'를 의미하는 라틴어 *perite*에서 파생되었다. 물건을 사고 팔 때에 값을 정확하게 결정하려면 전문가가 필요하기 때문이다(V. 177).

'어린아이'를 의미하는 *infantes*는 '말하다'를 의미하는 *fatur*에서 나왔다. 어린아이는 말을 못하는 사람이기 때문이다(VI. 52).

'운명'을 의미하는 *fatum*은 출생의 여신이 '말함(fando)'으로써 어린이의 수명이 결정된다는 데서 나왔다(VI. 52).

'내가 본다'를 의미하는 *video*는 '시력'을 의미하는 *visus*에서 나왔고, *visus*는 '힘'을 의미하는 *vis*에서 나왔다. 우리의 오관 중에서 가장 큰 힘은 우리의 눈에 들어 있고, 우리의 다른 감각은 1마일만 떨어져 있어도 못 느끼지만 우리의 시력은 별에까지도 다다를 수 있기 때문이다(VI. 80).

'내가 본다'를 의미하는 *cerno*는 '내가 창조한다'를 의미하는 *cereo*, 즉 *creo*에서 나왔는데 무엇이나 창조되어야 볼 수 있기 때문이다(VI. 81).

낱말의 어원에 대한 이러한 우스꽝스런 설명 때문에, 당시 사람들로부터는 물론 후세까지도 비판을 받았으며, 로마시대의 가장 독창적인 견해와 이론을 폈음에도 불구하고 배로의 언어학자로서의 명성은 정당한 평가와 대접을 받지 못한 채 거의 잊혀지고 있다.

2.1.2 언어의 규칙성 문제

배로의 어원론이 언어의 기원에 대한 해답의 모색이라 한다면, VIII-XIII에서 다루고 있는 형태론은 언어현상의 규칙성 여부에 대한 해답을 추구하고 있다고 바꾸어 말할 수 있다. 희랍사람들은 언어의 규칙성의 문제를 낱말과 그것이 가리키는 대상과의 관계를 살피는 것으로부터 시작하여 언어현상 자체만을 관찰함으로써 이러한 문제를 해결하려고 하였다. 다시 말하면, 희랍인들은 언어의 규칙성 문제를 철학적으로 접근하기 시작하였지만 문법적으로도 접근을 시도하여 이 문제를 해결하려고 노력하였다. 그러나 언어의 규칙성 문제에 대한 희랍인들의 이와 같은 문법적 접근방법은 단편적인 몇 가지 언어현상을 관찰하는 데서 그쳤다고 말할 수 있다. 이와는 달리, 배로는 언어현상 가운데서도 낱말의 어형변화를 체계적으로 분석함으로써 언어의 규칙성 문제를 문법적으로 해결하려고 했다는 점에서 언어학사에서 중요한 의미를 가지고 있다.[2]

『라틴어 문법론』의 VIII권부터 XIII권까지 여섯 권에서 다루고 있는 것을 보통 형태론이라고 한다. 그러나 VIII권의 부제 '규칙성의 원리에 대한 몇 가지 반증'이 말해 주듯이, 배로가 VIII권에서 주로 논의한 것은 언어가 규칙적이라는 주장에 대한 반증에 관한 것들이다. 그가 제시한 이러한 반증 가운데서 몇 가지만 들어보면 다음과 같은 것들이 있다.

  *Athens*라는 동일한 이름을 가진 세 도시의 시민들은 모두 동일한 이름으로 불러야 할 것이다. 그러나 그중의 한 도시 사람들은 *Athenaei*라 부르고, 나머지 두 도시 사람들은 각각 *Athenaiis*와 *Athenaeopolitae*라고 부른다 (VIII. 35).

  라틴어 명사는 *humanus, humana, humanum* 'human'처럼 남성, 여성, 중성형이 있다. 그러나 어떤 명사는 *cervus* 'stag'와 *cerva* 'hind'처럼 남성과 여성은 있지만 중성명사가 없고, *aper* 'boar'는 남성형만 있다(VIII. 47).

---

2) 크라이시퍼스는 그의 저서 『언어의 불규칙성에 대하여』에서 비슷한 사물이 서로 다른 낱말로 지칭되는가 하면 서로 다른 사물이 같은 이름으로 지칭되는 경우를 들어 언어현상이 불규칙적임을 주장하였다(IX. 1). 이런 점에서 크라이시퍼스의 접근방법이 철학적인 반면, 배로는 이 문제를 언어현상 자체 내에서 해결하고 있다는 점에서 그의 접근방법은 언어학적인 것이다.

pater, patres 'father'처럼 단수 복수형을 다 가지고 있는 것이 있는가 하면, *cicer* 'chickpea'와 같이 단수만 있는 것도 있고, *salinae* 'saltworks'처럼 복수형만 있는 것도 있다(VIII. 48).
　　관사와 명사 중에서 알파벳의 글자 이름은 ba처럼 모두 하나의 격형태만을 가지고 있는 것이 있는가 하면, *praedium, praedii, praedio*(farm)와 같이 세 개의 격형태를 가진 것도 있으며, *mel, mellis, melli, melle*(honey)와 같이 네 개의 격형태를 가진 것도 있다. 그리고 *quintus, quinti, quinto, quintum, quinte*(fifth)와 같이 다섯 개의 격형태를 갖고 있는 것이 있는가 하면, *unus, unius, uni, unum, une, uno*(one)와 같이 여섯 개의 격형태를 모두 갖추고 있는 것도 있다(VIII. 63).
　　*Plautus*와 *Plautius*는 서로 다른 형태의 낱말이지만, 이들은 동일한 형태의 소유격 *Plauti*를 갖고 있다. 마찬가지로 *Marcus*와 *Marcius*도 서로 다른 형태의 명사이지만, 이들은 *Marci*라는 동일한 형태의 소유격을 갖고 있다(VIII. 36).
　　주격과 사격(oblique cases)을 모두 갖고 있는 명사가 있는가 하면 (Iuno(n), Iunonis(g)), 주격만 있는 명사도 있고(Iupiter), 소유격(Iovis)과 여격(Iovi)만 있는 명사도 있다(VIII. 49).
　　대부분의 동사는 현재분사, 과거분사, 미래분사의 세 가지 분사형을 갖고 있지만, *amo* 'I love'와 같은 몇몇 동사는 현재분사(amans 'loving')와 미래분사(amaturus 'about to love')만 갖고 있고, 과거분사형이 없다(VIII. 58).

　　이와 같이 배로는 대부분의 명사와 동사가 가진 어형규칙에 어긋나는 예를 들어 언어현상이 규칙적이 아니라고 주장한 후, 언어현상의 어느 한 부분에서 규칙성이 보인다고 하여 언어가 규칙적이라고 주장하는 것은 마치 에티오피아 사람들의 이빨이 희다고 해서 에티오피아인들을 백인이라고 주장하는 것과 같다고 말하고 있다(VIII. 38). 그러나 불규칙적인 언어현상에 대한 그의 이러한 주장은 전적으로 부정적인 것만은 아니었다. 왜냐하면 그는 집이나 가구 등이 서로 달라서 우리에게 기쁨을 주듯이, 일상 사용하는 낱말들도 규칙적이 아니고 다양하게 서로 다르기 때문에 즐거움이 있을 수 있는 것이고, 그런 점에서 낱말의 불규칙적인 것을 반드시 피해야만 될 것은 아닌 것으로 보았기 때문이다(VIII. 32).

희랍시대로부터 배로에 이르기까지 언어의 규칙성에 대한 논란은 언어가 규칙적이라거나, 아니면 불규칙적이거나 하는 양자택일적인 것이었다. 그러나 배로는 언어현상의 규칙성과 불규칙성은 모두 언어의 사용에서 비롯된 것이므로, 언어가 가진 이러한 두 가지 현상 중에서 어느 하나만을 주장하는 것은 마치 사람이 정신과 육체로 되었음에도 불구하고 사람은 정신만으로 되어 있다고 주장하는 것과 같다고 보았다 (IX. 3). 그리하여 그는 VIII권에서 불규칙적인 예를 들어 언어가 규칙이라는 주장을 반박한 것과는 달리, (VIII권에서 보아온) 불규칙적이라고 한 것들이 따지고 보면 불규칙적인 것이 아니거나, 사람들이 잘못 사용한 데서 생겼다고 그는 설명하였다. 그가 들고 있는 이러한 몇 가지 설명을 보면 다음과 같은 것들이 있다.

    terra 'earth'는 그에 해당하는 남성형 *terrus*가 없다고 해서 언어가 불규칙적이라고 할 수 없는 것은 자연현상이 바로 그러하기 때문이다(IX. 38).
    다른 명사와는 달리 라틴어 알파벳 문자의 이름은 격변화를 하지 않기 때문에 언어가 규칙적이 아니라는 주장을 배로는 문자 이름은 본래 격변화를 하지 않는다고 대답하고 있다(IX. 51).
    cicer 'chickpea'처럼 단수형만 가진 명사가 있는가 하면, *scalae* 'stairs'처럼 복수형만 있는 경우를 들어 언어의 불규칙성을 주장하는 사람들을 배로는 '규칙성의 근거는 자연(nature)과 사용(use)이 결합된 것임을 망각한 것'이라고 반박하였다(IX. 63).
    동사들 중에는 세 인칭과 세 시제에 해당하는 동사형이 없는 것을 들어

언어의 불규칙성을 주장하는 사람들에게 배로는 이들은 마치 조물주가 만물을 같은 모양으로 모든 것을 만들지 않았다고 불평하는 것처럼 통찰력이 없다고 반박하고 있다. 왜냐하면 동사를 모두 이런 식으로 나눌 수는 없기 때문이다(IX. 101).

이와 같은 몇 가지 설명을 보면 알 수 있듯이, 배로는 언어의 규칙성 대 불규칙성의 논쟁에서 어느 한 편에 치우치지 않고, 이들 두 주장이 모두 타당한 근거가 있는 것으로 받아들이고 있다. 그의 이러한 양면적인 입장은 "언어의 규칙성은 말을 사용하는 데서 생기며, 불규칙성도 마찬가지로 이러한 사용에서 생긴다"(IX. 1-3)고 본 데서 나왔다. 그리하여 언어현상의 규칙성 여부에 관한 한, 그는 "언어현상을 지배하는 것은 규칙이라기보다는 용법(usage)"(VIII. 79)이라고 결론을 내리고 있다.[3]

2.1.3 형태론

어떤 현상이 규칙적이냐 혹은 불규칙적이냐의 문제는 먼저 어떤 규칙을 전제하지 않으면 성립할 수 없는 문제이다. 언어의 규칙성의 문제를 배로는 낱말의 어형변화를 논의하는 과정에서 찾아내고 그렇게 함으로써 이러한 문제에 대한 해답을 모색하였다. 그리하여 VIII권부터 X권에 걸쳐서 배로가 논의하고자 한 주제가 언어의 규칙성에 대한 문제였음에도 불구하고, 후세의 학자들이 이 부분을 형태론으로 보고 있는

---

[3] D. J. 테일러(1974, x)는 언어의 규칙성 문제(analogy / anomaly)에 대한 배로의 이와 같은 절충적인 입장이 그의 언어이론을 이해하는 데 방해가 될 뿐만 아니라, 언어현상을 있는 그대로 볼 경우 이러한 논쟁에 대한 해답을 찾기가 어려운 것으로 보고 있다. 그러면서도 테일러(1987, 2)는 배로의 이러한 절충적인 견해가 희랍시대로부터 내려온 언어의 규칙성에 대한 논쟁에 종지부를 찍은 것으로 평가하고 있다.

것은, 낱말의 어형변화와 관련된 규칙들을 체계적으로 재구해 보면, 결과적으로 그것은 라틴어의 형태론에 해당하기 때문이다.

배로는 하나의 기본 단어로부터 500개의 새로운 낱말을 파생시킬 수 있고, 여기에 접두사를 붙여 이것을 10배로 늘릴 수 있다고 주장하였다 (VI. 38). 배로의 이러한 견해는 유한수의 기본표현으로부터 무한한 파생표현이 생성되는 것이 언어현상이고, 이러한 언어현상을 지배하는 것은 규칙이라는 현대문법이론과 커다란 차이가 없다. 다만 배로는 관심의 대상이 낱말이었고, 무한에 가까운 낱말을 형성하는 규칙을 먼저 찾아내고, 이들 규칙의 지배를 받지 않는 예외현상을 동시에 논의함으로써 언어의 규칙성 문제에 대한 해답을 제시하려고 하였다. 우리가 배로의 형태론의 윤곽을 VIII권부터 X권에 근거하여 논의하는 이유가 여기에 있다.

배로는 언어의 규칙성 근거를 라틴어의 어형변화(declinatio) 현상에서 찾고 있다. 여기서 우리는 'declinatio'를 어형변화(inflection)라고 번역하지만 구체적으로 그것이 가리키는 것은 명사의 어형변화(declension), 동사의 어형변화(conjugation), 그리고 낱말의 파생(derivation)을 모두 포함하고 있다. 배로에 의하면, 어형변화(declinatio)는 라틴어뿐만 아니라 인간언어가 모두 갖고 있는 아주 유용하고 필요한 것이고, 어형변화가 없다면 우리는 이처럼 많은 낱말을 배울 수도 없고, 낱말간에 존재하는 의미관계를 설명할 수 없다는 것이다. 예를 들면, *legi*(I have gathered)는 *lego*(I gather)로부터 나온 것이다. 이들 두 낱말이 어떤 동일한 행위를 나타내며 또한 이러한 행위가 시차를 갖고 일어난다는 것을 알 수 있는 것은 바로 이러한 어형변화 때문이라(VIII-3)는 것이다. 이처럼 배로가 언어의 규칙성(analogy) 내지 체계성(systemicity)을 어형변화(declinatio)에서 찾는 것은 그가 알고 있는 언어는 오직 굴절어인 희랍어와 라틴어뿐이었기 때문일 것이다(R. 해리스 and T. J. 테일러, 1989, 54-58).

배로는 낱말을 '더 이상 나눌 수 없는 말의 최소단위'라고 정의하고 (X. 77), 어형변화의 관점에서 낱말을 다음과 같이 교차분류하였다.

1. 생산성에 의한 분류(VIII. 9)
(1) 생산적인 낱말(fruitful words) : 어형변화(inflection)에 의해 그로부터 다른 형태의 낱말을 많이 생산(produce)할 수 있는 낱말

  lego 'I gather' → *legi* 'I have gathered', *legam* 'I shall gather'

(2) 비생산적인 낱말(barren words) : 그로부터 다른 낱말을 생성할 수 없는 낱말

  et 'and', *iam* 'now', *vix* 'hardly', *cras* 'tomorrow', *cur* 'why'

2. 어형변화에 의한 분류(X. 14)
(1) 어형변화를 하지 않는 낱말: *vix* 'hardly', *mox* 'soon'

(2) 어형변화를 하는 낱말: *lima* 'file' → limae (genitive),

  fero 'I bear' → *ferebam* (imperfect)

3. 어형변화의 수의성 여부에 의한 분류(X. 15 ; VIII. 21-22)
(1) 자의적 어형변화(voluntary inflection)를 하는 낱말 : 사람들이 어떤 사람에게 이름을 지어주는 경우 그 이름을 명명자가 그 마음대로 지을 수 있다는 점에서 이러한 이름은 자의적 어형변화를 하는 낱말이다. 예를 들면, 에베소(Ephesus)에서 노예를 산 사람은 그 노예를 산 곳(Ephesus)의 이름을 따라 노예의 이름을 *Ephesius*라 한다거나, 노예를

판 사람의 이름(Artemidorus)을 따서 *Artemas*라 한다면 이러한 이름은 자의적 어형변화를 하는 낱말이다.

(2) 논리적 어형변화(natural inflection)를 하는 낱말 : 노예의 이름은 마음대로 지을 수 있지만 그 이름에 따른 어형변화나 격변화는 일반적인 언어관습을 따른다는 점에서 이러한 어형변화를 하는 낱말은 논리적 어형변화를 하는 낱말이다. *Artemas*와 *Ephesius*의 속격 *Artemidori*와 *Ephesi*는 일반적인 언어관습에 따라 격변화를 했다는 점에서 이들은 논리적 어형변화를 하는 낱말이다.

4. 격과 시제의 어형변화에 의한 분류(X. 17)
(1) 격변화만 하고 시제변화는 하지 않는 낱말

docilis 'docile', *facilis* 'easy',

(2) 시제변화만 하고 격변화는 하지 않는 낱말

docet 'teaches', *facit* 'makes',

(3) 격변화와 시제변화를 모두 하는 낱말

docens 'teaching', *faciens* 'making',

(4) 격변화도 시제변화도 하지 않는 낱말

docte 'learnedly', *facete* 'wittily'.

배로의 이와 같은 네 가지 분류는 낱말의 형태, 즉 어형변화에 근거한 것이다. 다시 말하면, 낱말을 어형변화를 하지 않는 것(barren words)과 어형변화를 하는 것(fruitful words)으로 먼저 나누고, 어형변화를 하는 낱말을 다시 어형변화의 수의성 여부에 따라 자의적으로 어형변화를 하는 것과 필연적으로 어형변화를 하는 것으로 나누었다. 그리고 우리가 보통 말하는 배로의 4품사설은 필연적으로 어형변화를 하는 낱말을 격과 시제의 어형변화 유무로 분류한 것이다. 그리하여 명사는 격변화를 하는 낱말에 속하고, 동사는 시제변화를 하는 낱말에 속하며, 분사는 격변화와 시제변화 둘 다 하는 낱말이고, 접속사와 부사는 격변화도 시제변화도 하지 않는 낱말에 해당한다고 말할 수 있다. 그러나 배로는 이들 네 품사의 명칭을 명사, 동사 등과 같은 희랍문법의 용어를 사용하지 않고, 다른 문법가의 용어를 빌어 각각 naming, saying, supporting, joining이라 하였다. 그리고 이들 품사에 해당하는 낱말로서 homo 'man'와 Nestro는 naming의 범주에 속하는 낱말이고, scribo 'I write'와 lego 'I read'는 saying의 범주에, scribens 'writing'와 legens 'reading'는 joining의 범주에, 그리고 docte 'learnedly'와 commode 'suitably'는 supporting의 범주에 속하는 낱말의 예로 들고 있다(VIII. 44).[4]

이와 같이 배로가 낱말의 분류에서 격과 시제를 이분자질로 사용하고 있다는 점에서 그의 어휘범주체계는 이분자질체계(binary featural system)라고 말할 수 있다. 배로의 이러한 범주체계는 격이나 시제와 같은 중요한 문법개념을 어휘범주설정에 사용하고 있다는 점에서, 그리고 그 결과 어휘범주 상호간의 관계를 분명하게 밝혀주고 있다는 점에서 보다 발전된 범주체계라고 말할 수 있겠다.

D. J. 테일러(1974, 84)는 배로의 이분법에 의한 낱말범주의 분류를

---

[4] 배로의 이러한 4품사체계는 희랍문법의 범주체계를 라틴어의 문법을 기술할 때 무조건 그대로 받아들이지는 않았다고 말할 수 있지만, 스토아학파의 이차범주인 격과 시제를 분류기준으로 삼았다는 점을 간과해서는 안 될 것이다.

다음과 같이 도표로 요약하고 있다.

낱말(더 이상 나눌 수 없는 말의 최소 단위)

일차 분류

(그 자체로부터 다른 낱말이 만들어지지 않는) 비생산성 낱말

(굴절을 통해 다른 낱말을 많이 만들 수 있는) 생산성 낱말

이차 분류

파생형태론(파생어)   굴절형태론(굴절어)

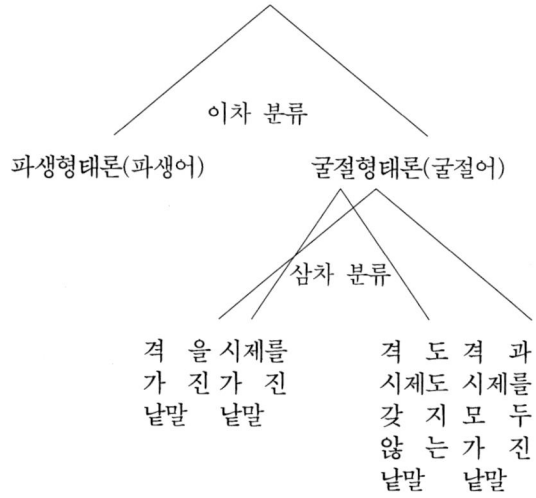

삼차 분류

격을 가진 낱말 / 시제를 가진 낱말 / 격도 시제도 갖지 않는 낱말 / 격 도 모두 가진 낱말 / 시제를 가진 낱말

배로의 품사체계가 이처럼 논리정연함에도 불구하고 그것이 오늘날 잊혀지고 있는 것은 그가 오직 낱말의 형태, 즉 어미변화의 유무에 근거하여 낱말을 분류하고 정의한 때문이다. 격과 시제의 어미를 갖는 라틴어나 희랍어에는 그가 주장하는 품사의 분류 내지 정의를 적용할 수 있지만 이들 두 언어와 전혀 다른 어족에 속하는 에스키모어나 중국어

등에는 전혀 적용할 수 없다는 점에서도 그의 낱말 범주체계는 그만큼 보편성이 없다(더 자세한 것은 예스퍼슨, 1924, 58-59 참조).

2.2 퀸틸리언

배로를 제외하면 초기 라틴문법 학자들은 대부분 그들이 다룬 문법의 주제가 이미 논의된 것들을 반복할 뿐 독창적인 것이 없다. 이들 문법학자들 중에는 후세의 문헌에는 그들의 이름과 저서명 등이 간단히 언급된 것들도 있지만 문법과 관련하여 어떤 독창적인 견해가 있었던 것도 아닌 데다 그들의 논저마저 유실되어 이름만이 언급되는 경우가 많다.[5] 그러나 배로로부터 도나투스와 프리시언에 이르기까지 300여 년 동안에 라틴문법의 발달에 다소나마 기여한 문법가로 서기 1세기경의 퀸틸리언(Quintilian)을 빼놓을 수 없다.

퀸틸리언(35 / 40-97 A. D.)은 스랙스의 8품사 중에서 관사 대신에 감탄사를 하나의 독립 품사로 분류한 펄리몬의 제자이다.[6] 퀸틸리언은 라

---

5) 이러한 문법학자 중에는 샤리시어스(Charisius), 컨센티어스(Consentius), 더시시어스(Dositheus), 머크로비어스(Macrobius), 모러스(Maurus), 메시어스(Messius), 세이서도스(Sacerdos), 스코러스(Scaurus), 호너레이터스(Honoratus), 빅터라이너스(Victorinus) 등이 있다(호브다우전, 1982, 88).

6) 렘미우스 펄리몬은 본래 노예 출신으로 주인의 아들을 따라 학교를 다니며 단편적으로 라틴문학을 배웠는데 기억력과 웅변력이 대단하였다(네틀쉽 H. Nettleship, 1886, 192-193). 그가 서기 67-77년 사이에 썼을 것으로 추정되는 『실용라틴문법(Ars Grammatica)』은 문법만 전적으로 다룬 최초의 라틴문법책이다. 이 책에서 펄리몬은 올바르게 말하는 법, 비어, 비문법적 표현 등을 다루어 당시에는 상당한 명성을 얻었다. 특히 그는 감탄사를 지칭적인 의미(denotative meaning)가 없이 다만 심적 상태만을 나타내며, 문장의 다른 요소와 아무런 통사적 관계도 갖고 있지 않는 낱말이라고 정의하여 하나의 독립된 품사로 분류하였다는 점에서 문법사에서 그의 이름이 거론되고 있다(로빈스, 1951, 57-8).

틴어문법을 따로 쓰지는 않았지만 그의 『웅변의 원리(Institutio Oratoria)』(이하 IO)에서 라틴어문법에 대한 언급을 하면서 희랍어에는 없는 탈격을 의미에 근거하여 하나의 독립된 라틴어의 격으로 분류하였다.

희랍문법과 라틴문법의 격의 수에 나타난 차이는 이들 두 언어가 갖는 어미의 수에 따른 것이다. 배로가 라틴어의 격을 명사의 어미, 즉 형태에 근거하여 6격을 주장한 데 대하여 퀸틸리언은 의미에 근거하여 격 체계를 세워야 한다고 주장하였다.[7] 그는 라틴어의 탈격과 희랍어의 여격이 도구를 나타낼 때는 라틴어 탈격이 갖는 'motion from'이나 희랍어 여격이 갖는 'giving to'의 의미와는 다른 의미를 갖는다는 점을 들어 라틴어에 도구격을 추가한 7격체계를 주장하였다. 그의 이러한 주장으로 인하여, 라틴어의 격을 형태가 아니라 의미에 근거하여 분류하여야 한다는 것을 지나치게 강조한 나머지 여격이 'motion towards'의 의미를 가질 때는 그것을 또 하나의 독립된 격으로 인정해야 한다는 8격설이 나오기도 하였다.[8]

퀸틸리언은 교육은 요람에서 시작하여 무덤까지 계속되어야 한다고 역설할 만큼 교육을 중요시하고, 젊은이들에게 가장 중요한 것은 언어를 잘 구사하는 것이라고 주장하였다. 언어는 말로 하거나 글로 쓰거나 준수해야 할 규칙이 있다고 전제하면서 그는 언어가 근거하고 있는 규칙들과 관련하여 유추(analogy), 어원, 철자 등을 IO의 제1권의 4장, 6장, 그리고 7장에서 다루었다.[9] 4장에서는 그 당시 라틴어에서 u자 하나로

---

7) 희랍문법이나 라틴문법에서 격의 분류는 형태에 근거하여 격을 분류한 반면 퀸틸리언이 의미의 관점에서 격을 분류한 것은 주목할 만하다. 세일러스(Salus, 1969, 7)는 오늘날 우리가 쓰고 있는 소유여격(dative of possessive)이라는 용어는 의미에 근거한 격의 분류명칭이며, 이러한 명칭의 사용은 퀸틸리언의 영향인 것으로 보고 있다.
8) 프리시언은 격은 형태면에서 이해해야 한다고 주장하고 의미에 근거한 도구격 등을 인정하지 않았다.
9) 퀸틸리언과 롱거스(Longus Scaurus, 『철자법에 대하여(De Orthographia)』) 간

서 u와 v를 나타내고, i자 하나로 i와 j를 대신하여 쓰는 것에 주목하여 그 당시 라틴어 문자에는 없는 v와 j의 필요성을 주장한 것도 주목할 만하다(세일러스, 1969, 6-7과 78-91).

2.3 도나투스

로마시대에 쓰여진 문법교과서 중에서 오늘날까지 남아 있는 것은 기원후 3세기 이후의 것들이고, 이들 문헌 중에서 가장 유명한 것은 도나투스(400 A. D.)와 프리시언(500 A. D.)의 문법이다. 서기 350여 년 경에 쓰여진 도나투스의 라틴어 문법인 『실용 대문법(Ars Major)』과 『실용 소문법(Ars Minor)』은 프리시언의 문법과 함께 중세에 라틴어 문법의 표준 교과서로 1000년 이상 사용되었다. 이들 두 문법서는 그 후 라틴어의 품사 수를 여덟으로 고정시키는 데에 커다란 역할을 했으며, 특히 『실용 소문법』은 라틴어문법의 기초를 간략히 문답식으로 기술하였다. 『실용 대문법』과 『실용 소문법』은 인기가 대단하여 어느 것이나 초보적이고 기초적인 것을 다룬 책은 거의 모두가 Donat나 Donet라는 이름을 붙여 '초보' 내지 '기초'를 나타낼 정도였다(세일러스, 1969, 7). 도나투스의 문법이 문법이론 면에서 아무런 독창성은 없지만 문법 교과서로서 이처럼 성공을 거둔 것은 그의 독특한 문답식 서술방법 때문인 것으로 여겨지고 있다(호브다우건, 1982, 89).

『실용 대문법』은 라틴어의 소리, 문자, 음절, 강세를 비롯하여 8품사는 물론 문법상의 오류, 저속한 표현, 수사적 표현 등 문학작품을 이해하고 분석하는 데에 필요한 라틴어의 문법사항을 포괄적으로 다루었다

에는 상당히 공통점이 많다는 점을 들어 H. 네틀십(1886, 195-200)은 철자에 대한 논의는 퀸틸리언 이전에 이미 상당히 거론되었을 것으로 보고 있다.

(호브다우건, 1982, 89). 반면, 『실용 소문법』은 명사, 대명사, 동사, 부사, 분사, 접속사, 전치사, 감탄사 등 8품사를 문답식으로 설명하고 있다. 다음은 명사에 대한 설명의 일부를 『실용 소문법』에서 인용한 것이다.

> 명사란 무엇인가? 사람이나 사물을 특별히 또는 일반적으로 나타내는 격을 가진 품사. 명사는 몇 개의 속성을 갖고 있는가? 여섯 개. 무엇 무엇인가? 성질, 비교, 성, 수, 형태, 격. 명사의 성질은 무엇으로 되어 있는가? 두 가지. 하나는 한 사물의 이름이어서 '고유명사'라고 부르며, 다른 하나는 많은 것의 이름이어서 '보통명사'라고 부른다. 비교의 정도는 얼마나 있는가? 세 가지. 무엇 무엇인가? 절대급, 비교급, 최상급. 명사의 성은 무엇 무엇이 있는가? 넷. 무엇 무엇인가? 남성, 여성, 중성, 통성. 명사의 수는 몇 개인가? 둘. 무엇 무엇인가? 단수와 복수. 명사의 형태는 몇 개인가? 둘. 무엇 무엇인가? 단순형과 복합형. 명사의 격은 몇 개인가? 여섯. 무엇 무엇인가? 주격, 소유격, 여격, 대격, 호격, 탈격…(세일러스, 1969, 92-93).[10]

『실용 소문법』은 나이 어린 학생들을 위하여 이런 식으로 라틴어 학습에 필요한 8 품사의 기본적인 문법사항을 설명하고 있다. 다른 품사들에 대해서도 위에 보인 명사의 경우처럼 먼저 정의를 내리고 이들 품사들이 갖는 주요한 문법적 특성을 들어 다음과 같이 설명하였다.

> **대명사**는 명사 대신에 쓰여 동일한 의미를 나타내고, 때로는 앞에 언급한 사람을 지칭하는 품사이며, 그의 문법적 특성으로 성질, 성, 수, 형태, 인칭, 격 등 여섯 가지가 있다. 대명사가 갖는 성질은 한정적인(definite) 것과 부정적인(indefinite) 것의 두 가지가 있다. 사람을 대신하는 (인칭)대명사는 한정대명사이고, 사람을 대신하지 않는 (비인칭)대명사는 부정대명사이다.

---

10) 『실용 소문법』의 영역본은 세일러스(1969, 92-103)를 참조.

동사는 동작을 하거나 동작을 받거나 또는 이들 중 어느 것도 하지 않는 것을 나타내며, 시제와 인칭은 있지만 격이 없는 품사이다. 동사가 갖는 문법적 특성으로는 성질, 인칭변화, 성, 수, 어형변화, 시제, 인칭, 서법이 있다.

부사는 동사와 함께 쓰여 동사의 의미를 설명하거나 동사를 완전하게 하는 품사이며 그의 속성은 의미, 비교, 형태의 세 가지이다. 여기서 의미란 장소, 시간, 수, 긍정, 부정 등을 나타낸다.

분사는 명사의 성질인 성과 격을, 동사의 성질인 시제와 의미, 명사와 동사가 다 갖고 있는 수와 형태를 함께 갖고 있는 품사이다. 그리하여 분사는 성, 격, 시제, 의미, 수, 형태 등 여섯 가지 성질을 갖고 있다.

접속사는 문장을 함께 묶어 그것을 순서대로 놓는 품사이며, 그의 속성은 기능, 형태, 순서이다. 접속사가 갖는 기능은 연접접속(copulative), 이접접속(disjunctive), 허사접속(expletive), 원인접속(causal), 이유접속(rational) 등 다섯 가지이고, 여기서 순서는 접속사가 연결하는 말의 앞이나 뒤에 놓이는 위치를 말한다.

전치사는 다른 품사 앞에 놓여 그 의미를 완전하게 하거나 바꾸는 품사이며, 그의 기능은 오직 격 하나뿐이고 전치사가 지배하는 격은 대격과 탈격이다.

감탄사는 일상적이 아닌 어조로 심적 상태를 나타내는 품사로서 감탄사가 갖는 유일한 속성은 의미이고, 기쁨, 슬픔, 놀람, 두려움 등을 나타낸다.

2.4 프리시언

프리시언(Priscian)의 『문법의 원리(*Institutiones Grammaticae*)』(이하 IG로 줄임)는 고대에 쓰여진 라틴문법서 가운데서 라틴어를 포괄적으로 다룬 가장 권위 있는 라틴문법이다.[11] 라틴어에 대한 문법은 기원전 1세기경부터 로마제국의 여러 지방에서 많은 문법학자들에 의해 쓰여졌다.

그러나 이들은 모두 유실되어 버렸고, 다만 서기 6세기 초 프리시언이 편집한 IG가 지금까지 남아 있는 가장 오래된 라틴어 문법서이다.

IG는 현대판으로도 1000페이지에 달할 만큼 방대한 필사본으로서 총 18권으로 되어 있다. 이처럼 방대한 책이 인쇄된 것이 아니라, 6세기부터 1000여 년 동안 한 권 한 권 손으로 필사되어 오늘날까지 전해 온 것이기 때문에, 필사본마다 조금씩 다른 것이 있음은 말할 것도 없다.[12] 책 이름도 『문법의 원리』(로빈스, 1979, 54) 외에, 『실용문법의 원리(Institutio de arte grammatica)』(퍼시블, 1987, 65)라고도 하는 등 여러 가지가 있다.

IG의 첫 16권은 철자법, 운율론, 어원론 및 형태론을 다루고, 나머지 17권과 18권은 통사론을 다루고 있다. 중세문법학자들은 이들 첫 16권을 한 권으로 묶어 그것을 프리시언의 『대문법(Prisianus Major)』 또는 Grammatica Vetus (Old Grammar)라 하고, 통사론을 다룬 17권과 18권을 또 한 권으로 묶어 그것을 프리시언의 『소문법』 또는 Grammatica Nova(New Grammar)라고 구별하였다(퍼시블, 1987, 66).

중세문법학자들이 Prisianus Major에 Grammatica Vetus라는 별도의 이름을 붙이고, Priscianus Minor를 Grammatica Nova라고 불렀던 것을 보면, 『대문법』에서 논의한 철자법, 운율론, 어원론 및 형태론은 당시의 라틴문법가들에게 이미 잘 알려지고 많이 연구된 분야였으리라는 것을

---

11) IG는 H. 킬(H. Keil, 1855-1880)이 편집한 『라틴문법(Grammatici Latini)』 I-VIII의 Vol. II(1855)와 Vol. III(1859)에 그 원문이 수록되어 있다.
12) IG의 필사본이 몇 가지나 되는지 정확한 숫자는 알 수 없다. 킬(Grammatici, 2, xiii, 1885)은 1000여 가지의 필사본이 남아 있다 하고, H. 보턴위서(Buttenwiesser Speculum, 17, 50-55, 1942)는 적어도 370권이 남아 있다고 한다. 인쇄술이 발명되기 전인 중세시대에 필사되어 이처럼 많은 필사본이 지금까지 남아 있다는 것은 프리시언의 IG가 그 당시 누렸던 권위와 중세의 문법이론과 교육에 미친 영향이 대단히 컸으리라는 것을 쉽게 짐작할 수 있게 한다(로빈스, 1979, 65의 주 65).

짐작할 수 있다.

프리시언이 『대문법』에서 다룬 것을 현대용어로 말하자면 음성학과 형태론이다. 그는 언어의 구성단위를 소리, 낱말, 문장으로 나누어 기술하였다. 그는 소리를 의미와 표기 가능성에 따라 *Vox articulata*, *Vox inarticula*, *Vox literata*, *Vox illiterata*의 네 가지 종류로 나누고, 이 소리들 중에서 *Vox articulata*(articulated vocal sound)만이 언어를 기술하는 데에 필요한 것으로 보았다. 왜냐하면 *Vox articulata*는 화자가 의미와 연관을 지어 발화한 소리이지만, *Vox inarticula*는 의미를 나타내기 위하여 발화한 소리가 아니며, *Vox literata*는 articulata든 inarticulata든 글자로 쓰여질 수 있는 소리이며, *Vox illiterata*는 글자로 쓰여질 수 없는 소리이기 때문이다.

프리시언은 문자를 *Vox articulata*를 나타내는 기호로 보고, 문자가 가진 속성을 문자의 이름(nomen), 문자의 모양(figura), 음가(potestas)로 나누어 설명하였다. 그러나 문자에 대한 이러한 설명은 라틴어의 발음에 관한 것을 제외하면 희랍문법에서 희랍어문자를 설명한 것과 별로 다른 것이 없다(로빈스, 1979, 56).

통사론을 다룬 *Priscianus Minor*가 *Grammatica Nova*라고 불렸던 것만 보더라도, 통사론은 그 당시까지만 해도 아직 별로 연구가 되지 않는 새로운 문법 분야였기 때문에 겨우 두 권에 걸쳐 다루었으리라고 짐작할 수 있다. 여기서는 『대문법』에서 논의한 형태론과 *Priscianus Minor*에서 논의한 통사론을 주로 로빈스(1979)와 퍼시블(1987)에 근거하여 살펴보겠다.

2.4.1 형태론

프리시언은 말의 구성단위를 소리, 낱말, 문장으로 나누고, 소리는 철자법과 운율론에서 문자를 기술하면서 다루고, 낱말은 형태론에서, 그리고 문장은 통사론에서 다루었다.

프리시언은 낱말(dictio)을 문장구조의 최소단위(Dictio est pars minima orationis)라고 주장한 스랙스의 정의를 그대로 받아들이고 있다(로빈스, 1979, 64의 주 37). 여기서 *oratio*는 하나의 완전한 생각을 나타내는 낱말의 배열을 의미한다. *oratio*에는 여러 가지 형태가 있고 의문문의 대답이 되는 하나의 낱말도 *oratio*이다. *oratio*의 이러한 정의는 그것이 문장을 가리킨다는 것을 알 수 있다.[13]

프리시언은 형태론의 연구대상을 낱말과 어형변화(paradigm)에 한정시키고, 낱말(dictio)은 그 자체가 의미를 가진 복합표현의 최소 부분이며, 그 이상 작은 단위로 분석하는 것은 언어학적으로는 무의미한 것으로 보았다. 프리시언은 낱말을 이렇게 정의함으로써 *vires*(plural of *vis*, *viris*, 'force')와 같은 낱말을 *vi*와 *res*, 또는 *vir*와 *es*로 분석하는 것을 막았으며(디닌, 1967, 114-115), 낱말의 하위 요소인 형태소를 인정하지 않는 결과, *indoctus*의 부정접두사인 *in*을 전치사 *in*으로 분석하는 오류를 범하기도 하였다(로빈스, 1979, 56-57).

프리시언은 품사를 다루기에 앞서 초기 희랍언어학자들의 주장을 간단히 소개한 후 스랙스와 아폴로우니우스(Apollonius)의 8품사체계를 상세하게 다루었다. 그는 각 품사를 의미와 형태에 근거하여 정의하고 이들 품사에 속하는 낱말들이 갖는 형태상의 특성을 고전으로부터 많은 예를 인용하여 설명하였다. 이와 같이 라틴문법의 형태론을 다루면서 프리시언은 희랍어와 라틴어에서 발견되는 두 언어가 갖는 구문상의 차이를 비교하기도 했지만 『대문법』의 대부분은 품사를 다

---

13) 디닌(1967, 114-115)도 *oratio*가 *sentence*를 의미한다고 하면서도 유감스럽게도 *partes orationis*를 'parts of speech'라는 전통적인 영역을 따르고 있다. 로빈스(1979, 57)가 'parts of speech(word classes)'와 같이 예스퍼슨의 용어 *word classes*를 괄호 안에 언급한 것을 보면, 그가 *parts of speech*라는 용어의 사용에 전적으로 동의하지 않고 있음을 알 수 있다(이환묵, 1992, 주 23 참조).

루었다.
 희랍문법의 관사 대신에 감탄사를 하나의 독립된 품사로 인정하고 있는 것만 제외하면, 아래 소개하는 프리시언의 품사론은 사실상 스랙스의 품사론과 커다란 차이가 없다.

 명사(nomen): (오늘날의 형용사를 포함한) 명사는 실체(substance)나 성질(quality)을 가리키며, 사람이나 사물이 가진 일반적인 성질이나 특별하거나 독특한 성질을 나타낸다.
 동사(verbum): 동사는 행위나 행위의 받음을 나타낸다. 동사는 시제와 서법의 형태를 가지고 있지만 격변화는 하지 않는다.
 분사(participium): 분사는 동사로부터 파생된 낱말로서 동사가 갖는 시제와 명사가 갖는 격을 함께 가지고 있다는 점에서 동사나 명사와 구별된다.
 대명사(pronomen): 대명사는 고유명사 대신에 쓰이며 1, 2, 3인칭을 나타낸다.[14]
 부사(adverbium): 부사는 동사와 함께 쓰이며 통사적으로, 그리고 의미상으로 동사에 예속되어 있다.
 전치사(praepositio): 전치사는 독립된 낱말로 쓰일 때는 격변화를 하는 낱말 앞에 쓰이며, 복합어의 일부로 쓰일 때는 격변화를 하는 낱말이나 격변화를 하지 않는 낱말 앞에 모두 쓰인다.[15]
 감탄사(interiectio): 감탄사는 통사적으로는 동사로부터 독립된 낱말로 감정이나 심적 상태를 나타낸다.

---

14) 대명사는 고유명사만을 대신한다는 프리시언의 대명사 정의는 라틴어는 물론 모든 언어의 1인칭대명사와 2인칭대명사를 제외시키는 오류를 범하고 있다. 프리시언은 또 대명사가 갖는 또 하나의 특별한 성질은 명사가 갖는 성질은 나타내지 않고 다만 실체만을 가리키는 것이라는 아폴로우니우스의 정의를 반복하기도 했다 (로빈스, 1979, 58).
15) 프리시언은 스랙스처럼 proconsul 'proconsul'의 pro와 intercurrere 'to mingle with'의 in을 모두 전치사로 분류하고 있다(로빈스, 1979, 58).

접속사(coniunctio) : 접속사는 접속사 이외의 다른 낱말들을 둘 또는 그 이상 연결하고 그들 상호간의 관계를 나타내며 의미를 첨가하기도 하지만, 어형변화는 하지 않는 품사이다.

위에서 명사, 동사, 분사, 대명사는 그들이 갖는 문법적 기능에 따라 적어도 둘 이상의 어형변화를 하는 품사(variable words)이다. 그러나 전치사, 부사, 감탄사, 접속사는 다만 하나의 형태만을 갖는 어형변화를 하지 않는 품사(invariable words)이다.

2.4.2 통사론

배로도 『라틴어 문법론(De Lingua Latina)』의 XIV권부터 XIX권까지 통사론을 6권이나 썼지만 이들이 모두 유실되어 지금은 남아 있지 않기 때문에, Prisianus Minor가 지금까지 남아 있는 라틴문법 중에서 가장 오래된 통사론이다. 더구나 프리시언의 통사론은 중세 통사론의 기초가 되었다는 점에서 문법사에서 중요한 위치를 차지하고 있다. 통사론은 낱말이 어떻게 결합하여 문장을 형성하는가의 문제에 관심을 가진 문법의 한 분야이다. 고대문법에서는 철자법의 연구대상이 문자이고, 운율론의 연구대상이 음절이듯이, 통사론의 연구대상은 문장이었다. 프리시언은 문장을 서로 상응하는 낱말의 적합한 결합(Oratio est ordinatio dictionum congrua)이라고 정의하였다. 그리하여 프리시언의 경우, 통사론의 주된 임무는 낱말의 적합한 결합과 부적합한 결합을 구별해 내는 일이었다. 예를 들면, *homo concidit* 'a man fell down'은 적합한 문장이고, *homo conciderunt*는 부적합한 문장이다. 전자의 문장은 명사와 동사가 모두 단수인 반면, 후자의 문장은 명사는 단수인데 동사가 복수이기 때문이다(퍼시블, 1987, 67).

명사와 동사의 수의 일치뿐만 아니라 동사와 명사간의 격지배 관계도 낱말결합의 적합성을 결정하는 중요한 개념이다. 고대문법가들이 언어표현에 대하여 가졌던 통사적 관심은 범주가 서로 다른 두 낱말간의 결합관계에 있었다. 프리시언은 바로 위에서 예로 든 동사와 명사간의 수의 일치 문제뿐만 아니라 동사와 명사, 그리고 전치사와 명사가 결합할 때 굴절어인 라틴어가 지켜야 할 지배관계에 대해서도 관심을 가졌었다. 프리시언 자신은 지배(government)라는 용어를 사용하지 않았지만 *adjungis* 'be adjoined' 또는 *exigere* 'require'와 같은 낱말로서 타동사는 사격(oblique cases)명사를 요구한다고 격지배 현상을 설명하였다. 그리고 그는 *vivo* 'to live'나 *deambulo* 'to go for a walk'와 같은 사격명사를 요구하지 않는 동사, 즉 자동사를 *absolute*라 하여 타동사와 구별하였다.

동사가 사격 명사를 필요로 하느냐 그렇지 않느냐의 문제는 바꾸어 말하면 사격명사가 없어도 하나의 완전한 구문(costructio perfecta)을 이룰 수 있느냐 없느냐의 문제이다. "문장은 적합한 낱말의 결합이며 의미상으로 완전하다(Oratio est ordinatio dictionum congrua, sententiam perfectam demonstrans)"라고 문장의 정의를 내린 것을 보면, 프리시언은 낱말의 결합관계와 의미를 함께 고려하여 문장을 정의하고 있음을 알 수 있다. 그가 낱말의 결합관계를 기술하면서 의미를 중요하게 여겼다는 것은 문장을 분류하고 생략현상을 논의하는 데서도 찾아 볼 수 있다.

프리시언은 문장을 *reflexive, transitive, retransitive*, 그리고 *intransitive*의 네 가지 유형으로 분류하였다. 이러한 분류는 문장 안에 들어 있는 명사간의 상호지칭관계(coreferentiality)에 근거한 것이다. *Aiax se interfecit* 'Ajax killed himself'에서처럼 주어와 목적어가 상호지칭적이면 그 문장은 *reflexive*이고, *Aristophanes Aristarchum docuit* 'Aristophanes taught Aristarchus'와 같이 주어와 목적어가 상호지칭적이 아니면 그 문장은 *transitive*이다. *orare iussit ut ad se venias* 'he commanded that you be requested to come to him'과 같은 복문에서 두 절에 있는 명사가 상호지칭적이면 그 문장은 *retransitive*이다. 그리고 *percurrit homo excelsus* 'a tall man is hastening by'와 같이 직접목적어가 없는 문장은 *intransitive*이다.

이러한 문장의 분류는 현대문법의 관점에서 보면 어설프고, 프리시언 자신도 이것을 완벽한 분류라고 생각하지는 않았다. 그러나 중세문법학자들은 이들 네 가지 문법개념 중에서 *transitive*와 *intransitive*를 받아 들였고, 이들 두 문법개념은 오늘날에 이르기까지 쓰이고 있다.

프리시언이 어순을 설명하면서 명사나 대명사가 동사 앞에 놓이는 것은 실체(substance)가 행위에 선행하기 때문이라고 한 것도 통사현상을 의미와 관련시켜 이해하려 한 것으로 볼 수 있다.

2.5 요약

이제까지 우리가 살펴본 라틴어 문법은 대체적으로 배로와 프리시언으로 대표된다고 말할 수 있다. 그러나 이들 두 문법은 문법이론의 독창성이나 후세문법에 미친 영향면에서 두드러진 차이를 보이고 있다.

배로는 그의 4품사설을 통하여 보여준 바와 같이 희랍문법체계를 라틴어에 적용하는 과정에서 이들을 재검토하고 라틴어에 적합한 문법을 정립하려는 독창적인 노력을 하였다. 배로의 『라틴문법론』이 이처럼 독창적이고 후세문법학자들이 자주 언급하였음에도 불구하고 라틴문법의 주류에 들지 못했고, 그 결과 서구문법의 전통형성에 주요한 역할을 하지 못했다. 그 이유는 그가 다른 라틴어 문법학자들과는 달리 희랍어 학교문법(Dyonisius Thrax, *Tekhne grammatike*)에 의존하지 않았을 뿐만 아니라, 그가 학교문법 교과서를 저술하지 않아서 로마 언어학을 대표하는 교육과 기술문법의 전통 밖에 머물러 있었다는 데에 있을 것이다(호브다 우건, p. 83).

　프리시언은 배로와는 달리 독창성이 없고, 라틴어의 문법을 다만 포괄적으로 자세히 기술하였을 뿐, 문법이론이나 문법개념을 정확하거나 일관성 있게 정의하지 못했다. 그리하여 그는 스랙스의 수준에 미치지 못했다는 평가를 받고 있기는 하지만(로빈스, 1951, p. 67), 프리시언의 문법은 전체적으로 볼 때, 라틴어를 기술하고 가르치는 데는 완전한 문법이라고 말할 수 있다. 라틴어가 모국어이기 때문에, 라틴어를 가장 완전하고 정확하게 기술하였다는 점에서, 그의 문법이론이 언어를 논의하는 전통적인 방식의 기초가 되었다는 점에서, 그리고 그의 문법이 고대와 중세의 문법을 잇는 교량 역할을 한다는 점에서, 프리시언은 우리에게 중요한 의미를 갖고 있다. 그의 『문법의 원리』가 라틴어문법 교과서로 1000년 이상이나 쓰였다는 것은 그 문법의 명성은 말할 것도 없고, 중세의 문법이론과 문법교육에 끼친 영향이 절대적이었으리라는 것을 짐작하기에 충분하다.

제 3 장
중세사변문법

3.0 서론

서양의 역사에서 중세(the Middle Age)는 보통 로마제국(27 B. C.-395 A. D.)의 붕괴로부터 문예부흥기까지 약 1000년 동안을 말한다. 중세의 교양과목은 모두 신학을 공부하기 위한 교과목이었고, 문법은 중세대학의 교양과목의 하나였다.[1] 문법은 당시 학문을 하는 데 필요한 언어인 라틴어를 읽고 쓰는 데 필수적이어서 모든 교양과목의 기본이 되었다. 문법은 다른 학문을 하기 위한 도구과목이면서 동시에 고전작품과 라틴어 성경을 연구하기 위한 목적을 가지고 있었기 때문이다.

중세의 문법은 보통 학습문법과 사변문법(speculative grammar)으로 대별할 수 있다. 학습문법은 라틴문법을 아무런 비판이나 수정을 가하지 않고 그것을 그대로 답습한 8세기부터 12세기까지의 문법을 말한다. 반면, 사변문법은 아리스토텔레스와 스콜라철학의 영향을 받아 문법현

---

1) 중세의 교양과목(liberal arts)은 학예3과(trivium)와 학예4과(quadrivium)의 7과목을 말한다. 학예3과는 문법, 논리학, 수사학을 말하며, 학예4과는 음악, 산수, 기하, 천문학을 가리킨다.

상에 철학적인 설명을 시도한 12세기부터 문예부흥기까지의 문법을 가리킨다. 사변문법은 프리시언과 도나투스가 희랍문법을 토대로 하여 라틴어의 문법현상을 기술하는 데서 그친 라틴문법에 이론적인 근거를 부여하려는 데서 출발하였다.

3.1 학습문법

프리시언과 도나투스는 라틴문법의 대표적인 학자일 뿐 아니라, 고대와 중세의 문법을 연결하는 교량역할을 하였다는 점에서 문법사의 중요한 위치를 차지하고 있다. 중세사람들이 라틴문법의 고전인 도나투스(c. 350)의 『실용라틴문법(Ars Grammatica)』과 프리시언(c. 500)의 『문법의 원리(Institutiones Grammaticae)』를 통하여 물려받은 전통은 라틴어의 표면구조를 철저하게 기술하는 기술문법이었다. 학습문법은 이들 두 라틴문법을 베껴 쓰고 주석을 부치는 것이 주된 일이었고, 관찰할 수 있는 언어현상을 기술하는 데에 주로 관심이 있었다. 이처럼 학습문법이 라틴문법을 그대로 받아들인 결과, 이론적인 면이나 방법론적인 면에서 문법의 발달을 역사적으로 살펴보고자 할 경우, 중세의 학습문법에는 특별히 주목할 만한 문법학자는 찾아보기 힘들다. 다만 1000년경의 앨프릭(Aelfric)이 영국에서는 처음으로 라틴어에 대한 문법을 썼다는 점에서, 그리고 1200년경의 빌디어의 알렉산더(Alexander of Villdieu)가 라틴어 시 운율로 쓴 『문법원리(Doctrinale)』가 중세의 가장 인기가 있었던 학습문법이라는 점에서 다소 주목을 받을 만하다.

앨프릭의 라틴문법은 어린 학생들에게 가르칠 목적으로 라틴어의 실용문법을 앵글로색슨어로 쓴 것이다. 그 당시 영국은 물론 유럽의 모든 문명국가들은 교회에서뿐만 아니라, 법률과 학문을 하는 데 라틴어가 사용되고 있었다. 앨프릭은 당시의 다른 문법가들과 마찬가지로 프리시언과 도나투스의 문법에 근거하여 8품사와 다른 문법범주를 그대로 받아들이고, 라틴어 예문에 모두 앵글로색슨어로 번역을 붙였다. 그는 서문에서 그의 문법서가 영어문법(엄격이 말하면, 앵글로색슨어 문법)을 위한 입문서 역할을 하리라고 말한 것은 주목할 만하다. 왜냐하면 당시 다른 나라에서는 라틴어 문법을 쓰고 라틴어를 연구할 때, 라틴어를 자신들의 모국어와 연결시켜 생각하지 않았기 때문이다.[2]

1200년경에 쓰여진 알렉산더의 『문법원리』는 라틴어가 모국어가 아닌 학생들을 위하여 가르치기 쉽고 외우기 쉽도록 6보격 운율의 형식으로 쓰여졌다. 중세의 다른 라틴문법과 마찬가지로 알렉산더의 문법도 주로 프리시언의 영향을 많이 받았다. 프리시언이 라틴어 통사론을 방대하게 다룬 반면, 알렉산더는 2600여 행으로 된 그의 문법 중에서 다만 170여 행만을 라틴어 문장구조, 격 형태, 시제, 관계대명사 등을 다루었다. 프리시언이 고전 라틴어를 다룬 반면, 알렉산더는 그 당시 식자층이 사용한 중세 라틴어를 예문으로 사용하였다는 점에서 차이가 있다. 『문법원리』는 문법규칙의 타당성을 설명하거나 문법적인 이론이 없는 학습문법이다. 이러한 불만을 보완하기 위하여 여러 가지 시도가 나오기도 했지만, 13세기 초 사변문법이 등장할 때까지 『문법원리』는 중세 후기에 가장 널리 사용된 학습문법이었다.

---

2) 앵글로색슨어는 현대영어보다 구조면에서 라틴어와 비슷한 점이 많았고 또 그 때문에 프리시언의 문법범주를 앵글로색슨어에 적용하기가 더 쉬웠을 것이다. 그리하여 앨프릭의 문법은 앵글로색슨 어린이들에게 라틴어문법의 훌륭한 입문서가 되었고, 그런 점에서 앨프릭을 영국에서는 라틴어문법의 비조라고 부르고 있다. 그러나 라틴어와 앵글로색슨어 사이에는 격, 수동태 등 많은 차이가 있다. 예를 들면, 라틴어에는 여섯 개의 격이 형태적으로 구별되는 반면, 영어에는 네 개의 격뿐이다. 라틴어는 수동형을 동사활용(passive conjugation)으로 나타내는 반면, 앵글로색슨어는 현대영어와 마찬가지로 be 동사와 수동분사로 나타내고 있다. 더 자세한 것은 로빈스(1951, 69-74)를 참조.

3.2 사변문법

중세의 문법학자들이 자료중심의 기술문법으로부터 이론중심의 사변문법으로 그 관심의 방향을 바꾸기 시작한 것은 보이시어스(Boethius)가 번역한 아리스토텔레스의 논리학을 연구하기 시작한 때부터이다. 보이시어스는 프리시언과 같은 시대의 사람으로 470년경에 태어나 로마와 아테네에서 교육을 받았으며, 희랍고전을 라틴어로 번역하는 데에 관심을 가졌다. 그는 아리스토텔레스의 『명제론(De Interpretatione)』을 라틴어로 번역하고, 초급자와 상급자를 위하여 그에 대한 두 가지 주석을 붙였는데 그것이 오늘날 De Interpretatione라는 이름으로 알려져 있다. 이들 번역과 주석 외에도 그는 논리, 신학, 철학, 천문학, 수학, 음악, 기하학에 대해서도 많은 저술을 하였다.[3]

보이시어스는 학예3과인 문법, 논리학, 수사학을 지식을 표현하는 과목으로 보았으며, 아리스토텔레스의 영향을 받아 보편성(universals)의 문제를 제기하고, 이러한 문제는 문법과 논리학이 해결할 수 있다고 믿었다. 그러나 보이시어스가 중세 서구학계에 보편성의 문제를 소개하여 여러 세기 동안 그에 대한 논의가 계속되었지만 만족할 만한 해결을 보지 못하였다. 보편성의 문제는 언어학의 관점에서 보면 '사람', '착한', '나쁜'과 같은 보편사(universal terms)인 보통명사나 형용사가 갖는 의미란 어떤 것인가와 같은 문제였다.[4]

중세의 문법학자들이 문법에 대한 관심의 방향을 기술에서 설명으로

---

[3] 보이시어스는 교육이란 어떤 것이어야 한다는 것을 밝혔다는 점에서 서구교육의 비조로 알려졌다. 그의 저술이 이들 교양과목의 기초가 되었으며, 교양과목을 두 분야로 나누어 학예3과(trivium)와 학예4과(quadrivium)라고 부르는 것도 그가 창안한 명칭이다.

[4] 보편사(universal terms)가 전형적인 삼단논법의 변항이라는 점에서 이러한 보편성의 문제는 아리스토텔레스의 논리학에서 연유한 것으로 보는 견해가 있다.

바꾼 것은 중세에 들어와서야 고대 철학자들과 아리스토텔레스를 포함한 희랍의 문헌이 다시 발견되고 라틴어로 번역되어 당시의 학계에 알려지기 시작했기 때문이다. 문법과 관련된 철학적인 재발견으로 인하여 중세문법은 어느 시대보다도 더 논리와 형이상학의 영향을 많이 받게 되었다. 중세문법학자들은 문법규칙을 논리규칙으로부터 끌어내고, 이러한 문법규칙을 실재세계에 대한 형이상학적인 이론으로 정당화하려고 하였다. 이러한 중세의 문법을 언어논리(Sprachlogik)라고 부르기도 한 것은 중세문법이 논리학과 철학의 영향을 받아 자료중심의 문법이 아니라 이론중심의 문법이라는 것을 의미한다(버실-홀, 1974, 78). 그리하여 문법은 이제 라틴어를 읽기 위한 도구과목이면서 동시에 자연을 이해하고 인간정신을 이해하기 위한 관건인 사변철학의 한 분야로 연구되기 시작하였다.

이처럼 중세의 문법학자들이 언어의 논리적 현상에 쉽게 관심을 가질 수 있었던 것은 아리스토텔레스의 논리가 문장을 주부와 술부로 나누고, 여러 가지 종류의 문장에 나타나는 술부의 역할을 밝히는 일로부터 시작했기 때문이다. 중세의 논리학자들은 또한 자연언어를 분석하고 자연언어의 통사구조와 의미구조 사이에는 일 대 일의 대응관계가 있고, 논리와 문법은 서로 밀접한 관계가 있는 것으로 보았다. 다만 문법학자들이 모든 어휘범주에 관심을 갖는 반면, 논리학자들은 명사와 동사에만 관심을 가졌다는 것이 문법학자와 논리학자들간의 두드러진 차이이다. 이와 같이 문법이 철학적인 복잡한 문제에 새롭게 관심을 갖게 되면서부터 중세의 문법은 단순히 라틴어를 배우는 데에 필요한 학습문법에 머무르지 않고 철학적인 문제에 관심을 가진 사변문법으로 발전하게 되었다.

사변문법은 언어 일반과 언어의 구조에 대한 철학적인 이론을 정립하려고 시도한 문법이론으로서 1150년경의 피터 힐리어스(Peter Helias)로부터 시작되었다. 그는 당시의 연구를 종합한 것이 그의 주요한 업적의 전부이지만, 후세학자들은 사변문법이 그로부터 시작한 것으로 보고 있다. 피터 힐리어스는 당시 철학의 중심지였던 파리대학의 교수였다. 프리시언이 서술의 단계에서 그친 문법규칙에 대하여 철학적인 설명을 하려고 노력하면서도, 그는 당시의 다른 대부분의 문법학자들과는 달리 이 세상에 존재하는 언어의 수만큼이나 문법의 수도 많다는 것을 인정하고 있었다.

문법에 대한 피터 힐리어스의 이러한 견해와는 달리 당시의 사변문법학자들은 문법은 인간이성과 실재세계의 구조와 모두 관련이 있는 단 하나의 보편문법이 있다고 주장하였다. 이러한 보편적인 문법규칙을 찾아내는 것은 철학자들이 해야 할 일이라고 그들은 믿고 있었다. 사법문법학자들의 문법에 대한 이러한 태도는 당시의 라틴문법학자들과는 크게 상반된다. 왜냐하면, 라틴문법학자들은 주로 학습문법에 관심을 갖고 고전작가들의 문헌에 근거하여 낱말의 형성이나 어형변화에 대한 규칙을 만들고 낱말들이 문장에서 어떻게 사용되고 있는가를 기술할 뿐, 이들 문법규칙을 설명하거나 문법규칙에 대한 논리적 근거를 찾으려고 하지 않았기 때문이다. 그리하여 사변문법학자들은 문법규칙을 기술할 뿐 논리적 근거를 제시하지 않는 프리시언의 문법를 비판하기 시작하였다. 사변문법학자들은 문법규칙은 언어 외적인 것, 즉 사고의 법칙이나 사물의 성질에 근거를 두어야 한다고 믿고, 문법은 철학자들이 관심을 가져야 할 대상이라고 주장하였다. 그리하여 힐리어스는 낱말과 실재세계에 존재하는 사물간의 관계에 관심을 갖고 지배관계를 지칭의 존성(referential dependency)이라는 개념으로 설명하려고 노력하였다.[5]

---

5) 전통문법학자들에 의하면, 하나의 낱말이 다른 낱말을 지배한다는 것은 그 낱말이 다른 낱말로 하여금 특정한 어형변화형(inflectional feature)을 갖게 하는 것을 의미한다. 예를 들면, 동사가 그의 주어와 목적어를 지배한다는 것은 그들로 하여금 각각 주격과 목적격의 어형을 요구한다는 것으로 보았다. 그러나 지배개념에 대한 이러한 정의는 어형변화를 하지 않는 낱말들간의 지배관계는 설명할 수 없

문장을 이루고 있는 낱말 중에서 명사는 실재세계의 사물을 가리키지만, 동사, 형용사, 전치사와 같은 낱말들은 실재세계에 가리키는 것들이 없어도 이들로 이루어진 문장은 전체적으로는 실재세계의 어떤 것에 대하여 무엇인가를 말해 주고 있다. 이러한 사실에 착안하여, 힐리어스는 실재세계의 사물을 직접적으로 가리키지 않는 동사나 형용사들과 같은 낱말들도 실재세계의 사물들과 어떤 방식으로든 연결이 되어 있다고 보았다. 힐리어스는 이러한 연결을 지배(regimen)라는 개념으로 파악하려고 하였다. 그의 주장을 따르면, 동사가 주어와 목적어를 지배하는 것은, 실재세계에 있는 어떤 것을 가리키기 위하여 동사는 주어와 목적어에 의존하는 것이고, 전치사가 목적어를 지배한다는 것도 전치사가 그의 목적어로 하여금 어떤 격을 취하게 하는 것이 아니라, 전치사는 그의 목적어에 의존하여 실재세계의 어떤 것과 연결하는 기능을 갖고 있다는 것이다(커빙턴, 1986, 24-25).

중세의 문법학자들이 문법을 이처럼 이론적인 학문으로 그 방향을 바꾸게 한 데에는 아리스토텔레스의 『분석론 후서(Posterior Analytics)』와 앨퍼래이비(Alfarabi)의 『학문론(Liber de Scientiis)』의 영향이 컸을 것으로 후세학자들은 짐작하고 있다. 사변문법이라는 이름도 아리스토텔레스가 지식을 실용적(praktike-practical)인 것과 이론적인(theoretike-theoretical) 것으로 분류한 데서 나온 것으로 보고 있다. 왜냐하면 사변문법의 '사변적(speculative)'이라는 용어는 원래 '이론적'이라는 의미를 가진 희랍어 *theoretike*를 라틴어 *speculativa*로 번역한 것이기 때문이다. 그리하여 사변문법을 이론문법(grammatica speculativa-theoretical grammar)이라고 부르기도 한다(커빙턴, 1986, 25-26). *speculative*에 대한 또 다른 어원설은 이 용어가 "언어는 실재세계에 내재하는 실체

다는 데에 문제가 있다. 그리하여 의미를 갖고 지배개념을 정의하려는 학자들도 있었지만, 이러한 시도는 한 낱말이 다른 낱말에 영향을 주는 것은 지배하는 낱말인가 아니면 지배받는 낱말인가와 같은 또 하나의 문제에 부딪혔다.

(reality)를 반영하는 (라틴어로 *speculum*인) 거울과 같다"는 스토아철학과 스콜라철학에서 연유한 것이라는 견해가 있다. 이들 철학은 언어를 실재세계의 실체를 분석하기 위한 도구로 보고, 언어표현이 갖는 의미에 관심을 갖고 있었다. 이러한 철학의 영향을 받아서 사변문법학자들은 언어를 분석할 때 의미(signification)를 가장 중요하게 취급하였다. 그리하여 사변문법학자들은 그들의 연구를 '의미의 양상(De Modis Significandi)'이라는 제목으로 발표하였다. 사변문법학자들을 양식문법가(Modistae)라고 부르기도 하는 것은 이런 때문이다(존 라이언스, 1968, 14-15).

아리스토텔레스는 과학적인 지식은 필연적이고 보편적(necessary and general)이어야 하고, 과학적인 지식은 또 그것이 다루는 모든 현상에 적용되는 사실로 이루어져야 한다고 주장했다. 이러한 아리스토텔레스의 영향을 받아 중세문법학자들은 언어에 대한 과학적인 연구는 분석하고자 하는 어느 한 개별언어는 물론 가능한 모든 언어에 적용할 수 있는 일반적인 원리를 밝혀야 하는 것으로 보았다.

문법이 이처럼 언어 외적인 것에 기초를 두고 있다는 사변문법학자들의 입장에서 보면, 모든 언어는 보편적인 문법구조를 가지고 있고, 문법규칙은 개별언어와는 아무런 관계가 없으며, 이러한 문법규칙이 개별언어에서 발견된다 하더라도 그것은 우연한 것이라는 사변문법학자들의 주장을 어느 정도 이해할 수 있다. 한 언어의 문법을 이해하는 사람이 다른 언어의 문법을 이해하는 것은 문법의 본질을 이해하고 있기 때문이다. 반면, 다른 언어를 말하고 이해하지 못하는 것은 문법의 본질을 이해하지 못해서가 아니라 다양한 낱말이나 그들의 형태와 같은 문법의 부수적인 속성을 이해하지 못한 때문이라는 것이다. 이처럼 사변문법학자들의 문법에 대한 견해는 문법은 모든 언어에 타당한 단 하나의 문법체계가 있으며 이러한 문법을 찾아내고 설명할 수 있는 것은 철학자들이 할 일이라는 것이다. 사변문법학자들의 이러한 문법관이 후세에 그대로 받아들여진 것은 아니지만 현대의 일반문법(general grammar)도 사변문법과 어느 정도 맥을 같이하고 있다고 말할 수 있을 것이다.

3.3 의미양식문법

사변문법은 1260년부터 1320년 사이에 가장 활발히 연구되었고, 문법현상을 의미양식(modes of signifying)을 사용하여 기술하였다. 이 때문에 후세 사람들은 사변문법을 양식문법(modistic grammar)이라고도 부른다(버실-홀, 1966, 133). 양식문법은 문법현상을 설명하는 데에 중점을 둔 이론문법이라는 점에서 사변문법의 일종이다. 그러나 양식문법은 의미양식에 근거하여 문법현상을 설명하고 문법범주를 정의하고 있다는 점에서 중세의 이론문법을 총칭하는 사변문법과 구별된다.

양식문법은 고대문법의 두 가지 전통인 플라톤, 아리스토텔레스, 스토아학파의 논리-철학적 문법과 스랙스, 도나투스, 프리시언의 문학작품의 이해에 중점을 둔 문어문법(literary grammar)을 통합했다고 말할 수 있다. 그러나 양식문법은 스콜라철학의 영향을 받아 실체에 대한 형이상학이론으로 문법범주를 서술하고 있다는 점에서 그들의 문법전통과 차이가 있다. 그리하여 양식문법가들은 문법은 그 근거가 언어 자체에 있는 것이 아니라 실체에 있고 실체의 구조에 근거한 하나의 보편문법이 존재한다고 믿었다. 이처럼 문법규칙은 그들이 나타나는 언어와는 독립적으로 존재한다고 믿은 결과, 그들은 도나투스와 프리시언의 문법체계를 유지하면서도 품사와 그들의 어형변화를 그 당시의 논리와 철학 용어를 사용하여 기술하였다. 오늘날 우리가 양식문법을 이해하기가 어려운 것은 중세철학이 양식문법의 이론적 배경이 되어 있기 때문이다.

의미양식(modes of signifying)이라는 용어는 사변문법의 정수를 이해하는 데 가장 중요한 개념이다. 의미양식이 나타내는 것은 낱말이 갖는 의미의 일부도 아니고, 낱말이 가진 음성자질도 아니다. 의미양식은 낱말이 그 의미를 어떻게 나타내는가를 가늠해 보기 위한 척도(parameters)이다. 예를 들면, 동사 *currere* '달리다'와 명사 *cursus* '달음질'은 '달림'이라는 동일한 의미를 나타내지만, 이들 두 낱말은 그 의미를 서로 다른 양식으로 나타내고 있다. 다시 말하면, 동사와 명사는 의미를 나타내는 양식이 서로 다르며, 이 때문에 이들은 서로 다른 품사에 속한다고 사변문법가들은 주장하였다. 낱말의 소리는 임의적일 뿐만 아니라, 의미를 연구하려면 언어 외적인 실재세계를 알아야 하기 때문에, 양식문법은 의미를 나타내는 양식만이 이론문법의 고유한 연구대상이라고 보았던 것이다.

양식문법은 품사, 격, 시제 등과 같은 문법범주의 기능을 실재세계의 사물과 낱말을 연결하는 기호-의미의 관계로 설명하기 위하여 의미양식의 개념을 발전시켰다. 프리시언이 명사는 모두 그에 고유한 속성(qualitas)을 갖는 하나의 실체(substantia)를 의미한다고 본 반면, 12세기의 콘쳐스의 윌리엄(William of Conches)을 비롯한 사변문법학자들은 '소크라테스'와 같은 명사가 하나의 실체와 속성을 나타내는 것이 아니라, 다시 말하면, 실체와 속성이 명사의 의미에 나타난 것이 아니라, 이들 실체와 속성이 의미의 양식에 나타난다고 보았다. 그리하여 품사의 정의 내지 분류기준은 낱말이 갖는 의미라기보다는 의미표현양식이라는 것이 양식문법학자들의 기본입장이다. 똑같은 사물을 하나의 행동으로 나타내면 그것은 동사이고, 하나의 개체로 나타내면 그것은 명사인 것이다(커빙턴, 1986, 28).

양식문법학자들은 의미양식(modi significandi)을 모든 언어에 똑같은 필수적 양식(essential modes)과 언어에 따라 다를 수 있는 부수적 양식(accidental modes)의 두 가지로 나누었다. 예를 들면, 동사의 서술능력은 그것이 없으면 의사소통을 할 수 없기 때문에 필수적인 양식이고, 동사의 시제는 시간부사와 같이 다른 방식으로도 나타낼 수 있기 때문에 부수적인 양식이다. 이들 두 가지의 양식에 따라 의미양식론자들은 도나투스와 프리시언의 품사가 갖는 모든 속성을 양식론의 용어로 바꾼 후, 이들 품사를 의미양식으로 분류하였다.

시제이 드 쿠트레이(Siger de Courtrai, c. 1300)와 토마스 에어푸엇(Thomas Erfurt, c. 1350)은 대표적인 사변문법학자이다. 시제이는 스콜라철학에 근거해서 의미에 대한 일반적인 이론을 낱말이 가진 의미기능을 설명하는 것으로부터 시작하였다. 따라서 문법에 대한 그의 접근방법을 이해하려면, 우리는 먼저 그의 의미론을 이해해야 한다. 왜냐하면 그의 의미론은 양식의미론자들의 공통적인 관심의 대상이었을 뿐만 아니라 당시의 스콜라철학에 기초를 두고 있었기 때문이다. 그에 의하면, 사물은 모두 다양한 속성 내지 존재양식(modi essendi)을 갖고 있으며, 인간정신은 이들을 능동적인 이해의 양식(modi intelligendi passivi)을 통하여 이해하고, 이러한 능동적인 이해양식에 대응하는 수동적인 이해의 양식(modi intelligendi passivi)이 있는데, 인간정신이 이해하는 사물의 속성은 이러한 수동적인 이해의 양식이라는 것이다. 인간정신은 음성(vocal noises)에다 능동적 의미양식(active modes of signification)을 부여하고, 음성은 능동적 의미양식에 의해 낱말이나 문장의 일부(parts of speech —— partes orationis)가 되어 사물의 속성을 의미한다. 그리고 낱말이 의미하는 사물의 속성은 의미의 수동적 양식(modi significandi passivi)에 의해서 나타난다.

시제이의 이러한 언어이론에 의하면 언어구조는 사물의 구조나 인간의 정신작용과 밀접한 상호관계가 있으며, 언어가 뒤죽박죽 아무렇게나 모여 만들어진 소리가 아닌 것도 이러한 상호관계 때문이라는 것이다. 그러므로 낱말은 의미의 능동적 양식, 다시 말하면 낱말이 사물의 성질이나 속성을 의미하는 양식에 의해서만 구별될 수 있다는 것이 사변문법학자들이 갖는 품사정의의 기본적인 입장이다. 그리하여 명사는 실체나 변치 않는 상태 또는 개체를 나타내는 본질적인 양식에 따라 정의된다. 동사는 변화, 생성, 이동 또는 존재의 양식에 의하여 나타나는 품사이다. 대명사는 아무런 속성을 언급하지 않으면서 실체를 나타낸다. 이들 품사는 다시 그들이 가진 성, 수, 격, 시제 등과 같은 이차문법범주에 따라 세분되며, 이들 이차범주는 본질적인 의미양식과 구별하여 부차적인 의미양식이라고 한다.

시제이의 문법에 관한 저술 중에서 지금까지 남아 있는 것은 온전한 것이 못되고 일부만이 남아 있을 뿐이다. 시제이의 품사정의 중에서 지금까지 남아 있는 것은 다만 명사, 동사, 대명사에 대한 것뿐이다.

나머지 품사에 대한 사변문법적 정의를 시제이보다 50년쯤 후에 에어푸엇(c. 1350)의 『사변문법(Grammatica Speculativa)』으로 보충하는 것도 이런 때문이다. 에어푸엇의 『사변문법』은 지금까지 온전히 남아 있는 사변문법서 중에서 의미양식에 근거하여 품사론과 통사론이 가장 완전하게 정리된 양식문법서로 평가되고 있다. 여기서는 에어푸엇의 『사변문법』을 버실-홀(1971)에 근거하여 품사론과 통사론을 간단히 살펴보겠다.

3.4 품사론

어휘범주에 근거하여 문법을 논의하는 전통은 이미 희랍문법에서 시작되어 라틴문법을 거쳐 중세의 사변문법에 이르러서는 확고한 기반을 갖게 되었다. 그러나 13세기의 사변문법은 도나투스와 프리시언의 어휘범주체계를 그대로 받아들이면서도 이들 범주에 대한 이해를 전혀 새로운 각도에서 시도하였다. 사변문법학자들은 아리스토텔레스의 논리와 철학의 영향을 받아 문법규칙을 논리체계로부터 끌어내고, 이들 문법규칙을 실재세계와 관련하여 철학이론으로 설명하려고 하였다. 사변문법이 어휘범주를 논의하고 정의하는 데에 쓰인 개념과 용어가 희랍-라틴문법의 것들과 전혀 다른 것도 이런 데에 그 원인이 있다.

13세기 이전이나 13세기 초까지만 하더라도 문법은 보통 글자와 음절을 다루는 철자법(orthographia), 낱말과 그 의미를 다루는 어원론(etymologia), 문장과 그 구조를 다루는 통사론(diasynthetica), 발음을 다루는 운율론(prosodia)의 네 부분으로 구분하였다. 그러나 에어푸엇은 어휘범주를 논의하면서, 문법을 품사론(etymologia)과 통사론(diasynthetica)으로 나누었다. 양식문법에서 어원론은 명사나 대명사의 격변화, 동사의 어형변화, 낱말형성과 관련된 모든 것을 다루었다. 낱말의 어원을 밝히는 것이 어원론이 하는 일의 전부라고 보았던 당시의 문법전통과는 달리 양식문법의 어원론은 어휘범주를 정의하고 어형변화(accidents)를 주로 다루었다.

모든 어휘범주는 실재세계에 존재하는 사물의 성질이나 양상을 나타내므로 양식문법은 어휘범주를 실재세계의 사물과 관계가 있는 것으로 보았다. 실재세계의 사물이 어떤 일반적인 속성을 공유하면서 동시에 각개 사물들은 그들 고유의 특성을 가짐으로써 이들 사물간에는 공통점도 있고 차이점도 있는 것이다. 마찬가지로 이러한 사물들을 나타내는 어휘범주들도 문법이라는 하나의 전체를 이루고 있다는 점에서 그들간에는 공통적인 속성과 이들 각 어휘범주를 구별하게 하는 개별적인 속성을 갖고 있는 것으로 양식문법학자들은 문법현상을 파악하려고 하였다.

에어푸엇은 시제이의 분류를 따라 낱말을 어형변화를 하는 것(declinable)과 어형변화를 하지 않는 것(indeclinable)으로 나누었다. 명사, 대명사, 동사, 분사는 전자의 범주에 속하는 낱말이고, 부사, 접속사, 전치사, 감탄사는 후자의 범주에 속하는 낱말들이다. 양식문법은 어형변화를 하는 어휘범주가 어형변화를 하지 않는 낱말보다 의미양식(modes of signifying)의 수가 더 많은 것은 그들이 어형변화를 하지 않는 낱말보다 더 많은 속성 내지 존재양식에 의존하기 때문인 것으로 설명하고 있다.

3.4.1 어형변화범주

양식문법은 어형변화범주의 두드러진 속성으로서 영속성(stability)과 생성-변화성(becoming)의 두 가지 일반적인 양상을 들고 있다. 명사(nomen)와 대명사(pronomen)는 영속성(stability, permanence)을 가진 어휘범주이고, 동사(verbum)와 분사(participium)는 생성-변화성(becoming)을 가진 어휘범주이다.

명사와 대명사는 실체(substance), 즉 실재세계에 존재하고 사물의 영속성을 나타내는 구체성(concreteness)을 나타낸다. 명사와 대명사는 이러한 속성을 공유하고 있기 때문에, 실체 내지 구체성이 명사와 대명사가 함께 가지고 있는 공통적인 속성(feature)이다. 명사와 대명사를 구별해 주는 개별적인 것을 사변문법학자들은 변별적 속성(qualitative determination)이라 하고, 명사의 경우 이러한 속성을 사물을 정확히 구별하여 나타내는 능력으로 보았다. 반면 대명사는 이러한 속성을 가지고 있지 않기 때문에 어떤 것을 영속적으로 나타내지 못한다는 것이다. 사변문법학자들은 명사가 가진 이러한 영속적인 일정한 속성을 명사의 의미기능이라 하고, 이러한 기능이 존재양식(modus entis)에 의해 나타내지는 것으로 설명했다. 대명사도 명사와 같이 영속적이고 정적인 양식으로써 나타내지만 불확정한 속성을 가지고 있다는 것이 명사와 다른 점이다.

동사와 분사는 생성-변화의 속성(features of becoming)을 나타낸다. 동사와 분사는 다른 어휘범주를 지배하지만 다른 범주의 지배를 받지 않는다는 일반적인 속성을 가지고 있다. 영속적인 것은 모두 실체에서 나오지만, 변하는 것은 모두 행위나 운동으로부터 나온다. 행위나 운동이 주어와 관계될 때, 그것은 생성-변화의 속성으로 나타난다. 동사는 행위를 수행하는 주어로부터 그 행위를 분리시키지만, 분사는 주어에 연결된 행위를 나타낸다는 것이 동사와 분사의 다른 점이다. 다시 말하면, 분사는 변화-생성의 일반적인 양식을 동사와 공유하지만, 실체로부터 분리하는 개별적인 양식으로 행위를 나타내는 동사와는 달리, 분사는 실체로부터 분리하지 않는 개별적인 양식으로 행위를 나타낸다.

3.4.2 무변화범주

어형변화를 하지 않는 부사, 접속사, 전치사, 감탄사는 무변화범주이다. 부사는 주로 행위나 동작을 수식하여 그것을 제한하기 때문에 동사에 가장 가깝다. 접속사는 어떤 것들을 하나로 결합하는 기능을 가지고 있다. 사변문법학자들은 접속사를 특별한 연결부가 없어도 두 개의 그룹을 연결하는 접속사(conjunctio per vim)와 어떤 연결부가 있어야 두 개의 그룹을 연결하는 접속사(conjunctio per ordinem)로 나누었다. 전치사는 실체적인 요소(susbstantive element)가 갖는 격과 같은 속성과 이러한 요소들이 연결된 동사가 나타내는 행위와의 관계를 나타내는 데에 쓰인다. 전치사가 실체를 행위에 연결시킨다고 보는 견해는 안정성이나 변화-생성성의 구조보다 더 높은 차원의 상호구조를 도입한 것이다. 감탄사는 지성에 의해 감지되는 여러 가지 심적 상태를 나타내는 데에 쓰인다. 이러한 심적인 상태는 동적인 자질에 의하여 생기므로, 감탄사는 동사와 밀접한 관계가 있다.

에어푸엇은 부사를 동사에 덧붙여짐으로써 그 의미를 갖게 되는 품사, 전치사는 격어미를 갖는 낱말 앞에 놓임으로써 의미를 갖게 되는 품사, 접속사는 낱말들을 연결함으로써 의미를 갖게 되는 품사라고 정의하고 있다. 이들 품사에 대한 에어푸엇의 정의와 관련하여 우리가 주목할 것은 사변문법가들이 명사, 동사, 대명사와 같이 어형변화를 하는 품사의 정의는 의미와 관련된 철학적인 정의를 한 반면, 부사, 전치사,

접속사와 같은 어형변화를 하지 않는 품사는 형태나 통사기능으로 정의를 내리고 있다는 점이다.

사변문법학자들 중에서는 이들 어형변화를 하지 않는 품사들을 언어철학의 연구대상이 아닌 것으로 보고, 이러한 품사들은 낱말로서 언어에 속해 있는 것이 아니라 단순한 보조사(auxiliaries)일 뿐이라는 주장이 나오기도 했다(로빈스, 1951, 85). 이러한 주장은 접속사(syndesmoi)가 문법적인 요소(grammatical words)일 뿐 엄밀하게 말하면 낱말이 아니라고 주장한 아리스토텔레스와 맥을 같이 하고 있다.

아리스토텔레스는 앞에서 보아온 바와 같이 철학 내지 논리학의 관점에서 언어에 접근하였다. 문법현상을 형태적으로 분석해 보면, 낱말 중에는 실재세계의 어떤 것을 가리킨다기보다는 문장에 들어가 그 문장에 어떤 통사적 형태를 부여함으로써 그 문장의 의미형성에 무엇인가를 기여하는 데서 의미를 갖는 그런 낱말들이 있다. 따라서 이러한 낱말들을 언어 외적인 것으로 분석하는 것은 언어구조가 갖는 중요한 부분을 간과해 버리는 결과가 되고 말았다. 이처럼 사변문법가들의 언어에 대한 접근은 다소 소박한 부분이 많다고 말할 수 있다. 사변문법가들은 품사와 이차적인 문법범주를 설정할 때 그들이 가정한 사물의 형이상학적 특성이나 그들에 대한 인간의 인식에 그 근거를 두면서도 프리시언과 도나투스의 품사분류체계를 그대로 따르고 있다.

논리-철학적인 사변문법이 프리시언과 도나투스의 전통적인 문법과 다른 점은 단일어(simple words)와 복합어(compound words)에 대한 정의에서도 분명하게 나타난다. 아리스토텔레스가 더 이상 의미가 있는 낱말로 나눌 수 없는 낱말을 단일어라 정의한 것이나, 하나의 강세를 가진 낱말을 단일어라고 정의한 것을 보면, 전통적인 문법은 낱말의 정의를 낱말이 가진 형태나 음성구조에 근거하고 있음을 알 수 있다. 반면, 사변문법은 낱말이 사물의 한 속성을 나타내면 그 낱말을 단일어라 하고, 복합적인 속성을 가리키는 낱말은 복합어라고 정의하고 있다. 이처럼 사변문법은 전통적인 분류체계를 따르면서도 이러한 분류를 그들이 설정한 논리적 기준으로 정의하였다.

사변문법은 전통문법과는 달리 문헌을 버리고 논리를 택했으며 문법을 문헌을 위한 도구과목이 아니라 철학의 한 분야로 보았다. 그리하여 그들이 생각한 논리학과 문법의 관계는 논리학을 통하여 참, 거짓, 그리고 앎에 도달할 수 있으며, 문법은 이러한 것을 정확히 나타낼 수 있다고 믿었다. 사변문법가들은 언어란 인간지성이 갖는 사고를 말로 나타낸 것(verbal expression)으로만 보았기 때문이다. 언어에 대한 이러한 정의는 언어가 가진 다양한 기능을 생각해 보면 하나의 협의의 정의라고 보아야 할 것이다.

3.5 통사론

사변문법학자들 중에서 라틴어의 통사적 현상을 의미표현양식으로 설명하는 것은 데이셔의 마틴(Martin of Dacia)으로부터 시작되었지만, 사변문법의 대표적인 통사론은 에어푸엇(c. 1300)의 『사변문법(*Grammatica Speculativa*)』이다. 에어푸엇은 통사론을 낱말들을 통사적으로 연결시키고(constructio), 이렇게 연결된 구조에 적형성 조건을 부여한 후(congruitas), 하나의 문장이 완성되는 것을 검증하는(perfectio) 세 가지 단계를 가진 작용(process)으로 보았다.

통사론의 첫번째 단계인 constructio는 낱말과 낱말을 통사적으로 연결한다. 이 단계에서 형성된 construction은 하나의 낱말을 또 하나의 낱말과 연결할 뿐, 한 낱말을 구와 연결하지는 않는 것으로 에어푸엇은 분석하였다. 그리하여 그는 문장 *Socrates albus currit bene* 'White Socrates runs well'에서 *Socrates*와 *currit*가 하나의 construction이고, *Socrates*와 *albus*가, 그리고 *currit*와 *bene*가 각각 또 다른 construction을 이루고 있는 것으로 분석하였다. 이러한 구조분석은 *Socrates albus*와 *currit bene*를 결합하여 하나의 construction을 이루는 것으로 보는 현대 문법의 분석과 차이가 있다.

에어푸엇은 각개의 construction을 transitive와 intransitive로 나누었다. transitive는 'hit Socrates'나 'similar to Socrates'에서처럼 두 낱말이 두 개의 서로 다른 사물에 적용되는 경우이다. 'hit Socrates'에서는 소크라테스와 소크라테스를 때리는 사람이 서로 다른 두 사람이 있다. 'similar to Socrates'에서도 소크라테스와 그를 닮은 또 다른 사람이 있다. intransitive는 'Socrates runs'나 'white Socrates'처럼 두 낱말이 가리키는 사람이 한 사람인 경우를 말한다.

통사론의 두번째 단계인 congruitas는 각 개의 construction에 적용하는 적형성 조건(well-formedness conditions)이다. 두 낱말간의 성의 일치는 적형성 조건의 하나이다. 중세사변문법에서는 명사의 성이 형용사의 성을 결정하는 것이 아니라, 형용사가 그것이 수식하는 명사의 문법성을 나타내는 어미를 결정하는 것으로 보았다.

통사론의 세번째 단계인 perfectio는 하나의 문장이 전체적으로 완전함을 입증하는 단계이다. 에어푸엇은 이러한 입증의 기준으로 주어와 술어가 있어야 하고, 낱말간에는 일치가 있어야 하며, 완결되지 않는 의존관계가 있어서는 안된다는 등의 세 가지를 들었다.[6]

---

[6] 에어푸엇이 제시한 위의 세 가지 기준에다 러둘퍼스 브리토(Radulphus Brito)는 제4의 기준으로 동사는 부정사가 아니라 정동사이어야 한다는 것을 추가하였다 (커빙턴 1986, 33). 또한 'if Socrates runs'가 완전한 문장이 아닌 것은 *if*절이 다른 절의 어떤 것에 의존하고 있다는 것을 의미한다.

3.6 요약

스콜라철학을 배경으로 한 사변문법은 스콜라철학을 우습게 보고 반박한 문예부흥의 사조에 밀려 그 시대를 끝맺는다. 그러나 사변문법이 후세의 문법연구에 미친 영향을 우리는 결코 간과할 수 없다. 서구의 문법연구는 철학적인 사고로부터 시작되었고 이러한 철학적 전통이 사변문법에 계승 강화되어, 오늘날까지도 이러한 영향을 모든 언어에 적용할 수 있는 논리적 범주체계에서 찾아볼 수 있기 때문이다.

그러나 중세문법의 필사본들이 많이 발견되었지만 현대문법학자들의 관심을 끌지 못한 채 그대로 남아 있는 데다 중세문법을 대표하는 학자들이 누구인지도 확실히 밝히지 못하고 있는 것이 중세문법에 대한 우리의 연구실정이다. 따라서 현대의 중세문법에 대한 연구는 극히 단편적인 것일 뿐 전체적인 윤곽을 잡지 못하고 있다. 다행히 지난 20여 년 동안 중세문법을 연구한 결과(버실-홀, 1981., 핀보그, 1967), 중세문법에 대한 방대한 자료가 정리되어서 앞으로의 연구에 크게 도움이 될 것으로 기대된다(커빙턴, 1986, p. 36).

제 4 장
초기영문법

4.0 서론

초기영문법은 윌리엄 블로카(William Bullokar)의 『간략영문법(*Bref Grammar for English*)』(1586)으로부터 시작하여 스위트(H. Sweet, 1891-98)의 『신영문법(*A New English Grammar*)』이 나오기 전까지 300여 년 동안에 쓰여진 문법을 말한다.[1] 16세기 초까지만 하더라도 영국의 지식

---

1) 여기서 말하는 초기영문법은 블로카로부터 스위트 이전까지의 300여 년 동안에 저술된 전통영문법을 스위트 이후의 전통문법과 구별하기 위하여 필자가 임의로 명명한 것이다. 초기영문법의 시대구분을 키트리지(G. L. Kittredge, 1906), 폴도프(I. Poldauf, 1948), 아이언 마이클(Ian Michael, 1970)은 머리(Lindley Murray, 1806)까지 포함시켜 1800년까지의 문법을 초기문법으로 보고 있는가 하면, 볼렛(E. Vorlat, 1975)은 색슨(Samuel Saxon, 1737)의 문법까지만 초기문법에 포함시키고 있다. 그러나 여기서 우리가 초기영문법의 마지막 시기를 스위트(1891)이전, 즉 1890년까지로 본 것은 키트리지(1906)도 지적하고 있는 것처럼 머리 이후 스위트의 문법이 나오기까지 근 100여 년 동안은 머리의 문법을 앞지를 만한 문법이 하나도 나오지 않았기 때문이다. 시대에 근거하여 명명된 초기영문법은 대부분 학교(school)에서 영어를 가르치는 교과서용이거나 문자를 모르는 성인이나 영어를 배우려는 외국인을 위한 학습용이었다. 이들 초기영문법은 문법현상

인들은 라틴어가 가장 이상적인 언어라고 믿고 라틴어로 저술 활동을 하였다. 그들은 영어로 연극의 각본을 쓴 셰익스피어를 "라틴어는 조금 밖에 아는 것이 없고, 희랍어는 더더구나 모른다"라고 폄박하면서 고전어에 대한 자신들의 조예를 앞세울 뿐 모국어에 관심을 갖지 않았었다. 그러나 16세기 중반에 들어서면서 영국 밖에서 일어난 문예부흥과 종교개혁의 영향을 받아 영국인들은 모국어에 대한 사랑과 필요성을 느끼기 시작했다.

영국의 지식인들, 특히 인문주의 학자들의 모국어에 대한 사랑은 라틴어를 효과적으로 가르치기 위하여 일차적으로 어린이들과 일반 대중들에게 영어를 가르쳐 널리 보급해야 한다는 필요성으로 나타났다. 그들이 영어에 대하여 맨 먼저 가진 관심은 어떻게 하면 영어를 정확하게 쓰고 읽을 수 있게 하겠느냐의 문제였다. 그리하여 그들은 고대영어와 중세영어를 표기한 철자법을 런던 방언을 중심으로 고치고 통일하여 철자법을 개정하였다. 영어의 철자법 개정은 스미스(T. Smith, 1568)로부터 시작하여 하트(J. Hart, 1569), 블로카(1580) 등을 거치면서 라틴문자에 근거를 둔 고대영어와 중세영어의 철자법을 취사선택하고 부족한 것은 새로운 문자를 고안하면서까지 영어의 발음을 정확히 표기하려고 노력하였다. 그러나 100여 년 동안의 이러한 노력에도 불구하고 데인스(S. Daines, 1640)에 이르러서는 영어의 철자법은 다시 라틴어의 26자로 돌아가 그것을 24자로 줄여 쓰는 것으로 영어의 철자법 개정은 일단락

에 대한 접근방식이 스위트 이후의 전통문법과는 달리 규범적이라는 점에서 학교문법(school grammar)과 공통점을 가지고 있다. 초기영문법이란 용어는 문법발달사와 관련된 분류명칭이고, 학교문법이란 용어는 학교용이나 학습용이라는 저술목적에 근거한 명칭이다. 초기영문법은 학교문법은 물론, 해리스(James Herris, 1751)와 같은 보편문법도 포함하고 있다는 점에서 초기영문법과 학교문법 사이에는 차이가 있다. 뿐만 아니라 문법에 대한 시대적인 구분과 그 특성에 따른 구분이 반드시 일치하지 않는다는 것은, 소년샤인(1916)이 대표적인 학교문법이지만 초기영문법이라고 할 수 없는 것을 보아도 알 수 있다.

되었다.

　음운체계가 다른 라틴어의 문자를 차용하여 개정된 영어 철자법은 쓰여진 영어를 어떻게 하면 바르게 읽을 것인가와 같은 또 하나의 문제를 내놓았다. 그리하여 초기영문법 학자들은 철자법과 정음법에서 낱개의 소리를 어떻게 표기하고 그것을 다시 어떻게 읽느냐에 관심을 갖게 되었고, 나아가 낱말과 문장을 읽고 쓸 때 생기는 문제를 운율론과 구두점에서 다루었다.

　영어를 바르게 표기하고 정확하게 읽는 것은 영어를 가르치는 데 먼저 해결해야 할 문제이지만, 초기문법 학자들은 문법이 영어를 효과적으로 가르치는 데에 필요한 실용적인 지식이라고 생각했다. 초기영문법은 라틴문법체계를 받아들여 철자법, 운율론, 품사론, 통사론으로 나누어 영어의 문법을 다루었다. 철자법이 어느 정도 자리를 잡아감에 따라 초기영문법은 점점 그 관심이 품사론으로 집중되었고, 18세기 후반에 이르러서야 통사론에도 관심을 갖기 시작하였다. 오늘날 우리가 초기영문법이라고 하면 품사론과 간단한 통사규칙을 연상하는 것도 이런 때문이다.

　초기영문법은 대부분 영어를 가르치는 데에 주력한 문법이지만 블로카 이래 스위트에 이르기까지 300여 년간에 쓰여진 300여 종이 넘는 초기영문법은 크게 학교문법(school grammar)과 보편문법(universal grammar)의 두 가지로 나눌 수 있다. 초기영문법 시대에 쓰여진 해리스(1751)의 보편문법은 영어의 문법현상을 고전이나 불어와 같은 다른 언어와 비교하고, 문법현상을 의미의 관점에서 분석하고, 언어표현이 나타내는 의미문제를 철학적으로 설명하려고 맨 처음 시도했다는 점에서 영문법사에서 중요한 위치를 차지하고 있다. 그러나 영어를 가르치는 데에 목적을 둔 학습문법이 초기문법의 주종을 이루고 있다는 점에서 학교문법이 초기영문법을 대표한다고 보아야 할 것이다.

　초기영문법은 그것이 쓰여진 여건과 동기가 보여주듯이 처음에는 블로카(1586)에서처럼 라틴어를 보다 쉽게 가르치기 위하여 라틴문법에 맞도록 영어의 문법규칙을 규범화하였다. 그러나 17세기 중반에 들어서면서 영문법 학자들은 벤 존슨(Ben Jonson, 1640)을 위시하여 영어가 라틴어와 문법적으로 차이가 많다는 것을 깨닫고 라틴어 문법에서 탈피하려고 노력하였다. 그 결과 블로카 이후 200여 년간에 쓰여진 영문법은 300여 종이 넘었고, 머리(1795)는 이들을 종합하고 정리하였다. 머리 이후에도 스위트에 이르기까지 해즐릿(W. Hazlitt, 1810), 코빗(W. Cobbett, 1819), 앨퍼드(H. Alford, 1864), 문(G. W. Moon, 1864) 등 몇몇 문법이 나오기도 했지만 이들은 모두 머리의 문법을 요약하거나 번안하는 수준을 넘지 못하였다. 이런 점에서 머리의 문법은 300여 년의 역사를 가진 초기영문법의 아버지라는 칭호를 받았고 동시에 학교문법의 대명사가 되었다.

　영어를 모르는 자국인이나 외국인들에게 영어를 효과적으로 가르치는 데에 목적을 두고 출발한 초기영문법은 규범적인 성격을 갖고 있다. 초기영문법의 이러한 특성은 영어의 문법 현상 자체에 호기심을 가지고 영어를 분석하고 이해하려는 순수한 학문적인 동기에서 출발하여 문법현상을 객관적으로 기술하려는 전통과학문법과 크게 차이가 있다. 초기영문법이 규범적인 성격을 갖게 된 것은 복잡하고 다양한 여러 가지 표현 중에서 저자 자신의 판단이나 관습에 따라 이런 경우는 이렇게 말하고 이런 경우에는 이렇게 써야 한다는 식으로 모범적인 어법을 가르쳐야 했기 때문이다.

　초기영문법이 참고문헌을 밝히지 않는 것도 과학문법과 구별되는 특징의 하나이다. 문법을 처음 배우는 초보자들에게 문법을 가르치면서 주어진 문법 사항에 대한 여러 가지 주장이나 견해를 들어 비교하고 비판하려고 했다면 그 문법은 초보자들에게는 그만큼 문법을 어렵고 복잡하게 만들었을 것이다. 참고문헌을 밝히지 않는 것은 자신의 주장을 뒷받침하기 위하여 다른 문법의 주장이나 견해를 인용하거나, 또는 다른 주장을 비판할 필요성을 느끼지 않았기 때문이다.

　기초적이고 기본적인 것을 가르치려면 소수의 독창적인 주장보다는 대부분의 사람들이 당연하게 받아들이는 것을 그대로 전달하는 것이 초기영문법의 특성이고 본 모습이며, 희랍시대로부터 내려온 전통이기도 하다. 이론적으로 따져보면 초기영문법의 8품사는 우리가 접하는 문법현상을 기술하고 설명하기에는 너무 간단하기도 하고, 경우에 따라서는 필요 이상으로 세분화되어 현대의 문법은 이런 점을 바로 잡기 위하여 여러 가지 새로운 품사론을 모색하고 있다. 그러나 이러한 시도는 예외 없이 그 논의를 초기영문법의 품사체계로부터 시작하여 그것을 수정하고 보완하려는 노력으로 나타나고 있다.

　초기영문법의 대부분은 품사의 분류와 설명이 주종인 품사론의 수준에 머무르고, 구나 절, 문장을 다루는 통사론까지는 발전하지 못했다. 이들은 또 소리나 낱말의 변화와 같은 영어의 역사적인 사실에는 별로 관심을 갖지 않았지만 당시의 영어의 문법현상을 충실하게 기술하려고 노력하였다. 그러나 스위트나 예스퍼슨과 같은 전통과학문법은 영어를 가르치는 데에 목적이 있는 것이 아니라 영어의 문법현상을 기술하고 설명하는 데에 목적이 있었기 때문에 영어의 변화와 같은 현상도 문법의 중요한 연구 대상이 되었다. 이런 점에서 초기영문법은 과학문법과 서로 다른 목적을 가진 전통문법이다.

4.1 초기영문법의 성립배경

　로마시대로부터 중세를 거쳐 16세기 전반기에 이르기까지 1000여 년 동안 라틴어는 서구 세계의 국제어 내지 보편어로 사용되었다. 영국에서는 16세기 말까지도 라틴어만이 문법이 있는 유일한 언어인 것으로 인식되었고, 문법학교(grammar school)에 가는 것은 바로 라틴어와 그 문법을 배우는 것을 의미했다. 16세기의 영국인들은 자국어인 영어에 대한 관심보다는 오직 라틴어에 모든 관심을 기울이고 있었으며, 영국의 문법학교는 라틴어를 읽고, 쓰며, 말하는 것을 교과목으로 가르치면서도 자국어인 영어는 가르치지 않았다. 그 결과, "아이들이 처음부터 라틴어를 배우기 때문에 영어를 읽지 못하거나, 학교에 들어와 2, 3년이 지나면 입학하기 전보다 영어를 더 못 읽는다"라는 당시의 교육에 대한 비판이 나오기도 했다(키트리지, 1906, 4-5).

이러한 상황에서 16세기 후반에 들어서면서 영국의 지식인들은 인문주의, 문예부흥, 그리고 종교개혁의 영향을 받아 모국어인 영어에 관심을 갖기 시작하였다. 이들이 모국어에 대한 관심을 갖게 된 시대적인 배경은 다음과 같이 세 가지로 요약할 수 있다(볼렛, 1975, 1-6).

첫째, 영국의 인문주의 학자들은 영어를 알고 영어를 가르치기 위하여 영어에 관심을 가진 것이 아니라, 라틴어를 보다 효과적으로 가르치기 위하여 영어에 관심을 갖게 되었다. 인문주의 학자들의 영어에 대한 이러한 간접적인 관심은 "아는 것을 가지고 모르는 것을 가르치는 것이 훨씬 더 효과적이다"라는 당시의 교육사조에 따라 라틴어를 라틴어로 가르치는 종래의 방법을 버리고, 모국어인 영어로 라틴어를 가르치는 데서 시작되었다. 그리하여 라틴어 문법규칙을 영어로 쓰고, 라틴어의 어형변화(paradigms)에 영어번역을 덧붙이는 식의 라틴문법이 나오게 되었다.[2]

둘째, 16세기 초까지만 하더라도 모국어인 영어에 대한 무관심이나

---

2) 이러한 문법의 가장 대표적인 라틴어문법이 윌리엄 릴리(William Lily)의 『라틴문법입문(A Shorte Introduction of Grammar)』(1567)이다. 릴리의 문법이 라틴문법의 일부를 영어로 쓴 반면, 그레이비스(P. Greaves, 1594), 알렉산더 흄(A. Alexander Hume, 1612), 길(A. Gill, 1619), 존 월리스(John Wallis, 1616, 1653), 쿠퍼(C. Cooper, 1685) 등은 영문법을 라틴어로 쓴 것을 보면 17세기 말까지도 영국의 지식인들에게는 라틴어가 차지하는 비중이 대단하였음을 짐작할 수 있다.

홀대로 인하여, 영어는 조잡하고 어휘가 빈약하며 발음과 철자법이 구구각색일뿐만 아니라 문법이 없는 언어로 간주되었다. 영국의 문예부흥기 지식인들은 희랍어와 라틴어를 가장 이상적이고 완벽한 언어라고 믿었고, 영어를 이러한 수준으로 끌어올리기 위하여, 그들은 먼저 철자법을 개선하고, 어린이와 라틴어를 모르는 사람들에게 영어를 가르치기 위한 학습문법을 쓰기 시작하였다.[3]

셋째, 종교개혁으로 인하여 영국의 기독교인들은 성서를 보급하기 위하여 지역적인 모든 방언을 대신할 수 있는 표준어(national language)와 통일된 철자법의 필요성을 느끼고 영어의 문법에 대해서도 관심을 갖게 되었다. 그 결과 종교개혁 운동가들은 초등학교에서부터 영어를 가르칠 것을 주장하였고 문법에 대한 이러한 관심은 대부분의 초기문법학자들이 학습문법을 저술하게 된 동기가 된 것도 인문주의 학자들의 경우와 마찬가지인 것으로 보아야 할 것이다. 쿠트(E. Coote, 1596)는 예문과 연습문제를 대부분 기도문이나 성서에서 인용하고 있다. 이것은 초기영문법이 종교개혁 운동의 영향을 받았음을 보여주는 좋은 예이다.

공인된 철자법이나 사전도 없고 의지할 만한 문법도 없는 상태에서 당시의 지식인들이 영어를 가지고 영어의 철자법이나 문법을 쓴다는 것은 쉬운 일이 아니었을 것이다. 1544년 로져 애스컴(Roger Ascham)이 그의 『궁술애호가(Toxophilus)』라는 책을 헨리 8세에게 증정하면서, "이 책을 라틴어나 희랍어로 썼더라면… 훨씬 쉬웠을 것이고 나의 전공에도 더 적합했을 것"(키트리지, 1906, 1에서 재인용)이라고 말한 것을 보더라도 16세기 후반 영국의 지식인들이 라틴어로 글을 쓴 사정을 이해할 수 있다. 더구나 당시의 독자들도 영어로 쓰여진 것보다는 그들이

---

3) 블로카(W. Bullokar, 1586), 쿠트(E. Coote, 1596), 버틀러(C. Butler, 1634) 등을 비롯한 대부분의 초기영문법이 이러한 동기에서 쓰여진 것이다.

잘 아는 라틴어로 쓰여진 것을 읽고 이해하기가 더 쉬웠을 것이고, 영국의 지식인들은 영어로 쓰면 독자가 지역적으로 영국에 국한되기 때문에 라틴어로 쓰는 것을 선호하였을 것이다. 이렇게 보면, 스미스(1568), 그레이비스(1594), 알렉산더 흄(1612), 알렉산더 길(1621), 존 월리스(1653), 크리스토퍼 쿠퍼(1685) 등이 영어 철자법이나 문법을 라틴어로 쓴 이유를 짐작할 수 있다.

철자법과 문법이 없는 상태에서 인문주의 학자들은 먼저 영어의 철자법에 관심을 갖고 이러한 문제를 라틴어로 저술하였다. 이들은 라틴어에 조예가 깊었기 때문에 영어의 문법현상을 기술하는 데에 필요한 문법을 구상하면서 맨 먼저 의존한 것도 라틴문법이었다. 그리하여 초기영문법의 대부분은 학교에서 가르칠 목적으로 쓰여진 라틴어 학교문법의 문법체계를 모방하였다(E. 볼렛, 1975, 41). 대부분의 초기영문법이 철자법(orthography), 운율론(prosody), 품사론(etymology), 통사론(syntax)의 4부로 구성되어 있는 것도 프리시언의 『문법의 원리(Institutiones Grammaticae)』의 영향을 받은 것으로 보아야 할 것이다.[4]

4.2 철자법

대부분의 유럽 언어와 마찬가지로 영어는 16세기 중반까지만 하더라도 라틴어 알파벳 26자로 표기되었다. 그러나 모국어인 영어에 대한 관

---

[4] 초기영문법은 문법체계뿐만 아니라 품사체계도 라틴문법을 모방했다. 그리하여 초기문법은 프리시언(1st c. A.D.)과 도나투스(4th c. A.D.)의 품사체계인 명사, 대명사, 동사, 분사, 부사, 접속사, 전치사, 감탄사를 영어의 문법현상을 기술할 때 커다란 수정이 없이 거의 그대로 적용하였다. 블로카로부터 시작한 초기 영문법과 스위트, 예스퍼슨 등으로 대표되는 문법을 구조문법이나 생성문법 등과 구별하여 전통문법이라고 하는 것은 이들이 라틴문법의 품사체계를 사용하여 문법현상을 기술하고 있기 때문이다.

심이 높아짐에 따라 영국인들은 영어를 완전히 그리고 정확히 표기하는 데는 라틴문자가 적합하지 않다는 것을 알게 되었다. 영어에는 기식음 (aspirates)이 있지만 그것이 라틴어에는 없으며, 라틴어의 c, g, t는 언제나 /k/, /g/, /t/만 나타내고, 이들 문자가 영어에서 나타낼 수 있는 /s/, /ʤ/, /ʃ/와 같은 소리가 없다는 점 등 영어와 라틴어는 음운체계상 여러 가지 차이가 있기 때문이다. 그리하여 초기 영문법학자들이 문법학교 학생이나 영어를 못 읽는 문맹인, 또는 외국인들에게 영어를 가르치려고 했을 때 맨 먼저 부딪히는 문제는 영어를 정확하게 표기하는 일이었다. 영어를 정확하게 표기하려면 얼마나 많은 글자가 필요하며 라틴문자로 나타낼 수 없는 영어의 발음을 나타내려면 어떻게 해야 할 것이냐와 같은 문제가 생긴 것이다. 이러한 문제를 해결하기 위하여 초기 영문법학자들은 라틴어의 알파벳 26자(a, b, c, d, e, f, g, h, i, j, k, l, m, n, o, p, q, r, s, t, u, v, w, x, y, z)나 고대영어 알파벳 24자(a, æ, b, c, d, e, f, g, h, i, k, l, m, n, o, p, r, s, t, Þ, ð, u, w, y)를 기초로 하여 이들을 보완하고 새로운 글자 내지 기호를 첨가하는 등 철자법을 개정하려고 노력하였다.

스미스(1568)의 『영어의 올바른 철자법에 대하여(*De Recta et Emendata Linguae Anglicae Scriptione Dialogus*)』는 라틴어로 쓰여지기는 했지만, 영어의 철자법 개정에 관한 우리가 접할 수 있는 최초의 문헌이다. 스미스는 고대영어와 중세영어에서 사용하여 온 라틴문자 26자만 가지고는 영어를 올바로 표기할 수 없다고 판단하고, 이들 기존의 글자를 대부분 이용하고 거기에 부호를 첨가하거나 새로 글자를 만들어 모두 34자(a, ä, b, c, d, ð, e, ë, f, ▽, g, 5, h, i, ï, k, l, m, n, o, õ/ö, p, q, r, s, z, Z, t, θ, u/v, u, ü, v, x)로 된 새로운 문자체계를 고안하였다. 스미스와는 달리, 블로카(1580)는 새로운 글자를 만들어 쓸 때 생기는 여러 가지 불편을 피하기 위하여 기존의 고대 영어 알파벳 24자(a, b, c, d, e, f, g, h, i, k, l, m, n, o, p, q, r, s, t, u, w, x, y, z)를 그대로 하고[5], 이들 중 몇 글자에 c'와 같이 첨가부호를 사용하여 영어 고유의 소리를 나타내기도 하고, ch나 th처럼 두 글자를 합하여 하나의 소리를 나타내기도 하고, M이나 N처럼 대문자를 써서 반모음(half vowel)을 나타내기도 하는 등 16자를 새로 첨가하여 40자(a, b, c', c, ch, d, e, e', f, g', g, h, i, k, l, l, m, M, n, N, o, oo, p, ph, q, r, R, J, h, t, th, th, v, ,v, v', w, wh, x, ŋ, ɜ)로 된 알파벳을 제안하였다. 블로카는 그가 제안한 문자로 『간략영문법(Bref Grammar)』, 『팸플릿 문법(Pamphlet for Grammar)』, 『이솝이야기』 등을 쓰기도 했지만 철자법 개정에 크게 영향을 주지는 못했다. 그러나 m, n, r이 반모음(syllabic consonants)으로 쓰이는 경우를 나타내기 위하여 대문자 M, N, R를 새로 첨가하는 등 영어의 발음을 정확히 표기하고자 한 그의 시도는 영어의 철자법 개정과 정음법에 기여한 공헌이 크다고 보아야 할 것이다.

이 밖에도 스미스(1568), 존 하트(John Hart, 1569), 윌리엄 블로카(1580), 에드먼드 쿠트(1596), 데인스(1640), 호지스(R. Hodges, 1644), 존 존스(J. Jones, 1701), 다이치(T. Dyche, 1707), 웹스터(N. Webster, 1783)는 발음이나 철자법만 다루는가 하면, 버틀러(1634)는 발음기호로 문법을 쓰는 등 초기영문법 학자들은 철자법을 개정하기 위하여 여러 가지로 노력하였다.

이처럼 철자법을 개혁하기 위하여 여러 가지로 노력하였음에도 불구하고, 17세기 중반에 들어와 데인스(1640)에 이르러서는 다시 라틴문자의 사용으로 되돌아가고 말았다. 데인스는 발음기호로 문법을 쓴 버틀러(1634)와 같은 시대 사람이면서도 그와는 달리 새로운 문자를 사용하지 않고 지금 우리가 쓰고 있는 문자인 라틴문자를 쓰고 있었기 때문이다. 다만 데인스는 26자의 라틴문자를 그대로 쓰면서도 영어의 알파벳

---

5) 블로카의 것과는 달리 a, æ, b, c, d, e, f, g, h, i, k, l, m, n, o, p, r, s, t, Þ, ð, u, w, y의 24자도 고대영어 알파벳의 일종이다.

수를 24자(a, b, c, d, e, f, g, h, i, k, l, m, n, o, p, q, r, s, t, u, w, x, y, z)로 줄였다. 이것은 그가 j와 v를 각각 i와 u의 음가가 다른 이문자 (allograph)의 일종으로 취급하였기 때문이다.

데인스에 이르러 라틴 문자가 영어 문자로 자리를 잡아감에 따라 영어의 문자에 대한 관심은 두 가지로 나누어졌다. 영어 문자가 라틴문자로 확정되기 전인 17세기 전반까지는 주로 정자법(orthography), 즉 영어의 발음을 어떻게 정확히 표기할 수 있겠느냐에 관심이 집중된 반면, 17세기 후반부터는 정음법(orthoepy), 즉 쓰여진 낱말을 정확히 발음하는 일에 주로 관심이 집중되는 경향이 나타나기 시작한 것이다.

오츠카 다카노부[大塚高信]가 편집한 『英語文獻飜刻 시리즈』를 보면 43권의 초기영문법 자료 중에서 10권의 문헌이 철자법만 다룬 단행본으로 저술되었다(스미스, 1568., 하트, 1569., 블로카, 1580., 쿠트, 1596., 데인스 1640., 호지스, 1644., 저자 미상(Anon, 1695)., 존 존스, 1701., 다이치, 1707., 웹스터, 1783). 반면 이들 43권 가운데 철자법을 전혀 다루지 않는 문법은 8권이 있다(블로카, 1586., J. 해리스, 1751., J. 프리슬리, 1762., 웹스터 II, 1784., J. H. 툭, 1829., 코빗, 1819., 앨퍼드, 1884., 문, 1864).

초기영문법이 철자법, 운율론, 품사론, 통사론의 4부로 되어 있다는 점에서 책 전체의 1/4은 철자법을 다루는 것이 문법 내용이나 책의 균형에 적합한 것으로 생각할 수 있다. 철자법이 책 전체의 1/4 이상을 차지한 문법서로는 찰스 버틀러(1634), 존 월리스(1653), 크리스토퍼 쿠퍼(1685), 젠 카(J. B. Gen. Ca, 1580), 존 브라이트랜드(John Brightland, 1711), 토머스 딜워스(Thomas Dilworth, 1751), 제임스 뷰캐넌(James Buchanan, 1762), 토마스 쉐리든(Thomas Sheridan, 1783) 등 8권이 있다. 철자법이 문법의 1/4 이하를 차지하고, 품사론과 통사론에 역점을 둔 문헌으로는 P. Gr(1594), 알렉산더 길(1621), 조지 메이슨(George Mason, 1622), 레인(A. Lane, 1700), 마이클 메테르(Michael Maittaire,

1712), 조셉 프리슬리(Joseph Priestley, (1761), 윌리엄 워드(William Ward, 1767), 로버트 라우스(Robert Lowth, 1769), 찰스 쿠트(Charles Coote, 1787), 린들리 머리(1795), 윌리엄 해즐릿(William Hazlitt, 1810) 등이 있다.

18세기 후반부터 철자법과 발음이 안정되고 문법이 자리를 잡아감에 따라 철자법에 대한 관심이 점점 줄어들고, 품사론과 통사론에 대한 관심이 늘어나기 시작했다. 이러한 현상은 문법학자들의 관심이 철자법으로부터 문법으로 이동되었음을 보여주며, 초기영문법을 대표하는 프리슬리(1762), 라우스(1769), 머리 (1795) 등에서 그 정점을 이루었다.

4.3 운율론

한편으로는 문자가 나타내는 소리를 정확히 읽을 수 있도록 하고, 또 한편으로는 영어의 말소리를 정확히 표기할 수 있도록 하기 위하여 초기영문법은 철자법을 개정하는 데에 관심을 가졌던 것이다. 그러나 개개의 문자가 나타내는 자음과 모음이 결합하여 하나 또는 그 이상의 음절을 이룰 때, 독립된 하나의 자음이나 모음에서는 찾아볼 수 없는 강세나 장단 등과 같은 새로운 음운현상이 나타난다. 이처럼 음절 이상의 말소리에 나타나는 음운현상을 다루는 분야를 운율론이라고 하여 초기영문법은 철자법과 구별하고 있다.

초기영문법에서 운율론을 지칭하는 *prosody*는 본래 희랍어로 발음(pronunciation)을 의미했다. 벤 존슨(1640)은 희랍어의 어원에 근거하여 철자법(orthography)을 올바로 쓰기(right writing)라 하고, 운율론을 올바로 소리내기(right sounding)라고 정의하고 있다. 초기영문법에서 운율론이란 용어가 최초로 쓰인 것은 블로카(1586)이다. 블로카는 모음의 장단(time of vowels)을 언급하면서 두 개의 단모음이 결합하면 하나의 모음이 된다거나, 반모음은 낱말의 중간에 오면 음절을 증가시키거나 감소시킨다고 하였을 뿐 운율론을 문법의 한 분야로 설정하지는 않았다. 블로카와는 달리, 찰스 버틀러(1634)는 운율론이란 용어는 사용하지 않았지만, 강세법칙으로 1음절어, 2음절어, 3음절어의 첫음절에 강세가 오는 경우를 일반화하였다. 운율론을 존 브라이트랜드(1711)가 강세와 모음의 장단에 대한 기술이라거나 메테르(1712)가 음절에다 강세를 어떻게 붙이느냐를 가르치는 것이라고 정의하는 것을 보면, 초기영문법이 말하는 운율론은 적어도 음절과 관련된 소리현상에 관심을 가진 문법의 한 분야임을 알 수 있다. 다시 말하면, 초기영문법에서 철자법의 대상은 분절음이고, 운율론의 대상은 초분절음이라고 구별할 수 있다.

초기영문법의 운율론은 강세, 모음의 장단, 강조, 억양 등을 언급하고 있지만 그중에서도 강세를 가장 많이 다루고 있다. 제임스 뷰캐넌(1762), 토마스 셰리든(1783), 찰스 쿠트(1788) 등은 강세규칙으로 단음절어에 파생어미가 붙으면 어간에 강세가 온다거나, 강세의 위치를 바꾸면 명사가 동사로 된다거나, -tion, -sion, -cial 등과 같은 파생어미로 끝나는 낱말은 이들 파생어미 바로 앞 음절에 강세가 온다는 등 20여 개의 규칙을 만들었다.

초기영문법은 이처럼 운율론에서 강세나 모음의 길이 등을 다루기도 했지만, 뷰캐넌(1762), 쿠트(1788), 머리(1795) 등은 강세 및 모음의 길이와 관련하여 율격, 리듬, 압운 등 시의 규칙을 운율론에서 다루었다. 영어를 정확하게 읽게 하는 것이 초기문법이 지향하는 목표의 하나이고, 시도 일상 언어나 산문과 마찬가지로 영어라는 사실을 감안한다면, 시를 정확하게 읽는 데에 필요한 시작법이 초기문법의 일부로 다루어진 것은 당연한 것으로 보아야 할 것이다.

머리(1795)는 운율론을 다시 발음(Pronunciation)과 작시법(laws of versification)으로 나눈 후, 발음편에서는 강세, 모음의 장단, 강조, 휴지, 음조(tone) 등을 다루고 작시법에서는 시의 음보, 멜로디, 음의 조화 등의 현상을 다루었다. 뷰캐넌(1762)은 작시법에서 영시의 운율은 보통 약강음보격이거나 강약음보격으로 되어 있으며, 약강율격의 시는 보통 4, 6, 8, 10 음보격으로 되어 있고, 강약율격의 시는 3, 5, 7 음보격으로 되어 있으며, 약강음보격의 시는 짝수의 음절에 강세가 있고, 강약음보격의 시는 홀수의 음절에 강세가 있다는 식으로 시의 규칙을 간단히 설명하고 있다.

영어를 바로 쓰는 데는 철자법은 물론 구두점을 정확히 사용하는 것도 필요하다. 버틀러(1634)나 라우스(1769)가 작시법은 다루지 않으면서도 구두점을 비교적 상세히 다룬 것도 이러한 문맥으로 이해해야 할 것이다. 버틀러(1634)는 구두점을 일차 단순구두점(primary points simple : period, colon, semicolon, comma), 일차 혼합구두점(primari points mixt : erotesis ?, ecponesis !, parenthesis ( ), parathesis [ ]), 그리고 이차 구두점(secondary points : apostropus ', eclipsis __, dieresis ¨, hyphen -)의 세 가지로 나누어 예를 들고 있다. J. 존스(1701)는 다른 문법학자들과는 달리 강세나 작시법은 전혀 다루지 않고, 다음과 같이 구두점과 다른 기호만 세 가지로 분류하고 있다.

1. comma ,, semicolon ;, colon :, period ., interrogation ?, admiration !
2. parenthesis ( ), hyphen -, continuation or syneccheia ≌, apostrophe ', caret ▲, quatation " ", asterism +
3. obelisk †, seperation =, index ☞, crochel [ ], section §, parallel ‖, paragraph ¶.

버틀러(1634), 라우스(1769), 존스(1701)와는 달리 메테르(1712) 등을 포함한 대부분의 초기영문법은 구두점을 운율론에 포함시키고 있다.[6]

구두점이 낱말 이상의 수준에서 나타나는 억양이나 휴지를 나타낸다는 점을 감안하면, 초기영문법이 운율론을 음절로부터 낱말과 문장에 이르기까지의 언어표현에 나타나는 초분절적인 현상을 발음법, 작시법, 구두점으로 나누어 다룬 것은 충분히 근거가 있다고 볼 수 있다.[7]

4.4 문법의 정의

블로카(1586)로부터 머리(1795)에 이르기까지 거의 대부분의 초기영문법은 아직 영어를 읽고 쓸 줄을 모르는 어린이, 젊은 남녀, 군인, 또는 외국인들에게 영어 낱말의 철자를 바로 쓰고, 낱말을 바로 발음하며, 영어로 글을 정확히 짓고, 영어로 쓰여진 글을 정확하게 읽도록 가르치는 데에 그 목적이 있었다. 이렇게 쓰여진 초기영문법은 대부분 8세부터 12세 내지 13세까지의 어린이들이 다니는 학교의 교과서로 사용되거나, 라틴어를 몰라 문맹인 취급을 받았던 사람들이나 영어를 배우고자 하는 외국인들의 자습서로 사용되었다. 초기영문법은 이처럼 영어를 효과적으로 가르치고, 배우는 데에 필요한 지식을 제공하기 위하여 쓰여진 것이다. 초기문법 학자들은 이러한 문법을 대부분 '말하고 쓰는 실용적인 지식'이라고 정의함으로써 문법을 하나의 실용적인 지식(art)으로 규정하고 있다(제임스 그린우드, 1711., 새뮤얼 존슨, 1737., 로버트 라우스, 1769., 머리, 1795 참조할 것). 여기서 *art*는 단순한 기술(skill)이 아

---

6) 윌리엄 해즐릿(1810)은 문법을 철자법, 품사론, 통사론, 운율론, 구두점의 다섯 부문으로 나눔으로써 구두점을 문법의 독립된 분야로 설정하여 다루고 있다.
7) 스위트(1891) 이후 전통문법은 크라이싱어(1931-1932)와 쿼크 외(1972, 1985)를 제외하면 구두점을 다루지 않았다. 전통문법은 영어의 문법현상을 기술하고 설명하는 데에 목적이 있고, 학교문법처럼 영어를 바로 읽고 쓰는 것을 가르치는 데에는 별로 관심을 기울이지 않기 때문이다.

니라 실용적인 지식(practical knowledge)을 의미한다고 보아야 할 것이다. 왜냐하면 문법은 말하고 쓰는 데에 필요한 기술이 아니고 지식이기 때문이다.[8]

초기영문법은 그것이 지향하는 목표나 문법의 정의 그리고 독자를 중심으로 판단해 보면, 초보자에게 영어를 가르칠 목적으로 쓰여진 학습문법이라는 것을 알 수 있다. 그러나 초기영문법은 대부분 학교에서 교과서로 사용되었다는 점에서 우리는 그것을 보통 학교문법(school grammar)이라고 부르고 있다.

4.5 대표적인 초기영문법

초기영문법은 블로카로부터 시작하여 학교문법의 대명사가 된 머리(1795)의 문법이 나오기까지 여러 가지 변모와 발전의 단계를 거쳐 200여 년 동안에 300여 종이 넘는 문법서가 나왔다(비서, 1963-1973). 특히 이들 문법서 중에서 블로카(1586)는 최초의 영문법이라는 점에서, 벤 존슨(1640)은 최초의 문법서다운 문법서라는 점에서, 프리슬리(1761)는 전통문법의 품사를 8품사체계로 확립시켜 놓았다는 점에서, 라우스(1769)는 문법적인 문장과 비문법적인 문장을 대비시키는 새로운 학습방법을 사용함으로써 학교문법의 분수령을 이루고 있다는 점에서, 머리

---

8) 초기문법학자들이 말하는 *art*는 도나투스의 문법 『실용 소문법(*Ars Minor*)』이나 『실용 대문법(*Ars Major*)』의 *ars*를 번역한 것이고, 라틴어 *ars*는 또 스랙스의 문법 『문법학(*Tekhne Grammatike*)』의 *Tekhne*를 번역한 것이다. 스랙스는 그의 문법을 science의 수준, 즉 tekhne의 단계에까지 끌어올리겠다는 생각에서 그의 문법책의 이름에 *tekhne*라는 용어를 쓰고 있지만, 그 자신 그의 문법을 한 수준 낮추어 실용적인 지식(practical knowledge)으로 보았다. 이렇게 보면, 초기영문법이 말하는 *art*는 궁극적으로 *tekhne*와 관련지을 수 있다는 점에서 *art*가 실용적인 지식을 의미한다고 이해할 수 있다.

(1795)는 학교문법을 종합 정리한 대표적인 학교문법이라는 점에서, 해리스(1751)는 학교문법과는 성격이 다른 보편문법이라는 점에서, 이들 문법은 초기영문법 발전의 이정표라고 말할 수 있다.

4.5.1 윌리엄 블로카

윌리엄 블로카의 『간략영문법(Bref Grammar)』(1586)은 영어로 쓰여진 최초의 영문법이다. 블로카는 문장 안에서 낱말의 품사가 무엇인가를 아는 것이 영문법의 첫째 기능(p. 126)이라고 전제하고, 영국인들로 하여금 영어의 품사를 신속히 구별해 내고, 다른 언어의 문법을 쉽게 배울 수 있도록 하며, 외국인들로 하여금 영어를 정확하고 신속하게 배울 수 있도록 하는 데에 문법의 목표를 두고 있다.[9]

블로카는 라틴문법의 8품사를 영어의 품사분류에 그대로 적용하여 영어의 낱말을 명사, 대명사, 동사, 분사, 부사, 접속사, 전치사, 감탄사 등 8품사로 나누고 있다. 그는 이들 8품사를 다시 어형변화의 유무에 따라 어형변화를 하는 품사(명사, 대명사, 동사)와 어형변화를 하지 않는 품사(분사, 부사, 접속사, 전치사, 감탄사)로 양분한 후, 각각의 품사에 해당하는 예를 들어 품사를 정의하고 있다.[10]

블로카는 명사를 실사명사(noun-substantive)와 형용명사(noun-

---

9) Bref Grammar라는 이름은 그가 쓰려고 계획했던 『대영문법(Grammar at-large)』을 축약한 데에서 나온 것이다. Bref Grammar가 Grammar at-large의 축약이라는 언급은 Bref Grammar의 본문 처음(W. Bullokarz abbreviation of his Grammar for english extracted out-of his Grammar at-large)과 조동사에 대한 설명을 하는 대목(More is said in my Grammar at-large touching the equivocy in wil, wilt, would…)에 나오기는 하지만 Grammar at-large가 출판되지는 않았다.
10) 여기서 말하는 어형변화는 격과 시제를 나타내는 어미 변화를 가리킨다. 따라서 부사 중에는 비교를 나타내는 어형변화를 하는 것들도 있지만, 부사는 어형변화를 하지 않는 품사로 분류된다.

adjective)로 나누고, 실사명사는 다른 낱말과 결합하지 않아도 그 자체로서 완전한 낱말이며, 형용명사는 실사명사와 결합하지 않으면 완전하지 않는 낱말이라고 구별하고 있다. 명사는 그 앞에 놓인 a, an, the로써 다른 품사와 쉽게 구별할 수 있다. 그는 이들 관사가 보통 실사명사(noun-substantive) 앞에 쓰인다는 점에서, 명사를 식별하게 하는 일종의 실사표지로 보았을 뿐 관사를 독립된 품사로는 분류하지 않았다. 관사는 실사 표지기능 외에 두 가지 지시기능을 갖고 있다. a, an은 그 다음에 오는 실사명사를 총칭적으로 지시하며, the는 그 다음에 오는 명사를 다른 명사와 구별하여 상대적으로 지시하는 기능을 갖고 있다.

블로카는 라틴문법의 격 체계를 따르면서도 탈격을 인정하지 않고, 명사의 격을 주격(nominative), 사격(accusative), 여격(gainative), 호격(vocative), 소유격(genitive / proprietary) 등 다섯 가지로 나누고 있다. 그는 소유격을 제외한 영어의 네 가지 격이 모두 소리와 형태(철자)가 같다는 것을 인정하면서도 영어의 격을 다섯 가지로 나누고 있다. 이러한 격 분류는 그가 라틴문법의 영향을 받아 의미에 근거하여 격을 분류하고 있음을 보여주는 것이다.

명사는 남성, 여성, 중성, 이중성, 통성 등 다섯 가지의 문법성을 갖는다. 이중성은 때로는 남성을 가리키고 때로는 여성을 가리키는 것을 말하며, 통성은 명사를 수식하는 분사나 형용사의 성을 나타낸다.[11]

블로카는 기능에 근거하여 대명사를 가리키거나 되풀이하여 말하는 데에 사용되는 낱말이라고 정의하고, 그 예로서 I, thou, he, she, it, this, that, same, self, my(or myn), thy(or thyn), hiz, hir, their, our, your 등 16개의 대명사를 들고 있다. 대명사는 전에 언급하지 않는 사물을 가리키는 지시대명사(demonstrative)와 전에 말한 것을 되풀이하여 말하는 관

---

11) 블로카는 it is I / thou / they / we를 예로 들면서 it은 3인칭단수 중성대명사이지만 다른 성과 수를 나타내는 경우도 있다고 주장하고 있다.

계대명사(relative)의 두 가지가 있다.

동사는 법, 시제, 수, 인칭에 따라 어형변화를 하는 품사이며, 어형변화(conjugation declyning)에 따라 행위동사(verb-active : *love*), 실사동사(verb-substantive : *be*), 중성불완전동사(neuters-un-perfect : *may, can, will*)로 나눈다. 블로카는 직설법, 명령법, 기원법, 가정법, 부정법으로 쓰일 때의 어형변화표를 제시하고 있다.

문법이 문장 안에서 낱말간의 관계를 다루어야 한다는 것을 인식하면서도 블로카는 통사론에 대해 거의 언급하지 않고 있다. 그 이유는 영어가 (라틴어에 비하여) 어형변화에 대한 규칙이 몇 되지 않는 것과 마찬가지로 낱말의 결합과 관련된 규칙도 별로 없다고 잘못 판단했기 때문이다.

영어에 대한 강한 국어 의식을 갖고 문법을 쓰면서도 그는 라틴문법을 본뜨고, 영어도 어쩌면 라틴어만큼이나 훌륭한 언어라는 것을 증명하기 위하여 라틴문법의 품사정의를 그대로 따른 것으로 보인다. 그는 영어도 라틴어처럼 문법적으로 분석할 수 있다는 점을 보이려는 것이 지나쳐서 영어에서는 쓰이지 않는 *to had loved*와 같은 형을 만들기도 하고 영어에는 맞지 않는 다섯 개의 격을 인정하기도 했다(블로카 1586 : 134).

블로카의 『간략영문법』은 그 당시 널리 쓰였던 릴리의 라틴문법에다 영어의 문법을 억지로 맞춘 대목이 많이 있다. 따라서 블로카의 문법은 그 내용 자체보다는 영어로 쓰여진 최초의 영문법이라는 점에 그 의미가 있다고 보아야 할 것이다.

4.5.2 벤 존슨

존슨은 『영문법(*The English Grammar*)』(1640)에서 문법을 바르게 말하는 실용적인 지식(art)이라고 정의하고, 품사론(etymology)과 통사론

(syntax)의 2부로 나누어 다루고 있다.[12] 철자법, 품사론, 통사론, 운율론의 4부로 나누어 다룬 다른 초기영문법과는 달리, 존슨은 쓰는 것보다는 말하는 것을 더 중요시하였고, 피와 영혼이 우리의 온몸에 퍼져있는 것처럼 철자와 발음도 문법 전체와 관계가 있다는 입장에서 이들을 품사론과 통사론에서 필요한 경우에만 언급하고 있다.[13]

존슨은 품사론(etymology)에서 라틴문법의 명사, 대명사, 동사, 분사, 부사, 접속사, 전치사, 감탄사의 8품사에 관사를 하나의 독립된 품사로 추가하여 영어의 낱말을 9품사로 분류하고 있다.

관사는 그 의미가 오늘날의 것과 일치하지는 않지만, 스토아학파의 4품사설(명사, 동사, 접속사, 관사)에서 그 용어가 처음으로 쓰였고, 스랙스가 희랍문법의 8품사의 하나로 분류함으로써 독립된 품사가 되었다. 그러나 라틴문법은 스랙스의 문법을 그대로 받아들이면서도 라틴어에는 관사가 없기 때문에 이를 독립된 품사로 분류하지 않았다. 라틴어와는 달리, 영어는 관사가 있는 언어이지만 블로카는 라틴문법의 영향을 받아 관사를 하나의 독립된 품사로 인정하지 않았다. 이런 점에서 존슨이 관사를 하나의 독립된 품사로 인정한 것은 영어의 문법 현상을 충실히 반영한 것이라고 볼 수 있다. 존슨은 관사를 오늘날처럼 정관사(definite)와 부정관사(indefinite)라고 부르지 않고, 이들을 각각 한정관사(finite)와 비한정관사(infinite)라고 불렀다. 그러나 그가 관사를 독립된 품사로 분류하면서도 대명사의 항에서 취급한 것이나, 대명사를 독립된 품사로 분류하면서도 그것을 불규칙명사라고 부르고 있는 것을 보면 그의 문법이 일관된 체계를 갖추지 못하고 있음을 알 수 있다.

---

12) 존슨의 문법은 1권의 제1장부터 제4장까지는 라틴어설명이 영어설명 맞은편 페이지에 들어 있지만, 제5장부터 나머지 부분은 이상하게도 모두 영어로만 쓰여졌다.
13) 문법을 이처럼 품사론과 통사론의 두 부분으로 나눈 것은 레이머스(Ramus) (*Grammatica* 1559, 영어 번역판 1585)의 영향을 받은 것으로 볼 수 있다(하우왓, 1984, p. 94).

존슨은 명사의 복수형을 두 가지로 나누고 -s를 붙인 복수형을 제1어형변화(the first declension)라 하고, -n를 붙인 복수형을 제2어형변화(the second declension)라고 불렀다. 그는 제2어형변화를 하는 *child*의 복수를 *children*이라 하지 않고 -r-를 삽입하여 *children*이라고 한 것은 그것이 더 듣기 좋기 때문이라고 독특한 설명을 하고 있다.

그는 동사를 형태에 근거하여 수, 시간, 인칭을 나타내는 낱말이라고 정의하고, 이에 따른 동사의 어형변화를 다루고 있다. 블로카가 행위동사(일반동사), 실사동사(be-동사), 중성불완전동사(조동사)의 세 가지로 나누어 동사의 변화를 다룬 반면, 존슨은 일반동사를 시제 변화형에 따라 네 가지로 분류하여 다루고 있다. 제1형에는 현재형에 -ed를 붙여 과거와 과거분사를 만드는 동사와 *lend / lent, spend / spent* 등이 있는데, 후자와 같은 변화는 *d*가 반복되는 것을 피하고자 하는 데서 생긴 것이라고 그는 설명하고 있다. 제2형은 현재형 동사의 모음이나 자음을 바꾸어 과거 / 과거분사를 만드는 동사로 *shake / shook / shaken*, be 동사, *lead / led / led, break / broke / broken, give / gave / given* 등이 이에 속한다. 제3형은 현재형동사의 이중모음이 변화하여 과거 / 과거분사를 만드는 동사로 *slay / slew / slain, fly / flew / flown, know / knew / known* 등이 있고, 제4형 동사는 현재형의 자음과 모음이 모두 변하는 것으로 *stand / stood, will / would, can / could, hear / heard* 등이 있다.[14]

존슨은 통사론을 낱말의 구문을 가르치는 부분이라고 정의하고 두

---

14) 벤 존슨이 I shall / will love(*amabo*)에 나타난 미래시제를 동사(*shall / will*)와 부정법(*love*)의 결합으로 보고 조동사를 동사로 분석한 것과는 달리 월리스(Wallis, 1653)는 처음으로 조동사를 하나의 독립된 범주로 분석하였으며, 조동사 중에서 *have*와 *be*를 완전조동사(complete auxiliaries)로, 그리고 *do, shall, will*과 다른 법조동사를 불완전조동사(defective auxiliaries)로 양분하였다(하우왓, 1984, p. 96). 월리스가 말하는 완전조동사는 쿼크 외(1985)의 두기능동사(primary verb)와 비슷하고, 불완전조동사는 법동사와 비슷하다. 차이가 있다면 월리스는 *do*를 불완전조동사로 본 반면, 쿼크 등은 그것을 두기능동사로 보고 있다는 점이다.

낱말간의 문법적 관계를 다루고 있다. 그는 두 낱말의 결합으로 인하여 일어나는 문법 현상 중에서 한 낱말의 처음이나 끝에 오는 모음생략(apostrophus), 명사와 명사의 관계에서 나타나는 수와 성의 일치와 어순, 명사와 대명사의 수와 성의 일치, 형용사의 비교 용법, 주어와 동사의 수의 일치, 동사의 목적격 지배, 조동사의 용법과 시제의 일부, 접속사의 생략 현상, 문장의 종류 등을 통사론에서 다루고 있다.

블로카의 문법보다 50여 년이 지난 후에 나온 존슨의 문법은 문법서로서의 체계를 갖추기 시작하고, 라틴문법에는 없는 관사를 하나의 독립품사로 인정하여 9품사설을 주장하는 등 영문법의 발달에 기여한 바가 크다. 그러나 형용사를 명사의 하위범주로 분류하고, 명사의 문법성을 라틴어의 명사처럼 6가지로 분류하며, 문법 설명에 대한 예로 라틴어를 드는 등, 라틴문법을 그대로 영어에 적용하고 있는 점은 블로카와 크게 다른 점이 없다. 이런 점에서 존슨의 문법은 영어 고유의 문법적 특성을 인정하면서도 라틴문법으로부터 완전히 해방되지 못한 과도기적인 문법이다. 존슨의 문법은 그 명성이 그의 문학적 명성 때문이라거나, 차라리 빼버렸으면 하는 문법적 관찰이 들어 있다는 혹평이 있는가 하면, 그가 너무나 유명했기에 그의 문법에 대한 평이 그만큼 가혹했으리라는 등 그의 문법에 대한 평가가 서로 엇갈리고 있다(하우왓, 1984, 98).

4.5.3 조셉 프리슬리

조셉 프리슬리(Joseph Priestley)의 문법은 초보자를 위하여 1761년에 쓴 『기본영문법(The Rudiments of English Grammar)』과 1769년에 영어와 문법에 대한 상당한 기초를 가진 사람을 위하여 문법의 수준을 높여 쓴 『주와 관찰(Notes and Observations)』의 두 부분으로 되어 있다.

『기본영문법』은 영문법의 기본원리를 교사에게는 편리하고 학생에게는 이해하기 쉽게 교리문답식으로 간단하게 쓴 전형적인 학습문법이며 5부로 구성되었다. 1부에서는 명사, 형용사, 대명사, 동사의 어형변화를, 2부에서는 관사와 조동사의 용법을, 3부에서는 문장 내에서의 어순과 낱말간의 일치관계를, 4부에서는 운율론을, 그리고 5부에서는 문자와 낱말의 생략 현상을 간략하게 기술하고 있다.

『주와 관찰』은 『기본문법(The Rudiments)』과는 달리 영어를 상당히 잘 아는 독자를 대상으로 하여 품사 중심으로 각 품사의 어형변화와 낱말들의 관계를 풍부한 예를 들어 비교적 자세히 기술한 것이다. 프리슬리의 문법은 명사의 수와 격, 형용사의 비교형, 인칭대명사, 소유대명사, 대명사의 격, 동사의 시제변화, 가정법, 분사, 조동사, 부사와 접속사, 낱말의 합성과 파생, 관사, 전치사, 어순, 불변사 등을 깊이 있게 기술하여 대표적인 학교문법이 되었다.

프리슬리에 대한 영문법사적인 면에서의 평가는 무엇보다도 전통문법의 품사체계를 8품사로 확립시킨 데서 찾아야 할 것이다. 블로카로부터 18세기 초에 이르기까지 초기영문법 학자들은 형용사를 인정하면서도 라틴문법의 영향을 받아 그것을 형용명사(noun-adjective)라 하여 명사의 하위범주로 분류하였다.[15] 그러나 영어의 형용사는 성, 수, 격의 어미변화를 하지 않는다는 점을 들어, 프리슬리는 형용사를 명사로부터 분리시켜 하나의 독립된 품사로 인정하고, 낱말을 명사, 형용사, 대명사, 동사, 부사, 전치사, 접속사, 감탄사로 분류하였다.

분사 대신에 형용사를 하나의 독립된 품사로 인정한 것은 그의 문법에서 그가 행한 혁신의 전부라고 프리슬리 자신이 주장하고 있듯이 (p. 20), 그가 전통문법의 발달에 기여한 공로는 무엇보다도 영어의 품사를 명사, 형용사, 대명사, 동사, 부사, 전치사, 접속사, 감탄사의 8품사로 확립시킨 데서 찾아야 할 것이다.

---

15) 희랍문법은 형용사를 그 기능에 근거하여 동사의 하위범주로 분류한 경우도 있다.

4.5.4 로버트 라우스

로버트 라우스(Robert Lowth)는 1769년에 쓴 그의 문법 『영문법 입문(*A Short Introduction to English Grammar with Critical Notes*)』에서 낱말을 사용하여 우리의 생각을 올바로 표현하는 실용적인 지식이라고 문법을 정의하고, 문법의 주된 목적은 그 언어로 의사표현을 정확하게 하고 주어진 표현의 문법성을 판단할 수 있게 하는 데 있다고 주장하였다. 그리하여 그는 옳은 것을 보여주면서 동시에 틀린 것을 지적하는 식으로 가르치는 것이 가장 효과적인 방법이라는 전제하에 먼저 문법규칙을 제시하고 그에 해당하는 예문을 보여주는 식으로 문법을 기술하였다. 라우스의 이러한 방식은 다른 초기영문법에서는 찾아볼 수 없는 새로운 문법 교육방법이다. 그는 또 문법교육의 필요성과 중요성을 강조하면서 문법의 일반적인 원리를 알고 있으면 외국어를 더 쉽게 배울 수 있기 때문에, 학교에서 영문법을 먼저 가르치고 그 다음에 라틴문법을 가르쳐야 한다고 주장하였다.

그가 이처럼 영문법 교육의 필요성을 강조한 것은 모국어에 대한 사랑과 자부심에서 나온 것으로 볼 수 있다. 1550년까지만 하더라도 영어는 '문법도 없는 조잡한 언어'라는 평가(키트리지, 1906)를 받았다. 그러나 블로카 이래 200여 년이 지난 후 라우스의 시대에 이르러서 영어는 유럽의 모든 언어 중에서 그 형태나 구문면에서 가장 간단한 언어로 발전하였다. 라우스는 영어가 간단하다는 증거로, 명사의 격이 둘뿐이고, 성의 구별이 없으며, 한 동사의 변화형이 100여 가지가 넘는 언어가 많지만 영어는 많아야 6, 7가지뿐이고, 법과 시제와 태를 조동사를 써서 쉽게 나타낼 수 있다는 점을 들고 있다. 더 나아가, 영어는 어형변화가 거의 없고 구문이 쉽고 분명해서 통사론을 열 줄로 다 써버린 문법학자도 있다는 식으로, 라우스는 영어가 간단하다는 자신의 주장을 뒷받침하고 있다. 그는 이처럼 간단하고 쉬운 영어가 문법적으로 잘못 쓰여지고 있는 예를 포프(Pope), 밀턴, 셰익스피어 등에서 들고 그 원인을 영어가 어려워서가 아니라, 영어의 문법이 너무 간단해서 이들이 문법을 소홀히 한 때문이라고 분석하고 이러한 문제를 문법교육을 통하여 해결하려고 하였다.

라우스의 문법은 문자, 음절, 낱말, 문장, 구두점 등 다섯 부분으로 구성되어 있다. 문자(소리)와 음절은 2페이지 남짓에 걸쳐 간단히 설명되었다. 낱말 편은 낱말을 관사, 실사(또는 명사), 대명사, 형용사, 동사, 부사, 전치사, 접속사, 감탄사의 9품사로 나누어 각 품사를 정의하고, 그에 해당하는 예문을 제시한 후, 이들을 하위분류하고, 해당 품사에 따라 성, 수, 격, 인칭, 시제, 법, 태 등에 대한 문법을 설명하고 있다.

통사론에 해당하는 문장이라는 항목에서 라우스는 문장을 '완전한 의미를 나타내는 낱말의 집합'이라고 정의한 후, 문장 내에서 낱말간의 일치관계와 지배관계를 다루고 있다.

라우스는 문법용어를 먼저 정의하고 그에 해당하는 용례를 제시한 후, 연습문제를 주어 이해를 돕고 있다.[16] 그는 각주를 이용하여 셰익스피어, 밀턴 등과 같은 대표적인 작가들이 범한 오류를 들어 문법적인 잘못을 지적하고 있다. 예를 들면, *indifferent honest, excellent well*(셰익스피어), *extreme elaborate*(드라이든), *marvellous graceful*(클래른던)과 같은 예에서는 형용사를 부사로 쓰고 있으며, *to consider advisedly of that is moved*(베이컨), *We speak that we do know, and testify that we have seen*(요한복음 3장)에서는 관계대명사 *what*을 써야 할 곳에 *that*을 쓰고 있고, *Who servest thou under?*(셰익스피어), *Who do you speak to?*(셰익스피어)에서는 전치사의 목적어로 *whom*을 써야 할 곳에 *who*를 쓰고 있는데 이러한 어법은 영어의 특성에도 맞지 않는다고 라우스는 비판하

---

16) 라우스는 자신의 문법이 초보자를 위한 문법이므로 문법을 보다 더 깊게 공부하려면 해리스(1751)를 읽을 것을 권하면서 해리스의 보편문법을 아리스토텔레스 이래 가장 아름답고 완전한 분석의 표본으로 평가하고 있다.

고 있다.

　라우스가 붙인 이러한 각주는 그 내용이 새로운 것이 아니라 다른 문법에서도 이미 논란이 되어온 것들이지만, 문법규칙을 분명하게 이해시키기 위하여 문법적인 것과 비문법적인 것을 대비시키는 새로운 학습방법을 쓰고 있다는 점에서 중요한 의미를 갖는다. 따라서 그의 문법이 학습문법에 새로운 전기를 마련한 분수령이라는 평가(하우왓, 1984, 122)도 그의 문법의 본론의 내용에서 얻어진 것이 아니라 각주에서 얻어진 것이다. 라우스의 문법은 논리적으로 정확하게 쓰는 것보다는 쉽고 분명하게 문법개념을 정의하는 방식을 택하고 있으므로 집에서 혼자 학습할 수 있는 초보적인 것이다.

4.5.5 린드리 머리

　린드리 머리(Lindley Murray)의 『영문법(*English Grammar, Adapted to the Different Classes*)』(1795)은 블로카 이래 200여 년 동안에 쓰여진 여러 가지 영문법을 종합하고 청소년들이 쉽게 이해할 수 있도록 정리한 대표적인 학교문법이다. 그의 문법은 1795년 초판이 나온 이래 수정과 보완을 거듭하여 영국과 미국뿐만 아니라 유럽의 여러 나라들과 러시아와 일본에서도 학교문법의 교과서로 널리 사용되었다. 머리의 문법은 1850년까지 200여 판이 나왔고 그 발행 부수만도 150만 내지 200만 부에 이르렀다. 머리는 그 자신을 본서의 저자라기보다는 편자라고 부르고 있지만, 그의 문법은 스위트(1891)가 나올 때까지 영문법을 대표한다는 점에서 '영문법의 아버지'라는 평가를 받았다(하우왓, 1984, 122).

　머리의 문법은 존슨(1640), 해리스(1751), 프리슬리(1761), 라우스(1769), 쉐리던(Sheridan, 1783) 등의 문법으로부터 유용한 문법사항을 추려내어 정리한 것이다. 그는 문법사항을 학습자들이 이해하기 쉽도록 점진적으로 배열하면서 중요한 사항은 큰 글자로 쓰고, 덜 중요한 것이나 설명 또는 예외적인 사항은 작은 글자로 구별하는 등 간결하면서도 충분히 이해할 수 있을 만큼 자세하게 서술하고 있다. '영문법의 아버지'라는 머리에 대한 평가는 독창적인 관찰이나 견해 때문이라기보다는 200여 년의 역사를 가진 초기영문법을 옥석을 가려 요령있게 정리한 데에 있다고 보아야 할 것이다.

머리의 『영문법』(1795)은 철자법, 품사론, 통사론, 운율론의 네 부분과 부록으로 구성되어 있다. 철자법편은 영어 알파벳 26자와 이들 각 문자가 나타내는 소리와 조음기관, 자음자와 모음자가 결합할 때 유의하여야 할 분절규칙, 그리고 낱말이 접미사와 결합할 때 모음자나 자음자의 탈락이나 첨가와 관련된 철자규칙을 요약하고 있다. 분절규칙으로는 자음자가 모음자 사이에 있을 때 뒤에 오는 모음자와 결합한다(de-light)거나, 접미사는 어간과 분절된다(teach-ing)는 등 7가지가 있다. 머리는 접미사와 결합하는 낱말의 마지막에 오는 모음자나 자음자를 생략하거나 하나 더 반복하는 현상을 일반화하여, 소리값이 없는 e로 끝나는 낱말이 -able이나, -ible과 같은 파생어미와 결합할 때 소리값이 없는 e는 생략한다(blamable, curable, sensible ; changeable과 peaceable은 예외)는 등 11개의 철자규칙으로 정리하였다.

품사론은 형태, 의미, 기능에 근거하여 낱말을 분류하고 각 품사가 갖는 형태적인 특성을 주로 다루는, 학교문법에서는 가장 중요한 문법 분야이다. 학교문법에 나타난 품사체계는 블로카(1586)가 라틴문법의 8품사를 영문법에 그대로 적용한 이래, 머리에 이르기까지 50여 가지가 넘는 품사체계가 등장하였다. 머리는 이중에서 라우스(1769)의 9품사체계에 따라 낱말을 관사, 실사(또는 명사), 형용사, 대명사, 동사, 부사, 전치사, 접속사, 감탄사의 9가지 품사로 나누고 이들 각 품사를 정의하고 하위분류하여 어형변화를 중심으로 각 품사가 갖는 문법적 특성을 기술하고 있다.

영문법에서 관사를 맨 처음 독립된 품사로 분류한 것은 벤 존슨

(1640)이지만 존슨은 8품사를 먼저 열거한 후, 행을 달리하여 관사를 하나의 품사로 추가하였다. 그러나 머리는 프리슬리(1769)가 형용사의 일종으로 본 관사로 품사론을 시작하고 있다. 관사는 실사 앞에 붙여진 낱말로서 실사를 구별해 주고 실사의 의미가 얼마만큼 미치는가를 보여주는 기능을 갖고 있다고 정의한 후, 정관사와 부정관사로 나누어 이들의 용법을 기술하고 있다.

머리는 라우스와 마찬가지로 명사를 지칭하는 용어를 *substantive*라고 할 것인가, *noun*이라고 할 것인가를 확실히 정하지 못하고 *substantive or noun*으로 나타내고 있다.[17] 그는 먼저 명사를 고유명사와 보통명사로 나누고 이들과 관련된 성, 수, 격을 형태 중심으로 기술하고 있다.

명사가 갖는 문법성은 남성, 여성, 중성의 세 가지가 있고 대부분의 명사의 성은 자연성과 일치하지만, 자연성이 중성인 명사가 문법적으로는 남성(*the sun, time*)이거나 여성(*the moon, the earth, virtue*)으로 쓰이는 경우도 있다. 이처럼 자연성과 문법성이 일치하지 않기 때문에 영어는 성에 따라 서로 다른 낱말을 쓰기도 하고(*boy / girl, husband / wife, lord / lady*), 어미로 구별하기도 하며(*abbot / abbess, bridegroom / bride, Jew / Jewess*), 명사, 대명사, 또는 형용사를 명사 앞에 붙여(*man-servant / maid-servant, he-bear / she-bear, male-child / female-child*) 성을 구별하기도 한다.

형용사는 명사가 갖는 성질을 나타내는 낱말이다. 영어의 형용사는 성, 수, 격의 어형변화는 하지 않지만 비교의 정도를 나타내는 변화를 한다. 비교급과 최상급은 원형에 *-er, -est*를 붙이거나 원형 앞에 *more, most*를 써서 만든다. 머리는 접미사 *-ish*를 형용사의 원형에 붙이면

---

17) 프리슬리(1769, Part I, Section I)도 8품사를 열거할 때는 *noun*이라고 하면서도, 그것을 설명할 때는(Q : What is a Noun? A : A Noun or (as it is sometimes called) a Substantive, is the name of anything…) *noun* 또는 *substantive*라고 한 것을 보면, 명사라는 용어가 아직 *noun*으로 통일되지 않았음을 알 수 있다.

(black / blackish, salt / saltish) 원형이 나타내는 것보다 낮은 정도의 성질을 나타내며, rather도 형용사 앞에 놓이면(she is rather profuse in her expenses) 조그마한 정도를 나타낸다는 점에서 이들 접미사와 rather는 비교와 관련이 있는 것으로 보고 있다.

대명사는 같은 낱말이 너무 자주 반복되는 것을 피하기 위하여 명사 대신에 쓰이는 낱말이다. 머리는 대명사를 인칭대명사, 관계대명사, 형용대명사(adjective pronouns)의 세 가지로 나누고, 인칭, 성, 수, 격을 중심으로 문법적인 특성을 기술하고 있다. 형용대명사는 대명사와 형용사의 속성을 함께 갖는 대명사로서 소유형용대명사(my, thy, his), 배분형용대명사(each, every, either, neither), 지시형용대명사(this, that, these, those, former, latter), 부정형용대명사(some, other, any, all)의 네 가지로 나누고 있다.

머리는 동사를 상태, 동작, 또는 수동(suffer)을 나타내는 낱말이라고 정의하고, 행위동사(verb active : love, instruct), 수동동사(verb passive : is loved), 중성동사(verb neuter : be, sit, sleep)의 세 가지로 나누고 있다.

법과 시제는 동사가 갖는 중요한 문법적 특성이다. 머리는 법(mood 또는 mode)을 동사가 의미하는 상태나 행위를 나타내는 특수한 형태로 보고 직설법(indicative), 명령법(imperative), 가능법(potential), 가정법(subjunctive), 부정법(infinitive)의 다섯 가지로 나누고,[18] 시제는 현재(present), 과거(imperfect), 현재완료(perfect), 과거완료(pluferfect), 단순미래(first future), 미래완료(second future)의 여섯 가지로 나누어 기술하였다.

그는 부사를 동사, 형용사, 다른 부사와 결합하여 그들의 성질이나 상황을 나타내는 품사라고 정의하고, 의미에 근거하여 부사를 11가지로

---

[18] 머리는 가능법(They might have done better ; We should resist the allurements of vice)을 조건이나 가정 없이 나타낼 수 있다는 점을 들어 가정법과 구별하였다.

분류하고 있다 : 수부사(once), 순서부사(first), 장소부사(here), 시간부사(now), 수량부사(much, enough), 양태부사(wisely), 추측부사(perhaps, possibly), 단언부사(truly, yes), 부정부사(no, not), 의문부사(how, whether), 비교부사(more, very, almost, alike).

전치사는 낱말과 결합하여 낱말간의 관계를 나타내며, 머리는 전치사가 시간, 장소, 소유, 원인, 결과, 방향 등을 나타내는 예를 간단히 언급하였다. 그는 또 접속사를 주로 문장을 연결하는 데에 쓰이는 낱말이라고 정의하고, 부가, 추측, 원인 등을 나타내는 연결접속사(conjunction copulative : and, if, since)와 여러 가지 의미상의 대립을 나타내는 이접접속사(conjunction disjunctive : but, though, notwithstanding)로 양분하고 있다.

학교문법의 품사론은 각 낱말이 갖는 의미나 기능보다는 형태나 그 변화를 주로 다루었다. 머리의 부사, 전치사, 접속사, 감탄사에 대한 기술이 명사, 대명사, 동사와 같은 어형변화를 하는 품사에 비하여 아주 간단한 것도 이런 때문이다. 그는 감탄사도 화자의 감정을 나타내기 위하여 문장 요소의 사이에 던져진 낱말이라고 간단한 정의만 하고 있다.

통사론에서 머리는 '문장을 완전한 의미를 나타내는 낱말의 집합'이라는 라우스의 정의를 그대로 받아들이고, 구조에 따라 문장을 단문과 복문으로 나누었다. 그리고 의미에 따라 문장을 서술문(explicative), 의문문, 명령문의 세 가지로 분류하였다. 그는 문장의 구성요소를 주어, 술어(attribute), 목적어로 나누고 이들 요소간에 존재하는 문법적인 관계를 일치관계와 지배관계에 한정시켜 22개의 규칙으로 일반화하고 있다. 일치관계를 나타내는 규칙으로는 주어와 동사의 인칭과 수의 일치, 관계대명사의 동사와의 일치, 형용대명사 this, that의 실사와의 수의 일치, 관사와 명사의 일치 등이 있다. 지배관계를 나타내는 규칙으로는 소유격 지배, 분사의 격지배, 동사와 전치사의 목적격 지배, 접속사의 시제나 법의 지배, than이나 as로 이끌어지는 비교절의 주어에 대한 동사의 지배 등이 있다. 이들 규칙 중에는 두 개의 부정은 긍정이 된다거나 부사는 격이나 시제를 지배하지는 않지만 문장 내에서 형용사의 앞, 동사의 뒤, 조동사와 동사의 사이에 와야 한다는 등 지배와 관계가 없는 규칙도 들어 있다. 머리가 요약한 이들 통사규칙을 보면 학교문법의 통사론은 이제 시작 단계에 있음을 알 수 있다

4.5.6 제임스 해리스

블로카 이래 스위트 이전까지 300여 년 동안의 초기영문법은 이들 문법이 추구하는 목적에 따라 크게 학교문법과 보편문법의 두 가지로 나눌 수 있다. 학교문법은 영어를 가르치는 데에 목적이 있는 반면, 보편문법은 언어의 보편적인 특성을 밝혀 언어현상을 설명하는 데에 주된 목적이 있다.

보편문법이란 용어는 베이컨(Francis Bacon, 1605)이 여러 가지 갈래의 지식을 체계적으로 개관하고, 이들을 다시 과학적으로 새롭게 분류하는 과정에서 처음으로 사용하였다. 그로부터 반세기가 지나서야 영국에서는 뽀오르-로와얄 문법(C. Lancelot & A. Arnould 1660)의 영향을 받아 존 윌킨스(John Wilkins, 1668), 존 로크(John Locke, 1690) 등이 보편문법에 관심을 갖기 시작하여 초기영문법의 대표적인 보편문법인 제임스 해리스(James Harris)의 『보편문법 : 언어와 보편문법에 관한 철학적 탐구(Hermes : Or, A Philosophical Inquiry Concerning Language and Universal Grammar)』(이하 『보편문법』으로 줄임)가 1751년에 나왔다.[19]

---

19) 존 윌킨스(1668, p. 29)는 보편문법(universal grammar)을 언어철학에 적합한 자연문법(natural grammar)이라 부르고, 보편문법은 개별언어(instituted language)가 가진 불필요한 많은 규칙을 버리고 필수적인 규칙만 정선해 낸 것이라고 정의하였다. 해리스는 보편문법이 모든 언어에 필수적인 원리와 규칙에 주로 관심을 가져야 하는 반면, 개별문법은 어느 한 특정 언어에 적합한 규칙을 다루어

해리스의 『보편문법』은 언어현상을 실재세계와 연관시켜 분석하고 있다는 점에서 철학적이고, 언어는 인간 이성의 소산이라는 전제하에 어느 한 개별 언어가 아니라 모든 언어에 공통적인 문법현상을 다루고 있다는 점에서 보편적이다. 그리하여 해리스는 학교문법처럼 영어와 같은 개별언어에만 나타나는 구체적인 문법현상에 관심을 갖는 것이 아니라, 영어는 물론 히브리어, 희랍어, 라틴어, 프랑스어 등 모든 언어가 갖고 있는 필수적인 원리에 더 많은 관심을 가졌다.

해리스의 『보편문법』은 3부로 되어 있다. 1부와 2부는 문장의 종류와 품사를 다루고, 3부는 소리와 의미와의 관계를 질료와 형상의 관계로 설명하고 있다. 그는 언어가 가진 보편적인 원리는 인간이 갖고 있는 이성 내지 정신력과 관련이 있다고 전제한 후, 정신력을 인식력과 의지력의 두 가지로 나누고, 문장도 인식을 나타내는 주장문(sentences of assertion)과 의지를 나타내는 의지문(sentences of volition)의 두 가지로 나누고 있다. 이러한 분류에 따라 그는 서술문은 주장문으로 분류하고 의문문, 명령문, 기원문은 모두 의지문으로 분류하였다.

해리스는 문장의 최소 구성요소를 낱말로 보고, 낱말은 더 이상 나눌 수 없는 의미를 가진 최소 부분이라고 정의하고 있다. 그는 낱말을 관사, 명사(실사와 형용사), 대명사, 동사, 분사, 부사, 접속사, 전치사 등으로 분류하는 전통적인 8품사를 인정하면서도, 낱말이 갖는 의미와 기능에 근거하여 새로운 분류를 시도하였다. 즉, 그는 낱말을 홀로 있어도 의미가 있느냐 없느냐에 따라 주요어(principals)와 부가어(accessories)로 나누었다. 주요어는 *man, music, sweet*처럼 그 자체가 의미를 갖는 낱말이고, 부가어는 *and, the, with*처럼 다른 낱말이나 문장과의 관계에

야 한다고 보편문법과 개별문법을 구별하였다. 보편문법은 또한 개별문법(particular grammar, instituted grammar)에 대립되는 문법으로서 보편문법(universal grammar)이라는 명칭 외에 자연문법(natural grammar), 철학적 문법(philosophical grammar), 이성문법(rational grammar)이라고도 한다.

의해서 의미를 갖는 낱말이다. 주요어는 다시 *man*이나 *swan*과 같은 실체를 나타내는 실사(substantives)와 *to fly*나 *to be white*처럼 힘(에너지)이나 성질을 나타내는 속성사(attributives)로 구분된다. 부가어는 또 *the*처럼 한 낱말과 관계를 가져 그것을 한정하는 한정사(definitives)와, *and*처럼 많은 낱말과 관계를 가져 그들을 연결하는 연결사(connectives)로 구분된다. 해리스는 이와 같이 낱말을 실사, 속성사, 한정사, 연결사의 4품사로 나누고 이들을 각각 전통적인 품사용어인 명사, 동사, 관사, 접속사에 대응시키고 있다.

실사는 일차적인 실사(primary)와 이차적인 실사(secondary)의 두 가지가 있다. 일차적인 실사는 실체나 실체라고 생각되는 것을 나타내는 명사이다. 일차적인 실사는 자연적인 실체(*animal, man, vegetable*), 인공적인 실체(*house, ship*), 추상적인 실체(*flight, whiteness*)를 나타낸다. 대명사는 실체를 나타내는 실사 대신에 쓰인다는 점에서 이차적인 실사이다. 이차적인 실사는 다시 인칭대명사처럼 앞에 나온 것을 지칭하지 않으면서도 문장을 시작(introducing or leading)할 수 있는 전치적인(prepositive) 것과 관계대명사처럼 접속기능을 갖는 접속적인(subjunctive) 것이 있다.

속성사는 실사가 갖는 속성을 나타내는 주요어이다. 속성사를 다시 두 가지로 나누어 동사, 분사, 형용사처럼 실사의 속성을 나타내는 낱말을 일차속성사라 하고, 부사처럼 일차속성사의 속성을 나타내는 낱말을 이차속성사라 한다.

동사, 분사, 형용사는 모두 일차속성사이면서도, 동사는 속성, 시간, 주장을 나타내며, 분사는 속성과 시간을 나타내고, 형용사는 속성만 나타낸다는 점에서 서로 구별된다.

문장은 사건이나 정황을 시간과 관련하여 나타낸다. 실재세계에서의 시간과 문장에 나타난 시간개념은 일치하지 않는 경우가 많기 때문에 실재세계의 시간을 시간(time)이라 하고, 언어에 나타난 이러한 시간을 시제(tense)라 하여 이들을 구별하고 있다. 영어에서 시제는 동사나 분사에 나타난다. 해리스는 동사와 분사가 나타내는 시제를 일차적으로 그것이 가리키는 시간의 한정성에 따라 비한정(indefinite) 시제와 한정(definite) 시제로 양분하였다. 비한정시제는 동사나 분사가 나타내는 행위의 시작(inceptive), 계속(middle) 또는 진행(extended), 완료(completive)와 같은 상(aspect)을 나타내지 않는 단순시제로서, 현재(aorist of the present), 과거(aorist of the past), 미래(aorist of the future)의 세 가지 시제를 말한다.[20]

한정시제는 비한정시제에 동사의 상을 결합한 시제로서 현재, 과거, 미래에서 각각 동작의 시작, 진행, 종결을 나타내는 9가지가 있다. 다음은 해리스의 12시제체계이다.

1. 비한정시제(indefinite tense)
   현재(aorist of the present) : I write.
   과거(aorist of the past) : I wrote.
   미래(aorist of the future) : I shall write.
2. 한정시제(definite tense)
   현재시작(inceptive present) : I am going to write.
   현재진행(middle or extended present) : I am writing.
   현재완료(completive present) : I have written.
   과거시작(inceptive past) : I was beginning to write.
   과거진행(middle or extended past) : I was writing.

---

20) aorist는 본래 희랍문법에서 완료나 진행을 함축하지 않는 과거동작을 나타내는 비한정시제를 가리키는 용어이다. 희랍어의 aorist가 영어로 번역될 때는 보통 단순과거(simple past)로 번역되기 때문에, 영문법에서도 단순과거를 aorist라고 부르는 문법도 있다. 학교문법에서는 aorist로 보통 과거시제를 가리키지만, 해리스는 aorist를 사용하여 비한정시제와 한정시제를 구별하였다.

과거완료(completive past) : *I had done writing.*
미래시작(inceptive future) : *I shall be beginning to write.*
미래진행(middle or extended future) : *I shall be writing.*
미래완료(completive future) : *I shall have done writing.*

시제는 문장이 나타내는 사건이나 정황이 일어나는 시간을 나타내는 반면, 법(mood)은 문장이 나타내는 사건이나 정황에 대한 화자의 태도를 나타낸다. 해리스는 법을 문장이 나타내고자 하는 내용에 대한 화자의 인식과 의지를 나타내는 방식이라고 정의하고, 사실을 나타내는 직설법(declarative / indicative), 가능성을 나타내는 가능법(potential), 의문을 나타내는 의문법(interrogative), 요구를 나타내는 요구법(requisitive)의 네 가지로 나누고 있다. 가능법은 보통 직설법에 붙어 종속적으로 쓰인다는 점에서 접속법(subjunctive)이라고도 한다. 요구법에는 명령법(imperative)과 기원법(precative / optative)이 있다. 명령법은 아랫사람(inferiors)에게 하는 요구방식이며, 기원법은 동등한 사람이나 윗사람(superiors)에게 하는 요구방식이다. 의문법과 명령법은 상대방의 반응이 의문문에서는 말이지만, 명령문에서는 그 반응이 행동으로 나타난다. 의문법은 직설법동사를 쓰지만 명령법은 가정법동사를 쓴다. 의문법은 현재, 과거, 미래 등 모든 시제로 물을 수 있지만, 명령법은 오직 미래에 대해서만 요구한다는 것도 의문법과 명령법이 갖는 차이이다.

해리스는 실체의 속성을 나타내는 동사, 분사, 형용사를 일차속성사라 하고, 이들 일차속성사의 속성을 나타내는 부사를 이차속성사라고 구분하였다. 일차속성사가 나타내는 속성은 수량(quantities)과 성질(qualities)이고, 이차속성사는 이들 수량과 성질의 증강(intension)이나 경감(remission)을 나타낸다.

해리스는 2부에서 다른 표현과 연관을 가져야 비로소 의미가 생기는 부가어를 다루고 있다. 부가어는 한정사와 연결사의 두 가지가 있다. 한정사는 다시 본래 한정사인 관사(a, the)와 대명관사(pronominal article : this, that, any, other, some, all, no, none)의 두 가지가 있다. 이 세상에는 각 개체에 그 고유의 이름을 부여할 수 없을 만큼 무한히 많은 개체들이 있다. 이들 개체 중에서 처음으로 인식한(primary perception) 것을 지칭하려면 그것을 나타내는 실사 앞에 a를 쓰고, 이미 알고 있는 것(secondary perception)을 나타내려면 그 실사 앞에 the를 쓴다. 그러나 무한한 사물을 지칭하려면 이들 두 관사만으로는 불충분하다. 그래서 화자 가까이 있는 것을 지칭하려면 this를, 먼 것을 나타내려면 that을, 모든 것을 나타내려면 all을, 일부를 나타내려면 some을 쓴다. 이러한 한정사를 대명한정사라 한다.[21]

연결사는 문장을 연결하는 접속사(conjunction)와 낱말을 연결하는 전치사(preposition)가 있다. 접속사라는 명칭은 그것이 갖는 본질적인 특성(essential character)을 나타내지만, 전치사는 그것이 연결하는 낱말 앞에 놓이는 부수적인 성질(mere accident)만 나타낸다. 접속사는 의미나 기능에 따라 연결접속사(conjunctive conjunction), 이접접속사(disjunctive conjunction), 부사접속사(adverbial conjunction)의 세 가지가 있다.

연결접속사는 문장과 그들의 의미를 연결하는 접속사로서 계사접속사(copulatives : and)와 연속접속사(continuatives : if, because, therefore)가 있다. 계사접속사는 연결하는 문장의 의미에 관계없이 문장을 연결하지만, 연속접속사는 두 문장을 연결하여 하나의 연속적인 전체를 만든다. 연속접속사는 가정이나 조건을 나타내는 가정접속사(suppositive conjunction : if)와 원인(because, since, as)이나 결론(therefore, wherefore, then)을 나타내는 사실접속사(positive conjunction)의 두 가지가 있다.

---

21) 고유명사는 하나의 이름으로 서로 다른 많은 개체를 가리키는 동음이의어이다. 대명형용사가 고유명사 앞에 놓이는 것은, 고유명사가 갖는 이러한 중의성을 해소하기 위한 것이다.

이접접속사(disjunctive conjunction)는 그 의미나 기능은 이접적이고 통사적 기능은 접속적이라는 점에서 붙여진 이름이지만, 언뜻 보면 모순된 명칭이다. 이접접속사는 단순이접접속사(or, either … or)와 반의이접접속사(adversative disjunctive conjunction)가 있다. 반의이접접속사는 절대적 반의(but), 비교의 반의(than, as … as), 충족의 반의(unless), 부족의 반의(although)를 나타낸다.

부사접속사는 부사의 의미와 접속사의 기능을 함께 갖는 접속사이다. when, where, whence, whither, whenever, wherever 등이 이에 속한다.

낱말을 연결하는 전치사는 대부분 그 용어 자체가 보여주듯이 장소관계(relations of place)를 나타내는 연결사이다. 해리스는 전치사가 나타내는 장소관계를 세분하여 접촉관계(contiguous relation : *Caius walked with a staff*; *the river ran over a sand*)와 분리관계(detached relation : *he is going to Italy*; *the sun rises above the hills*)로 나누면서도, 동사의 성격에 따라 동일한 전치사가 *from*처럼 정지관계(character of quiescence : *that lamp hangs from the ceiling*)를 나타내기도 하고, 운동관계(character of motion : *that lamp is falling from the ceiling*)를 나타내기도 한다고 설명하고 있다. 그는 또한 지배관계를 나타내는 전치사 *over*(*he ruled over his people*)나 복종관계를 나타내는 *under*(*he served under such a general*)도 위치적으로 위에 있는 사람이 아래 있는 사람보다 더 유리하다는 데서 지배나 복종의 의미가 파생된 것으로 풀이하고 있다.

격(case)은 실사가 동사, 명사, 전치사와 같은 다른 낱말에 대하여 갖는 문법적인 관계를 나타낸다. 격은 명사가 갖는 문법적 속성이라는 점에서 명사편에서 다루는 것이 보통이지만, 해리스는 명사, 동사, 전치사에 대한 어느 정도의 지식이 있어야 격을 논의할 수 있다는 점을 들어 명사, 동사, 전치사를 논의한 후 격은 장을 달리하여 다루었다. 희랍어나 라틴어와는 달리 현대 언어는 대부분 형태로 격을 구별하지 않고,

주격(nominative)과 목적격(accusative)은 어순(situation)으로 구별하고, 여격(dative)과 소유격(genitive)은 전치사로 나타낸다. 해리스는, 격을 형태적으로 구별하는 언어가 많지 않다는 점에서, 격이 언어의 본질적인 특성이 아닌 것으로 보았다.

희랍문법은 감탄사를 부사의 일종으로 분류하고 있지만, 감탄사는 동사의 속성을 나타내지 않는다는 점에서 부사와 공통점이 없다. 감탄사는 의식적으로 내는 소리(voice of art)가 아니라 재미있는 사건이나 광경에 접하여 감정을 자연스럽게 나타내는 소리(voice of nature)이며, 문장 안에서 다른 낱말과 문법적인 관계를 갖고 있지 않다는 점을 들어 해리스는 독립된 품사로 인정하지 않았다.

해리스의 4품사설을 요약하면 그 자체로서 의미가 있는 낱말은 실사와 속성사이고, 다른 낱말과 관련을 가져야 비로소 의미를 갖게 되는 낱말은 한정사와 연결사이다. 학교문법으로 말하면 명사와 대명사는 실사이고 동사, 형용사, 분사, 부사는 속성사이다. 관사는 한정사이고 접속사와 전치사는 연결사에 해당한다.

해리스는 그의 문법 3부에서 의미와 관련하여 철학적인 관심을 많이 나타내고 있다. 그는 소리와 의미와의 관계를 질료와 형상과의 관계로 이해하려고 노력하였다. 대리석 조각품들이 서로 다른 것은 질료인 대리석이 달라서가 아니라, 그들이 나타내는 형상이 다르기 때문이다. 마찬가지로 언어가 소리라는 동일한 질료로 되어 있으면서도 각 낱말이 다른 것은, 그들이 나타내는 의미, 즉 형상이 다르기 때문이다. 의미를 낱말과 그들이 가리키는 대상과의 관계로 본다면, 낱말은 그것이 가리키는 사물을 대신하는 기호이다. 세상에는 무한히 많은 사물이 있고, 낱말이 이들을 대신한다면 낱말의 수도 그만큼 무한해질 것이다. 그리하여 해리스는 낱말이 사물을 대신하는 기호가 아니라 일반적인 개념(general ideas)을 대신하는 기호라고 주장하고 있다. 그는 일반적인 개념을 우리가 어떻게 습득할 수 있으며, 이러한 개념은 어디에서 나오고,

개념의 속성은 무엇이며, 개념과 언어와의 관계는 무엇인가와 같은 철학적인 문제를 제기하는 것으로 그의 보편문법을 마무리하고 있다.

해리스의 보편문법이 대부분 품사를 논의하는 데에 그치고 통사론, 즉 문장에 대해서는 깊이 있게 다루지 않은 점에서는 학교문법과 비슷하다. 그러나 언어현상을 실재세계와 연관시켜 이해하고 의미를 중심으로 여러 언어에 관심을 가지고 인간 언어가 가진 보편성을 추구하고 있다는 점에서 해리스의 문법은 학교문법과 차이가 있다. 해리스의 보편문법은 라우스(1762), 프리슬리(1762), 뷰캐넌(1762), 워드(1767), 쿠트(1788) 등에 많은 영향을 주었을 뿐만 아니라, "아리스토텔레스 철학 이래 가장 아름답고 완벽한 분석의 본보기"(라우스, 1762, 14)라는 평가를 받았다. 이런 점에서 우리는 언어를 통하여 인간 이성을 철학적으로 이해하려는 시도를 해리스의 보편문법에서 시작하여야 할 것이다.[22]

4.6 초기영문법의 품사체계

하나의 현상을 간단히 기술하려면 그 현상을 이루고 있는 구성요소를 그 특성에 따라 분류하고 이들에 대한 명칭을 붙이는 작업, 즉 범주의 설정이 먼저 이루어져야 한다. 블로카(1586, 126)가 "영문법에서 제일 먼저 해야 할 중요한 일은 문장 속에 들어 있는 각 낱말의 품사가 무엇인가를 아는 것"이라고 주장한 것도 영문법이 품사의 분류로부터

---

[22] 해리스(1751)의 보편문법에 대해서는 랑슬로우 & 아르누(Lancelot & Arnould 1660), 스위트(1891)와 예스퍼슨(1924) 등 전통문법이 말하는 보편문법, 그린버그(J. H. Greenberg, 1963)에서 기술된 여러 언어에 나타난 언어의 보편성, 촘스키(1981, 1986)가 언어의 습득과 관련하여 인간언어의 본질을 모든 인간언어에 내재한 원리, 조건, 규칙의 체계로 형식화한 보편문법, 그리고 논리언어와 자연언어의 공통성을 형식화한 몬태규(Montague)의 보편문법 등과 비교하여 준비중인 『보편문법론』에서 좀더 자세히 논의할 계획이다.

시작해야 한다는 것을 의미한다.

초기영문법에서 품사의 분류, 즉 품사론은 블로카(1586)가 라틴문법의 8품사를 영어에 그대로 적용하여 영어의 낱말을 8품사(noun, pronoun, verb, participle, adverb, conjunction, preposition, interjection)로 분류한 이래, 학교문법의 품사체계를 8품사(noun, pronoun, verb, adjective, adverb, conjunction, preposition, interjection)로 확정한 프리슬리(1761)에 이르기까지 200여 년 동안에 56가지가 넘는 품사체계가 등장하였다.[23] 영어라는 하나의 언어를 분석하면서 이처럼 여러 가지 품사체계를 사용한 것은 그만큼 많은 종류의 품사가 있어서가 아니라, 하나의 품사를 두 개의 품사로 나누거나, 두 가지 이상의 품사를 하나의 품사로 통합한 데서 생긴 결과이다. 다시 말하면, 관사, 형용사, 분사, 감탄사를 하나의 독립된 품사로 볼 것이냐, 아니면, 이들을 명사, 동사, 부사 등의 하위범주로 분류할 것이냐, 또는 두세 개의 품사를 하나의 품사로 통합할 것이냐의 문제에서 다양한 품사체계가 나오게 된 것이다.

벤 존슨(1640)은 블로카(1586)가 명사에 포함시킨 관사를 하나의 독립된 품사로 인정하여 영어의 낱말을 9품사로 분류한 반면, 메테르(1712)는 벤 존슨처럼 관사를 독립된 품사로 인정하면서도 감탄사를 부사에 포함시킴으로써 블로카와는 다른, 8품사체계(noun, pronoun, article, verb, participle, adverb(감탄사 포함), conjunction, preposition)를 쓰고 있다. 존 콜리어(John Collyer, 1735)는 명사로부터 형용사를 독립시켜 하나의 독립된 품사로 설정하고 여기에 관사와 분사를 포함시키고, 형용사가 빠진 명사를 실사로 대치하며, 감탄사를 다시 독립된 품사로 인정하여 메테르(1712)와는 또 다른, 8품사체계(substantive,

---

23) 아이언 마이클(1970, 208)은 259종의 초기영문법에 나타난 품사체계가 56가지가 넘는 것으로 분석하고 이들 품사체계를 부록 I(pp. 521-529)에 싣고 있다.

adjective(관사와 분사 포함), pronoun, verb, adverb, conjunction, preposition, interjection)로 낱말을 분류하고 있다. 학교문법의 품사체계를 대표하는 프리슬리(1761, 1769)의 8품사체계(noun, adjective(관사와 분사 포함), pronoun, verb, adverb, conjunction, preposition, interjection)는 substantive 대신에 noun이라는 품사를 쓰고 있다는 점에서만 메테르(1712)의 품사체계와 차이가 있다.

존슨(Samuel Johnson, 1755), 라우스(1769), 쿠트(1788), 머리(1795) 등의 9품사체계는 분사를 동사에 포함시키고 관사를 하나의 독립품사로 인정하여, 벤 존슨(1640)의 9품사와는 또 다른 9품사설(substantive, adjective, pronoun, article, verb(분사 포함), adverb, conjunction, preposition, interjection)을 주장하고 있다.

애쉬(J. Ash, 1760), 비티(J. Beattie, 1783), 멜리언(M. A. Meilan, 1803) 등은 새뮤얼 존슨 등이 분사를 동사의 하위범주로 분류한 9품사에서 분사를 다시 독립품사로 분류하여 10품사(substantive, adjective, pronoun, article, verb, participle, adverb, conjunction, preposition, interjection)로 나누고 있다.

마이커(Mica, 1793)는 대명사, 형용사, 부사, 전치사와 같은 품사용어를 버리고 새로운 용어를 사용하여 초기영문법에서 그 수가 가장 많은 11품사설(article, name, definitive, substitute, quality, existence, adjunct, relation, conjunction, interjection, number)을 주장하였다.

위에서 보아온 8품사, 9품사, 10품사, 11품사설은 모두 블로카의 품사체계에 하나의 품사를 새로 설정하거나 기존의 한 품사를 두 개의 독립된 품사로 다시 분류하는 데서 나온 것이다. 이와는 달리, 기존의 품사를 다른 품사의 하위품사로 분류하거나 불변사(particle)와 같은 새로운 범주를 설정하고 부사, 전치사, 접속사, 감탄사와 같은 품사를 불변사로 통합함으로써 또 다른 다양한 품사체계가 나왔다.

8품사설보다 품사 수가 적은 품사 체계로는 7품사체계, 즉 휴스(S.

Hewes, 1624), 벡(C. Beck, 1657), 터너(D. Turner, 1739)로부터 시작하여, 6품사체계, 즉 류이스(M. Lewis, 1670), 돌턴(J. Dalton, 1801), 멜리언(1771), 5품사체계, 즉 그레이비스(1594), 웰스(M. Wells, 1760), 핼리팩스(C. Hallifax, 1765), 4품사체계, 즉 버틀러(1633), 블롬(R. Blome, 1686), 레인(1700), 길던 & 브라이트랜드(Gildon and Brightland, 1711), 라우튼(W. Loughton, 1734), 패로(T. Farro, 1776), 필립스(J. T. Philips, 1726), 다이치(1735), 마틴(B. Martin, 1748), S. 존슨(1758), 쿠크(T. Cooke, 1775), C. 존슨(1779), 로우(S. Lowe, 1737), 피셔(A. Fisher 1750), 존 카터(John Carter, 1773), H. 워드(H. Ward, 1777), 색슨(S. Saxon, 1737), 터너(D. Turner, 1739), 벨러미(T. Bellamy, 1760), 바클리(J. Barclay, 1774), 에드워즈(S. Edwards, 1765), 해리스(1751), 마틴(B. Martin, 1754), 윈(R. Wynne, 1775), 쿡(J. Cook, 1793), 3품사체계, 즉 길(1619), 더글라스(J. Douglas, 1720?), 로더윅(J. Lodowyck, 1652), 윌킨스(1668), 존스(H. Jones, 1724), 커크비(J. Kirkby, 1746), 베일리(A. Bayly, 1756), 스웨인 & 심스(J. Swaine and J. Sims, 1761), 불런(H. Bullen, 1797), 그룸브리지(H. Groombridge, 1797), 2품사체계, 즉 몬보도(L. Monboddo, 1774), 혼 툭(1786), 그리고 심지어 1품사설, 즉 댈가노(C. Dalgarno, 1661)까지 나오기도 하였다.[24]

7품사체계의 문법에는 관사, 대명사, 실사를 모두 명사로 분류한 휴스(J. Hewes 1624 : noun, verb, participle, adverb, conjunction, preposition, interjection), 관사와 실사를 명사에 포함시키고 감탄사를 부사에 포함시키면서 명사와 대명사를 독립된 품사로 분류한 벡(C. Beck, 1657 : noun, pronoun, verb, participle, adverb, conjunction, preposition), 실사로 쓰이는 대명사는 실사로 분류하고 형용사로 쓰이는 대

---

24) 품사체계와 그와 관련된 초기문법 자료에 대하여 자세한 것은 아이언 마이클 (1970)의 제8장(Systems of Parts of Speech)과 부록 I을 참조.

명사와 분사는 형용사에 포함시킴으로써 대명사와 분사를 독립품사로 인정하지 않으면서, 감탄사를 독립품사로 인정한 터너(1739 : substantive, adjective, verb, adverb, conjunction, preposition, interjection) 등이 있다.

류이스(1670?)는 대명사를 실사에 포함시키고, 분사와 감탄사는 축약된 문장으로 보아 품사로 인정하지 않으며, 관사를 전치사의 일종으로 분류하는 등 특이한 6품사설(substantive, adjective, verb, adverb, conjunction, preposition)을 주장하고 있다. 돌턴(1801)은 관사를 포함한 형용사를 명사에 포함시키고, 감탄사를 감탄명사(interjective noun)로 보아 명사에 포함시켜 낱말을 6품사(noun, pronoun, verb, adverb, conjunction, preposition)로 나누고 있다. 멜리언(1771?)은 형용사와 부사의 비교형을 따로 묶어 비교사(comparative)라는 새로운 품사를 만들고 접속사, 전치사, 감탄사를 함께 묶어 불변사로 분류함으로써, 또 다른 6품사체계(substantive, verb, adjective, adverb, comparative, particle)로 낱말을 분류하였다. 이들 6품사체계는 그 분류 근거가 설득력이 없어서인지 이를 따르는 문법은 거의 없다.

5품사체계로는 그레이비스(1594), 웰스(1760), 핼리팩스(1765) 등이 있다. 그레이비스는 형용사와 관사를 명사로 분류하고 분사를 동사에 포함시키며, 전치사와 감탄사를 부사로 분류하여 5품사(noun, pronoun, verb, dverb, conjunction)로 분류하고 있다. 웰스는 실사적으로 쓰이는 대명사는 실사로 분류하고 형용사적으로 쓰이는 대명사는 형용사로 분류함으로써 대명사를 독립된 품사로 인정하지 않았으며, 분사도 동사의 일종으로 보고, 접속사, 전치사, 감탄사, 관사를 불변사로 분류함으로써 5품사설(substantive, djective, verb, adverb, particle)을 주장하고 있다. 반면, 핼리팩스는 웰스와는 달리 대명사를 독립된 품사로 분류한 대신, 관사, 부사, 전치사, 접속사, 감탄사를 불변사로 분류하여 또 하나의 5품사설(substantive, adjective, pronoun, verb, particle)을 주장하였다. 이들 5품사체계도 6품사체계와 마찬가지로 초기영문법에서 거의 수용되지 않는 품사체계이다.

일부의 문법이 품사의 수를 8, 9개로부터 4, 5개 이하로 줄일 수 있었던 것은 전치사, 접속사, 감탄사, 관사와 같은 전통적인 용어를 그대로 사용하면서도 이들을 불변사(particles)라는 하나의 품사로 묶기 시작한 데서 가능하게 되었다. 불변사라는 용어는 영문법에서는 레인(1695, 1700 p. 215)이 품사를 substantive, adjective, verb, particle의 넷으로 나누면서 처음으로 사용되었다. 레인은 부사, 전치사, 접속사의 세 품사를 불변사로 묶고 있지만, 1696년에 나온 저자 미상의 『영어로 라틴어를 배우는 법(The True Method of Learning the Latin Tongue by the English)』은 관사, 감탄사, 조동사, 전치사, 부사의 일부를 불변사로 분류하는가 하면, 다이치(1735)는 부사, 접속사, 전치사, 감탄사를 불변사로 분류하고 있다. 불변사는 그 하위범주를 보면 알 수 있듯이 어형변화를 하지 않는 품사를 총칭한 것이다. 블로카(1586)도 이미 낱말을 어형변화를 하는 품사와 어형변화를 하지 않는 품사로 양분하고 분사, 부사, 접속사, 전치사, 감탄사를 어형변화를 하지 않는 품사로 묶고 있다. 이렇게 보면 블로카는 불변사라는 용어만 쓰지 않았을 뿐, '어형변화를 하지 않는(un-declyned)'이라는 용어로 이미 불변사의 개념을 나타내었다.

아이언 마이클(1970, 521-9)이 정리한 56가지의 품사체계 중에서 4품사설을 주장한 품사체계가 17가지로 전체 품사체계의 거의 1/3을 차지하고 있다. 이들 17가지의 품사체계 중에서 불변사라는 용어를 사용하지 않고 낱말을 4품사(substantive, attributive, definitive, conjunctive)로 분류한 문법은 버틀러(1634), 블롬(1686), 해리스(1751) 등 셋뿐이다. 나머지 14가지의 4품사체계는 모두 불변사를 품사로 인정하고 있다. 버틀러는 대명사, 관사, 실사는 명사에, 분사는 동사에, 접속사와 감탄사는 부사에 포함시키고, 전치사만 독립된 품사로 분류하여 4품사(noun, verb, adverb, preposition)로 나누었다. 버틀러와는 달리, 블롬(1686)은 전치사와 감탄사를 부사에 포함시키고, 접속사를 독립된 품사로 분류하여 4품사(noun, verb, adverb, conjunction)로 나누면서도 불변사라는 용어를 쓰지 않고 전치사나, 접속사를 부사로 분류하여 품사의 수를 줄였다. 해리스의 보편문법은 의미에 근거하여 낱말을 4품사(substantive, attributive, definitive, conjunctive)로 분류하고 있다. 그는 일차적으로 그 자체가 의미가 있는 낱말을 주요어(principals)라 하고, 다른 낱말과 연관을 가질 때 비로소 의미를 갖는 낱말을 부가어(accessories)라고 하여, 낱말을 두 가지로 나누고 있다. 주요어는 실사(대명사 포함)와 속성사의 두 가지가 있고, 부속어는 또 한정어와 접속어로 나눈다. 동사, 형용사, 분사, 부사, 감탄사는 속성사이고, 관사와 *this*, *any*, *all*, *no*와 같은 대명사적 관사(pronominal article)는 한정사이며, 접속사와 전치사는 연결사(connective)이다. 낱말이 갖는 의미나 기능을 드러내기 위하여, 해리스는 이처럼 명사, 동사, 관사, 접속사에 해당하는 낱말을 각각 실사, 속성사, 한정사, 연결사라는 새로운 용어를 사용하고 있다.

나머지 14가지의 4품사체계는 대부분 명사, 형용사, 동사, 불변사로 구성되어 있다(라우튼, 1734., 피셔, 1750., 에드워즈, 1765., 쿡, 1793). 이들 4품사 체계는 다만 불변사의 하위범주에 부사, 접속사, 전치사를 포함시키는 문법(레인, 1695., 필립스, 1726)이 있는가 하면, 부사, 전치사, 접속사, 감탄사로 분류하는 문법(길던 & 브라이트랜드, 1711., 다이치, 1735., 로우, 1737., 터너, 1739)도 있고, 부사, 전치사, 접속사, 감탄사에다 관사까지 포함시킨 문법(벨러미, 1760., 바클리, 1774)도 있다. 반면 색슨(1737)은 부사, 접속사, 전치사, 감탄사를 불변사로 분류하면서도 형용사, 대명사, 분사를 하나로 묶어 *adnoun*이라는 새로운 용어를 써서 낱말을 4품사(substantive, adnoun, verb, particle)로 분류하고 있다. 또 4품사설 중에는 부사를 불변사로부터 분리시켜 명사, 동사, 부사, 불변사의 4품사로 나누는 문법(마틴, 1754)도 있고, 대명사를 실사나 명사로부터 독립시켜 명사, 대명사, 동사, 불변사의 4품사설을 주장한 문법(원, 1775)도 있으며, 관사를 하나의 독립품사로 분류하여 명사, 관사, 동사, 불변사의 4품사로 나누는 문법(쿡, 1793)도 있다.

로더윅(1652)은 전통적인 용어를 사용하지 않고 낱말을 3품사(words of action, words of quality, words of help)로 나누는가 하면, 윌킨스(1668)도 전혀 새로운 용어를 사용하여 3품사(integral, grammatical particle, cross-categories)로 나누고 있다. 로더윅이나 윌킨스와는 달리, 대부분의 3품사체계 문법(길, 1619., 더글러스, 1720?., 존스, 1724., 베일리, 1756., 스웨인 & 심스, 1761)은 명사(또는 실사), 동사, 불변사의 세 가지로 나누고 있다. 그러나 3품사설 중에는 불변사에 속하는 전치사, 접속사, 감탄사 등을 동사로 분류하거나(그룸브리지, 1797), 실사, 형용사, 동사의 3품사로 분류한 경우도 있다(불런, 1797).

3품사체계의 불변사나 대명사를 동사나 실사에 포함시켜 2품사로 분류한 문법(몬보도, 1774., 툭, 1786)이 있는가 하면, 불어로 쓰여진 것이긴 하지만 명사 하나만을 품사로 인정하고 다른 품사는 모두 명사로부터 파생된 것으로 분석한 1품사체계도 있다(델가노, 1661).

초기영문법의 품사체계는 1품사설로부터 11품사설에 이르기까지 다양한 품사체계가 시도되었다. 낱말들의 공통된 속성을 부각시킬 경우 품사의 수가 줄어들고, 낱말들이 갖는 개개의 특성을 강조할 경우 품사의 수가 늘어나기 때문에, 이와 같은 다양한 품사체계가 나오게 된 것이다. 그러나 어느 한 언어의 품사체계를 논의할 때 중요한 것은 품사의 수의 다소의 문제가 아니라, 그 언어의 문법현상을 체계적으로 기술하고 합리적으로 설명할 수 있는 품사체계를 정립하는 일이다. 따라서 프리슬리의 8품사로 대표되는 학교문법의 품사체계는 영어품사론의 전통이면서 동시에 보다 이론적으로 적합한 품사체계를 모색하는 작업의 출발점이 되고 있다는 점에서 중요한 의미를 갖는다. 그러나 희랍문법과 라틴문법으로부터 학교문법이 물려받은 품사체계나 전통문법과 생성문법이 사용하는 품사는 그 이름만 같을 뿐, 내용에는 많은 차이가 있다는 사실은 유의해야 할 점이다.

4.7 통사론

라틴어와 라틴문법을 염두에 두고 영어의 문법현상을 이해하고 설명한 초기영문법 학자들은 주로 품사론에 관심을 가질 뿐 통사론에는 별로 관심을 갖지 않았다. 초기영문법에 나타난 이러한 경향은 라틴어의 특성과 밀접한 관계가 있다. 라틴어의 낱말은 인칭, 수, 성과 같은 품사적인 정보를 가지고 있을 뿐만 아니라, 하나의 낱말이 다른 낱말과 관련하여 갖는 일치나 지배와 같은 통사적인 정보도 나타내고 있기 때문이다.

그리하여 블로카(1586, 150)는 "영어는 낱말의 어형변화에 대한 규칙이 별로 없는 것처럼, 문장이나 구에서 낱말의 결합과 관련된 규칙도 별로 없다"고 주장하는가 하면, 에이킨(Aickin, 1693)은 "영어의 통사론은 세 가지 간단한 규칙이면 충분하고, 나머지 규칙은 전치사로 해결할 수 있다"(아이언 마이클, 468)고 판단하여 그들의 문법에서 통사론을 다루지 않았다. 벤 존슨(1640, 71)은 통사론을 "낱말의 구조를 가르치는 문법의 제2부"라고 정의하고, 명사들 사이의 수 일치, 명사와 동사의 수와 인칭의 일치, 타동사와 전치사의 격지배 등을 다루었다. 이러한 벤 존슨에 대해 새뮤얼 존슨(1755, 396)은 그 내용이 너무나 사소한 것들이어서 차라리 빼버렸으면 좋았을 것이라고 벤 존슨(1640)의 문법을 비판하고, 그 자신은 통사론을 다루지 않았다. 그러나 블로카가 문법적으로 중요한 언어의 기능은 낱말의 수준에서 끝나는 것이 아니라 낱말로부터 시작하여 이들의 결합을 통하여 수행된다는 것을 이해하고 있다는 것이 블로카의 '문장이나 구문 안에서의 낱말의 결합'이나 벤 존슨의

'낱말로 이루어진 구문'이라는 표현에 이미 나타났다.

통사론이 무엇이며 그 분석 대상이 무엇인가와 같은 문제는 18세기에 들어와서야 관심의 대상이 되기 시작했다. 그리하여 통사론을 '문장 내에서 낱말의 올바른 결합'으로 규정하고 낱말간의 일치(concord / agreement)와 지배관계(government / regimen)가 통사론에서 다루어야 할 문법현상으로 이해되었다(A. 레인, 1700., 그린우드, 1711). 브라이트랜드(1711)가 syntax라는 용어 대신에 sentence라는 제목으로 일치와 지배관계를 기술하고 주어, 동사, 목적어라는 용어를 사용하고 있는 것을 보면, 문장이 통사론이 다루어야 할 언어표현의 궁극적인 단위로 이해되기 시작한 것을 알 수 있다. 그린우드(1711)는 통사론에서 일치와 지배현상은 물론 어순, 도치, 주어의 생략 현상, 명령문, 의문문 등을 다루기 시작하였다. 통사론의 관심대상이 막연히 낱말의 결합으로부터 문장으로 확장되어감에 따라 통사론은 자연히 의문문, 평서문, 명령문과 같이 문장을 의미에 근거하여 분류하기도 하고, 단문이나 복문과 같이 구조의 관점에서 분류하기 시작하였다(프리슬리, 1762). 통사론에 대한 관심이 깊어짐에 따라 지배관계에서 지배하는 낱말을 어형변화를 하는 것(소유격, 여격, 사격, 탈격)과 어형변화를 하지 않는 것(부사, 전치사)으로 나누는 시도도 나타났다(M. 메테르, 1712). 또한 통사론의 연구 대상이 확장됨에 따라 일치와 지배를 다루는 통사론을 정규통사론(regular syntax)이라 하고, 생략, 도치, 품사의 전용현상을 다루는 통사론을 수사통사론(figurative syntax)이라 하여 통사론을 양분해야 한다는 주장도 나왔다(W. 워드, 1767).

라우스(1769)는 초기영문법 중에서는 처음으로 문법 특유의 용어를 쓰지 않으면서도 통사론이 관심을 가져야 할 영어의 문법현상을 폭넓게 다루고 있다. 그는 두 낱말이 결합하여 이루는 구를 구체적으로 12가지로 나누고 이들이 통사론의 연구대상임을 보여주고 있다. 그가 통사론의 대상으로 분석하고 있는 것들 중에는 동사의 앞에 오는 실사(명사구), 동사의 수의 일치, 동사 뒤에서 보어로 쓰이는 실사(명사구), 주어의 격의 일치, 동사 뒤에 오는 형용사, 동사 뒤에서 목적어로 쓰이는 명사구, 동사 뒤에 오는 동사(부정사), 명사의 소유격, 동격 명사, 명사를 수식하는 형용사, 그 뒤에 부정사를 취하는 형용사, 동사나 형용사를 수식하는 부사, 전치사구, 형용사의 비교구문, 분사, 부정사, 동명사, 문장의 종류, 의문문, 명령문, 형용사 구문, 부사의 수식, 이중 부정, 부사와 전치사의 합성어(hereof, therewith), 접속사, 관계대명사 등이 들어 있다. 이런 점에서, 초기영문법의 통사론은 라우스로부터 시작되었다고 말할 수 있다. 왜냐하면, 그가 통사론에서 논의하고 있는 내용이 문법적으로 중요한 것이어서가 아니라 통사론의 대상이 되는 언어현상이 무엇인가를 영문법 사상 처음으로 구체적인 제시를 하였기 때문이다.

머리(1806)는 통사론을 일치와 지배의 두 가지로 나누고 일치는 두 낱말이 성, 수, 격, 인칭에 있어서 일치하는 현상이고, 지배는 말의 한 부분이 다른 부분에 대하여 법, 시제, 격과 관련하여 영향을 주는 힘이라고 정의한 후, 영어의 통사론을 22개의 규칙으로 기술하고 있다. 그가 긍정문과 부정문을 *explicative*라는 새로운 용어로 지칭한 것이나, 감탄사가 그 다음에 오는 대명사의 격을 지배하는 것으로 분석하여 *O, Oh, Ah* 다음에 일인칭대명사가 오면 목적격을 지배하지만(*O me!, Oh me! Ah me!*), 이인칭대명사가 오면 주격을 지배한다(*O thou persecutor! Oh ye hypocrites!*)고 기술한 것은 유의할 만하다.

18세기 후반으로 접어들면서 영문법은 철자법과 운율론에 대한 관심이 줄어들고, 품사론과 통사론에 대한 관심이 점점 더 많아지기 시작하였다. 그리하여 1740년까지는 통사론을 다룬 문법이 초기 문법서의 60%를 차지했지만, 1740년부터 1770년 사이에 나온 문법서는 70%를 차지했고, 그 후 1800년에 이르러서는 통사론을 다룬 문법이 85%까지 차지했다(아이언 마이클, 468).

4.8 요약

블로카로부터 시작하여 스위트 이전까지의 초기영문법을 대표하는 학교문법은 그에 후속하는 과학문법과 함께 전통문법에 속한다. 학교문법이 과학문법과 같은 범주에 속하는 것은 희랍문법과 라틴문법의 문법범주를 가지고 영어의 문법현상을 기술하고 있다는 공통점 때문이다.

영어를 모르는 자국인이나 외국인들에게 영어를 효과적으로 가르치는 데에 목적을 둔 학교문법은 규범문법이다. 학교문법의 이러한 특성은 영어의 문법현상 자체에 호기심을 가지고 영어를 분석하고 이해하려는 순수한 학문적인 동기에서 출발하여 문법현상을 객관적으로 기술하려는 과학문법과 비교된다. 학교문법이 규범적인 성격을 띤 것은 복잡하고 다양한 여러 가지 표현 중에서 저자 자신의 판단이나 관습에 따라, 이런 경우는 이렇게 말하고 써야 한다는 식으로, 모범적인 어법을 가르쳐야 했기 때문이다.

학교문법이 참고문헌을 밝히지 않는 것도 과학문법과 구별되는 특징의 하나이다. 문법을 처음 배우는 초보자들에게 문법을 가르치면서 주어진 문법사항에 대한 여러 가지 주장이나 견해를 들어 비교하고 비판하는 것은 초보자의 학습에 도움을 주기보다는 문법을 어렵고 복잡하게 만들 것이다. 학교문법이 참고문헌을 밝히지 않는 것은 자신의 주장을 뒷받침하기 위하여 다른 문법의 주장이나 견해를 인용하거나, 또는 다른 주장을 비판하지 않기 때문이다.

기초적이고 기본적인 것을 가르치기 위하여 소수의 독창적인 주장보다는 대부분의 사람들이 당연하게 받아들인 것을 그대로 전달하는 것이 학교문법의 특성이고 본 모습이며, 희랍시대로부터 내려온 전통이기도 하다. 이론적으로 따져보면 학교문법의 8품사는 우리가 접하는 문법현상을 기술하고 설명하기에는 너무나 간단하기도 하고 너무나 복잡하기도 하여 현대문법은 여러 가지 새로운 품사론을 모색하고 있다. 그러나 이러한 시도는 예외없이 그 논의를 학교문법의 품사체계로부터 시작하여 그것을 보완하고 수정하려는 노력 이상의 차원을 벗어나지 못하고 있다.

학교문법의 대부분은 품사의 분류와 설명이 주종인 품사론의 수준에 머무르고, 구나 절, 문장을 다루는 통사론까지는 발전하지 못했다. 학교문법은 또한 소리나 낱말의 의미변화와 같은 영어의 역사적인 사실에도 관심을 갖지 않았다. 그러나 스위트와 에스퍼슨과 같은 과학문법은 영어를 가르치는 데에 목적이 있는 것이 아니라, 영어에 대해서 아는 데에 목적이 있기 때문에, 영어의 변화와 같은 현상도 과학문법의 중요한 연구대상이 된다. 이런 점에서 학교문법과 과학문법은 서로 다른 목적을 가진 전통문법이다. 따라서 학교문법과 과학문법은 영어를 가르치고 이해하고자 할 경우, 서로 배타적이라기보다는 상호보완적인 관계를 갖는 것으로 보는 것이 학교문법에 대한 올바른 평가일 것이다.

제 5 장
전통영문법

5.0 서론

 전통문법은 스위트(1891-8)를 비롯하여 크라이싱어(1931-32), 파우츠머(1914-28), 예스퍼슨(1909-49), 컴(1931, 1935), 쿼크 외(1985) 등으로 대표되는 문법으로서 희랍문법과 라틴문법의 범주체계를 가지고 영어의 문법현상을 기술하고 설명하는 데에 목표를 둔 문법이다. 스위트는 문법을 실용문법과 과학문법으로 나누고, 과학문법을 다시 기술문법과 설명문법으로 나눈 후, 설명문법을 또다시 역사문법, 비교문법, 일반문법의 세 가지로 나누고 있다. 전통문법은 스위트의 분류에 따르면 과학문법에 속한다. 전통문법은 문법현상을 기술하고 그러는 과정에서 생기는 의문을 언어가 변화하는 역사적인 자료를 분석하여 그 해답을 찾기도 하고, 같은 어족에 속하는 언어들을 비교하거나 인간언어에 나타난 보편적인 원리를 추구하는 일반문법에 의지하여 그 해답을 모색하기도 한다. 이런 점에서 전통문법은 기술문법인 동시에 설명문법이다.

5.1 전통문법의 문법체계

전통문법은 음운론, 형태론, 통사론의 세 분야로 구성되어 있다.

5.1.1 음운론

초기영문법은 문자와 음성과의 관계를 중심으로 문자가 나타내는 음성이 무엇이며, 음성을 문자로 어떻게 나타내는가를 다룬 것을 정자법이라 하고, 음성이 결합하여 음절을 이루고 낱말을 이룰 때 나타나는 소리현상인 강세나 억양 등을 다룬 것을 운율론이라 하여, 영어의 음성을 두 분야로 나누어 다루었다. 반면, 스위트는 영어의 말소리를 다루는 문법의 분야를 음운론(phonology)이라 하고 음운론을 다시 음성학과 소리변화의 두 부분으로 나누었다. 음성학에서는 영어의 음성을 무성음(breath)과 유성음(voice), 콧소리(nasal sounds), 자음, 모음, 반모음(vowel-like consonants)으로 먼저 분석하고, 두 개 이상의 음성이 결합하였을 때 상대적으로 나타나는 모음의 장단(quantity), 강세, 억양 등을 다루고 있다. 스위트는 고대영어, 중세영어, 근대영어에 나타난 영어의 소리의 변화를 철자(orthography)와 발음(pronunciation)과의 관계를 중심으로 다루고 있다.

예스퍼슨은 『근대영문법(A Modern English Grammar)』(이하 MEG로 표기함)의 제1권: 「소리와 철자(Sounds and Spellings)」에서 1400년을 출발점으로 하여 표준영어의 음성의 변화를 다루는 데 중점을 두고 있다.[1] 예스퍼슨은 그 당시의 음운체계를 추적하기 위하여 고대영어, 스칸디나비어, 고대불어의 말소리와 비교하고 문헌에 나타난 철자법

---

1) 1400년은 인쇄술이 영국에 들어오기 80년 전이고 초서(Chaucer)가 세상을 떠난 해이며 고대영어와 중세영어의 경계가 되는 해이기도 하다.

(orthography)을 이러한 작업의 주된 자료로 이용하였다. 그는 소리와 철자와의 관계, 자음, 모음, 음의 장단, 강세를 기본으로 먼저 다루고, 1400년경부터 일어난 강세가 없는 어미 -e의 탈락을 비롯하여 대모음 추이(great vowel shift), 강세가 없는 모음의 변화, 자음의 탈락, 모음과 자음의 변화 등을 역사적인 원리에 근거하여 세기별로 다루고 있다. 그리하여 어휘중심으로 영어의 역사를 다룬 그의 『영어의 발달과 구조 (Growth and Structure of the English Language)』(1905)와 함께 MEG의 제1권은 음성 중심으로 영어의 역사를 다룬 에스퍼슨의 영어사라고 말할 수 있다.

스위트와 예스퍼슨이 영어의 음성을 역사적으로 다룬 반면, 크라이싱어의 『현대영문법(A Handbook of Present-Day English)』제1권(1909)은 20세기 초 영국의 남부에서 말하는 표준영어와 영국 전역에서 교육을 받은 사람들이 말하는 영어의 음성을 공시적으로 다루고 있다. 크라이싱어의 음성학은 일반음성학(general phonetics), 영어음성학(English phonetics), 음성과 기호(sounds and symbols)의 3부로 되어 있다. 제1부 일반음성학 편에서는 영어와 네덜란드어의 음성을 예로 들어 영어의 발성기관, 자음, 모음, 반모음, 전이음(glides), 음의 동화, 음절의 구성, 이중모음, 모음의 장단, 강세, 억양 등을 중심으로 조음음성학적인 관점에서 음성에 대한 기본적인 원리를 기술하고 있다. 제2부 영어음성학 편에서는 일반음성학 편에서 제시한 일반적인 원리에 따라 영어의 음성을 간단히 다루고, 제3부 음성과 기호 편에서는 영어의 모음, 자음을 나타내는 문자, 이중자(digraphs), 어미에 나타나는 모음이나 자음의 철자, 구두점을 다루고 있다.

5.1.2 형태론

스위트(1891, §581)는 문법의 임무를 형태와 의미의 관계를 기술하고 설명하는 것이라고 규정하고, 의미를 가능한 한 무시하고 형태에 주로 관심을 갖는 문법의 분야를 형태론(accidence)이라 하고, 반대로 형태를 가능한 한 무시하고 의미에 주로 관심을 갖는 분야를 통사론(syntax)이라고 정의하였다. 반면, 예스퍼슨(1924, 40)은 문법을 형태론(morphology)과 통사론(syntax)으로 나누고, 형태론은 형태로부터 시작하여 의미로 들어가는 문법분야이고, 통사론은 의미로부터 시작하여 형태로 가는 문법의 분야라고 스위트의 정의를 좀더 구체화하고 있다. 형태론을 지칭하는 용어 중의 하나인 *accidence*가 말해 주듯이, 여기서 형태론의 대상인 형태는 하나의 낱말이 '부수적으로' 또는 '우연히' 갖는 의미를 나타내는 어미 내지 굴절(inflexion)을 가리킨다. 보다 구체적으로 말하면, 영어의 형태론은 명사의 성, 수, 대명사의 격, 형용사의 비교, 동사의 시제, 대명사의 인칭 등을 나타내는 어미와 같은 문법적 형태를 의미와 관련지어 기술하고 설명한다. 스위트(1891)의 형태론은 명사, 형용사, 대명사, 수사, 동사 등의 어형변화를 고대영어, 중세영어, 근대영어로 나누어 그 변화를 역사적으로 기술하고 있다.

예스퍼슨의 형태론(*MEG* 제6권, 1942)은 *MEG*의 부제 '역사적 원리에 근거하여(On Historical Principles)'를 따르지 않고 근대영어를 중심으로 그 자신이 수집한 자료에 근거하여 동사의 굴절, 굴절이나 접사가 없는 낱말, 어미, 접두사, 축약 등 다섯 가지로 영어의 형태를 나누어 다루고 있다. 이처럼 영어의 어형변화를 굴절을 하는 품사의 이차문법 범주인 수, 격, 시제 중심으로 다루지 않고 어형 중심으로 다룬 결과, 예스퍼슨이 접두사나 축약현상도 형태론의 대상에 넣고 있는 것은 그의 형태론이 갖는 특징의 하나이다.

전통문법 중에서 형태론을 한 권의 책으로 다룬 문법은 예스퍼슨뿐이다. 스위트와 컴(1935)은 형태론을 문법의 일부로 다루었고, 파우츠머와 크라이싱어는 낱말의 형태에 대한 논의로부터 품사론을 시작하는 식으로 형태론을 다루었다. 이런 점에서 규모에 있어서는 예스퍼슨의 형태론에 미치지 못하지만, 컴(1935)의 형태론은 품사별로 낱말의 형태를 쉽게 정리한 공시적인 형태론이다.

5.1.3 통사론

스위트(1891, §581)는 문장 안에서 낱말들이 결합하는 여러 가지 방식이 통사론의 연구대상이라는 문법학자들의 주장을 인정하면서도 그 자신은 각 품사에 나타난 수, 인칭, 시제와 같은 문법형태(grammatical forms)의 의미와 기능을 다루는 것이 형태론이 해야 할 일이라는 입장을 취하였다. 이렇게 보면, 전통문법의 통사론은 낱말의 일부를 이루고 있는 어미와 같은 문법형태에 주로 관심을 갖는 통사론과, 낱말이 구나 절 또는 문장 안에서 다른 낱말과 결합하는 방식에 관심을 갖는 통사론으로 나눌 수 있다. 우리는 전자의 통사론을 계열통사론(paradigmatic syntax)이라 하고, 후자의 통사론을 통합통사론(syntagmatic syntax)이라는 이름을 붙여 이들을 구별하겠다. 왜냐하면, 전자의 통사론, 즉 계열통사론은 명사의 복수를 다룰 때 복수의 의미를 나타내는 문법형태가 -s나 -es뿐만 아니라, -en 등도 있다는 식으로 선택관계(or-relation)에 있는 여러 가지 낱말의 형태에 관심을 갖고 있기 때문이다. 반면, 후자의 통사론, 즉 통합통사론은 동사가 명사와 결합하여 문장을 만들거나 목적어로 명사를 취하는 식으로 하나의 낱말이 갖는 다른 낱말과의 결합관계(and-relation)에 관심을 갖고 있기 때문이다.

이렇게 보면 전통문법의 통사론 중에서 스위트(1898)의 통사론은 계열통사론이고, 파우츠머, 크라이싱어, 컴, 쿼크 외 등의 통사론은 낱말의 의미와 기능을 문장 안에서 다른 표현들과의 관계로 다루고 있다는 점에서 통합통사론이라고 말할 수 있다. 그러나 예스퍼슨의 통사론은 구나 절 또는 문장을 이루고 있는 구성요소들 사이의 관계를 주로 다루고 있지만 수나 품사도 함께 다루고 있다는 점에서 계열통사론과 통합

통사론의 두 가지 성격을 모두 갖고 있다.

문법의 통사현상을 이해하려면 문법형태나 낱말이 갖는 계열관계와 통합관계를 함께 이해해야 할 것이다. 이런 점에서 계열통사론과 통합통사론은 상호보완적인 관계를 갖고 있지만, 이 책의 제6장부터 논의하는 통사론은 문장을 이루고 있는 구성요소들간의 관계를 중심으로 문법현상을 기술하고 설명하는 데에 중점을 두고 있다는 점에서 통합통사론의 성격을 띠고 있다고 말할 수 있다.

5.2 전통문법의 문법범주

어휘범주, 위계범주, 수식관계와 서술관계 범주는 전통문법의 대표적인 문법범주이다. 전통문법의 어휘범주는 대부분 초기영문법의 범주를 사용하면서도, 전통적인 품사정의를 비판하고, 품사를 정의하지 않으며, 하나의 분류기준을 설정하여 낱말을 분류하는 등 초기영문법과는 다른 새로운 방식으로 품사분류를 시도하고 있다. 위계범주나 수식관계와 서술관계 범주는 낱말간의 관계에 근거한 범주로서 전통문법 고유의 범주이다. 어휘범주가 계열적인 범주인 반면, 위계범주나 수식관계와 서술관계 범주는 통합적인 범주이다.

5.2.1 품사체계

전통문법은 초기영문법이 사용한 품사들을 정리한 프리슬리(1761)의 8품사(명사, 대명사, 형용사, 동사, 부사, 전치사, 접속사, 감탄사)를 대부분 그대로 사용하고 있다. 그러나 초기영문법은 낱말이 갖는 의미, 형태, 기능에 근거하여 각 품사를 정의하고 있는 반면, 컴(1935)을 제외하면 여기서 논의하는 전통문법은 모두 품사에 대한 정의를 내리지 않았다.

학교문법은 품사를 간단히 정의하고 그에 해당하는 대표적인 낱말을 보여주는 방법을 써서 문법을 가르쳤다. 이러한 학교문법의 품사에 대한 정의는 문법현상에 대한 관찰을 넓혀가는 과정에서 정의에 맞지 않는 낱말들을 발견하게 된다. 예를 들면, '대명사는 명사를 대신하는 낱말'이라고 정의하지만 인칭대명사 I나 you는 명사인 이름을 대신하지 않으며, 의문대명사 who가 대신하는 명사는 청자의 대답에서나 나올 수 있고, 부정대명사 nobody는 대신하는 명사가 없다. '접속사는 낱말이나 구, 또는 절을 연결하는' 낱말이라고 정의하지만, a man of honour에서 of는 접속사가 아니어도 a man과 honour를 연결해 주고 있다. 또 형태만 가지고 품사를 정의할 경우, 조동사 must는 어형변화를 하지 않는다는 점에서 the, then, for, as, enough 등과 같은 품사로 분류해야 한다는 문제가 생긴다.

스위트(1891, vii)는 종래의 문법이 시도한 '품사의 정의가 모두 문법용어의 어원을 풀이하는 것에 불과하다'는 점을 들어 품사를 정의하는 것을 무의미한 것으로 보고 품사를 분류하면서도 품사를 정의하지는 않았다. 그는 일차적으로 어형변화의 유무에 근거하여 낱말을 어형변화를 하는 것(declinable)과 어형변화를 하지 않는 것(indeclinable)으로 분류하였다. 그는 다시 어형변화를 하는 낱말은 명사류, 형용사류, 동사류의 세 가지로 나누고, 어형변화를 하지 않는 낱말은 부사, 전치사, 접속사, 감탄사로 분류하였다(1891, §104). 스위트의 이러한 품사분류를 요약하면 (1)과 같다.

(1)
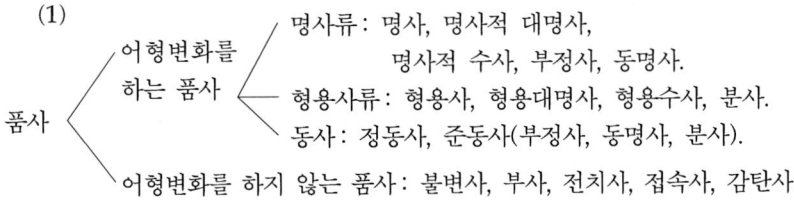

(1)과 같은 스위트의 품사분류는 학교문법의 품사분류와 비교해 보면 몇 가지 유의할 점이 있다. 낱말을 일차적으로 어형변화의 유무에 따라 분류하는 것은 라틴문법과 초기영문법에서도 가끔 사용된 분류방식이다. 그러나 어형변화를 하는 낱말을 명사, 형용사, 동사와 같은 어휘범주로 직접 분류하지 않고, 이들을 지배하는 명사류, 형용사류, 동사의 세 가지 중간범주로 설정한 것은 스위트의 품사체계에 나타난 특징의 하나이다.[2] 이들 중간범주는 의미에 근거한 분류명칭이고, 명사류의 하위범주로 분류된 명사, 명사적 대명사, 명사적 수사, 부정사, 동명사 등은 명사적으로 쓰이는 낱말들이라는 점에서 공통적인 기능을 가진 것들이다. 마찬가지로, 형용사류의 하위범주로 분류된 형용사, 형용대명사, 형용수사, 분사 등도 형용사적으로 쓰이는 낱말이라는 점에서 기능에 의한 분류라고 말할 수 있다. 그러나 동사는 명사류나 형용사류와 마찬가지로 중간범주 명칭이면서도 동사류라 하지 않고 그냥 동사라고만 한 것이나, 그의 하위범주인 정동사, 준동사(부정사, 동명사, 분사) 등이 모두 동사에서 파생되었다는 점을 제외하면 문법기능면에서 공통점이 없다. 이런 점에서 중간범주 동사는 다른 중간범주인 명사류나 형용사류와 차이가 있다.

스위트의 품사분류는 분류기준이 일정하지 않는 데다, 품사 수가 몇 인지도 정확하게 알 수 없다. 왜냐하면 스위트는 서론에서는 낱말을 명사, 형용사, 대명사, 수사, 동사, 준동사, 부사, 전치사, 접속사, 감탄사 등의 10품사로 분류하고, 어형론에서는 명사, 형용사, 대명사, 수사, 동사, 불변사의 6품사로, 그리고 통사론에서는 명사, 관사, 형용사, 대명사,

---

[2] noun-words와 adjective-words는 오늘날 우리가 말하는 noun-phrase와 adjective-phrase에 해당하겠지만, 'phrase'는 그 자체가 가진 사전적인 의미도 여러 가지가 있을 뿐만 아니라, 문법학자들마다 여러 가지 의미로 사용하고 있어서 끝없이 혼란스럽다는 점을 들어, 스위트(1891, viii)는 'phrase'를 문법용어로 사용하지 않았다.

수사, 동사의 6품사로 나누고 있기 때문이다. 이렇게 보면, 스위트가 2 품사설(declinable, indeclinable), 4품사설(noun-words, adjective-words, verb, particle), 7품사설(noun-words, adjective-words, verb, adverb, preposition, conjunction, interjection), 또는 15품사설(noun, noun-pronoun, noun-numeral, infinitive, gerund, adjective, adjective-pronoun, adjective-numeral, participles, finite verb, verbals (infinitive, gerund, participles), adverb, preposition, conjunction, interjection) 중에서 어느 품사체계를 주장하고 있는지 분명하지 않다.

예스퍼슨을 비롯한 전통문법학자들이 문법현상을 객관적으로 기술하고 품사의 정의를 내리지 않는 등 여러 가지 면에서 스위트의 영향을 받은 바 크지만, 스위트의 품사분류를 따른 전통문법은 없다. 이것은 그의 품사분류가 일정한 기준이 없는 데다 품사의 수마저도 확정되지 않는 데서 그 원인을 찾을 수 있을 것이다.

전통문법은 품사의 정의를 섣불리 시도하지 않음으로써 품사를 정의하기가 어렵다는 것을 인정한 셈이다. 그러나 전통문법은 명사, 형용사, 동사는 의미를 기준하여 분류하고, 대명사, 부사, 접속사는 문법적 기능에 근거하여 분류하고, 전치사는 그것이 놓이는 위치, 즉 형태에 근거하여 분류하고 있다. 이처럼 전통문법의 품사론은 의미, 형태, 기능을 혼용하여 낱말을 분류함으로써 품사분류의 일관성을 잃고 말았다. 예스퍼슨(1924, 1933)은 이러한 문제를 해결하기 위하여, 낱말이 가질 수 있는 특성인 의미, 기능, 형태 중에서 형태가 가장 분명할 뿐만 아니라, 언어 간의 차이도 반영할 수 있다는 점을 들어, 형태 하나에만 근거하여 영어의 낱말을 다음 (2)와 같이 다섯 가지로 분류하였다. 그리고 그는 이들 각 품사에 해당하는 낱말만 들고 이들 품사에 대한 정의는 내리지 않았다.[3]

---

3) 이처럼 품사를 정의하지 않고 그에 해당하는 낱말을 제시하여 그 품사를 이해시

(2) ⓐ 실사(substantives): 고유명사 포함
　　 ⓑ 형용사(adjectives): 실사와 형용사를 명사(noun)로 묶기도 함
　　 ⓒ 대명사(pronouns): 수사와 대명사적 부사 포함
　　 ⓓ 동사(verbs): 준동사(verbids)의 포함 여부는 미정
　　 ⓔ 불변사(particles): 부사, 전치사, 접속사, 간투사 포함

예스퍼슨(1933, 70)은 실사는 소유격과 복수의 어미가 있고, 형용사와 부사의 일부는 비교형을 가지고 있으며, 대명사는 격의 변화를 하고, 동사는 시제의 변화와 -ing의 어미를 가지고 있으며, 불변사는 아무런 형태상의 변화가 없다는 점을 들어 이들 5품사를 형태에 근거하여 분류하고 있다.

예스퍼슨은 이와 같이 형태 하나만 기준으로 하여 낱말을 다섯 가지로 분류함으로써 전통적인 품사분류에서 발견되는 일관성이 없다는 문제점을 해결하였다.[4] 그러나 형태에 근거한 예스퍼슨의 이러한 분류는 하나의 분류기준을 가지고 품사를 분류할 수 있다는 가능성을 보여 주었다는 점을 제외하면 문법이론 면에서는 그 이상의 의미를 부여하기 힘들다. 왜냐하면 부사, 전치사, 접속사, 감탄사를 하나로 묶어 불변사

　　키는 방법은, 추상적인 개념을 가지고 정의하는 것보다는 구체적인 예를 들어 학습자의 문법직관(grammatical instinct)에 의존하는 방식이다. 예스퍼슨(1904)과 소년샤인(1916)은 이러한 방법을 어린 학생들에게 기초문법을 가르치는 방편으로 사용하였다. 예스퍼슨(1924, 63)은 이러한 실제적인 방식은 단순히 초보적인 문법 교육 방법이라는 수준을 넘어 문법의 논리적 기초를 과학적으로 이해하기 위한 방법이라고 말하고 있다.

4) 품사를 일관성 있게 정의하기 위하여 자이틀린(Zeitlin, 1914, 「품사론(On the Parts of Speech)」)도 형태에 근거하여 품사를 정의했다. 그는 예스퍼슨보다 더 넓은 의미로 형태를 해석하여 낱말이 갖는 어형변화뿐만 아니라 명사가 그 앞에 관사나 지시사를 붙이는 것이나, 전치사와 결합하는 것도 명사가 갖는 형태로 보았다. 그러나 그의 품사 정의는 아쉽게도 명사를 정의하는 데서 그치고 말았다 (예스퍼슨, 1924, 60).

로 분류한 것은 초기영문법에서도 이미 시도된 바 있는 분류방식일 뿐만 아니라, 부사, 전치사 등을 불변사 하나로 묶음으로 해서 문법현상을 기술하고 설명하는 데에 아무런 유익한 효과를 가져오지 못했기 때문이다. 더구나 예스퍼슨은 부사, 전치사, 접속사 등을 불변사의 하위범주로 분류하고, 불변사를 실사, 대명사, 동사 등과 동등한 품사라고 하면서도, 그가 실제로 문법을 논의할 때는 불변사라는 용어는 별로 쓰지 않고, 부사, 전치사, 접속사를 그대로 사용하고 있다. 이러한 사실은 부사, 전치사, 접속사 등의 용어가 불변사보다 더 많은 사람들에 의해서 그리고 오랫동안 사용되어 온 전통 때문이기도 하겠지만, 부사, 전치사, 접속사 등이 그에 속하는 낱말의 문법적 특성을 더 잘 반영하기 때문일 것이다.

5.2.2 위계범주

언어표현은 낱말로 이루어진 하나의 구조이다. 이런 관점에서 보면 낱말을 그들이 속한 보다 큰 표현으로부터 분리하여 그들 자체가 갖는 의미나 형태에만 근거하여 정의하고 다른 낱말과의 관계를 고려하지 않을 경우, 하나의 낱말이 문맥 속에서 갖는 다른 낱말과의 관계를 기술하려고 할 때 문제가 생긴다. 이러한 문제의 대표적인 경우가 스위트로부터 시작된 *cannon-ball*에서 *cannon*의 품사에 관한 논쟁이다. 스위트(1891, v-vi)는 *cannon-ball*에서 *cannon*이 *ball*을 수식하기는 하지만 그것이 본래 명사이기 때문에 형용사가 아니라 명사라고 주장하였다. 그의 이러한 견해와는 달리 *cannon*이 본래는 명사이지만 *ball*을 수식하기 때문에 형용사로 보아야 한다는 주장이 나왔다. 이들 상반된 주장은 *cannon*을 고립시켜 그 자체만 생각한다면, 그것은 실사임이 틀림없지만, *ball*을 수식한다는 관계를 생각하면 *cannon*은 형용사로 볼 수 있기 때문이다. 그러나 *cannon-ball*에서 *cannon*은 그 자체가 갖는 특성을 가지면서 동시에 *ball*을 수식하는 기능을 가지고 있는 이상, *cannon*이 명사냐 형용사냐의 문제는 *cannon*이 갖는 두 가지 특성 중에서 어느 것을 더 중요하게 생각하느냐의 문제인 것이다.

명사니 형용사니 하는 용어는 하나의 낱말을 고립시켜 놓고 그 낱말 자체가 가진 의미와 기능에 근거한 분류명칭이다. 그러나 하나의 낱말이 다른 낱말을 수식하므로 형용사라고 할 경우, 그 분류명칭인 형용사는 그것이 갖는 다른 낱말과의 관계에 근거한 분류명칭이다. *cannon-ball*에서 *cannon*의 품사에 대한 이와 같은 논쟁은, 두 가지 서로 다른 분류차원을 혼용한 데서 생긴 문제이다.

예스퍼슨은 이처럼 분류차원을 혼동한 데서 생긴 문제를 해결하기 위하여 낱말간의 문법적인 관계에 근거한 분류개념으로서 위계(ranks)라는 새로운 문법범주를 설정하였다. 위계는 하나의 구를 이루는 낱말들 사이에 존재하는 한정이나 수식관계에 근거하여 낱말을 분류하는 범주로서 1위어, 2위어, 3위어의 세 가지가 있다.[5] 예스퍼슨(1924, 96)은 *extremely hot weather*를 예로 들어 1위어(primary)는 *weather*처럼 다른 낱말에 종속되지 않고 오직 다른 낱말의 한정만 받는 낱말이며, 2위어 (secondary)는 *hot*처럼 1위어에 종속되어 그것을 한정하고, 3위어 (tertiary)는 *terribly*처럼 2위어에 종속되어 그것을 한정한다고 정의하고 있다.[6]

---

[5] 스위트(1891, §40-41)는 문장 안에서 두 낱말들이 갖는 가장 일반적인 관계를 핵어(head-word)와 부가어(adjunct-word)의 관계로 보고, *he is very strong*에서 *he*는 *strong*에 대하여 핵어이고 *strong*은 *he*에 대하여 부가어이며, *very*는 *strong*의 부가어이고 *strong*은 *very*의 핵어로 분석하였다. 스위트는 핵어와 부가어의 관계를 피수식어와 수식어의 관계로 분석하고, 이들 관계를 상대적인 것으로 보았다. 이렇게 보면, 스위트의 낱말간의 관계에 대한 이러한 분석은 예스퍼슨의 위계설의 기초가 되었다고 볼 수 있다.

[6] 한정하는 낱말과 한정받는 낱말을 위계의 차이로 구별할 경우, 위의 세 가지 위계범주보다 더 많은 범주가 필요할 것이다. 왜냐하면, 자연언어에는 3위어를 한정

대부분의 경우 1위어가 되는 품사는 실사이고, 2위어가 되는 품사는 형용사이며, 3위어가 되는 품사는 부사이다. 그러나 형용사, 부사도 1위어가 될 수 있고, 실사, 대명사, 부사도 2위어가 될 수 있으며, 실사, 대명사, 형용사도 3위어가 될 수 있다. 그리하여 예스퍼슨은 *cannon-ball*의 *cannon*을 2위어로 분류함으로써 스위트가 제기한 *cannon*이 명사냐 형용사냐의 문제를 해결하였다. 이러한 사실은 품사범주와는 다른 차원에 있는 위계범주를 설정해야 할 필요가 있다는 것을 보여준다.[7]

예스퍼슨의 위계설은 *cannon-ball*의 *cannon*과 같은 문제를 해결했을 뿐만 아니라 문법현상에 대한 이해와 분석의 방향과 목표를 낱말로부터 낱말간의 관계, 즉 문맥중심으로 상향시켜 놓았다. 예스퍼슨의 위계설은 하나의 구조 내에서 하나의 낱말이 다른 낱말에 대하여 가질 수 있는 관계 중에서 수식관계만 분석한 것이지만, 그의 위계설은 문법현상을 보다 폭넓게 이해하려면 낱말 중심의 문법(word grammar)을 문장 내지 문맥 중심의 문법(sentence grammar)으로 관점을 넓혀야 한다는 필요성을 보여 주었다는 점에서도 문법이론의 발전에 기여한 바가 크다고 보아야 할 것이다.

그러나 예스퍼슨은 *terribly cold weather*와 같은 명사구를 이루고 있는 낱말들간의 수식관계를 일반화한 위계설을 서술관계를 가진 표현에까지 그 적용대상을 확장하는 데서 생기는 모순을 간과하고 있다. 그는 *weather*와 같은 실사 외에도 1위어가 되는 예로서 형용사, 부사, 대명사,

---

하는 낱말이 있고, 그 낱말을 한정하는 낱말이 또 있을 수 있기 때문이다. 그러나 예스퍼슨은 3위어에 속하는 낱말들과 3위어 이상의 위계에 속하는 낱말들 사이에는 문법적으로 더 세분해야 할 만한 두드러진 차이가 없다는 점을 들어 4위어니 5위어니 하는 범주를 설정하지 않았다.

7) 품사체계는 각 품사에 해당하는 표현이 낱말일 경우와 구나 절일 경우 명사, 명사구, 명사절과 같이 하위분류하여 그에 해당하는 용어를 쓰고 있다. 그러나 위계체계는 각 위계에 해당하는 표현이 낱말이나 구 또는 절이어도 1위어, 2위어, 3위어라는 용어만 사용할 뿐 품사의 경우처럼 세분하지 않았다.

지주어 *one*(1933, 80-85), 서술관계 표현(1933, 309), 서술관계, 실사 (1933, 316-318), 동명사(1933, 320-328), 부정사(1933, 330-333), 절 (1933, 349-355)을 다음과 같이 들고 있다.

(3) ⓐ He is always talking of the *supernatural*. (형용사)
ⓑ from *now*. (부사)
ⓒ Here is your hat, but where is *mine*? (대명사)
ⓓ "Denmark's a prison". "Then is the world *one*". "A goodly *one*". (지주어 *one*)
ⓔ I found *the cage empty*. (서술관계)
ⓕ *Pride* goes before a fall. (서술관계실사)
ⓖ He is tired of *looking* out for a job. (동명사)
ⓗ *To err* is human, *to forgive*, divine. (부정사)
ⓘ *That he will come* is certain. (절)

그러나 위에서 *weather*와 서로 대치할 수 있는 경우는 ⓐ의 형용사 *supernatural*과 ⓓ의 지주어 *one*뿐이고 나머지 경우는 모두 서로 대치할 수 없다. 이러한 문제는 예스퍼슨이 명사와 명사구를 구별하지 않고 이들을 모두 1위어로 취급한 데서 생긴 것이다. 더구나 명사 중에도 *terribly cold weather*의 *weather*와 대치할 수 있는 것은 보통명사나 물질 명사 등에 국한되고 고유명사처럼 명사구로 쓰이는 명사는 *weather*와 대치할 수 없다. 다시 말하면, 수식관계 표현에서 1위어는 명사구가 아니지만, 예문 (3)의 1위어는 형용사와 지주어 *one*을 제외하면 모두 명사구이다. 따라서 예스퍼슨은 그의 위계설을 수식관계의 표현에만 적용해야 '1위어는 명사구가 아니지만 명사구이다'는 모순된 주장을 피할 수 있을 것이다.

5.2.3 수식관계와 서술관계

두 개 이상의 낱말이 결합하여 만들어진 표현을 어구라 한다면, 하나의 언어를 이루고 있는 표현은 일차적으로 낱말과 어구로 나눌 수 있다. 이러한 어구를 전통문법은 보통 구와 절 또는 문장으로 나누어 구별하고 있다. 전통문법은 어구가 그 속에 주어와 동사를 갖추고 있으면 절이라 하고 주어와 동사가 없으면 그것을 구라고 하여 구와 절을 구별하고 있다.

전통문법이 말하는 구 중에는 주어와 동사가 없어도 의미상으로는 절의 성격을 갖고 있는 것들이 있다. 예를 들면, *the doctor's house*와 *the doctor's arrival*은 통사적으로는 모두 명사구이지만, *the doctor's arrival*은 의미상으로 절로 나타낼 수 있는 의미를 가지고 있다. 따라서 구와 절이라는 전통적인 문법범주는 *the doctor's house*와 *the doctor's arrival*에 나타난 이러한 의미상의 차이를 구별할 수 없다는 것을 알 수 있다.

예스퍼슨(1924, 108-116)은 *the doctor's house*와 *the doctor's arrival*이 갖는 이러한 의미상의 차이를 문법적으로 구별하기 위하여 수식관계 표현(junction)과 서술관계 표현(nexus)이라는 두 가지 새로운 문법범주를 설정하였다. 수식관계 표현은 하나의 개념을 나타내고, 서술관계 표현은 문장이 나타낼 수 있는 의미를 나타낸다. 예스퍼슨은 *a foolish person*과 같은 수식관계 표현을 '하나의 그림'에 비유하고, *a person is foolish*와 같은 서술관계 표현은 '하나의 과정이나 드라마'에 비유하고 있다. 그런가 하면 게펀(Gefen, 1968, 397)은 수식관계를 '두 개의 개념이 점착된 것(agglutination)'이고 서술관계는 '두 개념이 용해된 것(fusion)'이라고 풀이하기도 한다. 그러나 수식관계와 서술관계에 대한 이러한 비유와 설명은 이들 두 관계를 이해하는 데 도움이 된다기보다는 이들 두 관계를 구별하는 것이 쉽지 않다는 것을 보여 준다.

예스퍼슨(1933, 91)은 수식관계 표현의 대표적인 예로 *a silly person*

과 *a very tall person* 등을 들고 있다. 이들은 하나의 개념을 나타내기 때문에 *a fool*과 *a giant*로 바꾸어 나타낼 수 있는 반면, *the doctor's arrival*과 같은 서술관계 표현은 문장의 의미를 가지고 있으므로 하나의 낱말로 바꾸어 나타낼 수 없다. 예스퍼슨이 들고 있는 서술관계 표현의 대표적인 예로는 *the door is red*와 *the dog barks*를 들고 있지만 서술관계의 표현은 문장 외에도 절, 명사구, 부사구, 부정법, 동명사 등 여러 가지 형태를 가지고 있다.

전통문법은 구와 절을 주어-동사의 구조를 갖추고 있느냐의 여부로 구별하고 있다. 반면, 예스퍼슨은 수식관계 표현과 서술관계 표현을 하나의 절로 나타낼 수 있는 의미를 갖고 있느냐의 여부로 구별하고 있다. 그러나 모든 절은 서술관계 표현이지만 그 역은 성립하지 않으며, 모든 수식관계 표현은 구이지만 그 역은 성립하지 않는다. 바꾸어 말하면, 구는 수식관계를 갖는 경우도 있고 서술관계를 갖는 경우도 있다. 따라서 수식관계와 서술관계를 논의할 때, 중요한 것은 주어진 하나의 명사구가 수식관계의 표현이냐, 아니면 서술관계의 표현이냐의 문제이다.

*John's house*는 수식관계의 표현이고, *John's arrival*은 서술관계의 표현이다. 이들 두 가지 표현의 의미상의 차이는 위계개념으로 바꾸어 말하면 2위어인 *John's*에서 생긴 것이 아니라 이들의 수식을 받은 1위어인 *house*와 *arrival*의 차이에서 온다고 말할 수 있다. 이들 1위어인 *house*와 *arrival*은 각각 보통명사와 추상명사이다. 예스퍼슨(1924, 136)이 추상명사를 서술관계-실사(nexus-substantive)라고 명명한 것을 보면, 서술관계를 가진 명사구의 서술관계어(nexus-word)는 추상명사이어야 한다고 가정할 수 있다. 이러한 우리의 가정은 추상명사를 포함한 명사구인 *John's judgment, his failure, their cleverness, her happiness* 등이 모두 서술관계를 나타낸다는 것을 예측할 수 있게 한다.

그러나 다음 예문 (4)에서 이탤릭체로 쓰여진 명사구 *many cooks*와 *no news*의 *cooks*와 *news*는 추상명사가 아니지만 이들 명사구는 서술관

계를 나타내고 있다. 왜냐하면 too many cooks는 '요리사가 너무 많으면'
으로, 그리고 no news는 '아무런 소식이 없으면'으로 번역해야 이들 예
문이 나타내고자 하는 의미를 올바로 나타낼 수 있기 때문이다.

(4) ⓐ Too many cooks spoil the broth.
    ⓑ No news , they say, is good news.

여기서 영어의 서술관계 표현을 번역한 우리말은 구가 아니라 절의
구조를 가지고 있다. 이들 번역을 보면, 2위어인 many와 no가 술어
(predicative)로 문법범주를 바꾸어 번역되었다는 것을 알 수 있다. 영
어와 국어에 나타난 이러한 표현방식의 차이는 영어에서는 many나 no
와 같은 양화사나 부정 형용사는 술어로 쓰일 수 없는 반면, 국어에서
는 many나 no에 해당하는 양화사와 부정표현이 술어로 쓰일 수 있다는
언어구조의 차이에서 온 것이다. 그러므로 many cooks와 no news가 모
두 서술관계의 표현으로 이해되는 것은 이들이 포함한 many와 no가 서
술관계어(nexus-word)로 쓰이고 있기 때문이다.

John's arrival, John's cleverness, many cooks, no news 등에서, arrival이
나 cleverness와 같은 추상명사뿐만 아니라, many나 no와 같은 형용사도
서술관계어의 기능을 가지고 있다. 예스퍼슨(1924, 136)은 arrival처럼
동사에서 파생된 서술관계어를 동사-서술관계어(verbal nexus- words)
라 하고, cleverness처럼 술어로 쓰일 수 있는 형용사에서 파생된 것은
술어-서술관계어(predicative nexus-words)라 하여, 1위어로 쓰이는 서
술관계어를 두 가지로 나누면서도, 2위어로 쓰이는 서술관계어 many와
no에 대해서는 아무런 분류명칭도 사용하지 않았다. 그러나 many와 no
는 arrival이나 cleverness와 마찬가지로 서술관계를 성립시키는 역할을
하고, 이들이 논리적 술어표현이라는 점에서 여기서는 many와 no를 논
리-서술관계어(logical-predicative nexus-word)라 하여 다른 서술관계

어와 구별하겠다.

대부분의 명사구는 서술관계어(nexus-word)의 유무로 그들이 서술관계 표현이라는 것을 식별할 수 있다. 그러나 아래 예문 (5)를 보면, 서술관계어가 양화사인 *many*를 2위어로 취하는 명사구 *many cooks*는 그것이 나타나는 문맥에 따라 ⓐ에서처럼 서술관계와 수식관계 두 가지를 모두 나타내기도 하고, ⓑ에서처럼 수식관계만 나타내기도 한다는 것을 알 수 있다.

(5) ⓐ *Too many cooks* spoil the broth.
ⓑ *Too many cooks* are dreadfully untidy.

ⓐ에서 *too many cooks*는 '요리사가 너무 많으면, 요리를 망친다'와 같이 서술관계 표현으로 해석할 수도 있고, 요리사를 한 사람 채용하려고 요리를 시켜 보았더니 '요리를 잘 못하는 요리사가 너무나 많더라'와 같이 수식관계 표현으로 해석할 수도 있다. 이런 점에서 ⓐ는 중의성을 가지고 있다. 반면, ⓑ의 *too many cooks*는 '너무나 많은 요리사 한 사람 한 사람이 모두 청결하지 못하다'는 수식관계의 의미만 가지고 있을 뿐, '요리사가 너무 많아서 청결하지 못하다'와 같은 서술관계의 의미는 없다.

우리는 명사구에서 양화사가 2위어인 경우, 양화사를 술어로 해석할 수 있으면 그 명사구는 서술관계를 갖는 것으로 보아 왔다. 그러나 ⓐ의 *many*를 서술관계의 해석이나 수식관계의 해석에서 모두 술어로 번역해도 ⓐ의 중의성은 그대로 남아 있다. 반면, ⓑ에서 수식관계만 가지고 있는 *many cooks*는 '아주 불결한 요리사들이 너무나 많다'와 같이 *many*를 술어로 해석해도 우리의 언어직관은 그것을 여전히 수식관계로만 받아들여진다.

예문 (6)은 문맥에 따라 (7)과 같은 세 가지 해석이 가능하고, 이들 세 가지 해석에서 *many*를 모두 술어로 번역해도 (7)의 ⓐ만 서술관계를 나타낼 뿐, ⓑ와 ⓒ는 모두 수식관계를 나타낸다.

(6) John met *many* people.
(7) ⓐ 존은 (사람이 적으면 만나지 않지만) 사람이 많으면 만났다.
    ⓑ (한 두 사람씩 얼마동안 만나다 보니) 존이 만난 사람이 많았다.
    ⓒ 존이 (한 자리에서 동시에) 만난 사람이 많았다.

이제까지 우리는 서술관계를 나타내는 명사구가 갖는 중요한 특징의 하나로 그 명사구에 들어 있는 서술관계어가 술어가 된다는 것으로 이해하여 왔다. 그러나 위의 예문 (6)에 대한 (7)과 같은 번역은 서술관계에 대한 우리의 이해가 충분하지 못하다는 것을 보여 주고 있다. 예문 (6)의 *many*는 모두 술어로 번역할 수 있지만 그 번역된 두 가지 술어는 커다란 차이가 수 있다. 서술관계를 나타내는 *many*의 번역 (7)의 ⓐ는 *many*가 수식하는 명사 *people*만 서술하는 술어이다. 반면, 수식관계를 나타내는 *many*는 ⓑ와 ⓒ가 보여주듯이 전체 문장(상위문)의 술어로 번역되었다. 따라서 서술어가 2위어인 명사구에 대한 서술관계와 수식관계의 식별은 그 서술관계어가 1위어인 명사의 술부이면 그 명사구는 서술관계를 가지며, 2위어인 서술어가 상위문의 술부로 해석할 수 있으면 그 명사구는 수식관계를 갖는다고 바꾸어 가정할 수 있다.

우리의 이러한 가정은 예문 (8)의 *no news*의 서술관계를 판단하는 데에도 그대로 적용할 수 있다는 점에서도 그 타당성을 입증할 수 있다. *no news*가 서술관계로 쓰이는 ⓐ는 '소식이 하나도 없으면 희소식이다'와 같이 *no*가 *news*의 술어로 번역된 반면, No *news*가 수식관계로 쓰이는 ⓑ는 '이 소식보다 더 반가운 소식은 없다'와 같이 *no*가 전체문장의 술어로 번역하여야 하기 때문이다.

(8) ⓐ *No news*, they say, is good news.

ⓑ *No news* could be more welcome.

  서술관계의 명사구와 수식관계의 명사구를 포함한 문장의 번역에 나타난 이러한 차이는 전칭명제와 특칭명제의 차이라고 바꾸어 말할 수 있다. 왜냐하면, 서술관계의 명사구는 조건절처럼 번역되어 그것을 포함한 문장 ⓐ는 전칭명제처럼 번역된 반면, 수식관계의 명사구를 포함한 문장 ⓑ는 특칭(존재)명제와 같이 번역될 수 있기 때문이다.
  예스퍼슨(1933, 91)은 *a silly person*을 수식관계를 나타내는 명사구로 분류하고, 이것을 *a fool*로 바꾸어 표현할 수 있다는 점이 수식관계를 나타내는 명사구가 갖는 특징이라고 보았다. 그러나 다음 문장 (9)에서 *a silly person*은 *a fool*로 바꾸어 쓸 수 있지만, *a silly person*이 수식관계를 나타내는 것이 아니라 서술관계를 나타낸다고 보는 것이 우리의 언어직관에 더 가깝다.

  (9) *A silly person* cannot solve this problem.

  왜냐하면 문장 (9)에서 '어리석은 사람'(*a silly person*)을 '바보'(*a fool*)로 바꾸어 '바보가 이 문제를 풀 수 없다'거나, '바보가 한 사람 있는데, 그 사람은 이 문제를 풀 수 없다'거나, 또는 '이 문제를 풀 수 없는 바보가 한 사람 있다'와 같이 특칭명제로 해석한다면 이러한 해석은 문장 (9)가 나타내고자 하는 의미와 거리가 멀다. 그러나 *a silly person*을 서술관계의 표현으로 이해하여 문장 (9)를 '어리석은 사람이라면, 이 문제를 풀 수 없다'거나, '사람이 어리석으면, 이 문제를 풀 수 없다'와 같은 해석이 문장 (9)가 나타내고자 하는 의미일 것이다. 이러한 사실로써 우리는 문장 (8)에서는 *a silly person*이 수식관계의 명사구가 아니라는 것을 알 수 있다.

5.3 전통문법의 설명

문법이 언어과학인 이상 다른 과학과 마찬가지로 문법은 그것이 다루는 문법현상을 관찰한 후, 그것을 분류하여 설명하는 데에 일차적인 목적이 있다. 스위트(1891,§2-7)는 이러한 문법을 과학문법이라 하고, 과학문법을 기술문법과 설명문법으로 나누고 있다. 그는 설명문법을 다시 역사문법(historical grammar), 비교문법(comparative grammar), 일반문법(general grammar)으로 세분하였다. 전통문법이 시도한 몇 가지 설명의 예를 들면 다음과 같은 것들이 있다.

5.3.1 불규칙동사의 과거형 went와 held

be 동사를 제외하면, 불규칙동사의 어형변화(conjugation)는 동사의 원형이 가진 첫 글자인 자음자를 간직하고 있다. 그러나 동사 go의 과거형 went는 자음자 g가 없다. went가 갖는 이러한 불규칙적인 사실을 전통문법은 영어의 역사를 수세기 거슬러 올라가 'to turn'의 의미를 가진 wend (to wend one's way, to wend homewards)의 과거형으로 교체(suppletion)하여 went가 유래한 것으로 설명하고 있다(스위트, 1891, §4).

went의 경우와는 달리, hold의 과거형이 왜 held인가는 고대영어에까지 추적해 올라가도 그 원인을 알 수 없다. 전통문법은 영어가 속한 고대 게르만계통의 언어에서는 낱말의 일부를 반복하여 강조를 나타낸다는 사실에 주목하고, hold의 과거형은 그 어두를 반복한 hehold였던 것으로 추정한 후, held는 hehold가 축약된것이라고 설명하고 있다. 낱말이나 그 일부를 반복하여 어떤 성질의 정도를 강조하는 것은 언어 보편적인 현상이다. 과거는 현재나 미래보다 확실하기 때문에[8] 그 확실한 정

---

8) Men were deceivers ever(셰익스피어)와 같은 경우 과거가 현재보다 더 확실하기

도를 강조하기 위하여 원형동사의 첫 부분을 반복하여 과거형을 만든 것도 이러한 언어보편적인 현상의 하나이다. 전통문법은 이러한 보편적인 원리를 원용하여 *hold*의 과거형을 *heheld*였을 것으로 추정하고 그것을 축약한 것이 *held*라고 그 불규칙성을 설명하고 있다(스위트, 1891, §5-6).[9]

5.3.2 명사 소유격의 어포스트러피(')

어포스트러피(apostrophe ')는 *I'm, we're, can't, o'er, 'flu, 'cause, goin', '98* 등에서처럼 보통 문자나 숫자의 생략이나 축약을 나타낸다. 대명사는 -s를 붙여 소유격(*its, his, hers, theirs, yours*)을 나타내는데 명사의 소유격은 *John's*처럼 왜 어포스트러피를 붙이는가? 이에 대한 대답을 얻기 위하여 전통문법은 고대영어의 소유격 형태를 찾아 내어 그 해답을 찾고 있다. 고대영어의 소유격 중에는 *Enac his bearn*의 경우처럼 *his*를 명사 다음에 써서 소유격을 나타낸 경우가 있다. 따라서 *John's book*의 *John's*도 *John his*의 *hi-*를 생략하고, 어포스트러피를 그 생략표시로 사용하였으리라는 설명이 있다(컴, 1931, 10 II 1). 그러나 명사의 소유격에 나타나는 어포스트러피에 대한 이러한 설명은 *Mary's books*의 경우는 설명하지 못한다. 이러한 주장을 따르면 *Mary's*는 *Mary her*로 풀어야 하기 때문이다. 전통문법은 이러한 경우 *Mary's*는 *John's*의 유추현

때문에 강력한 주장을 나타내기 위하여 드물기는 하지만 현재동사 *are*를 쓰지 않고 과거동사 *were*를 쓴 것으로 설명할 수 있다. 우리말에서도 '넌 오늘 저녁에 아빠가 오시면 혼났어!'나 '주가가 떨어지면 난 이제 망했어!'에서처럼 과거동사를 써서 앞으로 일어날 일이 확실하다는 것을 강조하고 있다.

9) 이처럼 같은 형태를 반복하여 그 정도를 강조하는 것은 게르만어에서뿐만 아니라 인간언어가 가진 거의 보편적인 현상이라는 데에는 충분히 수긍이 가는 주장이다. 이러한 반복현상은 '그제'와 그에 앞선 '그끄제', '글피'와 그 다음날인 '그글피', '빨리빨리' 등에서처럼 국어에서도 많이 볼 수 있다.

상으로 보고 있다.

5.3.3 and의 반복과 생략

두 개 이상의 낱말을 and로 연결할 때, 말로 할 때는 There I saw Tom Brown, and Mrs. Hart, and Miss Johnstone, and Colonel Dutton에 서처럼 두 낱말 사이마다 and를 반복하여 쓰지만, 글로 쓸 때는 There I saw Tom Brown, Mrs. Hart, Miss Johnstone, and Colonel Dutton에서처럼 열거한 마지막의 낱말 앞에만 and를 쓰고 그 앞에 오는 낱말들 사이에는 and를 쓰지 않는다. 글로 쓸 때와 말로 할 때 왜 이러한 차이가 나는가를 예스퍼슨(1924, 26-27)은 다음과 같이 화자의 심리에 근거하여 설명하고 있다. 글로 쓸 때는 쓰기 전에 열거할 항목이 몇인가를 모두 알기 때문에 마지막 항목 앞에만 and를 쓴다. 그러나 말로 할 때는 먼저 생각나는 것부터 열거하면서 언제 그 열거가 끝날지 알 수 없기 때문에 and를 생략하지 않고 모두 쓴다는 것이다.

5.3.4 형용사의 제한적 용법

red flowers에서 형용사 red는 명사인 flowers의 외연을 좁히는 기능을 한다. 형용사의 외연은 명사의 외연보다 크다. 외연이 큰 형용사 red가 외연이 작은 명사 flowers와 결합하여 만들어진 red flowers의 외연은 red 나 flowers의 외연보다 더 작다. 다시 말하면, 외연이 큰 형용사와 외연이 작은 명사를 결합하여 만들어진 red flowers의 외연은 더 커진 것이 아니라 더 작아진다. 그러나 자연현상에서는 일반적으로 옅은 설탕물과 짙은 설탕물을 합한 설탕물은 본래의 짙은 설탕물보다는 옅어지고 본래 옅은 설탕물보다는 더 짙어진다. 이처럼 자연현상과는 상반되는 형용사의 제한적 기능을 예스퍼슨(1924, 108)은 사다리를 예로 들어 외연개념을 가지고 설명하고 있다. 긴 사다리는 짧은 사다리보다 특수하기 때문에 그 외연이 더 작다. 따라서 긴 사다리에 짧은 사다리를 연결하면 연결된 사다리는 그만큼 길어지고 그 외연도 그만큼 작아진다. 오늘날에는 형용사가 명사를 수식하여 나타내는 제한적 기능을 형용사가 가리키는 집합과 명사가 가리키는 집합의 교집합으로 간단히 설명할 수 있지만, 예스퍼슨은 형용사의 제한적인 기능을 이렇게 설명한 것이다.

5.3.5 형용사의 어순

두 개 이상의 형용사가 명사 앞에서 명사를 수식할 경우 형용사의 어순을 스위트(1898, §1789)는 명사와 의미가 밀접한 것을 명사 가까이에 놓는다고 설명하고 있다. 예를 들면, *the three wise men*에서 *wise*는 *three*보다 더 *men*과 밀접한 관계가 있고 그 증거로 *wise men*을 *sages*로 바꿀 수 있으며, *a tall black man*에서 *black man*을 *negro*로 바꿀 수 있다는 점을 들어 설명하고 있다. 반면, 예스퍼슨은 외연이 작은 형용사가 명사 가까이에 놓인다고 설명하고 있다.

문법현상에 대한 설명은 규칙에 의한 설명이냐 그렇지 않느냐에 따라 형식적 설명(formal explanation)과 비형식적 설명(informal explanation)으로 나눌 수 있다. 위에서 살펴 본 몇 가지 전통문법적 설명은 어떤 규칙체계나 이론에 근거하여 문법현상을 설명하지 않는다는 점에서 비형식적 설명이다.[10]

---

10) 변형생성문법은 규칙을 가지고 문법현상을 설명하고 있다는 점에서 형식적 설명이다. 예를 들면, *be* 동사를 포함한 문장은 그 뒤에 *not*을 붙여 부정문을 만든다. 그러나 *be*를 포함한 명령문은 *be* 동사 앞에 *don't*를 붙여 명령문을 만든다. 변형생성문법은 명령문 *Don't be noisy*의 심층구조를 [you-tense-will-not-be-noisy]로 설정하고 여기에 명령문 변형을 가하여 [tense-not-be-noisy]를 도출해 내고, tense가 *not* 때문에 *be* 뒤로 뛰어넘을 수 없기 때문에 *do*-suport라는 변형규칙을 써서 *Don't be noisy*라는 명령문이 생성된다고 설명하고 있다.

5.4 대표적인 전통영문법

5.4.1 헨리 스위트

헨리 스위트(Henry Sweet, 1845-1912)는 그의 첫 논문 「TH의 역사(The History of the TH in English)」(1868)를 비롯하여 『음성학편람(Handbook of Phonetics)』(1877), 『앵글로색슨독본(Anglo-Saxon Primer)』(1882), 『중세영어독본 I(First Middle English Primer)』(1884), 『중세영어독본 II(Second Middle English Primer)』(1886), 『영어음운사(History of English Sounds)』(1888), 『신영문법(A New English Grammar)』(1891-8) 등의 업적을 남겼다. 이 중에서 『신영문법』은 스위트의 대표적인 업적이다.

『신영문법』은 두 권으로 되어 있다. 1891년에 나온 제1권은 서론, 음운론, 형태론을 다루고 있다. 서론은 문법과 언어, 논리범주와 문법범주, 품사론, 문장, 언어의 변화, 문법의 분류, 영어의 역사 등을 225페이지에 걸쳐 다루고 있다. 서론은 19세기 영국의 영어학 전반을 이해하려면 영어학도라면 반드시 읽어야 중요한 부분(Firth, 1968, 37)이라는 평가를 받고 있다. 음운론 편에서는 영어의 자음과 모음을 조음음성학적으로 분석하고 장단, 강세, 억양, 음절, 이중모음을 음성학으로 묶어서 다룬 후, 소리의 변화, 고대영어, 중세영어, 근대영어, 현대영어의 철자, 자음과 모음, 강세와 장단을 역사적으로 다루고 있다. 형태론에서는 고대영어로부터 현대영어에 이르기까지 영어의 낱말형성과 낱말의 변화를 품사별로 다루고, 나머지 부분에서는 낱말형성에서 영어와 외래어의 접두사와 접미사를 자세히 다루고 있다.

『신영문법』의 제2권은 제1권을 내놓은 지 7년이 지난 1898년에 출간되었다. 스위트는 그의 문법 제1권을 내놓고 Students' Dictionary of Anglo-Saxon의 집필에 매달리고, 그의 Anglo-Saxon Reader의 개정판을 내느라고 그의 문법 제2권의 출간이 지연되었다. 스위트의 문법 제2권은 통사론이다. 그는 통사론을 낱말의 형태로부터 출발하여 그들의 기능과 의미를 다루는 형태통사론(formal syntax)과 문법범주로부터 출발하여 이들 범주를 나타내는 여러 가지 형태를 기술하는 논리통사론(logical syntax)으로 나누었다(§582). 스위트의 통사론은 형태인 어순(word-order)을 중심으로 문장 내에서의 낱말의 위치와 낱말간의 선형관계를 기술하고 있다는 점에서 그의 통사론은 형태통사론에 속한다.

『신영문법』은 '논리적이고 역사적(Logical and Historical)'이란 부제를 가지고 있다. 여기서 '논리적'은 스위트가 언어현상을 단순히 언어현상 자체로만 이해하려 하지 않고, 언어는 인간이 가진 생각을 소리로 표현한 것이라는 그의 언어관을 나타낸 것이다. 논리는 이성의 법칙이고 이성은 인간이면 누구나 가지고 있는 공통적인 속성이다. 언어가 인간의 이성을 반영한다는 말은 바로 언어의 법칙인 문법은 인간 이성의 법칙이라고 말할 수 있다는 점에서 문법은 '논리적'이라는 추론을 가능하게 한다. 스위트가 '문법범주를 모두 논리범주의 표현'(1891, §25)으로 본 것도 그가 문법을 논리적인 바탕에서 이해하려고 한 결과인 것이다. 그는 또 영문법의 지식이 실제로 외국어를 배우는 데 직접적으로 도움이 된다는 점을 들어 영문법과 일반문법(general grammar)은 밀접한 관계가 있다고 보아 일반문법, 즉 언어를 가진 모든 인간이 공유한 보편문법의 정체를 분명하게 밝히려고 노력하였다(1891, xi). 물론 그가 실제로 쓰이는 언어는 우리의 사상을 나타내기에는 불완전하여 문법범주와 논리범주는 정확히 일치하지 않는 경우가 많다는 것을 인정하고 있다(§26) 하더라도 문법의 논리성이나 보편문법에 대한 그의 문법관은 현대문법이론과도 맥을 같이하고 있음을 알 수 있다.

『신영문법』의 또 하나의 부제인 '역사적'이라는 낱말은 스위트가 음운론과 형태론에서 고대영어와 중세영어를 들어 현대영어를 설명하는 그의 문법이 통시적인 성격을 가지고 있다는 것을 말해 준다. 그러나 그 당시의 언어학 사조인 비교언어학의 접근방식을 맹목적으로 추종하는 것이 아니라 현대영어와 밀접한 관계가 있는 경우에 국한한다고 스위트는 '역사적'이라는 부제의 의미를 제한하고 있다.

스위트가 그의 문법을 통하여 영어학에 기여한 바를 한마디로 요약한다면, 블로카(1586) 이래 300여 년을 거쳐 이루어진 학습을 위한 초기영문법을 그는 영어 자체를 이해하려는 언어과학의 수준으로 끌어올렸다고 말할 수 있다. 다시 말하면, 그의 문법은 영문법의 역사에 하나의 중요한 전환점이 되었다. 그리하여 그의 『신영문법』 제1권이 나온 지 15년 후인 1904년에 파우츠머의 『근대후기영문법(A Grammar of Late Modern English)』 제1부가 나오기 시작하여 40여 년 동안에 예스퍼슨의 『근대영문법(A Modern English Grammar)』, 크라이싱어의 『현대영문법(A Handbook of Present-Day English)』, 컴의 『통사론(Syntax)』과 『품사론과 형태론(Parts of Speech and Accidence)』 등이 그 결실로 나타난 영문법에 대한 연구는 "영어의 문법현상을 어느 하나 손대지 않는 것이 없다"(잔트보우엇, 1971, 40-41)라는 평가가 나올 정도로 철저하고 방대한 전통문법을 내어놓았다. 오늘날 스위트를 영문법의 비조라고 부르는 것도, 이들 전통문법이 모두 스위트의 영향을 많이 받았기 때문이다.

5.4.2 헨드릭 파우츠머

파우츠머(Hendrik Poutsma, 1857-1937)의 『근대후기영문법(A Grammar of Late Modern English)』은 1904년에 제1부가 나오고, 제2부의 IA(1914), IB(1916), 그리고 마지막 권인 Section II가 나온 1926년에 일차적으로 완성되었을 때는 모두 네 권으로 되어 있었다. 그러나 파우츠머는 제1부를 개정하고 증보하여 두 권으로 나누어, 제1권(Part I- First Half)을 1928년에, 그리고 제2권(Second Half)을 1929년에 내어 완성하였을 때, 그의 문법은 모두 다섯 권이 되었다. 쿼크 외(1985)는 이 문법의 출판 연도를 (1926-1929)로 표기하고 있지만, 초판 년도를 명시하여 (1904-1929)로 하기도 하고, 최종적으로 완성본이 나온 연도를 기준으로 하여 (1914-1929)로 나타내기도 한다.

파우츠머는 그의 문법의 틀을 크게 문장론과 품사론으로 나누고, 제1부는 문장론을 두 권으로 나누어 다루고, 제2부는 품사론을 세 권에 걸쳐 다루고 있다. 제1부 문장론의 제1권은 문장의 구성요소인 술어, 주어, 목적어, 보어, 수식어인 부사, 문장의 종류, 어순 등을 다루고, 제2권은 복문을 접속사의 의한 복문, 명사절, 형용사절, 부사절, 그리고 준동사인 동명사, 부정법, 분사구문 등을 포함한 문장을, 그리고 생략현상도 복문에서 다루고 있다. 제2부 품사론은 세 권으로 되어 있다. 제1권은 명사, 형용사, 관사를 다루고 있다. 명사는 격, 수, 성을, 형용사는 형용사의 명사화, 비교를, 그리고 관사는 정관사와 부정관사로 나누고 이들의 용법을 다양하고 풍부한 예를 들어 기술하고 있다. 제2권은 대명사를 인칭대명사, 소유대명사, 재귀대명사, 지시대명사, 한정대명사(*same, such*), 의문대명사, 관계대명사, 부정대명사, 수사, 지주어(prop- word : -*one*, -*body*, -*man*, -*thing*) 등으로 나누어 다루고 있다. 제3권은 동사를 자동사와 타동사로 나눈 후 수동태, 서법, 시제, 상, 부정사, 동명사, 분사, 동사의 어형변화를 600여 페이지에 걸쳐 다루고, 나머지 300여 페이지에서는 앞에서 다루지 않는 품사인 부사, 전치사, 접속사, 감탄사를 다루고 있다.

예스퍼슨의 문법 『근대영문법』이 3600여 페이지에 달하기는 하지만, 단독으로 쓰여진 전통문법 중에는 3400여 페이지에 달하는 파우츠머의 문법이 가장 방대한 저술이다. 파우츠머의 문법은 그 규모에서뿐만 아니라 문법의 구성, 접근방법, 풍부한 자료 등 유의해야 할 몇 가지 특징을 가지고 있다.

첫째, 파우츠머는 스위트, 예스퍼슨, 크라이싱어와는 달리 음운론을 다루지 않고 오직 통사론에 해당하는 문장론과 품사론만 다루었다. 음운론을 다루지 않는 점에서는 컴이나 쿼크 등과 비슷하지만, 컴이 형태론을 품사론과 구별하여 다룬 반면, 파우츠머는 형태론을 품사론에서 각 품사를 다루면서 간단히 다룬 점에서 차이가 있다. 파우츠머는 또 그의 문법을 문장론과 품사론으로 나누고 다섯 권 중에서 두 권만 문장론을 다룬 반면, 쿼크 등은 1800여 페이지에 이르는 그들의 문법에서 1500페이지에 걸쳐 문장론을 다루면서도 품사론은 장이나 항을 따로 설정하여 다루지 않았다는 점에서 세 권에 걸쳐 품사론을 다룬 파우츠머와 크게 대조가 된다. 파우츠머와 쿼크의 문법이 보여주는 이러한 차이는 전통문법이 문법현상에 대한 관심을 낱말로부터 문장으로 옮겨가고 있다는 것을 보여준다.

둘째, 파우츠머는 그의 문법의 표제 중 'Late Modern English'가 말해 주듯이(때로는 초서와 셰익스피어를 인용한 경우도 있지만) 18세기에서 20세기에 이르는 200여 년간의 영어를 중심으로 문법현상을 기술하였다. 인용한 방대한 예문의 출처를 밝히고 이들을 세대 순으로 열거함으로써 문법기술에 공시적인 방법을 택하고 자료의 객관성을 중요하게 여긴 점은 스위트의 문법에서는 찾아볼 수 없는 점들이다. 이처럼 예문의 출처를 밝히는 방법은 파우츠머뿐만 아니라, 예스퍼슨과 크라이싱어에서도 쓰고 있다. 이러한 방법은 문법자료의 다양성과 객관성을 높이기 위한 것으로 이해해야겠지만, 이들 세 문법학자들은 모두 영어가 모국어가 아닌 네덜란드와 덴마크 사람이라는 사실과도 관계가 있다고 볼 수 있다. 왜냐하면, 영어가 모국어인 스위트, 컴, 쿼크 등의 문법은 특별한 경우를 제외하면 예문의 출처를 제시하지 않고 있기 때문이다. 그러나 예문의 출처를 제시하는 문제는 단순히 저자가 그 언어의 모국어 화자이냐 아니냐의 문제만은 아닐 것이다.

셋째, 파우츠머는 영어가 엄격한 규칙에 의하여 운용되고 있다는 것을 믿으면서도, 규칙을 제시하거나 새로운 문법용어를 만드는 것을 삼가하고 문법현상을 객관적으로 기술하는 데에 역점을 두었다. 그리하여 파우츠머(1926 Part II, Section II, iii)는 문법적인 사실을 심리적, 논리적, 역사적 근거에서 설명하려고 한 경우도 있지만, 그의 문법은 주로 실제로 쓰이는 언어형태를 확인하고 이들을 정리하여 기술하는 데에 만족하고 있다. 왜냐하면, 문법기술이 확고하게 이루어지지 않는 상태에서 설명하는 것은 아무 소용이 없다고 그는 믿었기 때문이다. 따라서 파우츠머의 문법은 한마디로 말하면 영어의 실제 사용을 기록한 기술문법이다.

넷째, 파우츠머는 스위트, 예스퍼슨, 크라이싱어의 영향을 많이 받았다. 그러나 이들 문법이 낱말, 즉 품사론으로부터 문법을 시작한 반면, 파우츠머는 문장으로부터 그의 문법을 시작하고 있다. 그는 문법현상에 대한 이해는 문장으로부터 시작하고, 부정사, 동명사, 분사구문을 하나의 절로 보아 이들을 포함한 문장을 복문으로 분석하고 있다. 그는 또 *It is the man who is to blame*은 문법적으로는 복문이지만, 의미상으로는 *This man is to blame*과 같은 의미를 가지고 있다는 점에서 단문으로 분석하고 있다. 이와 같은 그의 문법적 접근방법은 현대문법의 것과 차이가 없다는 점에서 그 현대성을 인정해야 할 것이다.

파우츠머의 문법이 문장으로부터 품사로 기술하는 등 예스퍼슨이나 크라이싱어의 문법에 비하여 체계적이고 귀중한 자료를 풍부하게 제공하고 있어서 네덜란드를 비롯하여 구라파의 여러 나라와 미국과 일본에서도 독자가 많았다. 그리하여 초판에 붙였던 '유럽대륙, 특히 네덜란드 학생용'이라는 부제를 나중에는 제거할 정도로 널리 사용되었다. 그럼에도 불구하고 파우츠머가 오늘날 문법학자들의 관심에서 멀어지고 있는 것은 그의 문법이 문장론과 품사론에 한정되어 있는 데다 두드러진 문법이론을 별로 내놓지 못한 데서도 그 원인을 찾을 수 있을 것이다.

5.4.3 오토 예스퍼슨

파우츠머가 문법연구의 대상을 문장론과 품사론에 국한시킨 반면, 예스퍼슨(Otto Jespersen, 1860-1943)은 문법은 물론, 음성학, 언어학일반, 외국어교육, 국제보조어에도 많은 업적을 남겼다. 그의 영문법에 관한 주요 저술을 보면, 『근대영문법(*A Modern English Grammar*)』(1909-1949)을 비롯하여 『소영문법(*A Short English Grammar*)』(1913), 「영어 및 제언어의 부정(Negation in English and Other Languages)」(1917), 『논리와 문법(*Logic and Grammar*)』(1924), 『문법철학(*The Philosophy of Grammar*)』(1924), 「관계절연구(Notes on Relative Clauses)」(1926), 「진행시제(The Expanded Tenses)」(1931), 『에센스 영문법(*Essentials of English Grammar*)』(1933), 『문법의 체계(*The System of Grammar*)』(1933), 『분석통사론(*Analytic Syntax*)』(1937) 등이 있다. 이들 방대한 문법저술 중에서 예스퍼슨의 문법을 대표할 수 있는 것은 『근대영문법(*A Modern English Grammar*)』(이하 MEG)이고, MEG를 비롯하여 그의 문법 전반에 대한 기본입장과 문법의 원리를 밝히고 있는 것은 『문법철학(*The Philosophy of Grammar*)』(이하 PG)이다. PG가 출판된 1924년 이후에 나온 MEG의 제3권 이하 나머지 다섯 권이나, 『에센스 영문법(*Essentials of English Grammar*)』이나 『분석통사론(*Analytic Syntax*)』만 보더라도, PG에서 밝힌 문법이론이 수정보완된 부분들이 있다. 그러나 예스퍼슨 자신이 밝히고 있듯이 이러한 수정보완이 그의 문법이론 자체에 대한 것이 아니고 다만 구체적인 예문의 분석과 관련된 사소한 것들이라는 점에서 MEG와 PG가 예스퍼슨의 문법과 문법이론을 대표한다.

MEG는 제1권 「소리와 철자」편이 1909년에 출판되기 시작하여 제2권인 통사론 I은 1913년, 제3권인 통사론 II는 1927년에, 제4권 통사론 III은 1931년에, 제5권 통사론 IV는 1940년에, 제6권 형태론은 1942년에, MEG의 마지막 권인 제7권 통사론 V는 1949년에 출판되었다. 이렇게 보면 MEG의 제1권이 1909년에 출간되기 시작하여 1949년에 마지막 권인 제7권이 나오기까지 40년이 걸렸다. MEG는 총 3600여 페이지에 달하는 전통문법 중에서 가장 방대한 책인 데다, 예스퍼슨이 집필하기 시작하여 MEG가 완성될 때까지 40년 동안에 1차대전과 2차대전이 일어났고, 제5권인 통사론 IV가 출간된 1940년에는 예스퍼슨의 나이가 이미 80세의 고령이었다. 그리하여 제6권 형태론은 그의 제자인 크리스토퍼슨(P. Christophersen), 하이슬런드(N. Haislund), 그리고 쉽스비(K. Schibsbye)와 부분적으로 공동집필하여 그가 세상을 떠나기 1년 전인 1942년에 출간되었다. MEG의 마지막 권인 제7권 통사론 V는 하이슬런드가 예스퍼슨의 유고를 보완하고 크리스토퍼슨과 함께 많은 부분을 공동집필하여 예스퍼슨이 서거한 지 6년만인 1949년에 출판되었다.

 MEG는 그 부제 '역사적 원칙(On Historical Principles)'이 말해 주듯이 캑스턴(Caxton) 시대 이후 현대에 이르는 영어를 역사적 원칙에 근거하여 기술하고 문법현상을 설명하면서 역사적인 자료를 많이 이용하고 있다. 예스퍼슨은 이처럼 역사적인 사실을 중요하게 여기면서도 문법현상을 기술하고 설명하면서 소쉬르(de Saussure)와는 달리 통시적인 방법과 공시적인 방법을 엄격하게 구분하지 않고, 이들 두 방법을 절충하는 방식을 취하였다. 이러한 그의 절충적인 방법은 소리, 기능, 의미를 엄격히 분리하지 않고 문법현상을 기술하고 설명하는 데서도 나타난다.

 예스퍼슨의 문법을 집대성한 MEG는 그 구성이 파우츠머의 문법과는 달리 체계가 없다. 예스퍼슨은 MEG에서 문법을 음성학, 형태론, 통사론의 3부로 나누면서도, 소리와 철자를 제1권에서 다룬 후, 그가 본래 계획한 집필 순서인 형태론을 쓰지 않고 통사론을 쓰기 시작하였다. 그는 통사론이 형태론보다 더 재미있다는 개인적인 이유에서 제2권부터 5권까지 통사론을 먼저 쓰고, 제6권에서야 형태론을 쓰고, 제7권에서는 다시 통사론으로 돌아가 그의 문법이 완결되었다. MEG가 체계가 없다는 것은 이러한 집필순서보다는 통사론의 목차를 보면 더욱 분명하게 알 수 있다. 제2권인 통사론을 품사나 문장으로부터 시작하지 않고 그 자신의 이론인 위계설로 시작하고 있다. 위계설은 품사론의 문제점을 해결하기 위하여 제안된 이론이라는 점에서 품사론 다음에 논의하여야 함에도 불구하고, 그 반대의 순서를 취하는 등 MEG의 내용 구성에서 어떤 일관된 체계를 찾기가 힘들다. 이처럼 MEG가 체계가 없는 것은 3600여 페이지에 이르는 그 크기의 방대함이나, 40년 이상이 걸린 집필 기간, 그리고 제6권과 제7권의 일부가 두세 사람이 집필에 참가하여 예스퍼슨을 도와준 데서 일차적으로 그 원인을 찾을 수도 있다. 그러나 오늘날까지도 그 독창성과 놀라운 통찰력을 담고 있는 위계설, 품사론, 서술관계(nexus), 수식관계(junction) 등을 포함한 그의 문법이론도 MEG의 집필체계를 흐트러뜨리는 데에 관계가 있다고 볼 수 있다. 왜냐하면, 이러한 독창적인 문법이론 중에는 그가 MEG를 집필하는 과정에서 수시로 문법체계나 집필계획과는 관계없이 그의 머리에 떠올랐겠기 때문이다. 그러나 MEG가 이처럼 체계가 없음에도 불구하고 그의 문법이 전통문법이 이룩한 가장 위대한 업적이라는 평가에 대해서는 오늘날까지도 아무런 이의가 없다.

　예스퍼슨의 문법과 그 이론을 체계적으로 이해하려면 PG를 읽어야 한다. PG는 MEG의 제3권이 나오기 3년 전에 출간되었지만, MEG는 예스퍼슨의 문법이론을 체계화한 PG의 문법원리에 근거하여 집필되었고, MEG, 『에센스 영문법』, 『분석통사론』에 나타난 몇 가지 PG와 다른 점은 예스퍼슨 자신이 밝히고 있듯이 문법이론과 관련된 중요한 문제가 아니라 예문 분석에서 나타난 이론상 중요하지 않는 것들이다. PG는 예스퍼슨 자신의 문법이론이면서 동시에 전통문법의 문법이론을 대표하고 있다는 점에서 PG에 대한 논의가 바로 전통문법의 문법이론에 대한 논의라고 말해도 지나친 주장은 아닐 것이다.

　전통문법을 문헌역사문법(philological-historical school)이라고도 부

르는 것(마크와트, 1966, 12)을 보면 알 수 있듯이, 예스퍼슨 이전의 전통문법은 오직 문헌을 통해서 문법현상을 분석하고 기술하였다. 그러나 예스퍼슨은 '언어의 본질은 인간활동'이라는 주장으로 PG의 제1장 '살아 있는 문법'을 시작하고 있다. 이러한 그의 언어관은 실제로 말하는 말을 직접 관찰하고 쓰여진 언어는 다만 부차적으로 의존해야 한다는 그의 문법관을 반영한다. 그의 문법관의 하나는 문법현상을 기술하고 설명할 때 그 언어를 말하는 사람과 듣는 사람이 고려되어야 한다는 것이다. 그리하여 그는 말하는 사람이 자유자재로 그 일부를 바꾸어 말할 수 있는 'John gave Mary the apple'과 같은 자유표현(free expressions)과 말하는 사람이 표현의 일부를 조금도 바꾸어 말할 수 없는 'Good morning'과 같은 고정표현(formulas)을 말하는 사람을 끌어들여 구별하고 있다. 이러한 그의 문법관은 세 개 이상의 표현을 접속사 and나 or로 연결할 때, 마지막 것만 남기고 그 앞에 오는 것을 모두 생략하는 문어와는 달리 구어에서는 이들 접속사를 하나도 생략하지 않는 문법현상도 화자의 심리를 이용하여 설명하고 있다. 이런 것들만 보더라도 문법을 심리언어학의 한 분야라는 예스퍼슨(1924, 29)의 주장을 이해할 수 있을 것이다. 그의 이러한 문법관은 언어직관이 문법기술의 대상에 포함되어야 한다는 점을 들어 언어학을 심리학의 한 분야라고 주장한 촘스키의 주장과도 다름이 없다.

 PG를 보면, 고유명사와 추상명사의 정의, 실사와 형용사와의 관계, 주부와 술부와의 관계, 시제, 부정의 3분법 등 예스퍼슨의 독창적인 문법이론이나 주장들이 많이 있다. 그러나 그의 문법이론 중에서 대표적인 것을 세 가지로 한정한다면, 품사론, 위계설, 수식-서술관계설을 들 수 있다.

 예스퍼슨은 의미, 형태, 기능을 혼용하여 품사를 분류하고 정의한 전통적인 품사체계를 비판하고, 그 자신은 형태에 근거하여 낱말을 실사, 형용사, 대명사, 동사, 불변사의 다섯 품사로 나누었다. 그는 PG의 제 3,

4, 5장의 세 장에 걸쳐 5품사체계를 주장하는 과정에서 보여준 실사와 형용사, 고유명사, 추상명사에 대한 그의 논리와 깊은 통찰력은 문법현상에 대한 우리의 이해를 깊게 해준다.

예스퍼슨 이전의 전통문법은 스위트만 보더라도 낱말 자체가 가진 의미, 형태, 기능에 따라 낱말을 분류하고 정의하여, 이러한 품사체계로 모든 문법현상을 기술하였다. 그러나 하나의 개체로서의 낱말과 구조를 이루고 있는 표현 안에서 그 낱말이 갖는 기능이 일치하지 않는 경우가 있다는 것은 당연한 것이다. 스위트가 제기한 *a cannon ball*에서 *cannon*의 품사가 명사냐 형용사냐의 논란도 낱말이 하나의 구조 내에서 갖는 기능을 생각하지 못한 데서 생긴 것이다. 이런 문제를 해결하기 위하여, 예스퍼슨은 하나의 구조 내에서 낱말이나 어구가 갖는 표현의 문법적 기능을 설명할 수 있는 위계설을 제창하고 *cannon*을 2위어로 분류하였다. 문법현상을 기술하고 설명하고자 할 때, 품사론이 갖는 한계성을 극복하기 위하여 예스퍼슨이 제창한 위계설은 문법연구의 대상을 낱말로부터 더 큰 표현인 구로 확장했다는 점에서 예스퍼슨은 문법연구의 발전에 중요한 공헌을 한 것이다.

예스퍼슨은 위계설의 용어인 1위어와 2위어의 관계를 수식관계로 보면서도 1위어와 2위어가 결합하여 만들어진 표현들간에는 의미상으로 중요한 차이가 있다는 사실에 주목하였다. 'Too many cooks are dreadfully untidy'와 'Too many cooks spoil the broth'의 *too many cooks*는 두 문장에서 모두 명사구로서 각 문장의 주어로 쓰이고 있다. 그리고 두 문장의 *too many cooks*에서 *many*는 *cooks*를 수식하는 2위어이고, *cooks*는 *many*의 수식을 받는 1위어이다. 이처럼 두 문장의 명사구 *too many cooks*는 그 구성 낱말과 그들간의 관계가 같음에도 불구하고, 그들이 나타나는 문맥에 따라 위의 예문에서 보듯이 이들 두 명사구는 의미상으로 커다란 차이가 있다. *too many cooks*가 'Too many cooks are dreadfully untidy'에서는 '너무나 많은 요리사'라는 의미를 가지고 있는 반면, 'Too many cooks spoil the broth'에서는 *too many cooks*가 '요리사가 너무 많으면'의 의미를 가지고 있다. 언어표현이 갖는 이러한 의미상의 차이를 구별하기 위하여 예스퍼슨은 수식관계와 서술관계라는 문법용어를 새로 도입하였다. '너무나 많은 요리사'라는 의미를 갖는 경우의 *too many cooks*를 수식관계라 하고, '요리사가 너무 많으면'의 의미를 갖는 경우의 *too many cooks*를 서술관계라고 구별하는 것이 수식관계와 서술관계설의 핵심이다. 구와 절이라는 전통문법의 범주가 형태와 통사적인 기능에 근거한 분류인 반면, 예스퍼슨의 수식관계와 서술관계는 구와 절이 갖는 의미에 의한 분류이다.

*MEG*와 *PG* 외에도 예스퍼슨의 문법서로는 *PG*와 *MEG*의 일부를 간단히 접할 수 있도록 쓰여진 *Essentials of English Grammar*와 기호를 써서 문장구조를 간단하게 기술하면서 예리한 통찰력을 보여준 *Analytic Syntax*도 전통문법의 주요 저서 목록에서 빼놓을 수 없는 것들이다. 예스퍼슨은 문법분야에서뿐만 아니라 영어교수법, 영어사, 언어학 분야에서도 『외국어교수법(*How to Teach a Foreign Language*)』(1904), 『영어의 발달과 구조(*The Growth and Structure of English Language*)』(1905), 『언어(*Language*)』(1922)와 같은 고전을 남겼다.

잔트보우엇(1971, 61)은 전통문법의 3대 문법학자 파우츠머, 예스퍼슨, 크라이싱어를 비교하면서 예스퍼슨을 '가장 포괄적(the most comprehensive)'이라고 평한 것은 언어에 대한 그의 학문적인 폭이 이처럼 넓다는 것을 한마디로 표현한 것이라고 말할 수 있다. 예스퍼슨 이후 영문법은 언어학의 발달에 영향을 받아 구조문법이나 변형생성문법과 같은 새로운 문법이론이 나왔다. 이들 두 가지 문법이론의 등장을 보통 '혁명적'이라고 평가하고 있다. 왜냐하면, 이들 문법이론이 추구하는 목표와 분석의 대상이 전통문법의 것과는 크게 다를 뿐만 아니라 그러한 변화가 문법현상을 이해하는 데 발전적으로 바꾸어 놓았기 때문이다. 전통문법은 주로 쓰여진 언어, 즉 문헌에서 자료를 구하여 문법현상을 기술하는 데에 목표를 둔 문법이다. 반면, 문법현상을 기술하는 데에 목표를 두고 있다는 점에서는 구조문법은 전통문법과 커다란 차이가 없지만, 문법이 분석하고 기술해야 할 대상을 '쓰여진 언어'가 아니라 '말로 하는 언어'라는 점에서 구조문법은 전통문법과 커다란 차이가 있다. 이러한 차이는 학문의 분석대상이 바뀌었다는 점에서 '혁명적'이라고 말할 수 있는 것이다. 변형생성문법은 그 목표를 문법현상의 기술보다는 설명에 두고 있을 뿐만 아니라 문법연구의 대상은 '쓰여진 언어'나 '말로 하는 언어'가 아니라, 그 언어를 수행하는 사람의 '언어능력'이라고 주장함으로써 문법의 연구에 또 하나의 '혁명적'인 변화를 가져 온 것이다. 예스퍼슨의 문법은 이처럼 두 번이나 커다란 변혁을 겪어 왔지만, '예스퍼슨은 전통문법학자일 뿐만 아니라 구조문법학자와 원형-변형문법학자(proto-transformationalist)를 조금씩 두루 겸비하고 있다'(아트, 1971, 131)는 것이 바로 예스퍼슨에 대한 현대의 평가라고 말할 수 있다.

5.4.4 엣스코 크라이싱어

크라이싱어(E. Kruisinga, 1876-1944)의 『현대영문법(*A Handbook of Present-day English*)』(1931-2)은 초판이 1909년에 나온 후, 개정과 증보를 거듭하여 제2판은 1915년에, 제3판은 1922년에, 제4판은 형태론과 통사론을 증보하여 세 권으로 1925년에 나왔다. 그리고 제5판은 1931년에 제1부의 음성학과, 제2부인 형태론과 통사론의 1권이 먼저 나오고, 형태론과 통사론의 2권과 3권은 1932년에 나옴으로써 크라이싱어의 문법 네 권이 완성되었다.

『현대영문법』의 제1부 제1권은 영어의 음성을 다룬 음성학편이다. 제2부에서는 영어의 형태론과 통사론을 2, 3, 4권의 셋으로 나누어 다루고 있다. 제2권은 품사 중에서 동사, 준동사, 조동사를 다루고, 제3권은 명사로부터 시작하여 형용사와 부사, 대명사, 전치사, 접속사 등 나머지 품사를 다룬 후, 영어의 고어와 문어의 용례를 동사, 명사, 대명사를 중심으로 다루고 있다. 『현대영문법』의 마지막 권인 제4권은 낱말의 합성, 파생, 비교, 품사의 전환을 중심으로 낱말형성을 다룬 후 구, 문장을 다루고 있다.

파우츠머와 예스퍼슨이 문법연구에 통시적인 방법과 공시적인 방법을 함께 쓰고 있는 반면, 크라이싱어는 통시적인 방법과 공시적인 방법을 엄격히 구분하고, 공시적인 방법으로 문법을 기술하고 있다. 그리하여 말소리를 다루고 있는 『현대영문법』의 제1부 제2판 서문에서 "교육을 받은 사람들이 영국 남부에서 말하는 표준영어를, 그것도 현재 쓰이고 있는 살아 있는 영어만" 다룬다고 분석대상을 한정하면서, 통시적인 연구를 반대하는 것이 아니라, 통시적 방법과 공시적 방법을 어설프게 병용하는 것을 경계해야 한다는 자신의 입장을 분명히 하고 있다. 크라이싱어의 이러한 통시적 방법과 공시적 방법의 구별은 소쉬르보다 적어도 몇 년은 앞섰다는 사실을 알 수 있다.

영어의 말소리를 다룬 음성학이 조음음성학인 것은 크라이싱어의 공시적인 방법론의 당연한 결과이다. 말소리를 자음과 모음으로 분류하는 것은 어느 한 말소리가 그 자체만으로 한 음절의 기능을 할 수 있느냐 없느냐에 따른 것이다. 말소리의 이러한 기능에 의한 분류는 음절이면 모두 모음을 가지고 있는 라틴어와 같은 언어에는 적용할 수 있다. 그러나 크라이싱어(1925, 1)는, 모음이 없어도 음절이 성립되는 언어가 있다는 것을 지적하고, 자음과 모음은 음향에 따라 구별해야 한다고 주장하고 있다. 그가 '모음은 근본적으로 음악적인 소리(musical sounds)인 반면, 자음은 근본적으로 잡음 내지 소음(noises)'이라고 모음과 자음을 구별하는 것도 이들 말소리의 음향의 차이에 근거한 것이다. 그러나 그의 음성학이 음향음성학이 되지 못하고 조음음성학에 머무른 것은 그 당시 음성학의 발달이 그러한 수준에 있었음을 보여준다. 스위트의 『영어음성학(*Sounds of English*)』(1908)과 존스(D. Jones)의 『영어음성학 (*Outline of English Phonetics*)』(1917)의 영향을 받은 그의 조음음성학이 존스의 음성학에 익숙한 사람들에게는 생소한 느낌을 별로 주지 않는다. 그러나 크라이싱어(1925 I, 234)가 "강세가 있는 음절에서는 *lie*나 *due*의 경우처럼 마지막 -*i*나 -*u*에는 묵음 -*e*를 덧붙인다"고 발음을 철자와 연결시켜 서술하는 것은 유의할 만하다. 그는 또 구두점의 기능을 음성면에서는 쉼(pause)과 억양을 나타내고, 통사론적인 면에서는 문장의 문법적 구조를 나타낸다(1925, I, 243)고 기술하면서도 구두점을 음성학편에서 다루고 있는 것도 유의할 만하다. 왜냐하면, 대부분의 전통문법은 구두점을 다루지 않았고, 쿼크 외 3인(1985)의 문법은 구두점을 다루면서도 그것을 부록으로 처리하고 있기 때문이다.

크라이싱어는 영어에서 굴절어미를 갖고 있는 것은 동사와 명사뿐이어서 품사분류는 어쩔 수 없이 기능과 의미도 고려하지 않을 수 없다는 입장을 취하면서도 그는 품사론과 문장론을 모두 형태로부터 시작하고 있다. 그는 "영어는 주어와 동사가 의미상으로는 명사적인 경우에도 영어의 문장은 분명히 동사적인 속성을 가지고 있으며"(1931, II-1, 505), "영어의 문장구조를 보면 동사가 지배적인 품사"(1932, II-2, 476)라고 주장하면서 품사론을 동사로 시작하는 것도 다른 전통문법과 비교되는 크라이싱어 문법의 주요한 특징이다. 크라이싱어 자신은 영어의 문장이 왜 동사적인 성격이 강하며, 문장구조에서 동사가 지배적인 이유를 구체적으로 밝히지는 않았다. 그러나 영어의 문장이 갖는 시제나 주어와 동사의 수의 일치는 동사에 나타나는 문법현상이고, 문장의 구성요소나 부사구 선택은 모두 동사에 의해 결정된다는 사실만 보더라도 크라이싱어의 주장을 어느 정도 이해할 수 있다.[11] 크라이싱어의 문법에 나타난

---

11) 파우츠머도 문장론(I-First Half)에서 술부를 먼저 다루고 주부를 그 다음에 다루고 있지만, 품사론(II-1A)에서는 명사를 먼저 다루고 있다.

이러한 특징은 전통에 매달리지 않고 새로운 관점에서 문법현상을 관찰하고 기술하고 있다는 점에서, 잔트보우엇(1971, 61)이 예스퍼슨이나 파우츠머와 비교하면서 크라이싱어를 '가장 독창적'이라고 평가하고 있다.

5.4.5 조지 컴

컴(George O. Curme, 1860-1948)은 「게르만어 형용사 약변화의 근원과 발달(The Origin and Growth of the Weak Adjective Declension in Germanic)」(1910), 「영어관계구문의 역사(A History of the English Relative Constructions)」(1912), 「영어동명사의 역사(History of English Gerund)」(1912), 「영어 상의 몇 가지 특성(Some Characteristic Features of Aspect in English)」(1932) 등 많은 논문을 썼지만, 그가 전통문법에 기여한 업적은 『통사론(Syntax)』(1931)과 『품사론과 형태론(Parts of Speech and Accidence)』(1935)이다.

스위트 이후 3대 전통문법학자로 일컬어지는 파우츠머, 예스퍼슨, 크라이싱어가 영어가 모국어가 아닌 네덜란드(파우츠머, 크라이싱어)와 덴마크(예스퍼슨)의 학자들인 반면, 컴(1860-1948)은 영어가 모국어인 미국의 학자이다. 컴의 문법이 위의 세 문법학자들과는 달리 인용한 예문의 출처를 일일이 밝히지 않는 것이나 미국 영어의 어법이나 속어도 예문으로 제시하는 것도 영어가 모국어라는 점과 관련지을 수 있을 것이다.

컴은 영어가 모국어라는 점 외에도 그와 같은 시대에 살았던 파우츠머, 예스퍼슨, 크라이싱어의 문법과는 여러 가지 면에서 차이가 있다. 첫째, 외견상으로는 파우츠머의 문법과 예스퍼슨의 MEG가 3500여 페이지에 달하고, 크라이싱어의 Handbook도 1900여 페이지에 달하는 대저인 반면, 컴의 문법은 『통사론』과 『품사론과 형태론』을 합해도 1000페이지가 못된다. 둘째, 예스퍼슨과 크라이싱어가 각각 한 권씩 할애하여 음성학을 다루고 있는 반면, 컴은 파우츠머처럼 음성학을 다루지 않았다. 『통사론』(1931)과 『품사론과 형태론』은 각각 원래 『영문법(*A Grammar of English Language*)』의 제2권과 제3권에 해당하고, 제1권인 *History of English Language, Sounds and Spellings, Word-Formation*은 큐어래스(H. Kurath)가 쓰기로 되어 있었지만 출간되지 않았다. 이러한 사정을 알고 보면, 컴의 문법에 음성학이 없기는 하지만, 파우츠머가 영어의 음성을 다루지 않아 받았던 "파우츠머에 관한 한 영국인은 모두 벙어리요, 귀머거리이다"라는 비판(잔트보우엇, 1971, 40-1)을 컴은 받지 않아도 될 것이다. 셋째, 컴의 문법은 『통사론』을 1931년에 먼저 쓰고, 낱말을 다루는 품사론과 낱말의 구조와 형성을 다루는 형태론을 다룬 『품사론과 형태론』을 1935년에 내놓았다. 문장으로부터 시작하여 문장을 이루고 있는 낱말을, 그리고 낱말의 형성을 다루고 있다는 점에서, 컴은 파우츠머, 예스퍼슨, 크라이싱어의 문법에 비하여 가장 체계적으로 문법을 기술하고 있다는 것을 알 수 있다. 넷째, 스위트를 비롯하여, 파우츠머, 예스퍼슨, 크라이싱어 등이 문법범주에 대한 정의를 내리지 않는 반면, 컴은 문장을 비롯하여 품사에 이르기까지 문법범주에 대한 정의를 내리고 있는 것도 그의 문법이 갖는 특징의 하나이다.

컴은 『통사론』에서 먼저 문장을 정의하고, 문장의 구성요소인 주어와 술어, 문장의 종속요소인 수식어, 복문, 종속절인 형용사절, 부사절을 다루고, 문장과 관련된 제2차 문법범주인 시제, 상, 법, 태 등을 다룬 후 준동사인 분사, 부정사, 동명사를 다루고, 끝으로 형용사, 명사의 수, 성, 대명사, 전치사, 어군(word-groups)을 다루고 있다.

오늘날 우리는 통사론을 문장을 생성하는 규칙의 집합이라거나 두 개 이상의 낱말이 결합하여 하나의 표현을 만들 때 작용하는 규칙의 집합으로 이해하고 있다. 반면, 전통문법의 경우를 보면, 스위트(1891, §581)는 통사론을, 가능한 한 형태를 무시하고 의미를 집중적으로 다루는 문법의 분야라고 정의하여, 의미를 가능한 한 무시하고 형태만을 다룬 형태론(Accidence)과 구별하고 있다. 예스퍼슨(1924, 39-45)은 스위트의 정의를 발전시켜 형태로부터 시작하여 의미로 접근하는 문법분야를 형태론(Morphology)이라 하고, 의미로부터 출발하여 형태로 접근하는 것을 통사론이라고 정의하고 있다. 스위트나 예스퍼슨과는 달리, 컴은 통사론을 정의하지 않은 채 통사론을 다루고 있다. 그러나 컴이 그의 『통사론』에서 문장으로부터 시작하여 절, 구를 다루고, 두 낱말과의 관계의 관점에서 명사의 수나 성도 다루고 있는 것을 보면, 그가 의미의 관점보다는 표현들간의 관계의 관점에서 통사론을 이해하고 있다고 말할 수 있다.

컴은 먼저 형태에 근거하여 문장을 감탄문, 서술문, 의문문의 세 가지로 분류하고 명령문을 감탄문에 포함시키고 있다. 그는 다시 문장을 기능에 근거하여 화자의 의지나 감정을 나타내는 것과 서술하는 것으로 나누고 있다. 의문문이 화자의 의지를 나타내기도 하지만 서술을 요구하는 문장형식이라는 점에서, 그는 의문문을 문장이 갖는 두 가지 기능을 다 가지고 있는 것으로 보고 있다.

『품사론과 형태론』(1935)은 15개의 장으로 구성되어 있다. 1장부터 8장까지는 품사론이고, 9장부터 마지막 장인 14장까지는 형태론이다. 그는 프리슬리(1761)처럼 낱말을 명사, 대명사, 형용사, 동사, 부사, 전치사, 접속사, 감탄사의 여덟 가지로 나누고, 이들 각 품사에 대한 정의를 먼저 내리고 이들 품사를 하위분류한 후, 품사의 전환을 다루고 있다. 9장부터 시작되는 형태론은 어형변화를 중심으로 명사의 수, 성, 격, 대명사의 인칭, 형용사의 어형변화, 동사의 태, 법, 시제, 상, 수와 인칭, 부사의 비교를 다루고 있다. 전치사, 접속사, 감탄사를 한두 마디에 그친 것은 이들 품사가 어형변화를 하지 않기 때문이다.

컴은 옥스퍼드 사전과 파우츠머, 예스퍼슨, 크라이싱어의 예문을 많이 인용하기도 했지만 대부분 실제로 사용하고 있는 영어를 중심으로 문법을 기술하고 있다. 컴의 문법은 위의 3대 문법에 비하여 그 양이 적지만, 문법기술을 체계적으로 간단하게 기술하면서도 영어의 문법현상을 풍부한 예문을 가지고 상세히 기술하고 있다. 이런 점에서 머리(1795)의 문법이 초기영문법을 종합 정리하여 학교문법을 대표한다는 평가를 받은 것처럼, 컴의 문법도 독창적인 주장은 별로 없지만 전통문법을 이해하는 데 가장 적합한 문법이라고 말할 수 있다.

5.4.6 랜돌프 퀘크 외 3인

『종합영문법(A Comprehensive Grammar of the English Language)』(1985)(이하 CGEL 또는 퀘크의 문법으로 표기함)은 퀘크(R. Quirk), 그린봄(S. Greenbaum), 리치(G. Leech), 스바트빅(J. Svartvik)이 런던대학의 영어과 교수로 함께 재직하고 퀘크가 주도한 '영어어법연구(the Survey of English Usage)'에 함께 참여하면서 공동집필하여 1972년에 출간한 『현대영문법(A Grammar of Contemporary English)』(이하 GCE)을 개정하고 확장한 문법이다. GCE 외에도 본 문법 CGEL의 공동 저자의 일부가 대학 교재용으로 공동 집필한 퀘크와 그린봄의 공저인 『대학영문법(A University Grammar of English)』(1973)(이하 UGE)과 그린봄과 퀘크의 공저인 『새로운 대학영문법(A Student's Grammar of the English Language)』(1990)(이하 SGEL)이 있다. 이들 두 교재용 문법은 GCE나 CGEL과 체제나 내용면에서 다른 점이 있지만, 규모나 내용에 있어서 1985년에 나온 CGEL이 퀘크 외 3인의 문법을 대표한다.

CGEL은 제1장에서 영어의 중요성, 문법의 구조와 종류, 영어의 여러 가지 양상을 간단히 개관한 후, 제2장부터 제19장까지 18장에 걸쳐 문법기술을 3단계로 나누어 간단한 것으로부터 복잡한 것으로 다루어 가고 있다. 제1단계인 2장은 문장, 문장의 구성요소, 품사 등을 중심으로 문법을 이해하려면 반드시 알아야 할 문법개념과 범주를 간단히 언급하고 있다. 제2단계는 3장부터 11장까지 아홉 장에 걸쳐 단문의 기본요소인 동사구(3장, 4장), 명사구의 기본요소인 한정사, 명사, 대명사(5,

6장), 형용사와 부사(7장), 부사류(8장), 전치사와 전치사구(9장)를 다루고 있다. 10장에서는 앞에서 논의한 문장 구성요소를 중심으로 절의 종류, 문장요소의 통사적 기능과 의미기능, 주어-동사의 일치를 다루고, 11장에서는 회복성 조건과 동일지시 조건을 중심으로 여러 가지 형태의 대용어와 생략현상을 다루고 있다. 제2단계에서는 문법적인 기초가 없이도 이해할 수 있는 비교적 간단한 문법사항을 다룬 반면, 제3단계에서는 문법적 기초가 있어야 이해할 수 있는 비교적 복잡한 것들을 다루고 있다. 12장과 13장에서는 대입, 생략, 대등접속을 중심으로 복문을 다루고 있다. 14장은 종속절을 포함한 여러 가지 유형의 복합문을 다루고, 15장은 종속절의 통사기능과 의미기능을 다루고 있다. 16장에서는 3장과 4장에서 다룬 동사구와 형용사구를 그들이 취하는 보충어구 및 전치사와 관련하여 다루고, 17장에서는 5장과 6장에서 다룬 명사구를 구성요소와의 관계를 중심으로 복잡한 현상을 더 자세하게 다루고 있다. 18장은 이제까지 논의해 온 문법지식을 바탕으로 하여 문장이 나타내는 주제, 초점, 정보가 어떻게 처리되는가를 다루고 있다. CGEL의 마지막 장인 19장은 문장을 텍스트와 연관시켜 시간, 장소, 시제, 대용, 생략 등의 문법현상을 문장보다 더 큰 문맥에서 다루고 있다. 책 끝에는 I. 낱말-형성, II. 강세, 리듬, 억양, III. 구두점을 다룬 세 편의 부록이 붙여 있다.

CGEL은 전통문법 범주를 사용하여 영어의 문법현상을 기술하고 있다는 점에서 예스퍼슨, 파우츠머, 크라이싱어 등의 문법과 마찬가지로 전통문법이다. 그러나 예스퍼슨의 MEG가 역사적 원칙에 근거하여 영어의 문법현상을 기술하고 설명한 전통문법인 반면, CGEL은 현대 영미어의 문법현상을 공시적으로 기술하고 설명한 전통문법이다. CGEL은 예스퍼슨의 PG가 나온 지 60여 년이 지나서야 나왔고, 이 기간 동안에 영문법은 구조문법과 변형생성문법이라는 문법이론의 커다란 변화를 겪었다. CGEL은 전통문법의 틀을 유지하면서도 이들 새로운 문법이론에 의하여 밝혀진 새로운 문법적인 통찰력을 전통문법의 방식으로 소화하여 수용하고 있다는 점에서 예스퍼슨 등의 전통문법과 상보적인 관계를 가지고 있다.

쿼크의 문법 CGEL은 음성학을 다루지 않고 다만 문장과 관련된 강세, 리듬, 억양만 부록으로 처리한 것이나, 형태론을 부록에서 취급한 것도 CGEL이 문장문법이기 때문이다. CGEL은 품사를 개별적으로 기술하지 않고, 동사와 조동사, 명사와 한정사, 형용사와 부사 등과 같이 서로 관계가 있는 것들을 함께 묶어 체계적으로 기술할 수 있는 것도 쿼크의 문법이 문장문법이기 때문에 가능한 것이다.

CGEL이 체계적인 문법이라는 것은 17장의 명사구에 대한 기술만 보더라도 알 수 있다. CGEL은 명사구의 구성요소를 일차적으로 한정사, 앞자리수식어, 핵어, 뒷자리수식어로 나누고 있다. 핵어는 명사구의 중심이 되는 낱말로서 핵어의 수나 성이 한정사의 수는 물론, 문장의 다른 요소인 대명사나 동사의 수나 성을 결정한다. 한정사에는 앞자리한정사(predeterminers : *all, both, double*), 중심한정사(central determiners : *a, an, the, this, some*), 뒷자리한정사(postdeterminers : *many, few, several*)가 있다. 한정사의 종류와 형태는 핵어에 의해 결정된다. 앞자리수식어는 한정사와 핵어 사이에 오는 표현으로서 형용사, 분사, 명사, 소유형용사, 부사 등이 있다. 앞자리한정사는 핵어의 외연을 한정하는 것과 한정하지 않는 것의 두 가지가 있다. 뒷자리한정사에는 형용사절, 동격절, 분사구문, 부정사, 전치사구, 동격구, 형용사 등이 있다(자세한 것은 이 책의 12장 명사 참조).

관사, 소유대명사, 양화사, 형용사절, 동격절 등은 명사를 전제하지 않고는 논의할 수 없는 문법범주들이다. 그러나 종래의 전통문법이 이들 문법범주를 각각 장을 달리하여 기술한 결과, 명사와 관계가 있는 범주를 논의할 때마다 그 명사에 대한 똑같은 문법적인 정보를 필요 이상으로 반복해야 하고, 명사구를 이루는 구성요소간의 공기제약(co-occurrence restrictions)이나 어순도 보여주지 못하고 있다. 종래의 전통문법이 갖는 이러한 문제점을 CGEL은 서로 관계가 있는 범주를 명사구로 한자리에 모아 기술함으로써 해결하고 있다.

쿼크의 문법은 현대문법이론의 많은 영향을 받았고 그들이 밝혀낸 문법적인 사실과 설명을 그들의 문법에 많이 수용하면서도 어느 한 문법이론에 얽매이지 않고 풍부한 예를 들어 문법현상을 종합적으로 다룬 기술문법이다. 이런 점에서 CGEL은 이제까지 나온 전통문법 중에서 현대영어를 가장 철저하고 완벽하게 기술한 문법일 뿐만 아니라 예스퍼슨의 MEG와 함께 전통문법을 대표한다고 말할 수 있다.

5.5 전통문법용어의 의미

희랍문법과 라틴문법으로부터 물려받은 전통문법의 용어 중에는 라틴문법, 영문법, 또는 국문법 등으로 도입되는 과정에서 번역이 잘못되어 본래의 의미가 상실된 것이 있는가 하면, 용어의 정의를 보다 정확하게 해야 할 것도 있고, 문법용어가 가리키는 대상이 확장되거나 변함에 따라 중의성을 갖는 용어가 있는가 하면, 본래의 의미가 간과되고 있는 용어들도 있다.

5.5.1 번역이 잘못된 용어

1) *Parts of Speech*

*parts of speech*는 본래 라틴어 *partes orationis*를 번역한 것이고, *orationis*는 희랍어 *logos*를 번역한 *oratio*의 소유격이다.[12] 희랍문법은

---

12) 프리시언은 낱말(dictio)을 문장구조의 최소단위(Dictio est pars minima

*logos*를 '문장(sentence)'이란 의미로 사용했지만, 이것을 번역한 라틴어 *oratio*는 '문장'이라는 의미와 '말(speech)'이라는 의미를 함께 가지고 있다. 영문법에서는 벤 존슨(1640)이 *partes orationis*를 *parts of sentence*로 번역하지 않고 *parts of speech*로 잘못 번역한 것이 발단이 되어 대부분의 영문법이 오늘날까지 그대로 사용하고 있다.

이러한 잘못된 번역을 바로잡기 위하여, 뷰캐넌(Buchanun, 1762), 라우스(1769), 머리(1806) 등은 *parts of speech*라는 용어 대신에 *sorts of words*라고 하는가 하면, 레인(1700)은 *kinds of words*를 쓰고 있다. 예스퍼슨(1924, 1933)은 *parts of speech*의 *speech*가 물질명사이므로 그 부분은 낱말뿐만 아니라 구나 절 등 여러 가지가 될 수 있다는 점을 들어 *parts of speech*가 품사를 나타내는 용어로는 적절하지 못함을 지적하고, 그 대신 *word classes*라는 용어를 쓰고 있다.[13]

---

orationis)(로빈스, 1979, 64의 주 37)라고 주장한 스랙스의 정의를 그대로 받아들이고 있다. 여기서 *oratio*는 하나의 완전한 생각을 나타내는 낱말의 배열을 의미한다. *oratio*에는 여러 가지 형태가 있고 의문문의 대답이 되는 하나의 낱말도 *oratio*이다. *oratio*의 이러한 정의는 그것이 문장을 가리킨다는 것을 알 수 있다.

13) *parts of speech*나 *word classes*에 해당하는 용어로 국어문법은 품사를, 일본어문법은 品詞와 語類를, 그리고 중국어문법은 字類를 많이 쓰고 있다. 語類는 영문법의 *word classes*를 번역한 것이겠지만, 일본어문법에서 먼저 쓰기 시작한 品詞는 누구의 용어인지 아직 확인하지 못했다. 국어문법에서는 품사가 많이 쓰이고 있지만, 周時經(國語文法, 1910)은 문법분석의 최소단위를 '기'라 하고 품사론을 '기난갈'이라고 불렀다. 그는 *grammar*는 文法이라고 한자어를 쓰면서도 품사명칭은 임(명사: 사람, 개), 엇(형용사: 히, 크, 단단한), 움(동사: 가, 날, 먹) 등과 같이 순수한 우리말로 명명하였다. 최현배(우리말본)는 주시경과 일본어문법(山田孝雄)의 영향을 많이 받았지만, 그들과는 달리 문법을 '말본'이라 하고, 품사론을 '씨갈'이라고 한 후, 품사명칭도 이름씨, 대이름씨, 움직씨, 어떻씨, 어찌씨 등과 같이 순수한 우리말 용어를 쓰고 있다. 오늘날 우리들이 보통 쓰고 있는 품사명은 足立梅景(1866)이 『英吉利文典字類』에서 영문법의 품사명칭을 '명사, 동사, 형용사, 대명사, 부사, 전치사, 접속사, 탄식사'로 번역한 데서 비롯된 것으로 보여진다. 최초의 중국어문법인 馬建忠(1898) 『馬氏文通』(呂叔湘 王海棻 編)을 보면 품사를 字類 또는 詞類라 하고 名字, 代字, 靜字, 動字, 狀字, 介字, 連字, 嘆字와 같은

2) Case

명사나 대명사가 다른 낱말에 대하여 갖는 문법적인 관계를 나타내기 위하여 희랍문법은 *ptosis*라는 용어를 사용하였다. 희랍어 *ptosis*는 '떨어진다(fall)', 또는 '기울어짐(deflection)'이라는 사전적 의미를 갖는 낱말이다.[14] 격이라는 문법범주를 *ptosis*라는 용어로 나타낸 것은 명사가 문장 내에서 어느 자리에 떨어지느냐, 즉 어느 자리에 놓이느냐에 따라 주어로도 쓰이고(주격), 목적어로도 쓰인다(목적격)는 것을 나타내기 위한 것이라는 해석이 있다. 희랍문법의 *ptosis*는 라틴문법에서는 ..... 로 번역되었다. 라틴어 *casus*는 '떨어진다'는 의미도 있지만 '사건(event)'이나 '경우(occasion)'라는 의미도 있다.[15] 영문법은 *casus*를 *case*라고 번역하였지만, *case*에는 '떨어진다'는 의미는 없고, '사건'이나 '경우'라는 의미가 있다. *casus*를 나타내는 일본문법에서 쓰기 시작한 格은 자격이라는 의미를 갖고 있다는 점에서 영어의 *case* 보다는 더 적절한 용어라고 볼 수 있겠다. 그러나 格이라는 용어를 누가 언제 어떤 의미로 그렇게 명명했는지는 밝혀지지 않고 있다.

3) Accusative Case

영어 *accusative*는 라틴어 *accusativus*를 번역한 것이고, 라틴어 *accusativus*는 희랍어 명사 *aitia*의 형용사인 *aitiatikos*를 번역한 것이다. 희랍어 *aitia*는 '원인, 즉 어떤 결과를 낳는 것'이라는 의미와 '책임, 죄,

---

품사명칭을 쓰고 있다.
14) *ptosis*를 '기울어짐(deflection)'으로 해석하면, 주격(nominative) 이외의 모든 격을 '사격(oblique cases)'이라고 부르는 것을 쉽게 이해할 수 있지만, 주격은 기울어짐이 없다는 점에서 격이 아니라는 비판도 나왔다.
15) 스토아학파처럼 *ptosis*를 '상황 내지 처지(situation)'를 의미하는 것으로 해석할 경우, 주격은 격이 아니라는 모순도 피할 수 있고, 영문법의 *case*도 'you and I are in the same case'의 *case*처럼 '상황이나 처지'를 의미한다는 주장도 있다(소년샤인, 1929, 1).

또는 죄에 대한 비판'이라는 의미를 가지고 있다. 희랍인들이 명명한 *aitiatike ptosis*의 *aitiatike*는 '원인이 되는'의 의미를 가지고 있으므로, *aitiatike ptosis*는 본래 원인격(causal case)을 의미했던 것이다. 그런데도 라틴문법학자들이 *aitiatike*를 그의 명사인 *aitia*가 '책임이나 죄'라는 의미를 가진 경우만을 생각하고 그것을 '고발하다'의 의미로 받아들여 *accusativus*로 번역했던 것이다. 이러한 오역을 영문법이 그대로 받아들인 결과, 원래 희랍문법에서는 '원인격'이라고 명명했던 것을 오늘날에 와서는 보통 '대격'이나 '사격'이라고 부르고 있지만 사전적인 의미로 보면 '고발격'(accusative case)이라고 불러야 할 우스운 결과가 되고 말았다.

5.5.2 본래의 의미와 관련없이 번역된 용어

1) *verb*

영문법의 *verb*는 라틴어 *verbum*을 번역한 것이고, 라틴어 *verbum*은 또 희랍문법의 *rhema*를 번역한 것이다. 희랍어 *rhema*나 라틴어 *verbum*은 모두 *word*를 의미하는 낱말이다. 희랍문법과 라틴문법이 동사의 명칭을 말이나 낱말을 의미하는 *rhema*나 *verbum*라고 한 것은 동사가 갖는 속성이나 기능이 너무나 다양해서 그것을 정확하고 간단하게 나타낼 수 있는 용어를 찾을 수 없었기 때문이라는 견해가 있다(코비트, 1819).

2) *Article*

아리스토텔레스가 접속사에 포함시켰던 대명사와 관사를 스토아학파는 관사라고 칭하여 문법사상 처음으로 관사를 하나의 독립된 품사로 분류하였다. 관사 *article*은 접속을 의미하는 라틴어 *articulus*의 번역이지만, 영어 *article*에는 접속(joint)의 의미가 없다.

3) *Accidence*

아리스토텔레스는 사물이 가진 속성을 본질적(essential)인 것과 부수적(accidental)인 것으로 나누었다. 아리스토텔레스의 영향을 받아, 고전 문법학자들은 인칭이나 시제와 같은 부수적인 성질을 나타내기 위하여 문맥에 따라 형태가 변하는 낱말의 어미를 다루는 문법의 분야를 *accidence*(inflection)라는 용어로 명명하고,[16] 품사를 바꾸어 새로운 품사의 낱말을 만드는 파생을 다루는 문법의 분야를 *derivation*(word-formation)이라고 하여 어형변화를 두 가지로 나누기도 했다. 그러나 스위트(1891)는 굴절(inflection)과 파생(derivation)을 합하여 *morphology* 라는 뜻으로 *accidence*란 용어를 쓰고 있다.

4) *Adverb*

흔히 *adverb*의 어원을 *verb*와 관련시켜 부사는 동사를 수식하는 품사인데도 그 기능이 확장되어 동사뿐만 아니라, 형용사, 다른 부사, 구, 절, 문장 등을 수식하는 낱말이라고 이해하여 왔다. 그러나 영어 *adverb*는 라틴어 *adverbium*에서 온 것이고, *adverbium*은 희랍어 *epirhema*를 번역한 것이다. *epirhema*는 '말한 것 뒤에 덧붙여진 것'을 나타내기 위한 명명이다. 이렇게 보면, *adverb*의 *verb*가 동사를 의미하는 것이 아니라 말이나 낱말을 의미한다고 보아야 할 것이다.

5) *Pronoun*

대명사는 보통 라틴어 *pronomen*의 어원을 따져 명사(noun) 대신에 쓰이는 낱말이라고 정의하고 있다. 그러나 프리시언(500 A. D.)은 대명사 *pronomen*을 명사가 아니라 고유명사를 대신하는 낱말이라고 정의하였다. 'John met a boy, and he will come'에서 *he*가 대신하는 것은 보

---

16) *accidence*란 용어에 대하여 더 자세한 것은 라이언스(1968)를 참조.

통명사 *boy*가 아니라, *a boy*를 반복한 *the boy*를 대신하고 있다. 이런 점에서 *pronoun*의 *noun*을 고유명사나 명사구로 해석하는 것이 라틴어 *pronomen*의 본래의 의미를 반영한다고 볼 수 있겠다. 중국어문법에서는 명사를 名字, 대명사를 代字라고 명명한 것을 보면 代字가 대명사보다 더 적절한 용어라고 볼 수 있겠다.

6) *Personal Pronoun*

인칭대명사(personal pronoun) 중에서 *it*이나 *they*는 사람을 가르키지 않고 사물을 가리키는 경우에도 쓰인다는 점에서 인칭대명사라는 용어는 문법용어 중에서 가장 잘못된 것이다(예스퍼슨, 1924). 그러나 *personal*을 대치할 만한 더 적절한 용어를 찾기 힘들기 때문에, 여기서 인칭(personal)이라는 낱말은 문법 고유의 용어로 보아야 한다는 것이 예스퍼슨이 제안한 해결책의 하나이다.

7) *participle*

라틴문법에서 품사의 하나인 *participium*이라는 명칭은 동사가 갖는 시제와 명사가 갖는 격을 분사가 함께 갖고 있다는 문법적 특성에 근거한 것이다. 그러나 영어의 분사(participle)에는 동사의 시제와 명사의 격을 나타내는 굴절어미가 없다. 그리하여 영문법은 *participle*이라는 라틴문법의 용어를 그대로 사용하면서도, 라틴문법처럼 분사가 갖는 형태에 근거하지 않고, 동사의 기능과 형용사의 기능을 함께 갖고 있다는 사실에 근거하여 분사를 정의하고 있다.

8) *Grammar*

*grammar*는 본래 '쓰다(to write)'라는 의미를 가진 희랍어 *grammatike*를 번역한 라틴어 *grammatica*의 영어표기이다. 그러나 이 용어는 시대와 학자에 따라 여러 가지로 의미변화를 겪어 왔다. 스랙스(기원전 2세

기경)는 *grammar*를 '시인이나 산문작가의 어법을 이해하는 데에 필요한 실용적인 지식'이라고 정의하고, 언어의 문법규칙을 찾아내는 것이 문법가의 임무라고 보았다. 그 결과 그는 그의 책이름 『문법학(*Tekhne Grammatike*)』의 *Tekhne*가 가진 본래의 의미인 학문(tekhne)의 경지로 문법을 끌어올리지 못하고, 실용적인 지식(empeiria)의 수준에 머물게 했다. 따라서 초기문법학자들이 문법을 '낱말로 우리의 생각을 정확하게 표현하는 실용적 지식(the Art of rightly expressing our thoughts by Words)'(R. 라우스)이라고 정의하면서 사용한 *art*는 도나투스의 문법 『실용 소문법(*Ars Minor*)』이나 『실용 대문법(*Ars Major*)』의 *ars*를 번역한 것이고, 라틴어 *ars*는 스랙스의 문법 *Tekhne Grammatike*의 *Tekhne*를 번역한 것이지만, 그것(art)은 학문(tekhne)이 아니라 실용적인 지식을 의미한다고 보아야 할 것이다.[17] 전통문법에서는 보통 형태론(morphology)과 통사론(syntax)을 합하여 *grammar*라고 부르고 있지만, *grammar*는 이외에도 다음과 같이 여러 가지 의미로 쓰이고 있다(쿼크 외, 1985, 12-14).

ⓐ 문법에서 철자법을 제외시킨 경우

John uses good *grammar* but his spelling is awful.

ⓑ 어형변화를 의미하는 경우

Latin has a good deal of *grammar*, but English has hardly any.

ⓒ 쓰고 말하는 바람직한 방식을 나타내는 경우

It's bad *grammar* to end a sentence with a preposition.

ⓓ 학술원이 정한 표준문법 규칙을 의미하는 경우

French has a well-defined *grammar*, but in English we're free to speak as we like.

---

17) *Tekhne*에 대한 더 자세한 것은 3장 주 19와 5장 주 8을 참조.

ⓔ 써놓은 문법서를 의미하는 경우

   Jespersen wrote a good *grammar*, and so did Kruisinga.

ⓕ 음운론, 형태론, 통사론, 의미론을 포함한 경우

   Chomsky developed a transformational *grammar* that differed considerably from earlier grammars.

9) *Universal Grammar*

보편문법(universal grammar)은 본래 베이컨(1605)이 여러 가지 갈래의 지식을 체계적으로 개관하고 이들을 다시 과학적으로 분류하는 과정에서 사용한 용어이다. 보편문법은 해리스(1751) 이래 지금까지 그것이 추구하는 보편성의 대상이 변함에 따라 다음과 같이 네 가지로 나눌 수 있다. 해리스의 보편문법은 언어현상에 나타난 논리의 보편성에 관심을 갖는 문법이고, 그린버그(1963)의 보편문법은 인간언어 현상에 나타난 보편성(substantive universality)에 관심을 갖는 문법이다. 그리고 촘스키(1981)의 보편문법은 언어습득의 원리를 설명하기 위하여 보편성에 관심을 가진 문법이고, 몬태규(Montague, 1970)의 보편문법은 인간언어와 인공언어간의 보편성(formal universality)를 형식화하는 데에 목표를 둔 보편문법이다.

5.5.3 본래의 의미가 드러나지 않는 용어

1) *Concessive Clause*

시간, 장소, 이유 등을 나타내는 부사절은 그들이 속한 문장의 시간, 장소, 이유 등을 나타낸다는 것이 이들 부사절의 이름에 나타나 있다. 그러나 양보절은 그것이 속한 문장의 양보를 나타낸다는 식으로 말할 수는 없다. '양보절'은 스위트(1891)의 용어이지만, 그는 "양보절은 그 뒤에 반의적인 의미를 가진 주절이 온다"라고만 언급할 뿐 그 기능이 무엇이라거나 양보라는 낱말을 사용하여 설명한 것이 없다. 컴(1931)도 "양보절의 의미는 주절의 의미와 대조가 되지만 주절의 의미를 파괴할 수는 없다"고 정의할 뿐 양보절의 기능에 대한 언급이 없다.

양보절의 '양보'라는 말은 화자가 양보절에 담긴 다른 사람의 주장이나 견해에 실제로는 동의하지 않으면서도 백보 양보하여 그것을 인정하고, 그 대신 주절에 담긴 화자 자신의 주장을 선택한다는 것을 의미한다(더 자세한 것은 이환묵, 1982 참조). 그러므로 양보문은 화자가 양보절이 나타내는 내용을 양보하고, 주절을 선택함으로써 주절이 나타내는 화자의 주장을 강조하는 문장형식이라는 것을 알 수 있다.

2) *Indirect Object*

예스퍼슨(1924)은 간접목적어를 영문법용어 중에서 명명이 잘된 것으로 보고 있다. 왜냐하면 직접목적어와 간접목적어를 취하는 동사의 행위는 먼저 직접목적어를 거쳐 간접목적어에 간접적으로 이르기 때문이다. 예를 들면, *John gave Mary a book*에서 주는 동작은 먼저 책으로 가고 그 다음에 간접목적어인 *Mary*로 가기 때문이다.

3) *Adjective*

*Adjective*는 '덧붙이거나 보탠다'는 것을 의미하는 라틴어 *adjectivius*에서 유래한 것이다. 희랍문법은 형용사를 하나의 독립된 품사로 분류하지 않았다. *adjectivus*의 사전적 의미는 형용사가 다른 낱말에 붙여 쓴다는 점에서 유래한 것이겠지만 문법적 기능은 그것이 수식하는 명사의 성질을 드러내어 명사의 외연을 좁히는 기능을 갖는 낱말이다. 우리가 쓰는 형용사라는 용어는 라틴문법의 *adjectivus*나 영어 *adjective*의 사전적인 의미와는 관계가 없다.

4) *Proper Noun*

고유명사는 하나의 사물을 지칭하는 명사라고 정의해 왔지만, 고유명사 중에는 두 개 이상의 사물을 가리키는 것들이 많이 있다. 예스퍼슨(1924, 70)은 "그 이름이 임의적이면 임의적인 만큼 고유명사로 보기가 쉽다"고 명명의 임의성을 고유명사가 갖는 특성의 하나로 보고 있다. 고유명사가 갖는 이러한 임의성 때문에 서로 다른 도시나 사람들이 동일한 이름을 가질 수 있는 것이다. 고유명사의 임의성은 명명에서뿐만 아니라, 의미와 발음에서도 나타난다. 영어에서 성을 나타내는 고유명사 *Fox*가 여우와는 아무런 관계가 없는 것처럼 고유명사는 그 자체가 갖는 사전적인 의미와 그것이 가리키는 대상간에는 의미상으로 아무런 관계가 없다. 고유명사 중에는 또 *Joos*[jous], *Reading*[rediŋ], *Thames*[temz]처럼 일반적인 규칙을 지키지 않고 임의적으로 발음되는 경우가 많다.

우리는 어느 한 사람을 수십 년 동안 아니 그가 이 세상에 존재하지 않을 때에도 그 사람의 변화된 모습은 생각하지 않고 *John*이라는 하나의 동일한 이름으로 지칭하고 있다. 마찬가지로 문법용어도 문법이 발달함에 따라 그 의미가 변화하였음에도 불구하고 우리는 동일한 용어를 사용하고 있다. 문법용어가 겪은 의미변화는 그것이 가리키는 문법현상에 대한 우리의 이해가 그만큼 수정되고 보완되어 발전하여 왔음을 나타낸다. 이런 점에서 문법용어가 갖는 의미의 변화는 바로 문법사의 일면을 반영하고 있다.

따라서 전통문법 용어의 의미를 체계적으로 검토하고, 품사, 관사, 형용사, 부사 등과 같은 우리가 쓰고 있는 영문법의 용어가 그 본래의 의미와는 다르게 번역되거나 명명된 경위를 밝혀보면, 문법용어가 겪은 의미의 변질 내지 변화가 문법의 역사와 밀접한 관계가 있다는 것을 알 수 있을 것이다. 뿐만 아니라 문법용어를 역사적으로 이해함으로써 새로운 문법용어를 만들 때는 그것이 가리키는 언어표현이 갖는 문법적 특성을 드러낼 수 있도록 하는 것이 보다 바람직하다는 것을 알 수 있다.

5.6 요약

스위트는 학습문법 수준의 초기영문법을 토대로 하여 문법을 언어과학의 수준으로 끌어올렸다는 점에서 영문법의 비조라는 평가를 받고 있다. 그는 문법현상을 관찰하여 기술하는 데에 목표를 둔 문법을 기술문법이라 하고, 기술하는 과정에서 생기는 '왜'라는 의문에 대한 해답을 추구하는 데에 목적을 둔 문법을 설명문법이라 하여, 문법을 크게 두 가지로 나누고 있다. 문법이 하나의 과학인 이상 문법현상을 기술하는 데에 만족할 수 없고, 기술문법이 설명문법의 토대가 된다는 점에서 기술과 설명은 불가분의 관계가 있다. 전통문법이 기술문법이면서 설명문법의 성격을 겸하고 있는 것도 바로 이런 이유 때문이다. 예스퍼슨은 스위트의 영향을 받아 역사적 원칙에 근거하여 그의 문법을 서술하고 설명의 근거를 언어의 변화에서 찾고 있다. 예스퍼슨은 문법현상을 체계적으로 기술하고 설명하기 위하여 초기영문법의 품사체계를 비판하고 그 자신의 품사체계를 제안하였다. 그는 또 낱말이 결합하여 보다 큰 표현을 이룰 때, 그 속에서 낱말이 갖는 관계를 나타내는 범주를 나타내는 위계설과, 두 개의 표현이 결합하여 만들어진 새로운 표현이 나타내는 의미에 근거하여 수식관계범주와 서술관계범주를 새로이 제안하였다. 그리하여 예스퍼슨, 파우츠머, 크라이싱어 등의 문법은 영어의 문법현상을 거의 총망라하여 빠짐 없이 기술하고, 낱말 위주의 초기영문법을 낱말간의 관계에 관심을 갖는 관계중심의 문법으로 전통문법의 수준으로 올려놓았다. 그러나 예스퍼슨 이후 전통문법은 구조문법의 비판을 받았고, 영어학도들의 문법에 대한 관심은 변형생성문법에게로 그 방향이 바뀌는 변화를 겪었다. 쿼크 외 3인(1985)은 다시 스위트로부터 시작하여 예스퍼슨 등이 이룩한 전통문법의 전통을 이어받고, 변형생성문법이 이룩한 문법현상에 대한 새로운 이해와 통찰력을 수용하여 문법현상을 보다 폭넓게 기술하고 설명하는 새로운 차원의 전통문법을 내놓았다.

제 6 장
문장

6.0 서론

문장이란 하나의 완전한 생각을 나타내는 낱말의 결합이며, 주부와 술부로 되어 있다는 것이 문장에 대한 전통적인 이해이다. 그러나 전통 문법에 나타난 문장의 정의가 200가지가 넘는다는 주장(프리스, 1952, 9)이 나올 만큼 문장은 그 형태, 의미, 기능이 너무나 다양하고 복잡하다. 모든 문장에 적용할 수 있는 만족할 만한 정의를 내리는 것이 어렵다는 것은 다음과 같은 몇 가지 대표적인 정의만 보더라도 어느 정도 짐작할 수 있다.

1. 문장은 하나의 완전한 생각이나 의미를 나타낼 수 있는 낱말이나 낱말의 집합이다. ── 스위트(1891, §447)

스위트는 이처럼 문장을 완전한 생각이나 의미를 나타낼 수 있는 낱말이나 낱말의 집합이라고 정의하고 있다. 그러나 '완전한 생각이나 의미'가 무엇인가를 분명히 밝히지 않는 한, 그의 정의는 문장을 이해하고 구별하는 데에 크게 도움이 되지 않는다.

    2. 문장은 (비교적) 완전하고 독립적인 인간의 발화이다. —— 예스퍼슨 (1924, 307)

예스퍼슨은 스위트와는 달리 그 개념을 분명하게 정의할 수 없는 '생각'이니 '의미'니 하는 용어를 사용하지 않고, 문장을 "(비교적) 완전하고 독립된 인간의 발화(utterance)"라고 정의하고 있다.

예스퍼슨의 정의에서 주목해야 할 것은 문장을 낱말의 집합이 아니라, 발화로 본 점이다. 문장에 대한 이러한 정의는 그의 문법의 연구대상이 쓰여진 언어가 아니라 말해지는 언어라는 것을 보여준다. 문장에 대한 이러한 정의는 언어를 인간활동의 하나로 보고 언어를 이해하려면 화자와 청자도 고려해야 한다는 그의 문법관을 반영한 것이다. 문장이 일반적으로 쓰여진 언어표현을 가리키고, 발화가 말해진 언어를 가리킨다면 그의 정의에서 '문장은… 발화이다'는 어떻게 이해해야 할 것인가가 문제이다.

    3. 말로 하거나 쓰여진 의사전달은 하나 또는 그 이상의 단위로 만들어졌다. 이들 각 의사전달 단위는 일정한 규칙에 따라 형성된 하나의 완전한 발화를 포함하고 있다. 이러한 단위를 문장이라고 한다. —— R. W. 잔트보우엇 (1965, §573)

잔트보우엇은, 문장을 '말로 하거나 쓰여진 의사전달의 한 단위로서 일정한 규칙에 따라 만들어진 하나의 완전한 발화'라고 문장을 정의함으로써, 문장을 발화로만 본 예스퍼슨의 정의에 나타난 문제를 보완하고 있다. 그러나 잔트보우엇 역시 문장을 여전히 하나의 발화로 규정하고 있다는 것을 알 수 있다.

6.1 문장의 분류

위에서 보아온 바와 같이 문장을 어떤 관점에서 정의하느냐에 그 정의도 달라질 수 있다. 마찬가지로 무한한 문장도 관점에 따라 다음과 같이 여러 가지로 나눌 수 있다.[1]

1. 문장은 하나 또는 그 이상의 절로 구성되어 있느냐에 따라 단문(simple sentences)과 복문(complex sentences)으로 나눌 수 있다. 단문은 독립적으로 쓰이는 하나의 절로 된 문장이고, 복문은 두 개 이상의 절로 된 문장을 말한다.[2]

   (1) 단문
   She heard an explosion.
   She phoned the police.

   (2) 복문
   She heard an explosion and (she) phoned the police.
   When she heard an explosion, she phoned the police.

---

1) 브루그먼(Brugmann, 1918)은 문장을 ① exclamation, ② desire, ③ invitation, ④ concession, ⑤ threat, ⑥ warding off, ⑦ statement about imagined reality, ⑧ question 등 8가지로 분류하고 이들을 대부분 11가지까지 하위분류하였다. 에스퍼슨(1924, 301)은 브루그먼의 분류의 원칙이 무엇인지 알기 어려울 뿐만 아니라, *he is rich*와 같은 간단한 문장이 어떤 종류의 문장인지도 알기 어렵다고 그의 분류를 비판하였다.
2) 문장이 두 개 이상의 절을 포함하고 있을 때 *and, or, but*과 같은 대등접속사로 연결되면 중문(compound sentences)이라 하고, *when, because, since*와 같은 종속접속사로 연결되면 복문(complex sentences)이라고 하여 이들을 구별하기도 한다. 그러나 여기서는 특별히 구별해야 할 필요가 있는 경우에만 이러한 구별을 하겠다.

2. 문장은 그것이 가리키는 세계나 상황이 실제로 존재하느냐 존재하지 않느냐에 따라 긍정문과 부정문으로 나눈다. 왜냐하면, *John is a boy*라는 긍정문이 가리키는 세계, 즉 존이 소년인 세계 내지 상황은 실제로 존재하거나 존재할 수 있다. 그러나 *John isn't a boy*라는 부정문에 상응하는 세계, 즉 존이 소년이 아닌 세계는 실제로 존재하지 않고, 다만(존이 소년이 아니면) 그가 소녀이거나 청년, 또는 노인인 세계만 있을 수 있다.

3. 문장은 그것이 나타내는 의미와 기능에 따라 서술문(sentences of statement / declarative sentences), 감탄문(sentences of exclamation / exclamative sentences), 의문문(sentences of question / interrogative sentences), 명령문(sentences of hortation / imperative sentences)의 네 가지로 분류할 수 있다.[3)]

[참고 1] 문장을 의미에 의하여 분류할 경우, 명령문 *Come!*은 서술문 *I beg you to come*과 의미상의 차이가 없으며, 명령문 *Be quiet!*는 의문문 *Will you be quiet?*와 의미상의 차이가 없다. 그리고 의문문 *Who knows?*와 서술문 *No one knows*는 의미상으로 구별할 수 없다(스위트, 1891, §507-509).

[참고 2] 문장을 형태에 근거하여 분류할 경우, *I want a cigar*는 서술문이고, *Will you give me a light, please?*는 의문문이다. 그러나 이들 서술문과 의문문은 의미상으로는 '*Give me…*'의 형태로 나타낼 수 있는 명령문이다(에스퍼슨, 1924, 302).

4. 문장은 화자가 청자의 의지에 영향을 주느냐 주지 않느냐에 따라

---

3) 스위트(1891, §500)는 문장을 이처럼 네 가지로 분류하면서도 '주어와 술어의 관계를 나타내는 기능'을 분류기준으로 삼고 있다. 파우츠머(1928, Part I First Half, 379)는 문장을 주어와 술어의 관계로 분류하면서도 스위트와는 달리 문장을 서술문, 의문문, 명령문의 세 가지로 나누고 있다. 스위트와 파우츠머의 이러한 분류는 주어와 술어와의 관계가 무엇인가를 밝히지 않는 데에 문제가 있다.

두 가지로 나눌 수 있다. 서술문과 감탄문이 청자의 의지에 영향을 주지 않는 문장이고, 요구문(requests)과 의문문(questions)은 청자의 의지에 영향을 주는 문장이다(에스퍼슨, 1924, 302).

(1) 요구문은 명령문과 기원문을 하나로 묶어 분류한 것이다. 요구문은 요구, 명령, 금지, 초청, 탄원, 기도 등을 나타낸다.

(2) 요구문은 청자에게 어떤 행동을 요구하여 청자의 의지에 영향을 주는 반면, 의문문은 청자에게 화자가 원하는 정보를 요구함으로써 청자의 의지에 영향을 주고 있다는 점에서 요구문과 의문문은 공통점이 있다. 그리하여 'hand me that box, will you?처럼 명령문 다음에 의문문을 붙이거나 'well?'과 같은 의문문이 '어서 계속해'나 '말해 봐!'와 같은 명령문의 의미를 갖는 것도 요구문인 명령문과 의문문이 갖는 공통점 때문이다.

5. 전체 문장의 의미와 구성요소의 의미와의 관계에 따라, 문장은 일반문장(general sentence)과 특수문장(special sentences or idioms)의 두 가지로 분류할 수 있다. 일반문장인 *My uncle has the big dog*나 *I have the good book*과 같은 문장은 각 낱말의 의미와 그와 관련된 문법규칙을 알면, 일반적으로 문장전체의 의미를 알 수 있다는 점에서 일반문장이다. 특수문장인 *Good morning*이나 *How do you do?*와 같은 문장은 각 낱말의 의미와 그와 관련된 문법규칙을 알아도, 문장전체의 의미를 알아 낼 수 없다는 점에서 특수문장이다(스위트, 1891, §448).

6. 에스퍼슨(1924, 18)은 언어활동의 심리적인 면을 고려하여 화자가 경우에 따라 문장이나 표현의 일부를 화자의 마음대로 바꾸어 쓸 수 있는 것을 자유표현(free expression)이라 하고, 표현의 일부를 전혀 바꾸어 쓸 수 없는 것을 고정표현(formulas)이라 하여 구별하고 있다. *John gave a book to Mary*는 *John gave two books to Mary, John gave a book to Mary yesterday, John gave Mary a book* 등으로 얼마든지 바꾸어 쓸 수 있다는 점에서 자유표현이다. 반면, *How do you do?*는 *How did you do?*

나 *How do you do today?*로 바꾸어 쓸 수 없고, 바꾸어 쓰면, 본래의 의미와 전혀 다른 문장이 된다는 점에서 고정표현이다.

7. 문장은 독립성 여부에 따라 독립문장(independent sentence)과 종속문장(dependent sentence)의 두 가지로 나눌 수 있다(스위트, 1891, §459). 종속문장은 그것이 다른 문장이나 낱말에 대하여 갖는 기능에 따라 편의상 명사절, 형용사절, 부사절의 세 가지로 나눈다. 명사절은 문장 내에서 명사처럼 주어나 목적어로 쓰일 수 있다는 점에서 명사절과 명사는 공통점이 있다. 그러나 명사절은 명사와는 달리 복수의 어미가 없고, 관사나 형용사의 수식을 받을 수 없다. 형용사절과 부사절도 형용사나 부사와 수식기능면에서는 공통점이 있지만, 의미나 형태면에서는 공통점보다는 차이가 더 많이 있다. 예를 들면, 형용사와 부사는 대부분 비교급과 최상급이 있지만 형용사절과 부사절은 이러한 비교형이 없다. 그리고 형용사나 부사가 갖는 의미를 형용사절이나 부사절로 바꾸어 나타낼 수 없을 뿐만 아니라, 반대로 형용사절이나 부사절의 의미를 형용사나 부사로 바꾸어 나타낼 수 없는 경우가 많이 있다.

명사절, 형용사절, 부사절은 명사, 형용사, 부사가 갖는 문법적 기능만 같을 뿐, 의미나 형태면에서는 일 대 일 대응이 불가능하다.

[참고] 스위트(1891, §498)는 명사절과 형용사절이 의미상의 차이가 별로 없는 경우로 *I know where he lives*와 *I know the place where he lives*를 들고, 동격명사절(apposition noun-clause)이 형용사절보다 그것이 수식하는 명사에 대하여 더 독립적이라는 점을 들어 명사절과 형용사절을 구별하였다.

8. 문장이 실제 언어생활에서 어떤 활동과 관계가 있느냐에 따라, 서술문(declarative sentences)을 진술(statements), 의문문(interrogative sentences)을 질문(question), 명령문(imperative sentences)을 명령(commands / directives), 감탄문(exclamatory sentences)을 감탄(exclamations)이라고 이름을 달리하여 분류하기도 한다.

이처럼 문장을 여러 가지로 분류할 수 있지만 여기서는 전통적인 분류방식에 따라 문장을 서술문(declarative sentences), 의문문(interrogative sentences), 명령문(imperative sentences), 감탄문(exclamatory sentences)의 네 가지로 분류하고 이들이 갖는 특성을 살펴보겠다.

6.2 서술문

서술문(declarative / assertive sentences)은 정보를 전달하는 기능을 가지고 있으며, 우리가 말하고 쓰는 문장의 90% 이상이 서술문이다. 서술문은 보통 [주어 + 동사]의 어순을 취하고, 말로 할 때는 하강성조로 끝나며, 글로 쓸 때는 마침표(.)로 끝맺는다.

1. 서술문의 마침표는 숨쉼의 쉼(pause)이 한 박자임을 나타낸다.

   A week has seven days.
   John gave his son a ticket.
   The cat and the dog do not agree very well.
   Considerably over nine tenths of the sentences that we speak and write are declarative.

2. 예스퍼슨(1933, §10.9)은 주부(subject)와 술부(predicate)를 두루 갖추고 있지 않으면서도 문장의 기능을 하는 것을 비정형문(amorphous sentences)이라 하여 보통의 문장과 구별하고 있다. 비정형문에는 동정이나 짜증을 나타내는 혀 차는 소리로부터 하나의 낱말이나 두 개 이상의 낱말에 이르기까지 다양한 형태가 있다.

   Tut, Tck, Hm! Ha Ha! Alas! Hurra!

Yes! No! Thanks! Goodbye! Nonsense! Heavens! What!
Your health! Thank you! Thanks awfully! Poor fellow!
This way, ladies!
Off with his head!
Out with your suspicious!
Why all this fuss?

6.3 의문문

의문문(interrogatives)은 어떤 사항에 대한 정보를 얻기 위하여 사용되는 문장형식이다.

1. 의문문은 다음과 같이 만들어진다.

(1) 조동사, *be*, 또는 *have*와 같은 운용소(operator)를 포함한 서술문은 이들 운용소를 주어 앞에 놓고 그 문장에 상승억양(rising intonation)을 주어 의문문을 만든다(예문 내의 대문자는 핵강세를 나타낸다).

The boat has LEFT ⇒ Has the boat LEFT?
Patrick was LATE ⇒ Was Patrick LATE?

(2) 운용소가 없는 문장은 do를 써서 의문문을 만든다.

They live in Boston ⇒ Do they live in BOSton?

(3) 동사 *beware*는 명령문이나 부정사로만 쓰이고, 의문문의 동사로는 쓰이지 않는다.

Beware of the dog!
*Do you *beware* of the dog?

  2. 의문문은 화자가 기대하는 대답의 유형이나 의문의 형태에 따라 일반의문문(general questions), 부가의문문(tag questions), 평서의문문(declarative questions), 의문사/특수의문문(wh-/special interrogatives), 선택의문문(alternative interrogatives), 감탄의문문(exclamatory questions), 수사의문문(Rhetorical questions), 반향의문문(echo questions) 등으로 나눌 수 있다.

6.3.1 일반의문문

  일반의문문(general questions)은 화자가 묻는 내용에 대하여 청자가 동의(affirmation)하는가, 아니면 부정(negation)하는가를 알고자 할 때 사용된다.
  1. 일반의문문은 주어와 술어의 관계가 긍정적(affirmative)인지 부정적(negative)인지 청자의 판단을 묻는 의문문이다. 그리하여 일반의문문을 보통 판단의문문(yes-no question)이라고 하지만, 기본의문문(categorical question), 문장의문문(sentence question), 전체의문문(totality question), 서술관계의문문(nexus question)이라고도 한다.

    Did he say that?
    Did you ask the price?
    Are you sure he will come this afternoon?

  [참고 1] 일반의문문에서 문법적 술어(grammatical predicate)를 문두에 두는 것은, 화자가 판단을 나타내는 술어에 주로 관심이 있다는 것

을 보여주기 위한 것이다(스위트, 1891, §503).

2. 부정의문문은 화자가 처음에는 긍정적인 대답이나 반응을 기대했다가 어떤 새로운 정보에 따라 그 대답이 부정적일 것으로 예측할 때 쓰이는 의문형식이다. 따라서 부정의문문은 보통 화자의 실망, 놀람, 불신을 암암리에 나타낸다. 다음과 같은 부정의문문은 청자가 부끄럽게 생각할 줄 알았는데 그렇지 않은 것을 알고, 화자가 실망하거나 믿을 수 없다는 것을 함의한다.

Aren't you ashamed of yourself?
(= You ought to be, but it appears you're not.)
Didn't you tell me you did it yesterday?

3. *any, ever, yet*과 같은 비단언표현(nonassertive items)을 포함한 긍정의문문은 화자가 그 대답의 긍정이나 부정에 대하여 중립적일 때 쓰인다.

Did *anyone* call last night?
Has the boat left *yet*?

4. *some*이나 *already*와 같은 단언표현(assertive items)을 포함한 긍정의문문은 긍정적인 대답을 예측하거나 기대할 때 쓰인다.

Did *someone* call last night?
Has the boat left *already*?

5. 부정의문문에 *some*이나 *already*와 같은 단언표현이 들어 있으면, 긍정적인 대답이나 반응을 화자가 기대하고 있다는 것을 나타낸다.

Didn't *someone* call last night?
(= I expect that *someone* did.)

6. 부정의문문에서 *not*의 축약형 *-n't*는 운용소와 함께 주어 앞에 놓이고, *not*은 주어 뒤에 놓인다. 그러나 주어가 길 때에는 *not*을 운용소와 함께 주어 앞에 쓰기도 한다.

Did*n't* they warn you?
Did they *not* warn you?
Does *not* everything we see testify to the power of Divine Providence?

6.3.2 의문사의문문

의문사의문문은 의문사(*who / whom / whose, what, which, when, where, how, why*)를 사용하여 문장의 일부에 대한 정보를 알고자 하는 의문문이다. 따라서 의문사의문문은 *yes*나 *no*로 대답하지 않고, 의문사가 가리키는 의미를 구체적으로 나타내는 낱말로써 대답을 한다(스위트, 1891, §504). 의문사의문문은 특수의문문(special question), 대명의문문(pronominal question), 낱말의문문(word question), 세부의문문(detail question), 부분의문문(partial question), 의문사의문문(x-question)이라고 하는 등 여러 가지 이름을 갖고 있다.

1. 의문사의문문이 일반의문문과는 달리 서술문이나 명령문처럼 하강어조(falling tone)를 갖는 것은 When did you come?이 'I know he came some time or other ; I want to know when / tell me when'과 같은 의미를 가지고 있기 때문이다.

[참고] 의문사의문문인 *What is his name?*이 상승어조(rising tone)를

가질 때는 화자가 대답을 반복해 주기를 바라는 의미, 즉 'Tell me his name again'과 같은 의미를 갖는다.

  2. 의문사의문문은 [의문사 + 운용소 + 주어]의 어순을 취한다. [운용소 + 주어]의 도치는 일반의문문의 경우와 같지만, 의문사가 주어일 때는 도치가 일어나지 않는다.

>   Who is coming to the party?
>   Who / Whom did you meet yesterday?
>   Whose book is this?
>   What did John give his son for his birthday?
>   Which do you mean, this or that?
>   When will you be promoted?
>   Where / When / How did you find it?
>   Why didn't you tell me about it?

  3. 의문사가 전치사의 목적어이면, 격식을 갖춘 표현에서는 [전치사 + 의문사]의 어순을 취하지만 보통은 전치사를 문장 끝에 놓는다. 그러나 *Why did you do that?* 대신에 *What did you do that for?* 는 쓸 수 있지만, *For what did you do that?* 은 쓰지 않는다.

>   *On what* did you base your prediction?
>   *What* did you base your prediction *on*?

  4. 격식을 갖추지 않을 경우에는 보통 *who*가 직접목적어로 *whom* 대신에 쓰인다. 그러나 *who*는 간접목적어로는 잘 쓰이지 않는다(이하 예문 앞의 '?'는 문법성이 의심스러움을, '*'는 비문법적임을 나타낸다).

Who did you want?
Who did you give the present to?
?*Who* did you give the present?
To who(m) did you give the present?
*Who did you show your daughter?

5. [의문사 + 전치사] 어순의 축약의문문은 전치사에 강세가 있으며, 의문사 하나로만 묻는 축약의문문(*Why? Where? Who?*)보다 격식을 갖추지 않는 문체에서 더 많이 쓰인다. 부정문의 축약형은 *Why NOT?*이고 *not*에 강세가 있다.

What FOR? Where FROM? What WITH? Who WITH / BY?

6. 하나의 문장 안에 두 개 이상의 의문사가 들어 있는 것이 있다. 이런 의문문을 다중의문문(multi-WH question)이라고 하여 의문사가 하나만 있는 의문사의문문과 구별하기도 한다.

Which present did you give to *whom*?
Who said *what* to *whom*?
Who did you see *where*?

7. 다중의문문은 *Who met whom?*을 *Mary met John*과 같이 하나의 문장으로 대답할 수 있는 것과 *I don't know which is which?*나 *who's who?*처럼 *One is Mary and the other is John*과 같이 하나의 문장으로 대답할 수 없는 것으로 나눌 수 있다(예스퍼슨, 1924, 303).

6.3.3 선택의문문

선택의문문은 의문사의문문과 마찬가지로 특수의문문의 일종이지만 의문사의문문보다 의문의 대상이 더 한정된 의문문이다. 다시 말하면, 선택의문문은 주어진 두 개 이상의 선택사항 중 어느 것인가를 알고자 할 때 쓰인다.

1. 일반의문문을 닮은 선택의문문은 일반의문문과 형태가 비슷하지만 어조면에서 차이가 있다. 일반의문문은 상승어조로 끝나지만, 선택의문문은 선택항목마다 핵강세가 있고 마지막 항목은 하강어조를 갖는다. 이 경우 하강어조는 선택항목을 더 이상 열거하지 않는다는 것을 의미한다.

> Would you like CHOcolate, vanNILla, or STRAWberry(ice-cream)?
> Which ice-cream would you LIKE? CHOcolate, vanNILla, or STRAWberry?

2. 일반의문문을 닮은 선택의문문은 보통 두 가지의 생략형이 있다.

> Did Italy win the World Cup or did Brazil win the World Cup?
> Did Italy win the World Cup or Brazil?
> Did Italy or Brazil win the World Cup?

3. 일반의문문은 모두 선택의문문으로 바꾸어 쓸 수 있다.

> ARE you ready or AREn't you ready?
> ARE you ready or NOT?

4. 의문사의문문을 닮은 선택의문문은 두 개의 의문문이 복합된 것이다.

Which ice-cream would you LIKE? Would you like CHOcolate, vanNILla, or STRAWberry(ice-cream)?

5. 선택의문문은 일반의문문처럼 상승어조로 끝나는 것과 특수의문문처럼 하강어조로 끝나는 것의 두 가지로 나눌 수 있다.

(1) 선택의문문 Is he an Oxford or a Cambridge man?은 하강어조로 끝나면, I know he is one or the other : tell me which he is를 의미하는 의문문이다. 따라서 이 의문문에 대한 대답은 an Oxford man이나 a Cambridge man이어야 한다. 이런 경우의 or를 강선택 접속사(strong alternative conjunction) or라고 하여 아래 (2)의 약선택 접속사(weak alternative conjunction) or와 구별하기도 한다(스위트, 1891, §415).

(2) 선택의문문 Is he an Oxford or a Cambridge man?이 상승어조로 끝나면, 일반의문문처럼 yes나 no로 대답해야 한다. 왜냐하면, 이 의문문은 그가 옥스포드대학이나 케임브리지대학 중에서 어느 대학에서 공부를 했는가를 알고 싶은 것이 아니라, 다만 런던대학이나 독일대학이 아니라 옥스포드대학이나 케임브리지대학에서 공부를 했는지만 묻는 의문문이다. 이러한 예를 하나 더 들면, Do you drink sherry or port?도 형태상으로는 선택의문문이지만 억양을 상승어조를 가지면 일반의문문처럼 의미상으로는 yes나 no로 대답할 수 있다. 이때 sherry or port는 도수가 높은 포도주를 통칭하는 포괄적인 용어이다. 따라서 이런 의문문은 일반의문문처럼 yes나 no로 대답을 한다. 이런 경우의 or는 선택보다는 무관심(indifference)을 나타낸다는 점에서 약선택 접속사 or라고 부르기도 한다(스위트, 1891, §505).

6.3.4 부가의문문

부가의문문은 일반의문문과는 달리 청자로부터 새로운 정보를 얻어내는 데에 목적이 있는 것이 아니라, 화자가 말하는 진술내용을 청자에게 확인하거나 동의를 구하는 의문문이다. 부가의문문은 형태에 근거하여 부가의문문 또는 추가의문문(appended questions)이라고도 하며, 의미기능에 근거하여 확인의문문(confirmed questions)이라고도 한다.

1. 부가의문문은 보통 서술문부분(*Joan recognized you*나 *The boat hasn't left*)과 부가된 의문문부분(*didn't she?*나 *has it?*)으로 구성되어 있다. 부가의문문은 화자가 서술내용을 가정하고 그 가정이 사실이라는 것을 청자에게 확인하거나 동의를 얻고 싶을 때 쓰이는 의문형식이다.

    Joan recognized you, didn't she?
    The boat hasn't left, has it?

2. 부가의문문은 서술문부분이 부정이면 부가의문문은 긍정이고, 서술문부분이 부정이면 부가의문문은 긍정이다. 부가의문문은 하강어조(falling tone)나 상승어조(rising tone)를 취한다. 하강어조의 부가의문문은 서술문부분의 내용이 사실임을 확인하는 의문형식인 반면, 상승어조의 부가의문문은 청자가 서술내용의 진위를 결정하기를 원하는 의문형식이다. 따라서 부가의문문은 다음과 같이 네 가지의 형태로 나눌 수 있다.

    (1) He likes his JOB, DOESn't he? (하강어조)
    (2) He doesn't like his JOB, DOES he? (하강어조)
    (3) He likes his JOB, DOESn't he? (상승어조)
    (4) He doesn't like his JOB, DOES he? (상승어조)

예문 (1)과 (2)는 그가 그의 직업을 좋아한다고 가정하고 이러한 사실을 청자에게 확인하는 반면, (3)과 (4)는 그가 그의 직업을 좋아하는지의 여부를 청자에게 묻는 의문문이다.

3. 서술문부분과 부가된 의문문부분이 모두 긍정인 경우가 있다. 이런 경우의 부가의문문은 상승어조를 가지며, 화자 스스로 추론하거나 전에 들은 것을 상기하여 결론에 도달한 것을 나타낸다.

  Your car is outSIDE, IS it?
  You've had an ACCident, HAVE you?

4. 명령문과 감탄문 다음에 부가된 의문문부분이 붙여진 부가의문문도 있다. 이런 경우의 부가의문문은 명령이나 요구 또는 감탄에 대하여 청자의 동의를 구하는 표현이다.

  Turn on the light, won't you?
  Open the door, can't you?
  Don't make a noise, will you?
  How thin she is, isn't she?
  What a beautiful painting it is, isn't it?

6.3.5 서술의문문

서술의문문은 서술문에 상승어조를 첨가한 의문문이다. 서술의문문은 부가의문문처럼 서술내용에 대하여 청자의 동의를 구하거나 서술내용을 확인하는 데에 쓰이는 의문형식이다.

1. 서술의문문은 서술문의 성격을 갖고 있으므로, 긍정서술의문문에는 *some*이나 *already*와 같은 단언표현이, 그리고 부정서술의문문에는

any나 yet과 같은 비단언표현이 쓰인다.

>He wants *something* to eat?
>He doesn't want *anything* to eat?
>*Somebody* is with you?
>*Nobody* ever stays at your place?

 2. 서법조동사(modal auxiliaries)는 서술문에서 쓰일 때와 의문문에서 쓰일 때 의미상의 차이가 있다. 그리하여 허가를 나타내는 서법조동사(*may, can*)나 의무를 나타내는 서법조동사(*must, have to*)는 서술문에서는 화자의 권위를 나타내지만, 의문문에서는 청자의 권위를 나타낸다.

>A: *May / Can* I leave now? (= Will you permit me to leave now?)
>B: Yes, You *may / can*. (= I will permit you to leave now.)
>A: *Must / Do* I have to leave now?
> (= Are you telling me to leave now?)
>B: Yes, you *must / have to*. (= I am telling you to leave now.)

 3. 서법조동사를 써서 가능성을 나타내려면 서술문에서는 *may*나 *might*를 쓰고 의문문에서는 *can*이나 *could*를 더 많이 쓴다.

>A: *Can / Could* they have missed the bus?
>B: Yes, they *may / might* have.

6.3.6 감탄의문문

감탄의문문은 의문문의 형태를 취하지만 긍정과 부정에 관계없이 강력한 긍정적인 주장을 나타냄으로써 청자에게 동의를 구하는 의문문이다. 감탄의문문은 일반의문문과는 달리 하강어조를 취한다.

    Hasn't she GROWN!
    WAsn't it a marvellous CONCERT!

6.3.7 수사의문문

수사의문문은 형태상으로는 의문문이지만 화자의 강력한 주장을 나타낼 뿐 청자의 대답을 요구하지 않는 의문문이다. 수사의문문에는 일반의문문을 닮은 수사의문문과 의문사의문문을 닮은 수사의문문의 두 가지 형태가 있다.
  1. 일반의문문 형태의 수사의문문의 긍정형은 부정적 주장을 강력하게 나타내며, 수사의문문의 부정형은 긍정적 주장을 강력하게 나타낸다. 수사의문문은 감탄의문문의 경우와는 달리, 일반의문문처럼 상승어조를 갖는다.

    Is that a reason for desPAIR? (= Surely that is not a reason…)
    Can anyone doubt the WISdom this action?
    (= Surely no one can doubt…)
    Isn't the answer OBvious? (= Surely the answer is obvious.)
    Haven't you got anything better to DO?
    (= Surely you have something better to do.)

  2. 의문사의문문 형태의 수사의문문은 일반적으로 상승-하강어조를 가지며, 긍정형은 의문사를 부정표현으로 대치한 서술문과 같은 의미를 나타낸다.

Who KNOWS / CARES?
(= Nobody knows / cares. / I don't know / care.)
What DIFference does it make? (= It makes no difference.)

3. 의문사를 포함한 수사의문문의 부정형은 의문사를 긍정표현으로 대치한 서술문과 같은 의미를 나타낸다.

Who DOESn't know? (= Everybody knows.)
How COULDn't you remember?
(= You certainly should have remembered.)

6.3.8 반향의문문

반향의문문은 상대방이 말한 내용의 일부나 전부를 반복하여 그 내용을 확인하거나 분명하게 하고자 할 때 쓰는 의문형식이다. 반향의문문은 반복적 반향의문문(replicatory echo questions)과 설명적 반향의문문(explicatory echo questions)의 두 가지가 있다.

1. 반복적 반향의문문은 상대방이 말한 내용의 일부 또는 전부를 반복하여 그 내용을 확인하는 의문문이다.

A : The Browns are emigrating.
B : Emigrating?

2. 설명적 반향의문문은 들은 내용 중에서 분명하지 못한 부분을 의문사를 써서 분명하게 알려는 의문형식이다

A : Take a look at this?

B : Take a look at WHAT?
A : She sat there ratiocinated.
B : She sat there and WHAT? / WHATED?

6.4 명령문

명령문은 청자에게 어떤 일을 할 것을 지시하거나 요구할 때 사용되며, 보통 주어가 생략되고 원형동사가 쓰인다.

1. 명령문을 부정할 때는 명령문의 맨 앞에 *Don't*나 *Do not*을 쓰고 명령문 안에 있는 단언표현은 비단언표현으로 바꾼다.

> Open the door. ⇒ *Don't* open the door.
> Get *some* wine. ⇒ *Don't* get *any* wine.
> You open the door. ⇒ *Don't* you open the door.
> *Someone* open the door. ⇒ *Don't anyone* open the door.
> Let's say *something* about it.
> ⇒ *Don't* let's say anything about it.⟨esp. BrE⟩
> Let's say *something* about it.
> ⇒ Let's *don't* say *anything* about it. ⟨esp. AmE⟩
> *Don't* let me disturb you.

[참고] *let's* 다음에는 *not*만 써서 부정문을 만들기도 한다.

> Let's *not* say anything about it.

2. 명령을 보다 설득력있고 강력하게 나타내고자 할 때는 명령문의

맨 앞에 강세를 갖는 *do*를 붙이기도 한다.

(1) 이러한 *do*는 *don't*나 *let's*와 마찬가지로 명령문을 도입하는 명령문표지어로서 주어가 없는 명령문에서만 사용된다.

>   *DO* have some more tea!
>   *DO* let's go for a walk!
>   *DO* be quiet!

(2) 이러한 *do*는 운용소나 조동사와 구별되어야 한다. 이것은 서술문에서 이러한 *do*가 쓰이면 비문법적인 문장이 되는 것을 보면 알 수 있다.

>   *They do be quiet.

3. 명령문의 동사는 시제구별이 없고, 서법 조동사는 명령문에 쓰이지 않지만, 진행형의 조동사 *be*나 완료형의 조동사 *have*는 명령문에 쓰일 수 있다.

>   *Be listening* to this station the same time tomorrow night.
>   *Have done* with such nonsense!

4. 명령문의 술부는 동적 동사(dynamic verbs)나 [*be* + 동적 형용사]와 같은 청자가 그것을 실행할 수 있는 것이어야 한다.

>   Jump! Consider yourself lucky!
>   Go to bed right now!
>   *Know this fact!
>   *Sleep right now!

Be quiet / kind / sincere!
*Be young / beautiful!

5. 상태동사가 동적 의미를 가질 때에는 명령문에 쓰일 수 있다.

Forgive us!
Love your enemies!
Don't *be* a stranger!

6. 동사 *beware*는 동사의 원형만 있고, 3인칭단수 현재형 *bewares*, 과거형과 과거분사형 *bewared*, 현재분사형 *bewaring*이 없다. 따라서 동사 *beware*는 명령형이나 부정사로만 쓰인다. 그리고 의문문의 본동사로는 쓰이지 않는다.

Beware of the dog!
Beware the man who speaks softly of love and marriage.
Beware of cheap imitations!
We have to *beware* that missionary zeal doesn't blind us to the realities here.
I would *beware* of the companies which depend on one product only.
*Do you *beware* of the dog?

7. *be* 동사를 포함한 수동명령문은 긍정형보다는 부정형으로 쓰이는 경우가 더 많다. 이런 경우, 부정 수동명령문은 '…하지 않도록 하라 (Don't allow yourself to be…)'는 의미를 나타낸다.

Don't be deceived by his look!
Don't be bullied into signing!
Be guided by what I say!

8. 명령문의 생략된 주어가 *you*라는 사실은 부가의문문의 주어가 *you*라든가, 명령문의 재귀대명사나 강조적 소유형용사가 각각 *yourself / yourselves*나 *your own*이라는 사실로 미루어 알 수 있다.

Be quiet, will *you*?
Behave yourself / yourselves!
Use *your own* comb!

9. 명령문은 동사에 관계없이 *don't*를 써서 부정명령문을 만든다.

Don't go to bed right now!
Don't be guided by what he says!

10. 명령문의 주어는 보통 생략된다. 그러나 다음과 같이 명령문에 주어가 있는 경우, 그 주어는 주어 기능 외에 또 다른 의미를 갖는다.
 (1) 명령문에서 생략되지 않는 *you*가 강세를 받지 않으면 대조적인 의미를 갖지 않고, 훈계 내지 설득의 의미를 갖는다.

You be QUIET!
You mind your own BUSiness, and leave this to ME!

 (2) 그러나 강세를 받는 *YOU*를 가진 명령문은 청중의 한 사람 또는 몇 사람을 한정하여 지목하는 대조적인 의미를 갖는다.

Don't tell ME to be quiet. *YOU* be quiet!

(3) 명령문의 주어로 3인칭주어가 쓰이는 경우도 있다.

Somebody open this door!
Parents with children go to the front!
Nobody move!

(4) 명령문에서 you를 호격으로 쓰면 아주 무례한 표현이 된다.

YOU, come HERE!

① 명령문에서 호격과 명령문의 주어가 다르다는 것은 이들이 한 문장에 모두 쓰일 수 있다는 것을 보면 알 수 있다.

JOHN, you listen to ME!

② 명령문에서 호격은 주어와는 달리 문두나 문미에 모두 올 수 있다.

Mary play on MY side!
MARY, play on MY side!
Play on MY side, MARY!

(5) 명령문의 주어가 2인칭이 아니고 1인칭과 3인칭일 때는 [*let* + 의미상의 주어 + 원형동사] 형식의 명령문이 사용된다. 이러한 명령문은 보통 제안이나 주의의 환기 등을 나타낸다.

Let us / Let's work hard. (= We must work hard.)
Let me see now. Do I have any money on me?
(= I must consider this now.)
Let no one think that a teacher's life is easy.
(= No one must think that a teacher's life is easy.)

6.5 감탄문

감탄문은 강한 감정을 나타내는 문장으로서 의문사 *how*나 *what*으로 시작된다. *how*나 *what*은 강한 감정의 대상이 되는 표현의 앞에 놓여 그 정도가 얼마나 되는지를 모르겠다는 것을 나타낸다는 점에서 의문사의 일종이다.

1. 감탄문은 [주어 + 동사]의 어순을 취한다는 점에서, 그리고 *what* 다음에 오는 명사는 보통 단수형이라는 점에서 의문문과 다르다. 감탄문에서 *how*는 강조어(intensifier)로, *what*은 앞자리한정사(predeterminer)의 기능을 한다. *how*나 *what* 다음에는 감탄의 대상이 되는 성질을 나타내는 형용사나 부사(*delightful, pale, beautiful*)가 오는 것이 보통이다.

How delightful her manners are!
How pale you look!
How fast they walk!
What a beautiful sunrise it is!

2. *what* 다음에 형용사가 없을 때는 '아주 좋은 시간이었다'나 '아주 나쁜 시간이었다' 중의 한 가지를 의미할 수 있으므로 중의적인 감탄문

이다.

What a time we've had today!

3. what이 전치사의 목적어일 때 전치사는 문장의 끝에 놓인다.

What a mess we're in!

4. 감탄문에서도 의문문에서처럼 주어-동사가 도치되는 경우가 있다.

How pretty is this flower!
How strange and impressive was life!
What a fool was I!

5. 상대방이 한 말의 일부나 전부를 반복함으로써 감탄을 나타내는 경우도 있다. 이런 경우의 감탄문을 반향감탄문(echo exclamations)이라 하며, 보통 상승-하강어조를 갖는다.

A : Have you been to Paris?
B : Been to Paris! I certainly have.
A : I hear you're a linguist.
B : I a linguist! [형식적]
B : Me a linguist! [비형식적]

6.6 비정형문

비정형문(amorphous sentences)은 [주부 + 술부]의 구조를 갖추지 않거나, 시제, 인칭, 수 등의 일치가 없거나, 어순이 도치되는 등 정형문이 갖추어야 할 통사적 조건을 어기면서도 하나의 완전한 의미를 나타낸다. 비정형기원문 중에는 어순이나 그 구성표현을 바꿀 수 없는 고정표현이 많다. 비정형문은 다음과 같은 몇 가지 유형이 있다.

1. *I wish*가 생략된 기원문은 비정형기원문이다. 비정형기원문의 동사는 가정법의 원형동사이며, 어순이 도치되거나, *may*로 시작하는 것도 있다.

(1) God *save* the Queen!
God *forbid*!
God *bless* you!
Grammar *be* hanged!
(2) Long *live* the King!
So help me God!
(3) *May* the best man win!
May you always be happy!

2. 의문사로 시작하는 비정형의문문

How about another try?
What about coming to my place?
How come you're so late?
Why listen to him?
What if it rains?

3. 종속절로 구성된 비정형감탄문

That I should live to see such ingratitude!
To think that you might have been killed!
If only I'd listened to my parents!

4. 부사가 명령의 힘을 갖는 비정형명령문

Left, *right*! Everybody *inside*!
Hands up! On with the Show!

5. 경구적인 속담을 나타내는 비정형문

The more, the merrier. First come, first served.
Waste not, want not. Out of sight, out of mind.

6. 안내, 광고, 신문기사제목, 전보 등을 나타내는 토막표현(block language)도 일종의 비정형문이다.

Entrance, For Sale, 50 mph limit, English Department, *The New York Times*, OIL SPILL THREAT DECREASING, SHARE PRICES NOW HIGHER.

6.7 요약

언어는 무한한 문장의 집합이라고 정의할 수 있다. 이처럼 무한한 문장은 형태, 기능, 의미가 다양하여 쉽게 정의할 수 없다. 그러나 문장을 형태, 기능, 의미 등에 따라 여러 가지로 분류할 수 있고, 이러한 분류를 통하여 문장이 무엇인가를 어느 정도 이해할 수 있다.

　문장은 구조적으로는 단문과 복문으로 나누고, 그것이 나타내는 의미가 실제 세계와 일치하느냐 그렇지 않느냐에 따라 긍정문과 부정문으로 나눈다. 문장은 그것이 나타내는 의미에 따라 서술문, 감탄문, 의문문, 명령문이 있다. 문장은 그 문장을 이루고 있는 구성요소의 의미로부터 전체문장의 의미를 산출할 수 있는 문장을 일반문장이라 하고 그렇게 할 수 없는 문장을 특수문장이라고 나누기도 한다. 문장은 말하는 사람이 경우에 따라 마음대로 그 일부를 바꾸어 말할 수 있는 것을 자유표현이라 하고, 말하는 사람이 마음대로 바꾸어 쓸 수 없는 것을 고정표현이라고 구별하기도 한다. 문장은 그것이 갖추어야 할 구성요소를 모두 갖추고 있느냐에 따라 정형문과 비정형문으로 나누기도 한다. 문장은 또 독립성에 따라 독립문과 종속문으로 나눌 수 있다.

제 7 장
문장의 구조

7.0 서론

 문장은 일정한 규칙에 의하여 결합된 낱말로 이루어진 표현으로서 생각이나 감정을 나타내는 하나의 완전한 표현단위이다. 바꾸어 말하면, 문장은 부분표현으로 이루어져 있고 이들 부분표현 사이에는 어느 일정한 관계가 있는 하나의 구조이다. 따라서 문장의 구조를 이해한다는 것은 그 구성요소가 무엇이며, 이들 구성요소 사이에는 어떤 규칙이 작용하고 있는가를 밝힌다는 것을 의미한다.
 전통논리학은 문장을 주어(subject), 계사(copula), 술부(predicate)의 세 부분으로 나누는가 하면, 예스퍼슨(1924, 305) 등을 포함한 대부분의 전통문법은 문장을 주부(subject)와 술부(predicate)로 양분하고, 술부를 다시 동사, 목적어, 보어 등으로 분석하고 있다. 여기서는 문장을 단문에 한정시키고 문장을 성립시키는 데에 필수적인 구성요소인 동사, 주어, 목적어, 보어, 필수부사의 문법적인 특성을 문장에 초점을 맞추어 살펴보겠다.[1]

7.1 동사와 문장의 유형

문장은 일차적으로 양분하면 주부와 술부로 구성되어 있다. 주부를 이루는 대표적인 낱말은 명사이고, 술부를 이루는 대표적인 낱말은 동사이다. 문장은 명사와 동사로 구성되어 있다고 바꾸어 말할 수 있다. 그렇다면 문장을 형성하는 데에 명사와 동사 중에서 어느 것이 더 중요하느냐의 문제가 생긴다. 이러한 문제는 논리학에서는 물론 문법에서도 논란의 대상이 되어 왔으며, 문법을 기술하는 데 명사와 동사 중에서 어느 품사를 먼저 다룰 것이냐의 문제와도 관계가 있다. 스위트(1891), 예스퍼슨(1913, MEG Part II), 컴(1931) 등이 명사를 먼저 다룬 반면, 파우츠머(1928), 크라이싱어(1931), 잔트보우엇(1965), 쿼크 외(1985) 등은 동사를 먼저 다루고 있다.

동사를 명사보다 먼저 다루고 더 중요하게 생각하는 데는 여러 가지 이유가 있다. 명사는 홀로 문장을 만들 수 없지만 동사는 홀로 문장을 만들 수 있으며 오직 동사만이 문장의 구조를 파악하는 데에 필요한 문법적 정보를 갖고 있다는 것이 중요한 이유이다.

동사가 취하는 구성요소에는 주어(S), 동사(V), 목적어(O)(직접목적어(O_d)와 간접목적어(O_i)), 보어(C)(주어보어(C_s), 목적어보어(C_o)), 필수부사(A_o) 등이 있다. 동사가 취하는 구성요소에 따라 동사를 다음과 같이 일곱 가지 종류로 분류할 수 있다(쿼크 외, 1985, 49-56, 720). 동사의 이러한 종류에 따라 문장을 분류한 것을 일곱 가지 문형(sentence patterns)이라고 한다.

---

1) 문장과 문장의 구조를 논의할 때, 절을 문장에 포함시켜 절이라는 용어를 사용하지 않고 문장이라는 용어만 사용하기도 하고(스위트 1891, viii), 문장이라는 용어 대신에 절이라는 용어를 사용하기도 하는(쿼크 외, 1985, 719) 등 문장과 절이라는 용어의 사용이 다양하다. 여기서는 절과 문장을 특별히 구별할 필요가 있는 경우를 제외하고는 편의상 절까지도 문장에 포함시켜 문장이라는 용어를 사용하겠다.

(1) 주어(S)만 있으면 문장을 만드는 동사(완전자동사)

　　　S　+　V

　　John　walks.

(2) 주어와 주어보어(C_s)가 있어야 문장을 만드는 동사(불완전자동사)

　　　S　+　V　+　C_s

　　John　is　happy.

(3) 주어와 목적어(O)가 있어야 문장을 만드는 동사(완전타동사)

　　　S　+　V　+　O

　　His lecture　bored　me.

(4) 주어와 필수부사(A_o)가 있어야 문장을 만드는 동사

　　　S　+　V　+　A_o

　　My brother stays in the next building.

(5) 주어, 간접목적어(O_i), 직접목적어(O_d)가 있어야 문장을 만드는 동사(완전타동사)

　　　S + V + O_i　+　O_d

　　He　got　her a splendid present.

(6) 주어, 목적어, 목적어보어(C_o)가 있어야 문장을 만드는 동사(불완전타동사)

　　　S　+　V　+　O　+　C_o

　　Most students　found　the final exam extremely difficult.

(7) 주어, 목적어, 필수부사(A_o)가 있어야 문장을 만드는 동사

　　　S　+　V　+　O　+　A_o

　　You can put　the dish　on the table.

1. 소년샤인, 오니언스(Onions) 등 학교문법은 동사를 목적어의 유무에 따라 자동사와 타동사로 나누고, 보어의 유무에 따라 완전동사와 불완전동사로 나누었다. 그리하여 학교문법에서는 동사를 목적어도 보어

도 취하지 않는 완전자동사, 보어를 취하는 불완전자동사, 하나의 목적어를 취하는 완전타동사, 두 개의 목적어를 취하는 완전타동사, 그리고 하나의 목적어와 보어를 취하는 불완전타동사의 5가지로 분류하였다. 그리하여 학교문법은 이들 동사의 종류에 따라 문장을 5가지 문형으로 분류하였다.

2. 예스퍼슨(1924, 1933)은, 일부의 부사가 문장을 구성하는 데 필수적인 역할을 하는 구성요소로 분석하면서도, 부사가 수식어로 쓰이는 일반부사와 문장구성요소로 쓰이는 필수부사를 구별하지 않았다.

3. 쿼크 외(1985)는 일부의 부사를 문장구성의 필수요소로 분류함으로써 동사를 위에서처럼 7가지로 나누고 이에 따라 문장도 7가지 문형으로 나누고 있다.

7.2 주어

문장의 구성요소 중에서 명령문이나 몇 가지 비정형문을 제외하면 주어가 없는 문장은 없다. 주어는 보통 명사나 대명사가 되지만 동명사, 부정사 등 주어로 쓰이는 표현의 범주도 다양하고 주어가 갖는 통사적 특성이나 기능, 그리고 의미상의 제약도 다양하다(더 자세한 것은 쿼크 외, 1985, 724-775를 참조).

1. 서술문과 의문사가 주어인 의문문에서는 주어가 동사의 앞에 온다.

> *Everybody* has left for the day.
> *Who* did such a foolish thing?

그러나 의문사가 주어가 아닌 의문문에서 주어는 동사나 운용소(operators) 다음에 온다.

Has *everybody* left for the day?
Did *you* see the snake?

2. 정형문(finite sentences)의 주어는 동사의 수와 인칭을 결정한다.

Nancy *knows* my parents.
Nancy and David *know* my parents.
He *is* my colleague.

3. 주어는 보통 주어보어의 수를 결정한다.

Mary is *my roommate*.
You and Mary are *my roommates*.

4. 주어는 직접목적, 간접목적, 주어보어, 전치사의 목적으로 쓰이는 재귀대명사의 수, 인칭, 성을 결정한다. 이러한 일치관계는 *my own*, *your own* 등의 경우에도 마찬가지로 적용된다.

I shaved myself with *my own* razor.
He shaved *himself* with *his own* razor.

5. 부가의문문에서 부가문의 주어는 서술문의 주어에 상응하는 대명사를 쓴다.

Jespersen is a Danish grammarian, isn't *he*?
John and Mary can't go right now, can *they*?

6. 주어나 동사가 없는 절의 의미상의 주어는 보통 주절의 주어와 같다.

> *Susan* telephoned *before coming over.*
> *We* have remained true to his original aims *in preparing this new edition.*
> *You*'ve got to promise *not to tell anyone.*
> (cf. You've got to persuade *her not to tell anyone.*)

7. 주어는 보통 그것이 속한 문장의 주제(theme / topic)를 나타낸다.

> *The lecturer's name* wasn't announced.
> *The work of revising a major dictionary* inevitably involves many helping hands.

8. 주어는 화자가 이미 주어진 정보(old information)라고 생각한 것을 나타낸다.

> *The students* will arrive tomorrow afternoon.
> *The new language study pages* make attractive and useful additions to the dictionary.

7.3 목적어

목적어는 보통 명사, 대명사, 명사구, 명사절, 동명사, 부정사가 되며, 형태, 위치, 통사적 기능, 의미면에서 다음과 같은 특성을 가지고 있다.

1. 목적어는 주어와 동사의 뒤에 오며, 두 개의 목적어가 있으면, 간접목적어가 보통 직접목적어 앞에 온다.

I gave him(O_i) my address(O_d).
John asked me(O_i) to help her(O_d).

2. 직접목적어가 *it*이거나 *them*이 사물을 가리킬 경우, 즉 *them*이 *it*의 복수형으로 쓰일 경우, 직접목적어인 이들 대명사를 간접목적어 앞에 쓴다. 이때 미국영어에서는 told it *to us*, show them *to you*와 같이 간접목적어 앞에 전치사 *to*를 쓰지만, 영국영어에서는 give it *me*처럼 *to*를 보통 쓰지 않는다(예스퍼슨, 1933, §11.7$_3$).

Let me tell the story, as Mother told *it* us.
My books? Why do you never come and let me show *them* you?

3. 목적어와 주어가 가리키는 대상이 같으면, 목적어는 재귀형을 취한다.

I cut *myself* with a knife.
You can please *yourself*.
Lisa looked at *herself* in the mirror.
He prided *himself* on his self-control.

4. 직접목적어와 간접목적어가 둘 다 있는 문장에서는 간접목적어는 생략해도 대부분 문법적이다.

David saved *me* a seat.

→ David saved a seat.
→ *David saved *me*.

5. 목적어가 하나만 있을 때는 그것은 일반적으로 직접목적어이지만, *pay*나 *teach*와 같은 두 가지 목적어를 취하는 동사(ditransitive verbs)는 직접목적어를 생략할 수 있다.

Bob is teaching *the older children*.
You can pay *me* instead.

6. 직접목적어는 동사가 나타내는 행위의 영향을 직접 받지만, 간접목적어는 동사가 나타내는 행위를 직접목적어를 거쳐 간접적으로 받는다. 이런 점에서 예스퍼슨은 간접목적어라는 용어를 전통문법용어 중에서 그 명명이 가장 잘된 용어의 하나라고 평하고 있다.

John gave me(O_i) a book(O_d).
She teaches advanced students(O_i) English(O_d).

7.4 보어

보어는 동사만 가지고는 주어나 목적어를 완전하게 기술할 수 없을 때 동사를 보완하여 주어나 목적어에 대한 서술을 완전하게 한다.

7.4.1 보어를 취하는 동사

1. 보어를 취하는 동사는 그 자체만으로는 주어나 목적어를 완전하게

서술할 수 없는 동사로서 불완전자동사와 불완전타동사의 두 가지가 있다.

(1) 불완전자동사
John is *a student*.
John is *Mary's brother*.
He *was(seemed / became)* quiet.
He is *growing* old now.
She *got* sleepy.
This *proved* a big mistake.
The carpet *feels* soft.

(2) 불완전타동사
I *found* the cage *empty*.
I *found* her *gone*.
They *made* him *President*.
A lover's eyes will *gage* an eagle *blind*.

2. be 동사는 보어를 취하는 전형적인 불완전자동사이다. be 동사는 주어와 보어가 나타내는 두 가지 아이디어를 연결하고 주어의 수와 인칭, 시제를 나타낼 뿐, 그 자체는 주어에 대하여 아무런 서술을 하지 않는다. 이런 점에서, 논리학자들은 be 동사를 계사(copula)라 하고, 보어를 서술어(predicate)라고 부른다(에스퍼슨, 1924, 131-132).
아래 예문 (1)의 주어와 보어의 관계는 동일하여 Mary's brother is John과 같이 어순을 바꾸어도 의미나 문법상의 변화가 없다. 그러나 예문 (2)와 (3)의 보어인 *a student*나 *happy*는 주어인 *John*을 서술하는 관계에 있어서 주어와 보어의 위치를 바꾸면 의미상의 차이가 생긴다. 그리하여 예문 (1)의 is와 같은 be 동사를 동일성 동사(verbs of identity)라 하고 예문 (2)나 (3)의 is와 같은 be 동사는 서술동사(verbs of predication)라고 하여 구별하기도 한다.

(1) John is *Mary's brother*.
(2) John is *a student*.
(3) John is *happy*.

3. 이동을 나타내는 완전자동사 중에는 그 의미가 약화되어 보어를 취하는 것들이 있다.

I shall *go mad* if you don't stop that noise.
Politeness *came natural* to him.
She *ran wild* with joy at the idea.

4. 보어가 필요없는 자동사도 보어를 취하는 경우가 있다. 이런 경우 동사는, 본래의 의미를 가지고 있으면서 보어를 취하여 주어에 대한 서술을 보충한다. 이러한 보어를 유사보어 또는 유사서술어(quasi-predicatives)라고 한다(예스퍼슨, 1933, 125-26).

We parted *the best of friends*.
(= we were the best of friends when we parted.)
The snow was falling *pretty thick*.
His remarks passed *unnoticed*.
She left them *a merry, kittenish child*. She returned *a full-grown woman*.

5. 유사보어를 취하는 동사 중에는 그 본래의 의미를 잃어버리고, *be* 동사처럼 쓰이는 경우도 있다.

> The natives *go* naked all the year.
> She *stood* about six feet high.
> John will *act* best man for me.

7.4.2 보어의 특성

1. 보어는 그것이 서술하는 대상에 따라 주어보어(C_s)와 목적어보어(C_o)로 나눈다.

> The country became *a separate nation*(C_s).
> Most people considered Picasso *a genius*(C_o).

2. 보어로 쓰이는 보통명사는 부정관사나 정관사를 취한다.

> He is *a philosopher*.
> He is *the man* you want to meet.

3. *enough*나 부사의 수식을 받아 정도를 나타내는 보통명사가 보어로 쓰일 때는 관사를 취하지 않는다.

> He is not *philosopher* enough to judge of it.
> He is more *coxcomb* than fool.
> He was less *stateman* than warrior.

4. *of*나 *to*로 시작하는 형용사구의 한정을 받는 보통명사가 보어로 쓰일 때는 관사를 취하지 않는다.

> The Prime Minister would be *master* of the situation.
> He was *secretary* to Lord Salisbury.
> Edward III was *King* of England.

5. 추상명사가 보어로 쓰일 때는 그에 상응하는 형용사의 의미를 갖는다.

> When I was your *age*(of your age, as old as you), I knew better.
> She turned *lead-colour*.

6. 부사나 전치사구가 보어로 쓰일 때는 형용사와 같은 의미를 갖는다.

> He is *well / alive* (= healthy / living).
> He is *at liberty* (= free).
> When she met him, everything else became *of no account* (= unimportant).

7. 보어로 쓰이는 부사나 전치사구는 접속사(*and*, *or*)로 형용사와 연결할 수 있다.

> He is *young and in perfect health*.
> Those who are *poor or poorly* must be lazy.

8. 보어는 보통 형용사, 명사, 대명사가 되지만, 장소를 나타내는 부

사와 부사구(prepositional phrases)도 주어에 대한 서술을 보충하는 보어로 쓰이기도 한다.

> Your children are *outside*.
> I want you *inside*.
> John is remaining *at Oxford*.
> It is *at an end*.
> I put the kettle *on the stove*.
> They are placing the blame *on us*.

7.5 필수부사

부사는 일반적으로 생략해도 문장의 문법성에 영향을 미치지 않는 수식어에 속한다. 대부분의 부사는 문장의 성립에 필수적인 역할을 하지 않는다. 그러나 부사나 부사구 중에는 생략하면 문장이 성립되지 않는 것들이 있다. 이러한 부사나 부사구를 필수부사(obligatory adverbials)라고 하여, 생략해도 문장의 성립에 영향을 주지 않는 일반부사와 구별하기도 한다(쿼크 외, 1985, 731).

1. 필수부사는 주어와 관련된 여러 가지 문법적인 의미를 나타낸다.

> The two eggs are *for you*. [수용자]
> The drinks are *for the journey*. [목적]
> If fruit prices are higher this year, it's *because of the bad harvest*. [이유]
> Transport to the mainland is *by ferry*. [수단]
> Payment is *by cash only*. [수단]
> John's main interest is *in sport*. [자극]

Jack and Nora are *with me*. [동반]
The painting was *by an unknown artist*. [행위자]

2. 필수부사는 목적어와 관련하여 보어처럼 쓰인다.

They are placing the blame *on us*.
He directed his speech *at the workers*.
She wants the payment *in dollars*.

3. 보어로 쓰이는 필수부사 중에는 이동을 나타내는 동사를 함축하는 것들이 있다.

She asked them *in*.
I let the cat *out*.
The dog wants *out*. (cf. Truth will *out*.)

7.6 요약

문장은 부분표현으로 이루어진 하나의 구조이다. 문장의 부분표현은 그것이 문장을 형성하는 데에 필수적이냐 그렇지 않느냐에 따라 필수적인 구성요소와 수의적인 구성요소의 두 가지로 나눈다. 필수적인 구성요소에는 동사, 주어, 보어, 목적어, 필수부사가 있다. 수의적인 구성요소는 수식어로서 대부분의 형용사와 부사가 있다. 문장이 취하는 구성요소는 동사의 성질에 따라 결정된다. 따라서 학교문법에서 말하는 1형식문장, 2형식문장, 3형식문장 등과 같은 문형은 동사의 유형에 따라 분류한 것이다.

제 8 장
명사

8.0 서론

명사는 사물의 이름을 나타내는 낱말이고, 명사구는 동사의 주어, 목적어, 그리고 전치사의 목적어가 될 수 있는 표현이다. 명사가 낱말 자체가 갖는 의미에 근거한 분류명칭인 반면, 명사구는 문장 내에서 그것이 다른 표현에 대해 갖는 통사적 기능에 근거하여 분류한 통사적인 분류명칭이다.

1. 명사 중에서 고유명사, 물질명사, 추상명사, 집합명사는 한정사와 같은 다른 낱말의 도움을 받지 않고도 동사의 주어나 목적어가 될 수 있다는 점에서 이들 명사는 명사이면서 동시에 명사구의 기능을 갖고 있다.

John waved to the girl when she entered.
Water flows quietly in this part of the river.
Truth is beauty.
People are men, women, and children.

2. 단수 보통명사는 복수형을 취하거나 한정사와 결합하여 명사구가 된다.

> *Women* are stronger than *men* in some sense.
> *Roses* are more beautiful than any other *flowers*.
> *This flower* is more beautiful than that one.

3. 대명사나 수사는 명사는 아니지만 동사의 주어나 목적어가 될 수 있다는 점에서 명사구로 분류할 수 있다.

> *You* waved to the girl when she entered.
> *I* do not need any more pens. *One* is enough.

4. 명사구는 대부분 두 개 이상의 구성요소가 결합된 표현이고 이들 구성요소 중에는 문장으로부터 변형되거나 문장으로 환원될 수 있는 것들이 많이 있다(쿼크 외, 1985, 1238). 따라서 명사구에 대한 이해는 그 구성요소가 무엇이며 이들 구성요소간에는 어떠한 관계가 있느냐를 이해한다는 것을 말한다. 명사구는 다음과 같은 구성요소로 되어 있다 (구성요소에 붙여진 괄호는 그 구성요소가 명사구를 형성하는 데 수의적이라는 것을 나타낸다).

(한정사)-(앞자리 수식어)-핵어-(뒷자리 수식어)

8.1 핵어

핵어는 한정사, 앞자리수식어, 뒷자리수식어와 결합하여 명사구를 만드는 명사나 대명사를 말한다.

1. 대부분의 핵어는 보통명사이다. 핵어는 명사구의 중심적인 요소로서 명사구가 문장의 다른 요소와의 일치관계에 필요한 수와 성에 대한 정보를 제공한다.

> The tall *girl* standing in the corner *is* talking about *her* sister.
> The *girls* standing in the corner *are* talking about *their* sisters.

2. 핵어가 단수보통명사일 때는 한정사가 있어야 명사구를 만들 수 있다.

> *The girl* standing in the corner is talking about her sister.
> *Girl standing in the corner is talking about her sister.

3. 핵어로 쓰이는 대명사는 *anyone, anybody, those* 등이 있다.

> *Anyone / Anybody / Those* who helps / help the handicapped deserved our support.

4. *he*나 *that*을 핵어로 쓰는 문장은 격식을 갖춘 고풍스런 표현이다.

> *He* who made this possible deserves our gratitude.
> *That* which is most highly valued in the tribe is valour.

5. *it*이나 *they*는 핵어로 쓰이지 않는다.

> *It which I can't understand is this.

*They who / which you want to see are arriving now.

8.2 한정사

한정사는 (보통)명사와 결합하여 명사구를 만든다. 한정사는 그들이 나타나는 위치에 따라 중심한정사(central determiners), 앞자리한정사(predeterminers), 뒷자리한정사(postdeterminers)의 세 가지로 나눌 수 있다.

8.2.1 중심한정사

중심한정사에는 관사(*a, an, the*), 지시형용사(*this, that*), 양화사(*some, every*)가 있다.

The government is cutting its losses.
This milk smells sour.
Every man loves *a* woman.

8.2.2 앞자리한정사

앞자리한정사는 중심한정사의 앞에 놓이는 한정사로서 *all, both* 등이 있다. 이들 앞자리한정사는 중심한정사가 없을 때는 핵어와 결합하여 명사구를 이룬다.

All these books are very instructive.
All books are very instructive.

Both those plans are intriguing.
Both plans are intriguing.

8.2.3 뒷자리한정사

뒷자리한정사는 중심한정사와 앞자리수식어 사이에 오는 한정사로서 기수, 서수, 그리고 *many*, *few*, *several* 등과 같은 일부의 양화사가 여기에 속한다.

my *three* children, the *first* day, the *last* month, a *few* people.

8.3 앞자리수식어

앞자리수식어는 한정사와 핵어 사이에 오는 수식어를 말한다. 앞자리수식어에는 형용사, 분사, 명사, 소유격, 부사구 등이 있다.
1. 앞자리수식어로 쓰이는 형용사는 핵어의 외연을 좁히는 기능을 갖는다.

We met a *delightful* family.
They bought some *expensive* furniture.

2. 앞자리수식어로 쓰이는 형용사는 대부분 서술어로 바꾸어 쓸 수 있다.

her *delightful* family ⇒ Her family is *delightful*.
some *expensive* furniture ⇒ Some furniture is *expensive*.

3. 그러나 앞자리수식어로 쓰이는 형용사 중에는 서술어로 바꾸어 쓸 수 없는 것들이 있다.

>the *mere* mention ⇏ *The mention is *mere*.
>the *only* trouble ⇏ *The trouble is *only*.
>the *latter* question ⇏ *The question is *latter*.
>the *upper* storeys ⇏ * The storeys are *upper*.

4. 한정사 바로 뒤에 오는 형용사는 정도를 나타내는 부사의 수식을 받을 수 있다.

>We met her *really* delightful family.
>They bought some *very expensive* furniture.

5. 서술어로 바꾸어 쓸 수 없는 형용사는 강조어 *very*의 수식을 받을 수 없다.

>the *mere* mention ⇏ *the *very mere* mention.
>the *only* trouble ⇏ *the *very only* trouble.

6. 앞자리수식어로 쓰이는 형용사 중에는 서술어로 바꾸어 쓰면 의미가 달라지는 것이 있다.

>my *old* friend(= a friend for a long time) ⇏ my friend is *old*.

7. 앞자리수식어로 쓰이는 현재분사와 과거분사는 *very*와 함께 쓰는 것이 더 자연스럽다.

He greeted me with a very *reassuring / shocked / surprised* expression.
(cf. ? He greeted me with a *reassuring / shocked / surprised* expression.)

8. 자동사의 과거분사가 앞자리수식어로 쓰일 때는 보통 부사의 수식을 받는다.

the *newly-arrived* immigrant
(cf. *the *arrived* immigrant)
our *recently-departed* friend
(cf. our *departed* friend)

[참고] 그러나 the *vanished* treasure와 a *retired* teacher에서처럼 *vanished*와 *retired*는 자동사의 과거분사이지만 부사가 없어도 앞자리수식어로 쓰인다.

9. 앞자리수식어로 쓰이는 명사는 [전치사 + 명사]로 바꾸어 써도 의미상의 차이가 없다.

the *partition* question ⇒ the question *of partition*.
the *cupboard* door ⇒ the door *of the cupboard*.
his *life* story ⇒ the story *of his life*.

10. 그러나 명사를 전치사구로 바꾸면 의미가 달라지는 경우가 있다.

a *wine* glass(= a glass for wine)
⇏ a glass *of wine*(= a glass containing wine)
a *match*box(= a box made to hold matches)
⇏ a box *of matches*(= a box containing matches)

11. 복수형의 명사가 앞자리수식어로 쓰일 때는 단수형이 있는 명사는 물론 단수형이 없는 명사(*trousers*)도 단수형을 쓴다.

 a *dish* cloth ⇐ a cloth *for dishes*
 a *gift* tax ⇐ a tax *on gifts*
 tooth decay ⇐ decay *of teeth*.
 the *trouser* leg ⇐ the leg *of the trousers*
 a *scissor* sharpener ⇐ a sharpener *for scissors*

[참고] 그러나 영국영어에서는 명사가 앞자리수식어로 쓰일 때 복수형을 쓰는 경향이 많아지고 있다.

 careers guidance, a new *systems* analyst, an *appointments* officer, a *grants* committee, the policy and *resources* working party.

12. 앞자리수식어로 쓰이는 명사가 단수형일 때와 복수형일 때, 그 의미가 달라진 경우가 있다.

 an *Arts* degree(= a degree in the humanities)
 an *art* degree(= a degree in fine art)

13. 단위를 나타내는 명사가 앞자리수식어로 쓰일 때는 다음과 같이 네 가지 형태가 있다.

 a ten *day* absence [단수형]
 a ten-*day* absence [하이픈 + 단수형]
 a ten *days* absence [복수형]

a ten *days'* absence [복수 소유격]

14. 명사의 속격이 앞자리수식어로 쓰일 때는 그것이 수식하는 핵어의 속성을 나타내거나 한정사로서 소유를 나타낸다.

(1) I visited his *fisherman's* cottage.
(= a cottage which resembled the cottage of a fisherman)
(2) I visited his *friend's* cottage.
(= a cottage which his friend has)

15. 속격이 갖는 이러한 두 가지 기능은 속격 앞에 형용사 *old*를 붙여 보면 분명하게 드러난다

(1) I visited his *old* fisherman's cottage(= an old cottage)
(2) I visited his *old* friend's cottage(= his old friend)

16. 핵어의 속성을 나타내는 속격(*fisherman's*)은 핵어를 수식하는 다른 형용사를 쓸 수 없다. 그러나 소유를 나타내는 속격(*friend's*)은 핵어를 수식하는 형용사를 속격 다음에 쓸 수 있다.

(1) *I visited his old fisherman's *delightful* cottage.
(2) I visited his old friend's *delightful* cottage.

17. 부사나 부사구도 앞자리수식어로 종종 쓰인다.

the *then* government, an *away* match, a *home* match, *round-the-clock* service, an *up-to-date* timetable

8.4 뒷자리수식어

뒷자리수식어는 핵어 뒤에 와서 핵어를 수식하는 표현을 말한다. 뒷자리수식어는 그 구조에 따라 일차적으로 형용사(구), 관계절, 동격표현으로 나눌 수 있다.

8.4.1 형용사(구)

1. 뒷자리 수식어로 쓰이는 형용사구에는 형용사와 형용사구가 있다. 형용사구는 다시 전치사로 시작하는 어구, 동사의 부정사, 분사구문으로 나눌 수 있다. 대부분의 문법은 전치사로 시작하는 형용사구를 전치사구라고 부른다(쿼크 외, 1972, 1985).[1]

> Now I want to tell you something *important*.
> The girl *in the corner*
> We have much work *to finish right now*.
> The girl *standing in the corner*
> The girl *who stood in the corner*

2. 앞자리수식어는 대부분 뒷자리수식어로 바꾸어 쓸 수 있다. 뒷자

---

[1] 소위 전치사구라는 용어는 그것의 구성요소에 근거한 분류명칭이다. 전치사구는 형용사적으로도 쓰일 뿐만 아니라, 부사적으로도 쓰이고 전치사적으로도 쓰이고 있다. 그런 점에서 전치사로 시작하는 구가 형용사적으로 쓰일 때는 형용사구, 부사적으로 쓰일 때는 부사구, 전치사적으로 쓰일 때는 전치사구라고 불러야 그것이 갖는 통사적 기능을 분명하게 나타낼 수 있다. 여기서는 대부분의 전통문법과는 달리 전치사구 대신에 형용사구라는 용어를 사용하겠다. 그리고 쿼크 외(1972, 1985)는 부정사, 현재분사 구문, 과거분사 구문을 모두 절의 범주에 넣고 있지만 이 장에서는 표면구조에 근거하여 구의 범주로 다루겠다.

리수식어로 바꾸어 쓸 수 있는 앞자리수식어는 뒷자리수식어로만 쓰이는 형용사보다 그것이 수식하는 핵어의 정상적인 성질을 나타낸다.

    a *timid* man ⇒ a man *who is timid*
    the *courteous* man ⇒ the man *who is coureous*

  3. 뒷자리수식어로만 쓰이는 형용사는 그것이 수식하는 핵어인 명사의 일시적이고 비정상적인 성질을 나타낸다.

    the man who is *ready* ⇒ *the *ready* man
    a man who is *afraid* ⇒ *an *afraid* man

  4. 대부분의 앞자리수식어는 그것이 수식하는 핵어와의 관계가 의미상으로 분명하지 않는 경우가 있다. 앞자리수식어가 갖는 이러한 의미상의 문제는 뒷자리수식어를 앞자리수식어로 전환(변형)하는 과정에서 일어난다.

    an *oil* man ⇐ a man *who sells oil*
               a man *who delivers oil*
               a man *who produces oil*
               a man *who investigates oil*
               a man *who advocates the use of oil*

  5. 뒷자리수식어 중에서 핵어와의 관계를 가장 분명하게 나타내는 것은 관계절이고, 분사구문이나 부정사, 전치사 등으로 유도되는 형용사구는 의미의 명료성이 가장 낮다. 이러한 명료성의 차이는 관계절의 시제나 동사가 생략된 데서 생긴 것이다.

the girl *who was standing in the corner*
　→ the girl *standing in the corner*
　→ the girl *in the corner*

8.4.2 관계절

관계절은 그 선행사가 명사, 무형선행사, 문장 중에서 어느 것이냐에 따라 명사수식관계절(adnominal relative clauses), 명사관계절(nominal relative clauses), 문장관계절(sentential relative clauses)의 세 가지로 나눌 수 있다(쿼크 외, 1985, 1244).

8.4.2.1 명사수식관계절
명사수식관계절은 제한적 관계절과 비제한적 관계절의 두 가지가 있다.

8.4.2.1.1 제한적 관계절
1. 제한적 관계절은 선행사의 외연을 좁히는 의미기능을 가지고 있다.

　Snakes which are poisonous should be avoided.
　The news *that appeared in these papers this morning* was well received.

2. 제한적 관계절의 선행사는 사람이나 사물을 나타내는 명사이다.
(1) 관계절에서 주어로 쓰이는 관계사는 생략할 수 없다(이하 예문 내의 ( ) 표시는 관계대명사가 생략되었음을 나타낸다).

　They are delighted with the person *who / that / *( )* lives next door.
　They are delighted with the book *which / that / *( )* has just arrived.

(2) 관계명사가 목적어로 쓰일 때는 관계명사를 생략할 수 있다.

They are delighted with the person *who(whom) / that / ( )* we have appointed.
They are delighted with the book *which / that / ( )* you have written.

(3) 관계대명사가 보어로 쓰일 때는 그 선행사가 사람이나 사물에 관계없이 *which*만 쓰고 생략할 수도 없다.

She is the perfect accountant *which / *who / *that / *( )* her predecessor was not.
This is not the type of modern house *which / *that / *( )* my own is.

(4) 전치사의 목적어로 쓰이는 관계대명사는 *who(m), which, that*이 있지만, *that*은 전치사를 그 앞에 놓을 수 없다.

He is the policeman *at whom / *at that* the burglar fired the gun.
He is the policeman *whom / that / ( )* the burglar fired the gun at.

(5) 선행사가 *way*일 때는 *in which*나 *that*, 또는 무형관계사를 쓸 수 있지만 *how*를 쓰면 비문이 된다.

I make cakes the *way *how / in which / that / ( )* my mother made them.
I like the *way *how / in which / that / ( )* you've done your hair.

(6) 관계대명사의 소유격은 선행사가 사람일 때는 *whose*를 쓰고, 사

물일 때는 *whose*나 *of which*를 쓴다.

The man *whose* sister you met is Mr. Brown.
The house *whose* roof was damaged has now been repaired.
The house the roof *of which* was damaged has now been repaired.

(7) 관계대명사의 소유격 *of which*는 그것이 수식하는 명사구의 앞이나 뒤에 놓을 수 있다.

The investigation *of which* the result will soon be published is important.
The investigation the result *of which* will soon be published is important.
 (cp. The investigation *whose* result will soon be published is important.)

(8) 주어로 쓰이는 관계대명사는 생략할 수 없다. 그러나 구어체에서는 관계절의 상위문이 존재문이거나 분열문(cleft sentences)일 때는 생략하기도 하지만, 생략하지 않는 것이 더 정상적이다.

*The table ( ) stands in the corner has a broken leg.
*The man ( ) stands over there is my brother.
There's a table *that / which* stands in the corner.
⇒ There's a table ( ) stands in the corner.
It's John *that / who* did it. ⇒ It's John ( ) did it.

(9) 선행사가 형용사의 최상급이나 *first, last, next, only* 등의 수식을

받을 때에는 주격 관계대명사는 *that*을 쓰고, 목적격 관계대명사는 *which*나 *whom*보다는 생략하거나 *that*을 쓴다.

>They eat the *finest* food *that* is available.
>They eat the *finest* food (*that*) money can buy.

(10) 관계부사 *when, where, why*는 선행사와 함께 쓰이거나 선행사를 생략할 수 있다.

>That's the place *where* she was born.
>That's the period *when* she lived here.
>That's the reason *why* she lived here
>That's *where* she was born.
>That's *when* she lived here.
>That's *why* she lived here

(11) 관계부사 *how*는 선행사와 함께 쓰면 비문이 되고 *how* 대신에 *that*을 쓰거나 선행사를 생략하면 정문이 된다.

>*That's *the way how* she spoke.
>That's *how* she spoke.
>That's *the way that* she spoke.

8.4.2.1.2 비제한적 관계절

비제한적으로 쓰이는 관계절은 관계대명사 앞에 쉼표가 있으며, 선행사의 외연을 좁히지 않고 선행사에 대한 부수적인 정보를 제공하는 기능을 갖고 있다.

1. 비제한적 관계절의 관계사는 그 선행사가 사람이면 *who*나 *whom*을 쓰고, 사물이면 *which*를 쓴다.

    I spoke to John, *who* was unwilling to give us further details.
    I bought this book, *which* was published a year ago.
    I spoke to John, {*whom*, ?*who*} I met yesterday.

2. 비제한적 관계절에서는 관계사를 생략하거나 *that*을 쓰면 비문이 된다.

    I spoke to John, *( ) / *that / who* was willing to give us further details.
    I bought this book, *( ) / *that / which* was published a year ago.
    I spoke to John, *( ) / *that / ?who / whom* I met yesterday.

3. 비제한적 관계절에서 관계사가 보어로 쓰이면, 선행사에 관계없이 *which*를 쓰고 관계대명사를 생략할 수 없다.

    Anna is a vegetarian, *which* / **who* / **that* / *( ) no one else is in our family.
    She wants low-calorie food, *which* / **that*, *( ) this vegetable curry is.

8.4.2.2 선행사 없는 관계절

선행사가 없는 관계절은 명사절이고, 관계대명사가 선행사를 포함하고 있는 것으로 분석할 수 있다.

What surprises me is that they are fond of snakes.
No one knows *what will haappen next*.

1. 선행사가 없는 관계절이 비인칭적인 것을 가라킬 때는 보통 *what*을 쓰고, 선택이나 양보의 의미를 추가하여 비인칭적인 것을 나타낼 때는 *whichever*나 *whatever*를 쓴다. 그리고 사람을 가리킬 때는 *whoever*를 쓰며, *who*는 쓰지 않는다.

What is most highly valued in Korea is sincerity.
I'll do *whatever* she wants me to do.
Choose *whichever* you like best.
Whoever helped me has gone.
*Who helped me has gone.

8.4.2.3 선행사가 문장인 관계절

선행사가 문장인 관계절의 관계사는 *which* 하나뿐이고, 선행사인 문장에 대한 부가적인 정보를 비제한적으로 나타낸다.

They are fond of snakes, *which* surprises me.
'I don't know what I am going to do with you,' Mary said, *which* only made us laugh even more.

8.5 동격표현

두 개의 명사구가 가리키는 대상이 같을 때, 이들 두 표현은 동격관계를 가지고 있다. 동격표현은 동격관계에 있는 두 표현의 관계에 따라 완전동격(full apposition)과 부분동격(partial apposition), 강동격(strict apposition)과 약동격(weak apposition), 제한동격(restrictive apposition)과 비제한동격(nonrestrictive apposition)으로 나눌 수 있다(쿼크 외, 1985, 1302-1321).

8.5.1 완전동격과 부분동격

1. 완전동격은 동격관계에 있는 명사구의 지칭대상이 같다.

> *Anna, my best friend,* was here last night.
> *Paris, the greatest city in France,* is changing its face.

2. 완전동격은 동격관계에 있는 두 개의 명사구를 각각 분리하여 문장을 만들어도 의미상의 변화가 없다.

> *Anna, my best friend,* was here last night.
> ⇒ *Anna* was here last night.
> ⇒ *My best friend* was here last night.

3. 완전동격은 두 동격명사 사이에 *be* 동사를 써서 문장을 만들거나 뒤에 오는 동격명사를 관계절로 바꿀 수 있다.

> Anna *is* my best friend.
> *Anna, who is my best friend,* was here last night.

4. 두 개의 동격명사 중에서 앞에 오는 동격명사가 보통명사이고, 뒤에 오는 동격명사가 고유명사처럼 지칭대상이 하나인 경우에는 뒤에

오는 동격명사는 앞에 오는 동격명사가 가리키는 대상에 포함된다.

    A neighbour, Fred Brick, is on the telephone.
    ⇒ *Fred Brick is a neighbour.*

  5. 부분동격은 동격관계에 있는 명사가 가리키는 대상은 같지만, 두 동격 명사구 사이에 다른 표현이 들어 있어서 하나의 동격명사구만 본래의 자리에서 주어가 될 수 있다. 이 때문에 이러한 부분동격을 불연속 완전동격(discontinuous full apposition)이라고도 한다.

    An unusual present was given to him for his birthday, *a book on linguistics*.
    ⇒ *An unusual present* was given to him for his birthday.
    ⇒ *was given to him for his birthday, *a book on linguistics*.
    ⇒ *A book on linguistics* was given to him for his birthday.

  6. 부분동격은 동격관계에 있는 두 개의 명사구가 서로 인접해 있어도 하나의 명사구만 주어가 될 수 있다.

    John Jones, at one time a law student, wrote several best-sellers.
    ⇒ *John Jones* wrote several best-sellers.
    ⇒ **At one time a law student* wrote several best-sellers.

  7. 부분동격은 동격관계에 있는 두 개의 동격표현을 분리하여 이들을 주어로 하여 두 개의 문장을 만들면, 이들 두 문장의 의미가 달라지는 경우가 있다. 아래 예문에서 문장 (1)은 이유가 만족스럽지 못하다는 반면, 문장 (2)는 사실이 만족스럽지 못하다는 것을 나타내기 때문이다.

The reason he gave, that he didn't notice the car till too late, is unsatisfactory.

⇒ (1) *The reason he gave* is unsatisfactory.

⇏ (2) *That he didn't notice the car till too late* is unsatisfactory.

8.5.2 강동격과 약동격

동격관계에 있는 두 표현의 통사범주(syntactic classes)가 같으면 강동격 (1)이고, 통사범주가 다르면 약동격 (2)이다.

(1) *Football, his only interest in life*, has brought him many friends.
(2) *His only interest in life, playing football*, has brought him many friends.

8.5.3 제한동격과 비제한동격

동격관계에 있는 두 표현 중에서 뒤에 오는 동격표현이 앞에 오는 동격표현의 외연을 좁히거나 좁히지 않느냐에 따라 동격표현을 제한동격과 비제한동격으로 나누기도 한다.

(1) *Mr. Campbell the lawyer* was here last night.
(2) *Mr. Campbell, a lawyer*, was here last night.

위의 예문 (1)에서 *Campbell*이라는 이름을 가진 사람이 둘 이상 있고, 그중에서 한 사람만 변호사라면 *the lawyer*는 *Campbell*의 외연을 좁히는 기능을 한다. 이런 경우의 *the lawyer*를 *Mr. Campbell*에 대하여 제한동격이라 한다. 제한동격은 그의 앞뒤에 쉼표나 휴지를 두지 않는다.

반면, 예문 (2)에서 Mr. Campbell은 변호사라는 정보가 없어도 그가 누구인지 알 수 있는 경우이다. 이때 변호사라는 정보는 그 앞에 오는 동격표현의 외연을 좁히는 데에 목적이 있는 것이 아니라, 화자가 Campbell이 변호사라는 사실을 강조하거나 자랑삼아 덧붙이는 기능을 한다. 이런 경우의 동격표현 *a lawyer*를 Mr. Campbell에 대하여 비제한 동격이라 한다. 비제한동격은 그 앞뒤에 쉼표를 찍거나 휴지를 두는 것이 제한동격과 다른 점의 하나이다.

8.5.4 동격표지

동격관계에 있는 두 개의 동격표현이 동사 뒤에 쓰일 때는 구조상의 중의성이 생기는 경우가 있다.
1. 동격구문을 간접목적어와 직접목적어로 해석할 수 있는 경우

> They sent *John a waiter from the hotel*.
> ⇒ They sent a waiter from the hotel to John

2. 동격구문을 목적어와 목적어보어로 해석할 수 있는 경우

> They considered *Miss Joan a very good teacher*.
> ⇒ They considered Miss Joan to be a very good teacher.

3. 동격구문에 나타난 이러한 중의성을 해소하기 위하여 보통 동격표현 사이에 쉼표를 찍거나 휴지를 두기도 하지만, *namely, that is*와 같은 표현을 쓰기도 한다. 동격표현 사이에 생기는 이러한 중의성을 피하기 위하여 사용되는 *namely*나 *that is, i.e.*와 같은 표현을 동격표지(explicit indicators of apposition)라 한다.

They sent *John, a waiter from the hotel.*
They sent *John,* {*namely, that is*}, *a waiter from the hotel.*

4. 동격을 나타내는 동격표지들 사이에는 미묘한 의미상의 차이가 있는 것들도 있지만, 격식을 갖춘 문어체로 쓰이는 것과 그렇지 않는 것으로 나눌 수 있다.
(1) 문어체나 격식을 갖춘 문장에서 쓰이는 동격표지

that is to say, that is, i.e., namely, viz, to wit, for example, for instance, eg.

(2) 격식을 갖추지 않는 표현으로 쓰이는 동격표지

in other words, or, or rather, or better, and as follows, say, including, included, such as, especially, particularly, in particular, notably, chiefly, mainly, mostly of.

5. 동격표지는 원칙적으로 두 개의 동격표현의 사이, 즉 뒤에 오는 동격표현의 앞에 온다. 그러나 동격표지는 그것이 쓰이는 위치에 따라 다음과 같이 세 가지로 나눌 수 있다.
(1) 뒤에 오는 동격표현의 앞이나 뒤에 다 올 수 있는 것

Football, *that is / that is to say / for example / for instance / in particular / in other words*, his only interest in life, has brought him many friends.

Football, his only interest in life, *that is / that is to say / for example / for instance / in particular / in other words*, has brought him many friends.

(2) 뒤에 오는 동격표현의 앞에만 오는 것

Many people, *namely / and / or / or rather / or better / as follows / including / such as / ie / viz / eg.* my sister, won't forgive him for that.

(3) 뒤에 오는 동격표현의 뒤에만 오는 것 : *included*

Many people, my sister *included*, won't forgive him for that.

[참고 1] 관계절과 동격절은 언뜻 보기에는 비슷하지만, 관계절의 *that*은 *which*로 대치할 수 있지만, 동격절의 *that*을 *which*로 바꾸어 쓰면 비문이 된다.

The news *which appeared in these papers this morning* was well received.

*The news *which the team had won* calls for a celebration.

8.6 요약

명사는 사물의 이름을 나타내는 낱말이라고 정의할 수 있다. 명사는 그 구조에 따라 명사, 명사구, 명사절로 나눈다. 명사구는 사물의 이름을 나타내는 것들도 있지만, 부정사나 동명사와 같은 명사구나 명사절은 사물의 이름을 나타내는 것이 아니라 문장의 주어나 동사 또는 전치사의 목적어가 될 수 있다는 점에서 명사구라고 한다. 다시 말하면, 명사구나 명사절은 그들이 갖는 기능을 제외하면 명사와 아무런 공통점이 없다. 따라서 명사, 명사구, 명사절은 문법적인 기능면에서만 공통점을 가지고 있다.

　명사구의 핵어가 보통명사, 물질명사, 집합명사, 또는 추상명사일 때는 한정사, 앞자리수식어, 뒷자리수식어의 수식을 받을 수 있다. 이들 명사를 핵어로 갖는 명사구는 한정사나 수식어의 수식을 받을 수 있다. 한정사에는 중심한정사, 앞자리한정사, 뒷자리한정사가 있다. 명사를 그 앞에서 수식하는 앞자리수식어에는 형용사, 분사, 명사, 속격명사, 부사가 있다. 명사를 뒤에서 수식하는 뒷자리수식어에는 형용사구, 관계절, 동격표현 등이 있다. 동격표현은 강동격과 약동격으로 나누기도 한다. 강동격은 동격관계에 있는 두 표현의 범주가 같은 것이고, 약동격은 두 표현의 범주가 다른 경우의 동격표현을 가리킨다. 동격표현은 관계절의 경우처럼 그것이 수식하는 명사의 외연을 좁히는 기능을 갖는 것과 그것이 수식하는 명사의 외연을 좁히지 않는 것이 있다.

제 9 장
형용사

9.0 서론

형용사는 수식어이다. 형용사는 명사를 수식하거나, 문장 내에서 주어나 목적어를 서술하는 서술기능을 가지고 있다. 형용사는 대부분 *very*와 같은 강의어의 수식을 받을 수 있고, 형태상으로는(일부의 부사와 더불어) 정도를 비교하는 비교형을 갖고 있다는 점에서 다른 품사와 구별된다.[1]

9.1 형용사의 수식기능

형용사는 명사를 수식하는 기능에 따라 제한적 용법, 비제한적 용법,

---

1) 고대영어에서 형용사는 그것이 수식하는 낱말의 성, 수, 격에 따라 복잡한 어형변화를 했다. 이러한 굴절현상은 중세영어 후기부터 점차 없어지기 시작하여 현대영어에서는 모두 없어지고, 현대영어에 남아 있는 형용사의 어형변화는 비교형뿐이다.

강조적 용법의 세 가지로 나눌 수 있다.

9.1.1 제한적 용법

제한적인 용법의 형용사는 그것이 수식하는 명사의 성질이나 모양 등을 드러내어 그 명사의 외연을 좁히는 기능을 가지고 있다. 예를 들면, *a red rose*에서 형용사 *red*는 *rose*가 갖는 여러 가지 성질 중에서 '붉은'이라는 성질을 드러내어 다른 색깔을 가진 장미를 그 외연에서 제외시킴으로써 '장미'가 갖는 외연을 좁히는 역할을 한다. a *red rose*에서 *red*는 보는 사람이 색맹이 아니면 누구나 실재로 보이는 붉은 색으로 인식한다는 점에서 객관적이다. 그리고 a *red rose*에서 *red*가 갖는 기능은 말하는 사람의 감정을 나타내는 것이 아니라, 그것이 수식하는 *rose*의 외연을 좁힌다는 점에서 논리적이다. 따라서 형용사의 제한적 용법은 객관적이고 논리적이다.

Mary likes *red* roses.
We don't like *rainy* weather.

9.1.2 비제한적 용법

비제한적인 용법의 형용사는 그것이 수식하는 명사가 갖는 성질이나 모양 등을 드러내는 것이 아니라, 그것이 수식하는 명사가 가리키는 사물에 대한 화자의 주관적인 감정이나 판단을 나타내는 역할을 할 뿐 그 명사의 외연을 좁히는 기능이 없다. 그리하여 비제한적인 형용사의 수식을 받는 명사는 대부분 그 외연이 하나뿐인 고유명사이다. 예를 들면, *great Caesar*에서 *great*는 하나뿐인 시저의 외연을 좁히는 것이 아니라 시저에 대한 화자의 주관적인 감정이나 판단을 나타낸다. 왜냐하면, 모든 사람이 시저를 '위대하다'고 생각하지는 않기 때문이다. 따라서 비제한적인 용법의 형용사는 제한적인 용법의 형용사와는 달리 주관적이고 감정적인 판단을 나타낸다.

    great Caesar, *young* John, *beautiful* Korea

그러나 *young* John에서 *young*은 비제한적인 의미로는 물론, 제한적인 의미로도 해석할 수 있다. *young* John이 *old* John의 상대적 개념으로 같은 이름을 갖고 있는 두 사람 가운데 젊은 사람을 의미할 수도 있고, 한 사람을 지칭하면서도 그의 젊은 때와 늙었을 때의 John을 가리킬 수도 있다. 이런 경우 *young*은 제한적인 기능을 갖는다. 그러나 이러한 구별이나 대조의 의미가 없이 단순히 John에 대한 화자의 주관적인 감정만을 나타낼 수도 있다. 이런 경우, *young*은 비제한적으로 쓰인 것이다.

9.1.3 강조적 용법

강조적인 기능을 갖는 형용사는 그것이 수식하는 모든 명사가 갖는 성질, 즉 그 명사를 정의하는 데에 필요한 속성(definitional properties)을 드러내어 그것을 강조하기 위하여 쓰인다. 따라서 강조적으로 쓰이는 형용사는 그것이 수식하는 명사의 외연을 좁히지도 않을 뿐만 아니라, 화자의 주관적인 판단이나 감정을 나타내지도 않는다. 예를 들면, *hot fire*에서 *hot*은 모든 불이 갖는 속성이므로 *hot*이 다른 불과 구별하거나 불의 외연을 좁히지도 않으며, 사람이면 누구나 불은 뜨거운 것으로 인식하기 때문에 주관적인 판단을 나타내지도 않는다. 강조적인 용법의 형용사는 말할 필요도 없는 속성을 드러내기 때문에 중복감을 준다.

    red blood, *hot* fire, *cold* ice, *round* circles

9.2 서술기능

형용사는 주어나 목적어의 성질이나 상태를 서술한다. 이러한 기능을 하는 형용사를 주어보어나 목적어보어라 한다.

1. 주어보어(subject complement)가 되는 형용사는 동사와 결합하여 술부가 된다.

> Ann is *happy*.
> To complain may be *dangerous*.
> Playing chess can be *enjoyable*.
> Whether she will resign seems *uncertain*.

2. 목적어보어(object complement)가 되는 형용사는 단독으로 또는 부정사(infinitive)나 전치사와 결합하여 목적어를 서술한다.

> He made her *happy*.
> We consider him to be *foolish*.
> We regard him as *brilliant*.
> I consider what he did *foolish*.

3. 동사에 따라 목적어보어의 일부인 *to be*를 생략하면 비문이 되는 경우가 있다.

> (1) We consider him to be *foolish*.
>   We consider him *foolish*.
> (2) We know him to be *reliable*.
>   *We know him *reliable*.

4. 목적어보어로 쓰이는 형용사는 목적어의 상태를 나타내는 것(묘사술어)과 동사가 나타내는 동작이나 행위의 결과를 나타내는 것(결과술어)으로 나눌 수 있다(심슨, 1982., 로스스틴, 1983).

John ate the meat *raw*. ⇒ The meat is *raw*. [묘사술어]
I sent John the vase *broken*. ⇒ The vase is *broken*. [묘사술어]
He pulled his belt *tight*. ⇒ His belt is *tight*. [결과술어]
John hammered the nail *flat*. ⇒ The nail is *flat*. [결과술어]

9.3 형용사의 기능에 의한 분류

형용사가 다른 낱말에 대하여 갖는 통사적 기능에 따라 수식기능과 서술기능을 모두 갖는 중심형용사(central adjectives), 이들 두 가지 기능 중에서 어느 한 기능만 하는 주변형용사(peripheral adjectives), 수식기능을 할 때와 서술기능을 할 때 그 의미가 달라지는 형용사의 세 가지로 나눌 수 있다.

1. 수식기능과 서술기능을 모두 갖는 형용사는 명사가 갖는 지속적인 속성을 나타낸다.

This is a *beautiful* flower.
This flower is *beautiful*.
It's a terribly *cold* weather.
The weather is terribly *cold*.

2. 수식기능만 갖는 형용사는 명사의 어떤 성질을 강조하거나 명사의 외연을 좁히는 기능을 한다. 명사의 성질을 강조하는 형용사(intensifying

adjectives)는 그것이 수식하는 명사의 성질을 드러내는 것이 아니라 그 명사의 어떤 성질을 강조, 확대, 축소하는 기능을 한다. 이러한 형용사는 다시 강조형용사(emphasizers), 확대형용사(amplifiers), 축소형용사(downtoners)로 세분할 수 있다(S. 그린봄 & 쿼크, 1990, 142).

(1) 강조형용사(emphasizers)는 그것이 수식하는 명사의 어떤 면을 강조할 뿐, 그 명사의 성질을 드러내지 않기 때문에 서술적으로는 쓰이지 않는다.

  a *true* scholar ⇒ *a scholar is *true*.
  plain nonsense ⇒ *nonsense is *plain*.

(2) 확대형용사(amplifiers)는 그것이 수식하는 명사와 관련된 어떤 성질의 정도가 일반적인 기준보다 높다는 것을 나타낸다.

  a *complete* fool ⇒ *The fool is *complete*.
  a *firm* friend ⇒ *The friend is *firm*.

(3) a *complete* fool과 a *firm* friend에서 *complete*는 바보의 정도가 얼마나 완벽한가를 나타내고, *firm*은 우정의 정도가 얼마나 확고한가를 나타낸다. 그러나 *complete*나 *firm*은 *fool*이나 *friend*가 가진 고유의 속성이 아니기 때문에 이들 형용사를 서술적으로 사용하면 비문법적인 문장이 된다.

(4) 확대형용사가 강조적인 의미를 겸할 때는 서술적으로도 쓰일 수 있다.

  a *complete* victory ⇒ The victory is *complete*.
  total destruction(= the destruction of everything)

⇒ The destruction was *total*.

(5) 축소형용사(downtoners)는 그것이 수식하는 명사와 관련된 어떤 성질의 정도가 일반적인 기준에 미치지 못한다는 것을 나타낸다.

a *slight* effort, a *feeble* joke

3. 수식기능만 갖는 형용사는 그것이 수식하는 명사의 성질이나 상태를 드러내는 것이 아니라, 명사의 외연을 좁히는 기능만 갖고 있다.

a *certain* person, his *chief* excuse, the *principal* objection, the *same* student, the *sole* argument, the *only* occasion, a *particular* child, the *very* man.

[참고] 형용사 중에는 그것이 수식하는 명사의 성질에 따라 제한적으로도 쓰이고(a *certain* person = a particular person), 강조적으로도 쓰이는 것들(a *certain* winner = a sure winner)이 있다.

4. 수식기능만 갖는 형용사 중에는 부사에서 파생된 것들이 있다.

my *former* friend ⇐ *formerly* my friend
a *possible* friend ⇐ *possibly* a friend
the *present* king ⇐ the king *at present*
an *occasional* visitor ⇐ *occasionally* a visitor
the *late* president ⇐ the person who was *formerly* the president (but is now dead)

(1) 부사에서 파생된 형용사가 동사나 형용사로부터 파생된 명사를

수식할 때, 이들 형용사는 명사 속에 들어 있는 동사적 또는 형용사적 요소를 수식한다.

> an *early ri*ser ⇐ someone who rises *early*
> an *utter impossibi*lity ⇐ something that is *utterly* impossible
> a *clever lia*r ⇐ someone who lies *cleverly*
> a *heavy smo*ker ⇐ someone who smokes *heavily*
> a *sound slee*per ⇐ someone who sleeps *soundly*
> a *habitual drin*ker ⇐ someone who drinks *habitually*

5. 명사에서 파생된 형용사(denominal adjectives)는 수식기능만 있고 서술기능은 없다.

> an *atomic* scientist(= a scientist specializing in the theory of *atoms*)
>   ⇒ *A scientist is *atomic*.
> a *criminal* court(= a court dealing with *crime*)
>   ⇒ *A court is *criminal*.
> a *criminal* lawyer(= a lawyer specialized in cases of *crime*)
>   ⇒ *A lawyer is *criminal*.
> a *polar* bear(= a bear living near the *pole*)
>   ⇒ *A bear is *polar*.
> a *medical* school(= a school for students of *medicine*)
>   ⇒ *A school is *medical*.

6. 서술기능만 갖는 형용사는 대부분 그 기능이 동사 또는 부사와 비슷하다. 이러한 형용사는 그것이 서술하는 명사의 지속적인 성질이나 상태보다는 일시적인 상태나 조건을 나타내는 경향이 있다.
  (1) 건강과 관련된 형용사는 서술적으로만 쓰인다.

He felt *ill / poorly / well / faint / unwell*.

(2) *sick*는 수식적으로도 쓰이고 서술적으로도 쓰인다.

the *sick* woman
The woman is *sick*.

(3) a *well* man은 단지 미국에서만 사용된다. 영국에서는 a *healthy* man이나 a man *in good health*를 사용한다.

(4) *a-*로 시작한 형용사는 서술적으로만 쓰인다.

abloom, ajar, alive, alone, amiss, ashamed, asleep, aware, awake

(5) 보충어(complement)를 취하는 형용사는 서술적 위치에만 쓰인다. 이들 형용사가 취하는 보충어의 유형에는 전치사구, 부정사, *that* 절이 있다. 이러한 형용사의 대부분은 의미면에서 동사와 아주 유사하다.

They *are fond of* her. = They *like* her.
He *is afraid to* do it. = He *fears to* do it.

7. 수식기능과 서술기능을 모두 갖고 있는 형용사는 어느 기능을 하느냐에 따라 의미가 달라지는 경우도 있다.

the *conscious*(= *awake*) patient vs. He is *conscious*(= *aware*) of his faults. (cf. The patient is *conscious*.)

a *certain* person? vs. I am *certain* about it. (cf. There is no *certain* cure for it.)

the *late* king vs. He was *late* for school. (cf. a *late* comer)

the *present* queen vs. Many people were *present*. (cf. all the soldiers *present*)

9.4 형용사의 의미에 의한 분류

1. 형용사는 그 특성상 상태를 나타내지만, 동작을 나타내는 형용사도 있다. 특히, 주관적 판단(subjective measurement)을 나타내는 형용사는 대부분 동작을 나타내는 경우가 많다.

(1) 상태를 나타내는 형용사

happy, wise, small, old, young, pretty, beautiful, cold.

(2) 동작을 나타내는 형용사

brave, calm, cheerful, conceited, cruel, foolish, friendly, good, greedy, helpful, jealous, naughty, noisy.

2. 동작형용사는(상태형용사와는 달리) 진행형과 명령문을 만들 수 있다.

I didn't realize he was being *careful*.
*He's being *tall*.
Be *careful*!
*Be *tall*!

3. 대부분의 형용사는 정도를 나타낸다.
(1) 정도를 나타내는 형용사는 비교형을 만들 수 있다.

  tall   ~tall*er*   ~tall*est*
  beautiful   ~*more* beautiful   ~*most* beautiful

(2) 정도를 나타내는 형용사는 강조어의 수식을 받을 수 있다.

  very tall, *so* beautiful, *extremely* useful

4. 상태형용사는 일반적으로 정도를 나타내지만 *atomic*(scientist)이나 *hydrochloric*(acid)과 같은 명사로부터 파생된 상태형용사나 *British*와 같은 국적(provenance)을 나타내는 상태형용사는 정도를 나타내지 않는다.

5. 형용사는 대부분 그것이 수식하는 명사가 갖는 고유의 성질을 나타낸다. 이러한 형용사를 고유(inherent)형용사라 하고, 명사 고유의 성질이 아닌 성질을 나타내는 형용사를 비고유(noninherent)형용사라 한다.
(1) an *old* man에서 *old*는 고유형용사이다. 여기서 *old*는 *young*의 반의어로 노인을 의미한다. 그러므로 an *old* man은 the man is *old*로 바꾸어 쓸 수 있다.

  a *wooden* cross, a *firm* handshake, a *perfect* alibi, a *certain* result

(2) an *old* friend of mine에서 *old*는 비고유형용사이다. 여기서 *old*는 *new*의 반대개념으로 노인을 의미하지 않는다. 다시 말하면, an *old*

*friend of mine*은 *my friend is old*로 바꾸어 쓸 수 없다. 사람이 늙은(*old*) 것이 아니라 오래된(*old*) 것은 '친구의 우정'이기 때문이다.

a *wooden* actor, a *firm* friend, a *perfect* stranger, a *certain* winner

9.5 형용사의 어순

형용사는 수식하는 어구의 앞에서 수식하느냐 뒤에서 수식하느냐에 따라 앞자리수식 형용사와 뒷자리수식 형용사로 나눌 수 있다.

9.5.1 앞자리수식 형용사

두 개 이상의 형용사가 명사 앞에서 그것을 수식할 경우, 이들 형용사의 순서는 보통 그 의미가 더 일반적인(general) 것을 앞에 쓰고, 더 특수한(special) 것을 뒤에 쓴다. 여기서 일반적이니 특수적이니 하는 말은 낱말이 가리키는 사물이 많느냐 적느냐의 상대적인 개념이다. 이것을 논리학 용어로 바꾸어 말하면 외연이 큰 형용사를 앞에 쓰고 외연이 작은 형용사를 뒤에 쓴다. 형용사를 명사 앞에 쓰는 것은 형용사의 외연이 명사의 외연보다 크기 때문이다. 한정사(determiners)인 관사, 지시형용사, 소유형용사가 대부분 명사구의 맨 앞에 놓이는 것도 한정사의 외연이 다른 형용사보다 크기 때문이다. 명사에서 파생된 형용사는 명사보다는 외연이 크지만 다른 형용사보다는 그 외연이 작기 때문에 수식하는 명사의 바로 앞에 놓인다(예스퍼슨, 1924, 79).

1. 형용사의 어순은 너무 복잡하여 모든 형용사에 적용할 수 있는 일반적인 규칙을 찾기는 어렵다. 다음은 명사 앞에 두 개 이상의 형용사가 나타날 때 상대적인 순서를 일반화한 것이다.

한정사 - 성상형용사 - 나이형용사 - 색상형용사 - 분사 - 기원형용사 - 명사수식어 - 명사파생형용사 - 명사

2. 관사(*a / an, the*), 소유형용사(*my, your, his*), 지시형용사(*this, that*)를 포함한 한정사(determiners)는 명사구의 맨 앞에 온다.

a poor widow, *her* beautiful handwriting, *this* ugly gentleman

3. 한정사는 대부분의 명사를 수식할 수 있다는 점에서 그 외연이 같다. 따라서 한정사들은 함께 쓰일 수 없다.

*_this a_ book, *_this my_ book, *_my the_ book, *_your that_ book

4. *all*이나 *such*는 한정사가 수식할 수 있는 명사는 물론 한정사가 수식할 수 없는 명사도 수식할 수 있다는 점에서 한정사보다 더 일반적이다. 따라서 *all*이나 *such*는 한정사 앞에 온다.

all the books, *such an* interesting story, *all my* young days

5. 정도가 없는 형용사나 강조의 형용사(*certain, definite, complete, sheer, slight*)는 다른 형용사 앞에 쓴다.

certain important people, *definite* weak features

6. 명사에서 파생된 형용사와 명사 수식어가 함께 나타나면 명사 수식어가 형용사 앞에 온다.

the *London social* life　　　　a *United States political* problem

7. 명사 수식어 앞에는 기원(provenance)의 형용사가 오고, 이 형용사 앞에는 분사형용사가 온다.

a *Russian* trade delegation, *Gothic* church architecture, a *carved* Gothic doorway, some *interlocking* Chinese designs

8. 분사 앞에는 색상형용사가, 색상(colour)형용사 앞에는 나이(age) 형용사가 온다.

a *black* dividing line　　　　a *green* carved idol
an *old* blue dress　　　　　　an *old* brown coat

9. 나이형용사 앞에는 일반형용사가 온다.

a *typical / splendid* old blue ornament
a *hideous / peculiar* old carved Gothic doorway

10. 명사 앞에 오는 형용사들이 반드시 이러한 순서로 열거된 것은 아니다. 일반적으로 명사 앞에 오는 형용사는 많아야 3개 또는 4개에 불과하다. 형용사가 두 개 이상일 때는 위의 1.에서 열거한 순서대로 나타난다.

certain important people,　　　the *same restricted* income,
your *present annual* turnover,　a *funny red* hat,
an *enormous tidal* wave,　　　certain *rich American* producers

11. 외연이 같은 형용사가 둘 이상 명사 앞에 올 때는 *and*나 (,)로 연결해야 한다.

   a *tall and diligent* girl,   a *tall, diligent* girl
   *a *tall diligent* girl

12. 그러나 외연이 다른 형용사는 and나 (,)로 연결할 수 없다.

   an *adventurous young* man
   *an *adventurous and young* man

9.5.2 뒷자리수식 형용사

명사나 대명사를 뒤에서 수식하는 형용사를 뒷자리수식(postpositive) 형용사라 한다.

1. -*body*, -*one*, -*thing*, -*where*로 끝나는 부정대명사나 부정부사는 형용사가 이들 뒤에서 수식한다.

   something *good*.
   There is nothing *particular*.
   Anyone *intelligent* can do it.
   We're not going anywhere *exciting*.

2. 앞자리에서만 수식하는 형용사는 부정대명사와 부정부사를 뒷자리에서 수식할 수 없다.

   *something (which is) *main*,   *somebody (who is) *mere*,

*anywhere (which is) *former*

3. 제도와 관련된 일부의 고정표현에서는 형용사가 뒤에 온다. 이러한 형용사는 어원이 라틴어나 불어인 경우가 많다.

the president *elect*(대통령 당선자), heir *apparent*(법정추정 상속인), attorney *general*(검찰총장), notary *public*(공증인), court-*martial*(군법회의), the Princess *Royal*(왕녀, 공주), time *immemorial*(태고), China *proper* (중국 본토), a devil *incarnate*(악마의 화신), a poet *laureate*(계관시인)

4. 분사형 형용사는 뒷자리에서 수식하는 경우가 많다.

no man *living* ('who is now alive')
the authority *concerned*

5. 등위접속사에 의해 연결된 형용사나 문장부사의 수식을 받는 형용사는 뒷자리수식만 가능하다. 이때 명사구는 총칭적(generic)이거나 불확정적(indefinite)인 의미를 갖는다.

people *young and old*, a face *pale and worn*
stories *both amusing and instructive*
A man *poor but contented* is to be envied.
Soldiers *timid or cowardly* don't fight well.
A man *usually honest* will sometimes cheat.

6. 형용사가 전치사구나 *to* 부정사와 같은 보문을 동반하면 뒷자리에서 수식한다.

a *suitable* actor vs. an actor *suitable for the part*
(*a *suitable for the part* actor)
an *impossible* style vs. a style *impossible to imitate*
(*an *impossible to imitate* style)

7. 그러나 형용사가 단지 강조어의 수식만을 받으면 명사 앞에서 수식한다.

They have a *much larger* house.
*They have a house *much larger*.
The *rather timid* soldiers approached their office.
*The soldiers *rather timid* approached their office.

8. -able, -ible로 끝나는 형용사가 최상급 형용사나 다른 수식어에 의해 수식을 받으면 명사 뒷자리에 놓여 불연속적인 형용사구를 이룬다.

the *only* actor *suitable*, the *best* use *possible*,
the *greatest* insult *imaginable*

9.5.3 위치에 따라 의미가 달라지는 형용사

명사 앞에서 수식할 때와 명사 뒤에서 수식할 때 의미가 달라지는 형용사들이 있다. 앞자리에서 수식하는 형용사는 일반적으로 명사의 영속적 속성을 나타내는 반면, 뒷자리에서 수식하는 형용사는 일시적인 성질을 나타낸다.

the *visible* stars(볼 수 있는 거리 내에 있는 별) vs.

the stars *visible*(어떤 특정 시간에 볼 수 있는 별)
the *present* soldiers(현역 군인) vs.
the soldiers *present*(참석한 군인)
an *absent* air(정신이 나간 멍한 모습) vs.
the members *absent*(결석한 회원)
an *involved* problem(복잡한 문제) vs.
the problem *involved*(관련된 문제)
a *concerned* look(근심스런 표정) vs.
the authority *concerned*(관계 당국)

9.6 비교

어떤 한 성질에 대하여 둘 또는 그 이상의 사물이나 사람이 갖는 그 성질의 정도를 비교할 때 형용사의 비교형을 사용한다.

1. 형용사는 원급(absolute), 비교급(comparative), 최상급(superative)의 세 가지 형태가 있다.
2. 비교에는 우등비교, 열등비교, 동등비교의 세 가지 유형이 있다.
3. 성질의 정도 차이가 있는 형용사만 비교할 수 있다. 따라서 *alive, dead, round, unique*처럼 정도 차이가 없는 형용사는 비교형이 없다.

9.6.1 비교형의 형태

형용사의 비교형에는 형용사의 원급에 각각 굴절어미 *-er*와 *-est*를 붙여 만드는 규칙적인 것, 비교급과 최상급의 기저형이 원급의 기저형과 다르게 만들어진 것, 원급 앞에 *more*와 *most*를 붙여 비교급과 최상급을 만드는 것의 세 가지가 있다.

9.6.1.1 규칙비교

형용사의 원형(급)에 굴절어미 -er / -est를 붙여 비교급과 최상급을 만드는 비교를 규칙비교(regular comparison)라고 한다. 학자에 따라서는 이러한 규칙비교를 굴절비교(inflectional comparison), 어미변화비교(terminational comparison), 종합비교(synthetic type of comparison)라고도 한다. 이러한 명칭들은 모두 비교형의 형태가 갖는 형태상의 특징을 반영한 것이다. 이러한 비교형은 또한 역사적으로 게르만어(Germanic languages)의 전통을 계승한 고대영어의 비교변화라는 점에서 색슨 / 게르만 비교형(Saxon / Germanic comparison)이라고도 한다.

1. 굴절어미 -er / -est로 비교급과 최상급을 만들 수 있는 형용사는 보통 1음절 내지 2음절어이다.

(1) 단음절 형용사

    low, big, full (예외) *real, right, whole, wrong*

(2) 둘째 음절에 강세가 있는 2음절 형용사

    polite, profound, sincere (예외) *antique, bizarre, ornate, grotesque, a-*
로 시작하는 형용사

(3) 비강세 /i/, /ə/, /ou/나 음절자음 /l/로 끝나는 2음절 형용사

    angry, risky, clever, shallow, able, gentle

(4) 그 밖의 2음절 형용사

    brittle, common, handsome, quiet, wicked

2. 형용사의 원형에 굴절어미 -er / -est를 붙일 때, 철자와 발음상 다음과 같은 변화가 있다.

(1) 강세를 받은 단모음 뒤에 있는 단자음은 -er / -est 앞에서 하나 더 추가된다.

    big —— bigg*er* —— bigg*est* (cf. neat, thick, deaf)

(2) 어간이 [자음 + y]로 끝날 때 y는 -er / -est 앞에서 -i로 변한다.

    pretty —— *prettier* —— *prettiest* (cf. *shy* —— *sly* —— *spry*)

(3) 어간이 발음되지 않은 -e로 끝나거나, -ee로 끝나는 경우, 마지막 e가 탈락된다.

    wise —— *wiser* —— *wisest*
    free —— *freer* —— *freest*

(4) 음절자음(syllabic consonant) *l*은 굴절접미사가 추가될 때 음절자음의 기능이 없어진다.

    simple —— simpler —— simplest
    noble —— nobler —— noblest

(5) 발음되지 않은 어말 -r은 굴절어미 앞에서는 발음된다.

    poor[puə] —— poorer [puərə] —— poorest [puərist]

(6) 철자상 두 가지 변이형을 갖는 형용사도 있다.

    cruel   —— *crueller*   —— *cruellest*
                  —— *crueler*   —— *cruelest* (특히 미국영어)

9.6.1.2 우언비교(periphrastic comparison)

형용사의 원급 앞에 *more*와 *most*를 붙여 비교급과 최상급을 나타내는 비교를 우언비교라 한다. 이러한 비교형은 비교어미를 따로 떼어내어 독립된 낱말로 비교의 의미를 나타내고 있다는 점에서 분석적 비교(analytic type of comparison)라고도 하고, 중세영어에서 불어의 영향을 받았다고 하여 불어형 비교(French comparative forms)라고도 한다.

1. 2음절이나 3음절 이상의 형용사

    honest —— *more* honest —— *most* honest
    beautiful —— *more* beautiful —— *the most* beautiful

[참고] 3음절의 형용사라 하더라도 부정접두사 *un-*을 가진 형용사는 규칙변화 비교형을 갖는다.

    unhappy —— *unhappier* —— *unhappiest*
    untidy —— *untidier* —— *untidier*

2. 분사형용사

    interesting —— *more* interesting —— *most* interesting
    wounded —— *more* wounded —— *most* wounded

3. 국적표현

　　Korean —— *more* Korean —— *most* Korean

4. 어형변화에 의해 비교를 나타내는 대부분의 형용사는 우언적 비교도 가능하다. *more*는 형용사가 서술적으로 사용되고 다음에 *than* 절이 따라올 때 더욱 자주 쓰인다.

　　He is *more wealthy* than I thought. (cf. a *wealthier* family)

5. 단음절형용사가 우언비교 형태를 갖는 경우도 있다.

　　like, more like, most like　cf.liker, likest
　　real,　more rel, most real
　　wrong,　more wrong, most wrong

6. 규칙변화를 하는 형용사라 하더라도 하나의 사람이나 사물에 대하여 두 가지 성질을 비교할 때는 우언적 비교형을 쓴다.

　　Henry is *more wise than rich.*

9.6.1.3 불규칙 비교형
1. 불규칙 비교형은 원급의 기저형이 비교급과 최상급의 기저형과 다르다.

good(well)	better	best
bad(ill)	worse	worst

little   less   least

[참고] -er로 끝나지 않은 비교급의 형태는 *worse*와 *less* 둘뿐이다.

2. 형용사 중에는 비교급과 최상급이 두 개인 경우가 있다.

   far   *further / farther*   *furthest / farthest*
   late   *later / latter*   *latest / last*
   old   *older / elder*   *oldest / eldest*

(1) *farther* —— *farthest*는 공간(시간)상의 거리를 나타내는 데 반해 *further* —— *furthest*는 정도의 비교를 나타낸다.

(2) *old*는 가족구성원의 출생 순서를 나타내는 경우 *elder* —— *eldest*로 변화한다.

   My *elder / eldest* sister is an artist.
   John is the *elder*.

[참고] *elder*는 than 앞에 나올 수 없다는 점에서 진정한 비교급이 아니다.

   My sister is three years *older / *elder* than me.

9.6.1.4 복합어의 비교형
1. 복합어의 첫번째 요소가 규칙비교나 불규칙비교가 가능한 경우에는 첫번째 요소를 비교형으로 만든다.

hard-working, *harder*-working, *hardest*-working
well-known, *better*-known, *best*-known

2. 복합어의 첫번째 요소의 변화가 불가능하거나 또는 가능하다 할지라도 낱말들간의 관계가 밀접할 때는 우언적 비교형을 쓴다.

up-to-date, *more* up-to-date, *most* up-to-date
well-to-do, *more* well-to-do, *most* well-to-do

3. 복합어의 마지막 요소를 비교형으로 만들 때는 굴절비교를 한다.

bloodthirsty —— *bloodthirstier* —— *bloodthirstiest*

9.6.2 비교의 유형

비교는 그것이 나타내는 비교의 대상에 따라 우등비교, 동등비교, 열등비교의 세 가지로 나눈다.

9.6.2.1 우등비교

우등비교(comparison to a higher degree)는 둘 이상의 사람이나 사물이 하나의 성질에 대하여 그 정도가 상대적으로 더 높거나 가장 높다는 것을 나타내는 비교형식이다. 따라서 비교급이나 최상급으로 나타내지는 성질의 정도가 원급으로 나타내지는 정도보다 낮은 경우가 많이 있다. 예를 들면, 세 살 먹은 어린이는 두 살 먹은 어린이보다 나이가 더 많지만 그 아이는 결코 나이 많은(*old*) 아이는 아니라는 것을 보면 비교급이나 최상급의 의미는 절대적이 아니라 상대적이라는 것을 알 수 있다. *The Short Oxford Dictionary*와 *The Shorter Oxford Dictionary*

중에서 후자의 사전이 전자의 사전보다 더 큰 사전이다. 이것은 *The Shorter Oxford Dictionary*를 *The Short Oxford Dictionary*와 비교한 것이 아니라 원본 *The Oxford Dictionary*와 비교한 데서 생긴 비교의 의미이기 때문이다.

우등비교의 대표적인 형식으로는 [비교급 + *than*]이나 [*the* + 최상급 + *of all*(or *in*)], 또는 [*the* + 비교급(*of the two*)] 등이 있다. 접속사 *than* 이하는 생략될 수 있다.

    Anna is *cleverer / more clever* than Susan.
    Anna is the *cleverest of all* the girls in her class.
    John is the taller of the two.

9.6.2.2 동등비교

동등비교(comparison to the same degree)는 두 사람이나 사물이 동일한 정도의 성질을 나타내는 데 사용된다.

1. 동등비교는 긍정문에서는 [*as* … *as*]가 쓰이고, 부정문에서는 [*as* … *as*]도 쓰이지만, [*so* … *as*]가 더 격식을 갖춘 표현이다.

    Anna is *as tall as* Bill.
    Anna is not *so tall as* John.

2. [*be* + *not*]이 축약될 때는 부정문에서도 [*as* … *as*]가 쓰인다.

    Iron isn't *as* heavy *as* gold.

3. 동등비교의 형용사 앞에는 *very*를 쓸 수 없다.

*Anna is *as very tall as* Bill.

4. 동등비교의 종속절이 부정문이면 비문이 된다.

*Anna is *as tall as* Bill is not.

5. 동등비교의 형용사를 종속절에서 반복하면 비문이 된다. 그러나 성질이 다른 형용사의 정도가 같다는 것을 비교할 때는 종속절에서도 비교의 형용사를 쓴다.

*Anna is *as tall as* Bill is *tall*.
John is *as stupid as* his wife is *clever*.

9.6.2.3 열등비교

열등비교(comparison to a lower degree)는 두 사람이나 사물 중의 하나가 형용사가 나타내는 성질에 대하여 그 정도가 낮다는 것을 나타내는 데에 사용된다. 열등비교를 나타내는 형식으로는 형용사 앞에 *less* 와 *the least*를 쓴다.

This problem is *less difficult* than the previous one.
It is the *least difficult* problem of all.

9.6.3 특수 비교구문

1. 비교급 구문

(1) [*the* + 비교급 …, *the* + 비교급]은 비례를 나타내는 비교급으로 '…하면 할수록 그만큼 더'의 의미를 지닌다. 이때 앞의 *the*는 두 절을

연결하는 기능을 가지고 있다는 점에서 관계부사 또는 접속부사라 하고, 뒤의 *the*는 앞절의 내용을 가리킨다는 점에서 지시부사로 분류하기도 한다.

The more medicine I take, *the worse* I feel.
The smaller it is, *the less* it will cost us to heat.

(2) 두 비교절의 동사가 *be* 동사이면, *be* 동사를 생략할 수 있다.

The better the university's reputation (is), *the better* are its graduates' chances of getting a good job.
The higher the price (is), *the* lower the demand (is).

(3) 문맥이나 상황에 따라 알 수 있는 경우, 두 비교절의 주어와 동사가 생략될 수 있다.

The more, the better.
The bigger, the better.

(4) 문맥에 따라 유추가 가능한 경우, 앞의 [*the* + 비교급]은 생략할 수 있다.

He is none *the happier* for all his wealth.
They are *none the wiser*.

(5) 절대비교급(absolute comparative)은 *than* 이하의 표현이 없기 때문에 비교의 대상이 명시되지 않는다.

the *younger* generation, the *higher* education,
the *lower / upper* class

(6) [비교급 and 비교급]은 정도가 점점 더 높아지거나 낮아질 때 사용하는 비교급이다.

It grew *later and later*, and at last I was as tired as he.

(7) 동일 개체의 서로 다른 속성을 비교할 때 보통 *more*를 쓴다. 그러나 척도를 나타내는 *high, long, tall, thick, wide* 등은 *more*를 쓰지 않고 굴절어미를 쓴다.

She is *more keen than wise*.
The shop is *longer* than wide.

(8) 비교급은 강조어의 수식을 받을 수 있다.

much easier, *somewhat* shorter, *much more* difficult,
a lot more inconvenient, *very much* better, *a good deal* sooner

(9) *more*는 다음과 같은 표현에도 사용된다.

He is *more than happy* about it. (= He is happy about it to a degree that is not adequately expressed by the word *happy*.)
He is *more good than bad*.
(= It is more accurate to say that he is *good* than that he is *bad*.)

2. 최상급 구문

최상급은 셋 이상의 사물이나 사람 중의 하나가 다른 사물이나 사람보다 형용사가 나타내는 성질에 대하여 그 정도가 가장 높다는 것을 나타내는 표현방식이다. 최상급은 그 의미에 따라 상대최상급과 절대최상급의 두 가지로 나눌 수 있다.

(1) 상대최상급(relative superative)은 형용사가 나타내는 성질에 대하여 어느 한 사람이나 사물이 둘 이상의 다른 사람이나 사물과 비교하여 그 정도가 최상임을 나타낸다. 상대최상급은 보통 [*the* + 형용사의 최상급 + *of*(또는 *among*)]의 형식을 취한다.

    Anna is *the most intelligent* student in the class.
    Mary is *the happiest* of us all.
    This is *the most difficult* question of all.
    He has *the most beautiful* garden in the village.

(2) 절대최상급(absolute superlative)은 상대최상급과는 달리 비교의 대상을 밝히지 않고 다만 형용사가 나타내는 성질의 정도를 강조하는 표현형식이다. 절대최상급은 형용사 앞에 *a most*나 *most*를 붙여 나타낸다.

    Della is a *most* efficient publisher.
    Everybody has been *most kind*.
    She is a *most beautiful* lady.
    She is *most beautiful*.

(3) 상대최상급에서는 강세가 *most*에 오지만, 절대최상급에서는 강세가 형용사에 온다.

He has *a most lOvely* garden.

He has *the mOst beautiful* garden in the village.

(4) 한 개체의 속성을 서술적으로 나타낼 때는 최상급 앞에 *the*를 쓰지 않는다.

This lake is *deepest* at this point.
(cf. Of these lakes this one is the deepest.)
He was *most eloquent* at the close of his speech.
The average air pressure is *highest* at sea level.

(5) 최상급은 원급이나 비교급의 경우와는 달리 *ever, by far*와 같은 강의어의 수식을 다음과 같은 식으로 받을 수 있다.

the *youngest* candidate *ever*

by far the *best* solution

(6) 최상급의 의미는 원급과 비교급으로도 나타낼 수 있다.

The train has *never* seemed *so slow as* that day.
He's *as great* a conductor *as* ever lived.
Nothing can be *more* simple.

9.6.4 형용사의 특수용법

정도의 차이가 있는 성질이나 상태를 나타내는 형용사는 그 형용사의 모든 정도를 대표하는 대표형용사와 어느 한 정도만을 나타내는 비대표형용사로 나눌 수 있다.

1. 대표형용사(adjective of reference)에는 *long, tall, old, wide, deep, high, thick* 등이 있다.

(1) 대표형용사는 *How* ──?로 그 정도를 물을 수 있는 형용사이다. 그리고 이러한 의문에 대한 대답으로 정도를 나타내는 부사와 함께 쓰이는 형용사이다. 아래 물음과 대답에서의 *old*는 그것이 나타낼 수 있는 모든 정도를 대표하는 대표형용사이다. *old*가 대표형용사로 쓰일 때는 '늙은'이 아니라 '나이가 몇 살'이라는 의미이다.

    How *old* is he?
    He is six years *old*. / He is ninety years *old*.

그러나 an *old* man에서 *old*는 어느 한 정도만을 나타내는 비대표형용사이다. *old*가 비대표형용사로 쓰일 때는 '늙은'을 의미한다. 국어에서는 이처럼 *old*에 상응하는 형용사는 대표형용사와 비대표형용사가 서로 다른 형태를 가지고 있다.

(2) 대표형용사가 동등비교, 우등비교, 최상급으로 쓰일 때는 비대표형용사의 의미를 갖지 않는다. 이러한 구문에서의 *old, older, oldest*는 '나이가 같은, 나이가 더 많은, 나이가 가장 많은'으로 번역된다.

    He is as *old* as she. / He is *older* than her. / He is *the oldest* of us.
    ⇏ He is an *old* man.

(3) 대표형용사들 중에는 *old* 종류와는 달리 '*How* ──?'에 대한 대답에서 그 정도/수치를 나타내는 낱말 다음에 쓸 수 없는 것들이 있다.

big, heavy, bright, large, fat, strong 등이 여기에 속하는 대표형용사이다.

> How *heavy* is he?
> He is *sixty pounds*. / *He is *sixty pounds heavy*.

2. 비대표형용사(adjective of description)는 형용사가 나타내는 성질이나 상태의 전반적인 정도를 대신하는 것이 아니라, 다만 그 형용사가 나타내는 성질의 정도만 나타낸다. 그러므로 비대표형용사는 보통 'How ──?'의 의문문에서 대표적인 뜻으로 쓰이지 않는다. 이러한 비대표형용사로는 *young, narrow, short*(*long*이나 *tall*의 반대어), *shallow, low, thin*(*thick*나 *fat*의 반대어), *small, light, dim, little, weak* 등이 있다.

> How *old* are you? / *How *young* are you?
> How *long* is it? / *How *short* is it?

9.7 형용사의 보충어

형용사의 보충어는 동사가 보어나 목적어를 취하여 그 의미를 완전하게 하듯이 그 의미를 완전하게 나타내기 위하여 형용사가 취하는 여러 가지 형태의 표현을 말한다. 형용사의 보충어가 되는 표현에는 다음과 같은 것들이 있다.

9.7.1 전치사구

형용사는 그 다음에 나오는 전치사와 하나의 어휘단위를 형성할 수 있다. 형용사는 전치사를 수의적으로 취하거나 의무적으로 취해야 하는 경우가 있다. 전치사를 반드시 취하는 형용사 중에는 *subject* (*to*)와 *tantamount* (*to*)가 있다.

> about : afraid, happy, annoyed, reasonable, worried
> at : alarmed, clever, good, hopeless
> for : grateful, sorry
> from : averse, different, distant, distinct, free
> of : afraid, aware, conscious, fond, full, tired
> on / upon : bent, dependent, keen, based, set
> to : averse, close, due, grateful, happy, loath, similar, subject, tantamount
> with : bored, friendly, happy, pleased

9.7.2 *that* 절

형용사의 보충어로 사용된 *that* 절에서는 직설법 동사, 가정법 동사, 또는 추정을 나타내는 *should*가 쓰일 수 있다.

1. 확신을 나타내는 형용사(*aware, certain, confident, sure*)의 보충절에는 직설법 동사를 쓴다.

> He was *aware* that he had drunk too much whisky.
> We were *confident* that Karen *was* still alive.
> It is almost *certain* that he will be elected president.

2. 의지를 나타내는 형용사(*anxious, eager, willing*)의 보충절에서는 가정법 동사나 추정의 *should*를 쓴다.

I am *anxious* that he *be / should* be permitted to resign.

3. 감정을 나타내는 형용사(*angry, annoyed, glad, pleased, surprised*)의 보충절에는 추정의 *should*를 쓴다. 그러나 *that* 절이 사건(event)을 나타낼 때는 직설법 동사가 쓰인다.

I am sorry (that) you *should have* been (so) inconvenienced.
I am sorry (that) you *have* to leave so early.
I am surprised (that) anyone of your intelligence *should swallow* a lie like that.
I am surprised (that) you *didn't call* the doctor before.

4. 다음 문장의 *that* 절은 그에 선행하는 형용사의 보충절이 아니고 전체문장의 주어인 절이 외치(extraposition)된 것이다. 여기서 *that* 절에 있는 *should*는 *that* 절이 사실을 나타낸다기보다는 화자의 심적인 상태(mood)를 나타내는 서상의 *should*라고 한다. 그러나 *that* 절의 정형동사는 *that* 절이 사실이라는 것을 나타낸다.

It is *true* that she is a vegetarian.
It is essential that the ban (*should*) be / is lifted tomorrow.
It is strange that she *is / should* be so late.

5. *doubtful, careful, unclear*와 같은 형용사는 *wh*-절을 보어로 취한다. 이때 주어는 경험자(experiencer)이고 형용사 뒤에 오는 전치사는 수의적이다. 그리고 *wh*-절이 전체문장의 주어일 때는 외치될 수 있다.

I was *doubtful* (as to) whether I should stay.

He is *careful* (about) what he does with his money.
It was *unclear* what they would do.
It was not *obvious* how far the modernization would go.

9.7.3 부정사

to 부정사를 보충어로 취하는 형용사는 통사적 특성에 따라 그 유형을 다음과 같이 세분할 수 있다.

1. Bob is *foolish* to wait.
(1) 이 유형에 속하는 부정사의 주어는 주절의 주어(Bob)와 동일하다.

(2) 이 유형은 부정사가 타동사이면 직접목적어를 취할 수 있다.

    Bob is *foolish* to build *this house*.
    He is *careful* to tell *the truth* at all times.

(3) 이 유형은 외치구조로 바꾸어 쓸 수 있다.

    It is *foolish* of Bob to wait.
    It was very *kind* of you to invite me to dinner.

(4) 이 유형은 형용사와 부정사 사이에 핵명사를 넣을 수 있다.

    Bob must be a *foolish man* to have built this house.
    John was a *good man* to help that old woman.

(5) 이 유형에 속하는 형용사에는 *careful, crazy, mad, nice, silly, splendid, wise, wrong* 등이 있다.

2. Bob is *slow* to react.

(1) 이 유형에 속하는 부정사의 주어는 주절의 주어(Bob)와 동일하다. 따라서 이 유형의 부정사를 주절의 동사로 바꾸고 형용사는 동사를 수식하는 부사로 바꾸어 쓸 수 있다.

    Bob is *slow* to react. ⇒ Bob *reacts slowly*.
    You are *very kind* to lend him some money.
    ⇒ You *lend* him some money very kindly.

(2) 이 유형의 형용사는 그 다음에 *in*을 쓰고 부정사는 *-ing* 형으로 바꾸어 쓸 수 있다.

    Bob is slow *in reacting*.
    They are very inconsiderate *in having asked* you to give up your one free evening.

(3) 이 유형에 속하는 형용사에는 *quick, prompt* 등이 있다.

3. Bob is *sorry* to hear it.

(1) 이 유형에 속하는 부정사의 주어는 주절의 주어(Bob)와 동일하다.

(2) 이 유형의 형용사는 감정을 나타내며, 부정사는 형용사가 나타내는 감정의 원인이나 이유를 나타낸다.

I am *sorry* to have kept you waiting. (= I'm *sorry* because I have kept you waiting.)

I was *excited* to be there. (= To be there excited me.)

(3) 이 유형에 속하는 형용사에는 *afraid, ashamed, disappointed, glad, happy, interested, surprised* 등이 있다.

4. Bob is *willing* to agree with you.
(1) 이 유형에 속하는 부정사의 주어는 주절의 주어(Bob)와 동일하다.
(2) 이 유형의 형용사는 의지, 능력, 가능성을 나타낸다.
(3) 이 유형의 형용사에는 *able, anxious, certain, eager, hesitant, inclined, keen, likely, ready, sure* 등이 있다.

5. Bob is *hard* to convince.
(1) 이 유형에 속하는 문장의 주어는 부정사의(표현되지 않은) 목적어와 동일하다. 따라서 부정사는 항상 타동사여야 한다.

It is *hard* to convince Bob.
To convince Bob is *hard*.
*Bob is *hard* to arrive.

(2) 이 유형에 속하는 형용사의 보충어인 부정사의 주어는 주절의 주어와 다르다. 따라서 부정사의 주어는 [*for* + 명사]의 형식으로 표현되거나 그렇지 않을 경우, 문맥에 의해 그 주어를 알 수 있다.

It is *hard for her* to convince Bob.
It is *difficult for you* to solve this problem.

(3) 이 유형에 속하는 형용사에는 *difficult, easy, impossible, pleasant* 등이 있다.

6. The food is *ready* to eat.

(1) 이 유형의 형용사를 포함한 주절의 주어는 5.에서처럼 부정사의 목적어와 동일하다. 그러나 이 유형의 형용사로 된 술부는 부정사를 주어로 가질 수 없다.

>The food is *ready (for you)* to eat.
>∗To eat the food is *ready*.

(2) 이 유형의 형용사 구문은 일반적으로 부정사를 생략할 수 있다.

>The food is *ready*.

(3) 이 유형의 형용사 구문에서는 부정사를 수동형으로 바꾸어도 의미에 영향이 없다.

>The food is *ready to be eaten*.

(4) 이 유형에 속하는 형용사에는 *available, free, soft* 등이 있다.

7. It is *important* to be accurate.

(1) 이 유형에 속하는 형용사 구문의 주어는 부정사 구문(또는 *that* 절)이 된다. 이들 주어는 보통 외치된다.

>It is *essential* (for you) to spray the trees every year.

To spray the trees every year is *essential*.

(2) 이 유형에 속하는 형용사에는 *fortunate, important, possible, surprising, wrong* 등이 있다.

8. The lamb is *ready* to eat.
(1) 이 유형에 속하는 형용사 구문의 주어는 부정사의 주어나 목적어가 될 수 있다. 따라서 *The lamb is ready to eat*은 중의적이다.
① The lamb is *ready* to eat something.
② The lamb is *ready* to be eaten.

(2) 이 유형에 속하는 형용사에는 *available, fit, free, ready* 등이 있다.

9.7.4 -*ing*형 보충어

1. 형용사가 취하는 -*ing*형 보충어는 형용사가 전치사를 수반하면 -*ing*형 보충어는 동명사구문으로, 전치사를 수반하지 않으면 분사구문으로 분석할 수 있다.
(1) 전치사의 수반이 수의적인 형용사

I'm *busy* (*with*) getting the house redecorated.
We're *fortunate* (*in*) having Aunt Mary as a baby-sitter.

(2) 전치사의 수반이 의무적인 형용사

We are *used to* not having a car.
She's not *capable of* looking after herself.

2. 보충어를 수반하는 형용사가 명사를 수식하면, 형용사와 그 보충어는 분리될 수 있다.

This is a *different / same* story *from what you told me yesterday*.
This is the *same* request *that you made last week*.
He turned out to be as *nice* a man *as he looked*.
They have a *larger* house *than yours*.
The *easiest* boys *to teach* were in my class.
He has *enough* money *to be independent*.

3. 그러나 형용사의 보충어가 *of* 구이면 형용사와 분리될 수 없다.

He is a man *deserving of* sympathy.
   ⇒ *He is a *deserving* man of sympathy.
It was a conference *fruitful* of results.
   ⇒ *It was a *fruitful* conference of results.

4. enough, too, so의 수식을 받은 형용사가 [(무)관사 + 명사] 앞에 오면 형용사와 그 보충어는 분리된다.

She is *brave enough* a student *to attempt the course*.
It was *too boring* a book *to read*. (···a book too boring to read)
They are *so difficult* people *to please*. (···people so difficult to please)

5. 그러나 enough와 too의 수식을 받는 형용사는 주격보어나 목적격 보충어인 경우에만 그 형용사의 보충어와 분리될 수 있다.

*Brave enough a student to attempt the course deserves to succeed.

6. so의 수식을 받은 형용사는 주어의 일부일 때도 그것의 보충어와 분리되어 나타날 수 있다.

A man *so difficult to please* must be hard to work with.
So difficult a man *to please* must be hard to work with.

9.8 형용사절

명사를 수식하여 그 명사의 외연을 제한하는 절을 형용사절이라 한다. 형용사절에는 관계대명사절과 관계부사절이 있다. 관계절은 명사를 뒷자리수식한다.

1. *wh*-형 관계대명사는 제한적 용법과 비제한적 용법으로 쓰인다.

(1) My brother *who is a doctor* is in New York now.
(2) My brother, *who is a doctor*, is in New York now.

예문 (1)에서 제한적인 용법의 관계대명사절은 선행사 *my brother*를 수식하여 *my brother*의 외연을 좁히는 역할을 한다. 즉, 형제 중에서 의사인 한 명의 형제로 그 외연을 좁힘으로써 둘 이상의 형제가 있음을 암시한다. 반면, (2)에서 비제한적인 용법의 관계대명사절은 선행사(형제)의 외연을 좁히는 데에 목적이 있는 것이 아니라, 하나뿐이거나 청자가 알고 있는 선행사(형제)에 대하여 그가 의사라는 사실을 추가하는 기능을 하고 있다.

2. 비제한적 관계대명사절은 선행사의 외연을 좁히는 것이 아니라 선행사에 대한 화자의 주관적 판단이나 부수적 정보를 나타낸다. 따라서 고유명사와 같이 그것의 지시대상이 하나밖에 없는 명사는 제한적 관계대명사절의 수식을 받을 수 없다.

> Last year I visited London, *which I wanted to visit so much.*
> Then he met Babara, *who invited him to a party.*

3. 비제한적 용법의 형태상의 특징은 쉼표(,)를 사용하는 것이지만, 쉼표없이 쓰이는 비제한적 구문도 있다.

> He shrinks against the policeman *who stretches out his arm in a commanding and protective manner.*

4. 관계대명사 중에서 *who*와 *which*, 관계부사 중에서 *when*와 *where*만 제한적 용법과 비제한적 용법을 모두 갖는다. 그러나 관계대명사 *that*과 관계부사 *why*, *how*는 제한적 용법으로만 쓰인다.

> This is the most valuable book *that* we have in this library.
> *This is the most valuable book, *that* we have in this library.
> Please tell me the reason *why* you are so late this morning.
> *Please tell me the reason, *why* you are so late this morning.
> *He kindly told us the way, *how* he managed to get rid of it.

5. 관계부사 *how*는 그의 선행사 *the way*와 함께 쓰이면 비문법적인 문장이 되고, 관계사 *how*를 포함한 문장은 선행사를 생략하거나 *how*를 생략해야 정문이 된다.

*That's *the way how* she spoke.
That's *how* she spoke.
That's *the way* she spoke.

6. 대부분 관계대명사절은 바로 앞에 있는 명사를 수식한다. 그러나 문장의 균형을 유지하기 위해 관계대명사절과 선행사가 분리되어 나타나는 경우가 있다.

He is the genuine artist *who makes the greatest variety express the greater unity*.

7. 두 개의 관계대명사절이 하나의 선행명사를 수식 제한하는 경우가 있다.

Is there anything *you want that you have not*?

8. 관계대명사가 바로 앞의 선행사를 직접 수식하지 않을 수도 있다. 다음 예문에서 관계절은 *the wife*나 *the Colonel*을 한정하는 것이 아니라 *it*과 관련된다.

It is the wife *that decides*.
　⇒ *The wife* is the deciding person.
It is the Colonel *that I was looking for*.
　⇒ *The Colonel* was the man I was looking for.

9.9 요약

형용사는 성질이나 상태를 나타내며, 명사를 수식하거나 주어나 목적어를 서술하는 기능을 가지고 있다. 형용사는 제한적 기능, 비제한적 기능, 강조적 기능을 가지고 있다. 제한적으로 쓰이는 형용사는 그것이 수식하는 명사의 외연을 좁히며, 비제한적으로 쓰이는 형용사는 그것이 수식하는 명사에 대한 화자의 판단이나 부수적인 정보를 나타내고, 강조적으로 쓰이는 형용사는 그것이 수식하는 명사를 정의하는 데에 필요한 속성을 드러내어 그 속성을 강조한다.

형용사는 명사의 앞이나 뒤에서 명사를 수식한다. 두 개 이상의 형용사가 명사 앞에서 명사를 수식할 때는 일반적인 성질을 나타내는 형용사, 즉 외연이 큰 형용사가 외연이 작은 형용사의 앞에 온다. 정도의 차이가 있는 성질을 나타내는 형용사는 비교급과 최상급의 비교형을 가질 수 있다. 비교에는 우등비교, 동등비교, 열등비교의 세 가지가 있다. 형용사는 동사처럼 그 의미를 완전하게 하기 위하여 보충어를 취하는 것들이 있다. 형용사의 보충어가 될 수 있는 표현에는 전치사구, that-절, 부정사, 현재분사, 동명사 등이 있다.

제10장
대명사

10.0 서론

대명사(pronoun)라는 용어는 본래 그것이 이름 대신에 쓰인다는 데서 유래한 것이다. 대명사는 대용어(pro-forms)의 일종으로, 특히 명사나 명사구와 밀접한 관계가 있지만, 그 쓰임이 너무나 다양하여 한마디로 정의하기 어렵다. 그러나 모든 대명사가 갖는 공통적인 특징은, 그것이 가리키는 의미가 문법의 규칙과 그것이 나타나는 문맥이나 상황에 의해 결정된다는 점이다.

1. 대명사는 문장 내에서 주어, 목적어, 보어로 쓰일 수 있다는 점에서 명사구와 같은 문법적인 기능을 하면서도, 다음과 같이 명사와 다른 여러 가지 특성을 가지고 있다.

(1) 대명사의 첫머리에 오는 *th*의 발음은 모두 유성음 [ð]이다.

> *they, their, them, this, these, that, those*   cf. *there, the, then*

(2) 대명사는 관사나 형용사의 수식을 받을 수 없다.

　　　　＊the *he* / the boy　　　　＊a tall *he* / a tall boy

　(3) 인칭대명사는 명사에는 없는 인칭, 성, 수, 격을 나타내는 형태상의 구별이 있다.

　　I / *you* / *he* ; *he* / *she* / *it* ; *I* / *we*, *he* / *they* ; *I* / *me*, *he* / *him*, *she* / *her*

　(4) 명사는 보통 단수와 복수가 형태상으로 공통점이 있지만(*boy* / *boys*, *ox* / *oxen*, etc.), 대명사의 단수와 복수 사이에는 *you*를 제외하고는 형태상의 공통점이 없다(*I* / *we* ; *he*, *she*, *it* / *they*).

　(5) 대명사가 명사구 대신에 쓰이는 품사라는 것은 명사의 반복을 피하기 위하여 쓰이는 대명사의 경우에만 해당되는 협의의 정의이다(I met a boy yesterday. *He*(= the boy) told me that *he* is your son). 이런 경우의 대명사(*he*)는 반복된 언어표현(*the boy*)을 대신하고 있다. 그러나 *I* / *we*나 *you*와 같은 인칭대명사는 언어표현 대신에 쓰인 것이 아니라, 말하는 사람이나 듣는 사람 자체를 대신한다. 이와 같이 명사처럼 사물을 직접 가리키는 대명사로는 인칭대명사가 대표적인 예이다. 그러나 대명사가 이처럼 사물을 직접 가리킨다 하더라도 명사와는 달리, 같은 상황(situation)에서도 말하는 사람이나 듣는 사람이 바뀌면 *I*나 *you*의 의미(가리키는 대상)가 바뀌지만, *Korea*, *boy*, *water* 등과 같이 명사는 말하는 사람이나 상황이 바뀌어도 그 의미가 변하지 않는다는 차이가 있다.
　2. 대명사는 보통 인칭대명사(personal pronouns), 관계대명사(relative pronouns), 의문대명사(interrogative pronouns), 지시대명사(demonstrative pronouns), 부정대명사(indefinite pronouns) 등으로 나눈다.

10.1 인칭대명사

인칭대명사는 그것이 가리키는 대상에 따라 일인칭대명사, 이인칭대명사, 삼인칭대명사로 나눈다. 일인칭대명사는 화자를, 이인칭대명사는 청자를, 삼인칭대명사는 나머지 모든 것을 가리킨다. 일인칭, 이인칭, 삼인칭의 '일', '이', '삼'은 구별하기 위해 순서만을 나타내는 서수이므로 수량과는 관계가 없다. 일인칭과 이인칭은 인칭대명사의 용어 그대로 사람을 가리키지만 삼인칭은 사람뿐만 아니라(he, she, they), 사물도 가리킨다(it, they)는 점에서 인칭대명사의 '인칭'은 엄격히 말하면 그 의미와는 관계가 없는 순전히 문법적인 용어이다. 그리하여 문법용어 중에서 인칭대명사란 용어가 가장 잘못 만들어진 용어라는 주장이 나오기도 했다(예스퍼슨, 1924).

1. 인칭대명사의 복수형은 형태적으로 단수형과 관계가 없을 뿐만 아니라(I / we, it / they), 명사의 경우와는 달리 두 개 이상의 같거나 비슷한 사물을 나타내지 않는 경우가 있다(I / we, you / you, it / they).

2. 명사처럼 대부분의 대명사는 공통격(common case : *children, someone*)과 소유격(genitive case : *children's, someone's*)만 있다. 그러나 인칭대명사 I, we, he, she, they와 wh-대명사 who는 주격(*I, we, he, she, they, who*), 소유격(*my, our, his, her, their, whose*), 목적격(*me, us, him, her, them, whom*)이 있다. 명사구는 's를 붙여 소유격을 만들지만, 대명사는 별개의 어형을 가지고 있다(I / my, you / your, he, she, it / his, her, its, etc.). it의 소유격(its)은 어포스트러피(')를 쓰지 않고 -s만 it 뒤에 붙여 만든다.

3. 인칭대명사를 인칭, 성, 수, 격에 따라 분류하면 다음과 같다.

인칭	단수 / 복수	남성 / 여성 / 중성	주격 / 소유격 / 목적격
일	I / we	I / we	I / we, my / our, me / us
이	you / you	you / you	you, your, you
삼	he, she, it / they	he, she, it / they	he / his / him, she / her / her, it / its / it, they / their / them

4. 비격식 표현이기는 하지만, 인칭대명사가 형용사의 수식을 받을 경우, 대명사는 목적격을 취한다. 이때, 형용사는 수식하는 대명사의 외연을 좁히는 제한적 기능을 하지 않고, 화자의 주관적인 감정을 나타내는 비제한적 기능을 한다.

Poor me!   *Clever you!*   *Good old him!*

5. 일인칭과 이인칭복수대명사는 동격명사의 수식을 받을 수 있다.

You nurses have earned the respect of the entire country, and *we politicians* must see that you get a proper reward.

6. 일인칭과 이인칭복수대명사는 각각 here와 there의 수식을 받을 수 있다.

Whatever you others do, *we here* would be willing to leave now. Could *you there* collect your passports at the desk?

7. 일인칭과 이인칭복수대명사는 전치사구의 수식을 받을 수 있다.

It is very much the concern of *you / us in the learned professions*.

8. 인칭대명사를 강조할 때는 재귀대명사로 수식할 수 있다.

I myself, she herself, they themselves

9. 복수인칭대명사는 *all, both, each*의 수식을 받을 수 있다.

We all accept responsibility.
You both / they each need help.

10. 격식을 갖춘 표현(formal style)에서는 인칭대명사가 관계대명사 절의 수식을 받을 수 있다.

We who fought for this principle will not lightly abandon it.
He or she who left a case in my office should claim it as soon as possible.

[참고] *they that*도 쓰지만 *those who*가 더 일반적이며, *they who*는 쓰지 않는다.

10.1.1 인칭

1. 화자(나 필자)는 일인칭, 청자(나 독자)는 이인칭, 화자나 청자가 아닌 사람이나 사물은 모두 삼인칭이다.

I hope that *you* will express an opinion on *them*.

2. 두 개 이상의 인칭대명사가 *and*로 연결될 경우, 그중의 한 대명사

가, I나 we이면 we를 쓰고, I도 we도 없고 you가 있으면 you를 쓰고, 일인칭대명사도 이인칭대명사도 없으면, they를 쓴다.

You and *I* can go together, can't *we*?
You and *Jane* agree with that, don't *you*?
He and *she* met in Seoul, didn't *they*?

3. 두 개 이상의 인칭대명사가 and로 연결될 경우, *you*를 맨 앞에, 그 다음에, 삼인칭 대명사나 명사를, 그리고 맨 끝에 *I*를 쓰는 것이 예의를 갖춘 어법이다.

You, he / Jack and I will still be at work.

4. *he*와 *she*가 and로 연결될 경우, *he*를 먼저 쓰며, 대명사와 명사가 and로 연결되는 경우는 대명사를 먼저 쓴다.

He and she were both elected.
She and another student were both late.

10.1.2 성

1. 남성, 여성, 중성의 구별은 삼인칭 단수대명사에만 나타난다.

She asked *herself* why *he* had bought *it* when *its* lens was so obviously scratched.

2. 남성과 여성의 구별이 분명하지 않을 경우, 보통 남성대명사를 쓰

는 것이 보통이지만, 남성과 여성의 대명사를 or로 연결하여 쓰기도 하고, 수의 일치가 중요하지 않을 경우에는 복수형을 써서 성의 구별을 중화시키기도 한다.

An ambitious pianist must discipline *himself* or *herself*.
Someone has parked *their* car right under the 'No Parking' sign.

[참고] he or she라고 표기하는 대신에 he / she 혹은 s / he와 같이 표기하기도 한다.

10.1.3 수

인칭대명사의 단수 / 복수 구별은 삼인칭대명사에서만 나타나며(*he, she, it / they* ; *his, her, its / their* ; *him, her, it / them* ; *himself, herself, itself / themselves*), 이인칭에서는 재귀대명사에서만 나타난다(*yourself / yourselves*). *we*는 둘 이상의 *I*를 의미하는 것이 아니라, [I + one or more other people]을 의미하기 때문에, *we*는 정확히 말하면 *I*의 복수형이 아니다.

10.1.4 격

1. 인칭대명사는 주격, 목적격, 소유격이 있다.

   I loved *her*.
   Your dog bit *his* ankle.

2. 인칭대명사의 주격과 목적격의 형태는 그들이 문법적 기능에 의해

서 결정된다기보다는(절에서 동사의 앞부분인) 주어 영역(subject territory)에 오느냐, 아니면(동사의 뒷부분인)목적어 영역에 오느냐에 따라 결정된다.

His sister is taller than *him*.
His sister is taller than *he* is.
Whoever left the door unlocked, it certainly wasn't *me*.

3. 주어 영역에 오더라도 전치사 *except* 다음에 오는 인칭대명사는 목적격이 쓰이지만, *but*은 그것이 접속사가 아니라 전치사로 쓰이더라도 그 다음에 오는 인칭대명사는 주격을 쓰는 경우가 많다.

Nobody *except* her objected. / Nobody *but* she objected.

4. 명사(구)의 반복을 피하기 위하여 쓰이는 대명사는 앞에 말한 것을 가리키는 (1) 순행대명사(anaphoric pronoun)와 뒤에 말할 것을 미리 가리키는 (2) 역행대명사(cataphoric pronoun)의 두 가지로 나누어 구별하기도 한다.

(1) *The doctor* examined the patient and then *he* picked up the telephone.
When *the doctor* had examined the patient, *he* picked up the telephone.
(2) When *she* had examined the patient, *the doctor* picked up the telephone.

5. 역행대명사는 종속절(grammatical subordination)에서만 쓰인다.

*She examined the patient and then *the doctor* picked up the telephone.

10.1.5. 유의해야 할 대명사

10.1.5.1 it

1. he나 she로 받을 수 없는 집합명사(collectives), 비가산명사(non-count concretes), 추상명사(abstractions)와 같은 단수명사는 *it*으로 받는다.

> *The committee* met soon after *it* had been appointed.
> We bought *some salmon* because *it* was our favourite food.
> When you are ready to report *it*, I would like to know *your assessment of the problem*.

2. 뒤에 말할 것을 가리키는 역행 대명사 *it*은 다음과 같이 그것이 종속절에 쓰이지 않더라도 문법적이다.
(1) *it*이 문장 전체의 내용을 지칭할 때

> I don't like to say *it* but I must. *You have lost your job because you didn't work hard enough.*

(2) *it*이 외치된 절을 받을 때

> *It* has to be said that *You have lost your job because you didn't work hard enough.*

(3) *it*이 분열문(cleft sentences)의 예기적(anticipatory) 용법으로 쓰일 때

It was only last week that *the death was announced*.

(4) *it*이 prop *it*으로 쓰일 때

I take *it* that she has declined the invitation.

10.1.5.2 *we*
일인칭 복수대명사 *we*는 일반적으로 'I + one or more other people'을 의미하지만, 구체적으로 살펴보면 *we*의 이러한 의미는 다음과 같이 네 가지로 나눌 수 있다.
1. *we*는 you + I를 의미한다.

I'm glad to see you, and I hope *we* can have a long talk.

2. *we*는 *you*만 의미한다.

We must increase *our* vigilance if *we* are not to fall victim to temptation.
As *we* saw in Chapter Three, *we* can trace the origin of artificial languages.
And how are *we*(i.e. you) feeling today?

[참고] 1과 2에서처럼 청자나 독자를 포함한 *we*를 '포함의(inclusive)' *we*라고도 한다. 그리고 2에서처럼 설교, 정치적 연설, 책에서나 또는 의

사가 진찰을 하면서 청자나 독자에게 설득력이나 친근감을 갖도록 하기 위하여 쓰는 *we*를 특히 '설득의(persuasive)' *we*라고도 한다.

3. *we*는 화자 *I*와 청자 *you*가 아닌 제삼자를 의미한다. 특히, 아래 예문 (2)의 *we*는 '논설의(editorial)' *we*라고 한다.

(1) Ms Rogers and I have finished the report, Minister ; shall *we*(i.e. she and I) leave it on your desk?
(2) *We* can now reveal that the visit was cancelled because of threatened terrorist activity.

4. *we*는 화자인 *I*만 의미하는 경우, *we*는 왕이 자신을 지칭한다는 점에서 '짐의(朕, royal)' *we*라고도 한다.

Our royal subjects, *we* will look into the matter *ourself* more at leisure.

5. *we*는 *I*도 *you*도 아닌 다른 사람을 의미한다.

In the eighteenth century, *we* had little idea of the effect that industrial inventions would have.

[참고] 1과 2에서처럼 *you*를 포함한 *we*를 포함의(inclusive) *we*라 하고, 3, 4, 5의 *we*처럼 청자나 독자를 포함하지 않는 *we*를 제외의 (exclusive) *we*라고 한다.

10.2 재귀대명사

재귀대명사(reflexive pronouns)는 공지시적인(coreferential) 명사나 대명사와 동일한 성, 수, 인칭을 갖는다.

> *Veronica herself* saw the accident.
> *The dog* is scratching *itself*.
> *He and his wife* poured *themselves* a drink.
> (cp. He and his wife poured them a drink.)

1. 목적어로 쓰인 대명사가 명사나 대명사와 부분적으로만 공지시적일 때 그 대명사는 재귀대명사로 바꿀 수 없다.

> *I* could make *us* an omelette.
> (cf. *We* could make *ourselves* an omelette.)

2. 재귀대명사와 공지시적인 명사나 대명사는 같은 절 안에 있다.

> Penelope begged *Jack* to look after *himself*.
> *Penelope* begged Jack to look after *her*.

3. pride, absent, ingratiate, behave와 같은 타동사는 재귀대명사를 목적어로 취한다.

> They *pride themselves* on their well-kept garden.

4. dress, wash, shave, hide, prepare와 같은 타동사는 재귀목적어를 생

략할 수 있다.

> She *dressed herself* with care. (= She *dressed* with care.)
> (cf. She *dressed* her with care.)

5. *look at, look after, listen to*와 같은 동사구의 전치사의 목적어와 주어가 공지시적이면, 이들 전치사는 재귀대명사를 목적어로 취한다.

> *They* will look after *themselves* during holidays.

6. 장소와 같은 공간을 나타내는 부사구를 이루는 전치사의 목적어는 그것이 들어 있는 절의 주어와 공지시적이라 하더라도 재귀대명사를 쓰지 않는다.

> *Fred* closed the door behind *him*.
> *She* hadn't any money on *her*.
> *I* have my wife with *me*.

7. 다음과 같은 관용표현에서는 전치사가 재귀대명사를 목적어로 취한다.

> *They* were *beside themselves* with rage.
> *I* was sitting *by myself*.

10.3 소유대명사

1. 대부분의 인칭대명사는 소유형용사와 소유대명사(possessive pronouns)의 형태가 다르다.

my / mine, our / ours, your / yours, his / his, her / hers, their / theirs

2. *it*은 소유형용사(its)만 있고 소유대명사는 없다.

3. 다른 소유형용사와 마찬가지로 *its*의 강조형인 *its own*은 소유형용사로도 쓰이고 소유대명사로도 쓰인다.

That is *my own* bicycle. / That bicycle is *my own*.
The cat knows that this is *its own* dish. / That cat knows that this dish is *its own*.

10.4 관계대명사

고대영어에는 관계대명사가 없고 불변사인 *pe(the)*나 지시대명사인 *se*(남성), *seo*(여성), *that*(중성)이 사용되다가, 중세영어에 들어와서 *that*이 성수에 관계없이 쓰이기 시작했다. 14세기에 들어서면서 격과 성을 나타내기 위하여 *that*에 인칭대명사를 보태어 *that he*(=who), *that it*(=which), *that him*(=whom)과 같은 형태가 15세기 말까지 쓰였다. 16세기에 들어와서는 이들 대신에 *who, which, whom* 등이 쓰이기 시작했다. 관계대명사의 이러한 역사를 통하여 오늘날 *that*이 거의 모든 경우에 쓰이는 이유를 알 수 있다. 근대영어에서 *that*보다 *who, which, whom*

이 선호된 것은 이들을 발음할 때 입 모양이 라틴어 관계대명사를 발음할 때의 입 모양과 비슷하기 때문이라는 주장도 있다(예스퍼슨, 1927, MEG II, §3.5). 왜냐하면, 16세기는 영국에서 문예부흥의 영향으로 지식인들이 선호한 라틴어 대신에 자국어인 영어에 대한 관심이 높아졌기 때문이다. 그리하여 라틴어의 관계대명사(*qui, quem*…)와 발음상 유사한 *who, which, whom*이 *that* 대신에 쓰이게 되었다.

10.4.1 관계대명사의 종류

관계대명사에는 *who, whom, whose, which, that*, 그리고 생략된 관계대명사인 무형관계대명사(zero-form)(이하 ( )로 표기)가 있다.
1. 선행사가 사람인 관계대명사는 그것이 관계절에서 갖는 문법적 기능에 따라 *who, whom, to whom, whose*가 쓰인다.

> The man *who* greeted me is a neighbour.
> The man *whom* I greeted is a neighbour.
> The man *to whom* I gave a book is a neighbour.
> The man *whose* book I read is a neighbour.

2. 선행사가 사물이면 *which, of which, that*이 그들이 관계절에서 갖는 문법적 기능에 따라 쓰인다. 그러나 *that*은 소유격이 없고 그 앞에 전치사가 올 수 없다.

> I'd like to come and see the house *which*(*that*) is for sale.
> I'd like to come and see the house *which*(*that*) you have for sale.
> I'd like to come and see the house the roof *of which* was damaged.
> (or I'd like to come and see the house *whose* roof was damaged.)

3. *that*은 선행사가 사물인 경우뿐만 아니라 사람인 경우에 쓸 수 있다.

The actor(the play) *that* pleased me is new to London.
The actor(the play) *that* I admired is new to London.
The actor(the play) *that* I was attracted to is new to London.

4. 무형관계대명사는 선행사가 사람이거나 사물인 경우 모두 쓰일 수 있지만 주격과 소유격이 없다. *that*과 무형관계대명사는 제한적인 용법의 관계절에서만 사용된다.

The actor(the play) ( ) I admired is new to London.
The actor(the play) ( ) I was attracted to is new to London.

5. 선행사가 사람들로 구성된 집합명사일 때, 그것이 복수구성원을 가리키면 *who*를 쓰고, 그것이 단수 단체 등을 가리키면 *which*를 쓴다.

The committee(group) *who* were responsible for the result were not there at the time.

The committee(group) *which* was responsible for the result did not treat the case seriously.

6. *wh*-형 관계대명사는 그 앞에 전치사를 쓸 수 있지만, *that*이나 무형관계대명사는 전치사를 그 앞에 쓸 수 없다.

(1) The man at *whom* I glanced got angry at me.
    The book at *which* I glanced was not mine.
(2) The book *that* I glanced at was not mine.

The book ( ) I glanced at was not mine.

7. *during*과 같은 전치사는 관계절에서 후치시킬 수 없다.

The meeting during *which* I slept was very important for my business.
*The meeting *which* I slept during was very important for my business.

8. 선행사가 사람을 가리킬 때, 관계대명사가 주어이면, *that*보다는 *who*를 더 많이 쓰고, 목적어이면 *who / whom*의 구별을 피하기 위하여 *that*을 더 많이 쓴다.

People *who* visited me were very serious about it.
People *that* I visited were very serious about it.

9. 관계절의 동사가 *be*이고, 관계절의 주어가 대명사이며, 관계절이 짧고, 관계대명사가 목적어나 보어로 쓰이면, 선행사가 사람을 가리키더라도 *that*이나 무형관계대명사를 쓴다(그린봄 & 쿼크, 1990, 17.8, 각주).

John is not the man *that* / ( ) he is.
He had four sons *that were lawyers*.

10.4.2 관계대명사의 용법

*wh-*형 관계대명사는 제한적 용법과 비제한적 용법으로 쓰인다. 그러나 *that*이나 무형관계대명사는 제한적 용법(restrictive use)으로만 쓰인다.

1. 제한적 용법의 관계대명사절은 선행사의 외연을 좁히는 역할을 한다.

    All the soldiers *that were brave* pushed on.
    I met the boatman *that had taken me across the ferry*.
    Tom has found the key *that you lost yesterday*.

2. 비제한적으로 쓰이는 관계대명사절은 선행사의 외연을 좁히는 것이 아니라, 그 선행사에 대한 화자의 주관적인 판단이나 부수적인 정보를 나타낸다. 따라서 고유명사와 같이 그것이 가리키는 대상이 하나밖에 없는 명사는 제한적 용법의 관계대명사절의 수식을 받을 수 없다. 가리키는 대상이 하나뿐이어서 더 이상 그 외연을 좁힐 수 없기 때문이다. 비제한적 관계절은 보통 선행사와 관계절 사이에 쉼표를 쓴다.

    Last year I visited London, *which* I wanted to visit so much.
    Then he met Barbara, *who* invited him to a party.
    Here is Ronald Walker, *who(m)* I mentioned the other day.

3. *which*만 문장을 선행사로 받을 수 있다. 이때 *which*가 이끄는 관계대명사절은 비제한적으로만 쓰인다. 문장이 갖는 외연은 참 아니면, 거짓 둘 중의 하나뿐이기 때문이다. 비한정적으로 쓰이는 관계대명사절은 문장이 나타내는 내용에 대한 화자의 주관적인 감정이나 판단을 나타내는 역할을 한다. 따라서 이러한 관계대명사절은 대등절이나 부사구로 바꾸어 써도 본래의 의미와 중요한 차이가 없다.

    He admires Miss Hewitt, *which* suprises me.
    He admires Miss Hewitt, *and it surprises me*.
    To my surprise, he admires Miss Hewitt.

10.4.3 의사관계대명사 : *what, but, as, than*

전통적으로 관계대명사의 일종으로 다루고 있는 *what, but, as, than*과 같은 의사관계대명사는 두 절을 연결하는 접속사의 기능을 가지면서도 그들이 이끄는 절은 형용사절이 아니라는 점에서 관계대명사 *who, whose, whom, which, that* 등과 구별된다.

1. *what*은 *that which*로 바꾸어 쓸 수 있다는 점에서 그 속에 선행사를 포함하고 있는 관계대명사라고 말할 수 있다. *what*은 그것이 들어 있는 절의 주어도 되고 목적어도 된다는 점에서 일반 관계대명사와 비슷하지만, 그것이 이끄는 절이 형용사절이 아니라 명사절이라는 점에서 다른 관계대명사와 차이가 있다.

What is is right
Please forget *what* I said to you yesterday.

2. 관계대명사 *what*은 문맥으로 의문대명사와 구별할 수 있다. 화자나 청자가 모르는 것을 나타내면 의문대명사이고, 알면서도 구체적으로 그 내용을 나타내지 않으면 관계대명사이다.

(1) I cannot remember *what* you said to me yesterday.
I want to know *what* your name is.
(2) I can still remember *what* you said to me yesterday.
He told me *what* he did yesterday.

(1)에서는 화자가 청자가 말한 내용이나 청자의 이름이 무엇인지 모르기 때문에 *what*은 의문대명사이다. 그러나 (2)에서는 청자가 말한 것이나 그가 한 일을 구체적으로 밝히지 않았을 뿐 화자는 그것이 무엇인

지 알고 있다는 점에서 *what*을 관계대명사로 보고 있다. 이런 점에서 *what*을 관계대명사라기보다는 부정대명사로 볼 수도 있다. 그러나 *what*을 관계대명사로 보는 이유는 그것이 들어 있는 절을 다른 품사인 명사절로 바꾸고 다른 절에 연결시키는 접속의 기능을 갖고 있기 때문이다.

3. *but*은 부정적인 의미를 가진 선행사의 외연을 좁히는 기능을 가지고 있다는 점에서 관계대명사의 일종이다. 그러나 일반 관계대명사와는 달리 *but*은 두 절을 연결하는 기능 외에 부정의 의미를 갖고 있어서 [*that* … *not*]으로 해석된다.

    There is *no* rule *but* has exceptions.
    There were *few but* would risk all for such a prize.

4. *as*는 *same, such, so, as*의 수식을 받는 선행사의 외연을 좁힌다는 점에서 관계대명사의 일종이다. 그러나 *as*는 비교의 의미를 갖고 있다는 점이 일반 관계대명사와 다르다.

    We use the *same* book *as* you do.
    As many men *as* came were caught.
    Such girls *as* he knew were at the party.

5. 선행사가 *more*나 *fewer*의 수식을 받으면 관계대명사는 *that* 대신에 *than*을 쓴다.

    More(fewer) girls *than* he knew were at the party.
    Kairi was a more satisfactory pet *than* Tuku had been.

10.5 의문대명사

의문대명사(interrogative pronouns)에는 *who, whose, whom, which, what*이 있다. 이들은 관계대명사 *who, whose, whom, which*와 동일한 형태를 갖고 있지만 이들 사이에는 몇 가지 차이가 있다.

1. 관계대명사 *whose*는 사람과 사물에 모두 쓰이지만, 의문대명사 *whose*는 사람만 가리킨다.

Whose book is this?
(This is the man *whose* book I am reading now. / Look at the house *whose* roof is red.)

2. 관계대명사 *whose*는 형용사적으로만 쓰이지만, 의문대명사 *whose*는 형용사적으로도 쓰이고 대명사적으로도 쓰인다.

Whose book is this?
Whose is this book?

3. 관계대명사 *which*는 사물에만 쓰지만, 의문대명사 *which*는 사물과 사람에 모두 쓰인다.

Of these cars, *which* is best?
Of these students, *which* do you like most?

4. 의문대명사 *which*와 *what*이 형용사적으로 쓰일 때는 사람과 사물에 모두 쓰지만, *which*는 알고 있는(주어진) 것 중에서 선택할 것을 요구한다.

What doctor(s) would refuse to see a patient?

Which doctor(s) (of those we are discussing) would refuse to see a patient?

5. 의문대명사 *who, what, which*는 사람에 대해서 묻는 경우 다음과 같은 차이가 있다.

Who is his wife? The novelist Felicity Smith.
What is his wife? A novelist.
Which is his wife? The woman nearest the door.

10.6 지시대명사

지시대명사(demonstrative pronouns) *this / these*와 *that / those*는 대명사적으로 쓰이든 형용사적으로 쓰이든 형태와 의미가 같다.

1. 화자에 비교적 가까운 것에는 *this / these*를 쓰고, 비교적 먼 것에는 *that / those*를 쓴다. *this*와 *that*은 단수 명사나 셀 수 없는 명사를 가리키고, *these*와 *those*는 복수 명사를 가리킨다.

We shall compare *this* (picture) here with *that* (picture) over there.
We shall compare *these* (pictures) here with *those* (pictures) over there.

2. 지시사 *this / these*와 *that / those*가 형용사적으로 쓰일 때는 사람과 사물(또는 유정물(animate)과 무정물(inanimate))에 모두 쓰이지만, 대명사적으로 쓰일 때는 사물만 가리킨다.

In the garden, I noticed *this* plastic bag. / I noticed *this*.
In the garden, I noticed *this* kitten. / ? I noticed *this*.
In the garden, I noticed *this* woman. / * I noticed *this*.

3. 그러나 동사가 *be*이고, 그 보어가 사람을 나타내는 경우에는 지시대명사는 주어로서 사람을 가리킬 수 있다.

This is my brother.
Those are the students I told you about.
Who is *that*? (cf. Who is *it*?)

4. 생략문에서는 지시사 단독으로 사람을 가리킬 수 있지만, 지시사 다음에 보통 지주어 *one*을 붙여 쓴다.

I attended to *that* patient but not *this* (one).

5. 수식어구의 수식을 받으면 지시대명사 *those*는 사람을 가리킬 수 있다.

Success comes to *those* who have determination.
Will *those* seated in rows 20 to 30 now please board the aircraft.
('20줄부터 30줄에 앉아 계신 손님은 지금 탑승하십시오'를 의미하는 이 문장은 삼인칭을 주어로 하는 정중한 표현의 명령문이다.)

6. 지시사는 형용사적으로 쓰이든 대명사적으로 쓰이든 그 앞에 다른 수식어(predeterminers)의 수식을 받을 수 있다.

She painted *all* (*of*) *those* (pictures) last year.

His fee was 20 dollars but now it's *twice that* (amount).

7. 지시사 *this / these*와 *that / those*는 공간적인 원근뿐만 아니라, 시간적인 원근도 나타낸다. 그리하여 *this morning*은 *today*를 가르키는 반면, *that morning*은 오늘이 아닌 보다 먼 과거나 미래의 아침을 가리킨다.

8. *this / these*와 *that / those*는 시공간적인 원근뿐만 아니라, 감정적인 원근을 나타내는 데에 쓰기도 한다. *this*는 감정적으로 가깝고 좋아하는 사람이나 사물을, 그리고 *that*은 멀고 싫어하는 사람이나 사물을 가리키는 데에 쓰이기도 한다.

How can *this* intelligent girl think of marrying *that* awful bore?

9. 지시대명사 *this / these*는 앞으로 나올(이야기의) 내용을 가리키며 (cataphoric reference), *that / those*는 이미 앞에 나온(이야기의) 내용을 가리킨다(anaphoric reference).

   (1) *This* above all, be true to thyself.
       Watch carefully and I'll show you ; *this* is how it's done.
       This is an announcement : will Mrs Peterson please go to the enquiry desk.
   (2) To be, or not to be ; *that* is the question.
       And *that* was the 6 o'clock news.

[참고] 지시사 중에서 화자에 가까운 것을 가리키는 것은 영어 *this*의 경우처럼 [i]와 같은 전설고모음(high front vowel)을 포함하고 있는 현

상은 독일어, 프랑스어, 덴마크어, 국어에서도 나타난다. 반면, 화자로부터 먼 것을 가리키는 지시사는 *that*의 경우처럼 [æ]와 같은 전설저모음이나 [ə]와 같은 후설모음을 포함하고 있다.

10.7 부정대명사

인칭대명사와 지시대명사는 원칙적으로 그들이 지칭하는 대상이 정해진 반면, 부정대명사는 대상을 정하지 않고 지칭하는 대명사이다.
 1. 부정대명사는 형태나 의미, 문법적인 기능이 다양하다. 그러나 이들 부정대명사는 다음과 같은 공통점이 있다.
 (1) 부정대명사는 부정(indefinite)이라는 용어가 나타내듯이 그 지칭 대상이 특별히 정해져 있지 않는 대명사이다.
 (2) 부정대명사는 전부(totality)로부터 전무(nothing)에 이르기까지 지칭 대상에 대한 여러 가지 양(quantity)을 나타낸다.
 (3) 부정대명사 중에는 *-one, -body, -thing*을 써서 사람과 사물을 구별하는 것들도 있다.
 (4) 부정대명사 중에는 단수(*each*), 양수(*both*), 복수(*all, every*), 셀 수 없는 것(*some*)을 나타내는 것들도 있다.
 (5) 부정대명사 중에는 대명사와 한정사(determiners)의 두 가지 기능을 겸한 것들도 있다.

 2. 부정대명사 *each*와 *none*은 단수로 쓰인다.

   There were several knives in the drawer, but *each* was tried in turn, *none* was sharp enough to cut through the rope.

3. *none*은 대명사로만 쓰이고 *every*는 한정사로만 쓰이는 반면, *each* 는 대명사로도 쓰이고 한정사로도 쓰인다.

Each(Every) candidate will be individually interviewed.

4. *each*는 전체 중에서 개개인에 더 중점을 둔 반면, *every*는 전체에 중점을 둔다. 그리하여 *every*는 *almost*와 같은 양을 나타내는 부사의 수식을 받을 수 있다.

Almost every candidate was over the age of twenty-five.

5. *each*는 복수 문맥에서 쓰이면서도 개별화하는 기능을 가지고 있다.

The knives were *each* tried in turn.

6. *none*은 *each*처럼 단수로 쓰이지만, 복수로 쓰이기도 한다.

Hundreds were examined but *none* were acceptable.

7. *none*에 상응하는 한정사 *no*는 단수와 복수 명사에 모두 쓰인다.

No photography is permitted during the ceremony.
There were *no* passengers on the train.

8. *all*과 *both*는 복수와 양수의 지칭대상을 전체적으로 가리킨다.

The factory produces luxury cars and *all* are for export.

Police interviewed the (two) suspects and *both* were arrested.

9. *all*과 *both*는 한정사 앞에 쓰일 수 있다.

All these cars are for export.
Both (the) suspects were arrested.

10. *all*의 부정형은 *no(ne)*이고, *both*의 부정형은 *neither*이다. *neither*는 단수동사를 취한다.

Police interviewed the (two) suspects and *neither* was arrested.

11. *neither*는 단수명사 앞에서는 한정사로 쓰인다.

Neither suspect was arrested.

12. *all*과 *both*는 *each*처럼 표류양화사(floating quantifiers)로도 쓰인다.

The cars were *all* for export.
The (two) suspects were *both* arrested.

13. *all*은 셀 수 없는 명사를 수식하는 한정사 앞에도 쓰이고 표류양화사로도 쓰인다.

All the money had been spent.
The money had *all* been spent.

14. 일부를 나타내는 부정대명사 *another*는 부분을 나타내는 *of* 구 앞에 쓰일 때는 아무런 제약이 없지만, 단독으로 쓰일 때는 그와 관련된 문맥이 있어야 한다. 반면, *other*는 일부를 나타내는 *of* 구와 쓰일 수 없지만 복수형으로 쓰일 때는 *another*가 갖는 문맥의 제약을 받지 않는다.

There was *another of those unexplained fires* in the city yesterday.

There have been many fires in the city recently ; *another* was (*several were*) reported yesterday.

You should treat *others* as you would like to be treated yourself.

10.7.1 복합부정대명사

대상물의 전부를 지칭하는 부정대명사 중에는 복합부정대명사(compound indefinites)가 있다. 복합부정대명사는 대상물의 전부를 긍정적으로 지칭하는 *everyone, everybody, everything*과, 대상물의 전부를 부정적으로 지칭하는 *no one, nobody, nothing*의 두 가지로 나눌 수 있다.

1. 복합부정대명사는 대명사적으로만 쓰이며, 의미상으로는 복수지만 통사적으로는 단수이다.

The room was full of youngsters and *everyone / everybody* was listening intently to the speeches.

The room was full of youngsters and *everyone / everybody* appealed to the whole crowd, but *no one / nobody* was willing to get up and speak.

Father was very particular about how his tools were arranged in the workshop ; he knew where *everything* as supposed to be and he insisted that *nothing* was ever to be misplaced.

2. 이들 복합부정대명사는 *no one*을 제외하고는 모두 붙여 쓴다.

3. *-one*과 *-body*로 된 부정대명사는 사람을 지칭하며, *-thing*으로 된 부정사는 사물을 가리킨다. 영국 사람들은 *everybody*보다 *everyone*을 더 많이 쓴다.

4. *-one*과 *-body*로 된 부정대명사는 's를 붙여 소유격을 만든다.

Safety is *everyone's* responsibility, but in this case the accident seems to have been *nobody's* fault.

5. *everywhere*와 *nowhere*는 부정부사이지만, 대명사적으로도 쓰인다.

Everywhere is draughty and *nowhere* is comfortable.

10.7.2 부분부정대명사

일부를 지칭하는 부분부정대명사(partitive indefinites)는 단정적으로 쓰이는 것(assertive indefinites)과 비단정적으로 쓰이는 것(non-assertive indefinites)의 두 가지로 나눌 수 있다.

1. 단정적으로 쓰이는 부정대명사는 지칭하는 대상을 구체적으로 밝히지는 않지만, 화자의 마음 속에는 그 지칭 대상이 정해진 것을 가리킨다.

I can see *someone*(*somebody*) climbing that tree.
There's *something* I want to tell you.

2. 비단정적으로 쓰이는 부정대명사는 그 지칭대상이 구체적으로 밝혀지지 않는 경우에 쓰인다.

 Did you see *anyone(anybody)* in the vicinity?
 I couldn't find *anything* to read.

10.7.3 *some*과 *any*

 *some*과 *any*가 대명사적으로 쓰일 때는 그와 관련된 명사구가 문맥에 분명히 나타나야 한다.

 There are nuts here ; please have *some*.
 There is wine here ; please have *some*.
 All the students speak French and *some* speak Italian as well.
 I'd like nuts, if you have *any*.
 I'd like wine, if you have *any*.
 All the students work hard and I don't think *any* will fail.

 1. *some*과 *any*가 한정사(determiners)로 쓰일 때는 문맥의 제약을 받지 않고 자유롭게 쓰인다.

 I would have some nuts and *some* wine, please.
 If you haven't *any* nuts, I'll not have *any* wine, thank you.

 2. *some*이 한정사로서 단수가산명사 앞에서 강세를 가지면 'a certain'의 의미를 갖는다.

I read in *some* book.
There is *some* man at the door (who) wants to speak to you.

3. 전제가 긍정적일 때는 단정적으로 쓰이는 부정대명사가 비단정적인 문맥에서도 쓰일 수 있다.

Can you see *someone* in the garden?
   (= There is *someone* in the garden; can you see him / her?)
Would you like *some* wine?
   (= I invite you to have *some* wine.)

4. 전체를 부정적으로 지칭하는 부정대명사 *neither*와 마찬가지로 일부를 지칭하는 부정대명사 *either*도 비단정적으로 쓰일 수 있다.

The police did not arrest *either*(suspect).

10.7.4 양화사

양화사(quantifiers)는 일부를 나타내는 부정대명사로 쓰일 수 있다.
1. *many*는 *some*보다 많은 양을 나타내고, *a few*는 *some*보다 적은 양을 나타낸다.

There are *some* who would disagree.
There are *many* who would disagree.
There are *a few* who would disagree.

2. 셀 수 없는 것을 지칭할 때, *a great deal*은 *some*보다 많은 양을 지

칭하고 *a little*은 *some*보다 적은 양을 지칭한다.

The bread looked delicious and I ate *some / a great deal / a little*.

3. 부정대명사로 쓰이는 양화사가 부정문에서 비단정적으로 쓰일 때는 전체부정이나 부분부정만 나타내고 *some*에 대응되는 양을 부정하는 경우는 없다.

There aren't *any* who would disagree. (= no one)
There aren't *many* who would disagree. (= a few)
The wine was inferior and I didn't drink *any*. (= none)
The wine was inferior and I didn't drink *much*. (= a little)

4. 대명사나 한정사로 쓰이는 부정대명사는 부분을 나타내는 *of* 표현과 함께 쓰일 수 있다. 이때 *of* 뒤에 오는 표현은 인칭대명사이거나 한정하는 한정사(definite determiners)의 수식을 받는다.

Some are doing well.
Some students are doing well.
Some of the students(these students, them) are doing well.

5. *of* 표현을 수반하는 부분을 나타내는 부정대명사에는 (1) 단수, (2) 복수, (3) 셀 수 없는 것을 지칭하는 것으로 나눌 수 있다.

(1) *each(one, any, either, none, neither) of* the students
(2) *all(both, some, many, more, most, a few, few, fewer, fewest) of* our supporters

(3) *all(some, a great deal, much, more, most, a little, little, less, least, any, none) of Beethoven's music*

6. 비교급의 부정대명사는 *a few*나 *much*와 같은 비교의 의미가 없는 양화사의 수식을 받을 수 있다.

There are *a few more of our supporters* than I had expected.
She played *much less of Beethoven's music* than we had hoped.

7. *one*은 물론 다른 기수들도 부분을 나타내는 *of* 구와 함께 쓰일 수 있다.

Three of my friends are coming to dinner.

8. 서수는 셀 수 있는 명사나 셀 수 없는 명사 앞에 쓰여 부분을 나타낸다.

A / one quarter of his books were destroyed in the fire.
She regulates her life carefully, devoting at least *five-sixths of her free time* to practising at the piano.

9. *half*가 한정사 앞에 쓰일 때 다른 한정사는 그 앞에 쓰이지 못한다. 그러나 일부를 나타내는 *of* 구 앞에 쓰일 때는 아무런 한정사 없이도 쓰이고, *a*나 *one*과 함께 쓰일 수 있다.

I saw *half* the performance(players).
I saw *half of the performance*(players).

I saw *a(one)* *half of the performance(players)*.

10.8 요약

  대명사는 명사나 명사구를 대신하는 대용어의 일종이며, 문장 내에서 주어, 목적어, 보어 등으로 쓰일 수 있다. 대명사는 그 기능이 너무나 다양하여 한마디로 정의하기가 어렵지만, 명사와는 달리 나타나는 상황이나 문법규칙에 의해서 그 의미가 결정된다는 특징을 갖고 있다.
  대명사는 그 의미와 기능에 따라 보통 인칭대명사, 재귀대명사, 소유대명사, 관계대명사, 의문대명사, 지시대명사, 부정대명사 등으로 나눈다. 대명사는 명사와는 달리 인칭, 격, 성에 따라 그 형태가 다른 것들이 있다.

제11장
동사

11.0 서론

동사는 동작이나 상태를 나타내는 낱말로서 명사구와 결합하여 문장이나 절을 형성한다. 동사는 형태적으로 시제, 인칭, 수 등을 나타내는 어형변화를 한다는 점에서 다른 품사와 구별된다. 동사는 형태, 기능, 의미에 따라 여러 가지로 분류할 수 있다.

11.1 형태상의 분류

11.1.1 시제동사와 비시제동사

동사는 시제를 나타내는 어형변화를 하느냐 그렇지 않느냐에 따라 시제동사(finite forms)와 비시제동사(nonfinite forms)로 나눌 수 있다.
 1. 시제동사는 문장이나 절의 술부동사로 쓰이는 동사로서 시제를 나타내는 어형변화를 한다.

He *works / worked* as a travel agent.
John *is / was* a journalist.

2. 시제동사는 주어의 인칭이나 수의 일치(concord)를 나타내는 어형 변화를 한다. 일치는 특히 *be*의 현재시제에서 분명히 나타난다.

John / They *works / work* hard.
I *am* here.　　　　　　He / She / It *is* here.
You *are* here.　　　　　We / They *are* here.

[참고] *be* 동사 이외의 다른 동사는 주어가 3인칭 단수이고, 동사가 현재일 때만 단수어미(-s 또는 -es)를 갖는다.

He / She / Jim *reads* the paper every morning.
I / We / You / They *read* the paper every morning.

3. 비시제동사에는 원형동사, 현재분사, 과거분사, 부정사, 동명사가 있다. 비시제동사는 명사구와 결합하여 문장을 만들 수 없고 수, 인칭, 시제의 어형변화도 하지 않는다. 비시제동사는 준동사라고도 한다(비시제동사에 대한 자세한 것은 제13장 준동사 참조).

John can *walk*.
She might *be leaving* soon.
Being unemployed, she doesn't have much money.
Called early, she found him at home.
This wall is *to keep* people out of the garden.
It's usually difficult *to find* a place to park downtown.

Tom doesn't mind *working* at night.

There was no point in *waiting*, so we went.

11.1.2 단순동사와 복합동사

동사구는 그것을 이루고 있는 구성요소가 하나의 낱말이냐 아니냐에 따라 단순동사와 복합동사로 나눌 수 있다.

11.1.2.1 단순동사

단순동사(simple verbs)는 동사 하나가 술부동사 기능을 하는 동사를 말한다.

John *walks* slowly.

When I *lived* in Athens, I *worked* in a bank.

11.1.2.2 복합동사

복합동사(complex / compound verbs)는 동사가 부사나 전치사와 결합하여 술부동사 기능을 하는 동사를 말한다. 복합동사는 다시 구동사(phrasal verbs)와 전치사동사(prepositional verbs)로 나눌 수 있다. 구동사는 동사가 부사와 결합하여 만들어진 복합동사이고, 전치사동사는 동사가 전치사와 결합하여 만들어진 복합동사이다.

1. 구동사

(1) 구동사는 자동사뿐만 아니라 타동사로도 사용된다.

She *turned up* unexpectedly.

We will *set up* a new unit.

(2) 자동사구동사에는 *go astray, get by, get on, take off, catch on, play around, get on, break down, touch down, blow up, fall out* 등이 있고, 타동구동사에는 *find out, bring up, call off, live down, make out, push home, put away, blow up, look up, hand in* 등이 있다.

(3) 구동사는 그 구성요소인 동사와 부사의 의미로부터 전체의 의미를 알 수 없다. 이런 점에서 구동사의 구성요소간의 결합은 관용적인 결합(idiomatic combinations)이라고도 한다.

When will they *give in*? (= surrender)
She *took in* her parents. (= deceived)
(cf. She *took in* the box. (= brought inside))

(4) 통사적으로 구동사의 부사는 동사와 분리될 수도 없고, 문장 앞으로 도치될 수도 없다.

*She *turned* right *up*. (cf. *Go* straight *on*.)
Out he *passed*. (cf. *Out came* the sun)

(5) 구동사의 부사는 관계대명사나 *wh-* 의문사 앞에 올 수 없다.

*The friends *up* whom she *called*
**Up* which friends did she *call*?

(6) 타동구동사에서 부사는 자유결합에서처럼 일반적으로 직접목적어 앞뒤에 올 수 있지만, 목적어가 인칭대명사이면 부사는 반드시 목적어 뒤에 와야 한다.

They *turned on* the light. ⇒ They *turned* the light *on*.
*They *turned on* it. ⇒ They *turned* it *on*.

(7) 구동사의 부사는 문장강세(sentence stress)를 받을 수 있다.

Which friends did she call UP?
The pain gradually wore OFF.

2. 전치사동사
(1) 전치사동사는 [동사 + 전치사]로 구성된다.

Look at these pictures.
We must *go into* the problem.
Can you *cope with* the work?
I don't *care for* Jane's parties.

(2) 전치사동사의 전치사구는 동사로부터 분리될 수 있다.

On whom did he call? *On his mother*.
He called on his mother and *on his sister*.
He called on his mother more often than *on his sister*.

(3) 전치사동사는 전치사의 목적어를 수동문의 주어로 쓸 수 있다. 이러한 수동문에서 전치사는 동사 뒤에 남는다.

We *called on* the dean. ⇒ The dean was *called on*.
  (cf. We called *after lunch*. ⇒ *Lunch was called after.)

(4) 전치사동사의 목적어를 묻는 wh- 의문문은 (직접목적어처럼) 의문대명사를 쓰지만, 자유결합에서는 의문부사를 쓴다.

John *called on* her. ⇒ *Who(m)* did John *call on*?
  (cf. John called *from the office*. ⇒ *Where* did John call *from*?)
  * *What* did John call *from*?

(5) 전치사동사의 전치사는 관계대명사나 wh- 의문사 앞에 올 수 있다.

The friends *on* whom she *called* were there at the door to welcome her.
On which friends did she *call*?

(6) 전치사동사의 전치사는 강세를 받지 못하고 어휘동사에 강세가 주어진다.

CALL in a doctor at once.
Which friends did she CALL on?
When I TRIED the coat on, I found it was rather too big for me.
They agreed to LET him into their little secret.

3. 구-전치사동사

(1) 구-전치사동사(phrasal-prepositional verbs)는 어휘동사에 부사와 전치사가 결합된 동사이다. 구-전치사동사는 하나의 목적어(전치사의 목적어)만 취하는 것도 있고, 두 개의 목적어를 취하는 것도 있다.

We are all *looking forward to* your party on Saturday.

He had to *put up with* a lot of teasing at school.
Don't *take* it *out on* me!
We *put* our success *down to* hard work.

(2) 목적어가 두 개인 경우, 동사의 직접목적어만 수동문의 주어가 되지만, 목적어가 하나인 경우에는 전치사의 목적어도 수동문의 주어가 될 수 있다.

We *put* our success *down to* hard work.
⇒ *Our success* can be *put down to* hard work.
We could not *put up with* these tantrums any longer.
⇒ *These tantrums* could not be *put up with* any longer.

(3) 전치사의 목적어를 묻는 wh- 의문문은 의문대명사로 묻는다.

She looked in on *Mrs Johnson* on her way back.
⇒ *Who(m)* did she look in on her way back?
They put their success down to *hard work*.
⇒ *What* did they put their success down to?

[참고] 복합동사구문 중에는 다음과 같은 유형들도 있다.

Meg *put* the cloth *straight*. [동사 + 목적어 + 형용사 유형]
Let me see. [동사 + 목적어 + 동사 유형]
It *developed from* a small club *into* a mass organization in three years. [동사 + 전치사구 + 전치사구 유형]

11.2 기능상의 분류

동사는 문장 안에서 본동사로 쓰일 수 있느냐 없느냐에 따라, 완전동사(full verbs), 두기능동사(primary verbs), 서법조동사(modal auxiliaries)로 나눌 수 있다(쿼크 외, 1985, 96).

11.2.1 완전동사

완전동사는 완전한 어휘적 의미를 가지고 본동사(main verbs)로만 쓰이는 동사이다.
1. 완전동사는 기저형(base), -s형, -ing분사형, -ed형의 네 가지 형태적인 특성을 갖느냐에 따라 규칙동사와 불규칙동사로 구분된다.

    규칙동사: call, calls, calling, called
    불규칙동사: speak, speaks, speaking, spoke, spoken

2. 완전동사의 형태는 동사구의 시제에 따라 달라진다. -s형과 과거형은 항상 시제형(finite form)이고, -ing형과 -ed형은 비시제형(nonfinite form)이다. 시제형동사구에서 맨 처음 동사만 시제형이고 그 뒤에 오는 동사는 비시제형이다.

    She *calls* him every day.
    She *called* him yesterday.
    He's *calling* her now.
    She has *called* twice today.

3. 동사의 원형은 경우에 따라 시제형으로도 쓰이고 비시제형으로도

쓰인다.

> *Write* your name at the top of the page.
> He demanded that she *apologize* to him.
> There might not *be* a meeting on Friday because the director is sick.
> Hot weather makes me *feel* uncomfortable.

4. 동사구 내에 하나의 동사만 존재하면 그것을 본동사라 하고, 두 개 이상이 있으면 맨 뒤에 오는 동사가 본동사이고, 그 앞에 오는 동사는 모두 조동사라 한다.

> He *might have been* dreaming.
> He *can't have been* looking where he was going.

5. 서법조동사는 어휘적 의미(*can*[가능], *must*[의무])를 가질 수 있다는 점에서 단순미래 조동사(*will, shall*)와 다르고, 본동사가 될 수 없다는 점에서는 완전동사와 구별된다.

6. 완전동사의 수는 무한하지만, 두기능동사(*be, have, do*)와 서법조동사(9개)의 수는 한정되어 있다.

11.2.2 두기능동사

두기능동사(*be, have, do*)는 본동사와 조동사의 두 기능을 가지고 있다. 본동사로서 *be*와 *have*는 시제동사구의 유일한 동사일 때도 운용소(operator)로 쓰인다. 반면 *do*는 조동사일 때는 운용소가 되지만, 본동사로 쓰일 때는 운용소가 될 수 없다.

Is he still there now?
Have you got the book with you?
Do you *have* got the book with you?
What did you *do* yesterday?

1. 두기능동사는 시제, 태, 상을 나타내거나, 순전히 문법적 기능만 나타내는 운용소로 쓰일 때도, 인칭과 수, 시제를 나타내는 어형변화를 한다.

Pierre / We *has* / *have* lived in Quebec for six years.
This house / These houses *was* / *were* built in 1920.
I / My wife *am* / *is* reading an interesting book at the moment.
What *does* / *do* Jack / you do?

2. *be*는 진행형과 수동문에서는 조동사로만 쓰인다.

Ann *is* learning Spanish.
Our team has never *been* beaten.

3. *have*는 완료구문에서는 조동사로 쓰이지만, 목적어를 동반하면 본동사로 쓰인다.

I *have* finished.
He *has* no money.

4. *do*가 조동사로 쓰일 때는 현재(*do*, *does*)와 과거형(*did*)은 있지만, (*to*) *do*나 *doing*은 조동사가 아니라 본동사로 쓰일 때의 비시제형이다.

What *do* / *did* you do this morning?
I don't know what to *do*,
Why are you *doing* THAT?
What have they been *doing* to the road?

5. 본동사 *do*는, 특히 일상체에서 일반적인 목적을 가진 타동사로서의 다양한 용법을 갖고 있다.

Let's *do* the dishes.
Who *does* your car?

11.2.3 서법조동사

서법조동사는 두기능동사와 마찬가지로 시제형동사구의 첫번째 동사로 나타날 때 운용소의 기능을 한다.
1. 서법조동사는 *not*과 결합하여 부정문을 만든다.

He *may* not be there.
We tried hard but we *could* not persuade them to come with us.

2. 서법조동사는 주어가 의문사가 아닐 때는 주어 앞으로 도치되어 의문문을 만든다.

Can you speak any foreign languages?
Must you leave tomorrow?

3. 서법조동사는 부정을 나타내는 부사가 문두에 오면 주어 앞으로

도치된다.

> *Rarely can* we observe that kind of thing in this area.
> *At no time must* this door be left unlocked.
> He refused to apologize. *Nor would* he offer any explanation.

4. 서법조동사는 긍정이라는 것을 강조할 때 문장강세를 받을 수 있다.

> Won't you try again? ――Yes, I WILL try again.
> You must speak to the teacher. ――I HAVE spoken to him.

5. 서법조동사는 생략된 술부 전체를 대신하는 대동사(pro-verbs)의 기능을 할 수 있다.

> I can swim across the river in ten minutes. ――I *cannot*.
> Won't you try again? ――Yes, I *will*.

6. 완전동사는 부정, 도치, 강조, 대동사 등의 기능을 나타내려면 조동사 *do*를 쓴다.

> (1) He *did* not do it.
> (2) Rarely *did* we observe that kind of thing in this area.
> (3) But I DID warn the police immediately after the accident!
> (4) I studied a lot last week, but John *did* not.

7. 서법조동사 다음에는 *to* 없는 원형부정사를 쓴다

You *will ask* the questions.
They *might have* stolen it.

8. 서법조동사는 비시제형(부정사나 분사)으로 사용될 수 없다(*to may, *maying, *mayed). 따라서 서법조동사는 동사구의 첫번째 자리에만 나타날 수 있다.

She *may do* it.
May I *help* you?
*She will *can* do it.

9. 서법조동사의 현재형은 주어가 3인칭단수인 경우에도 -s형이 없다.

You *must* write. —— She *must* write.
You *like* to write. —— She *likes* to write.

10. 서법조동사의 과거형은 현재나 미래를 나타내는 경우에도 사용될 수 있다.

I think he *might* be outside.
Would you phone him tomorrow?

11. 서법조동사는 부정어 *not*뿐만 아니라 주어와도 축약될 수 있다.

I *won't* / *can't* / *needn't* help her.
I'll / *I've* / *You'd* do it right now.

12. 축약형은 어떤 강세도 받을 수 없다. 따라서 축약형은 초점위치 (문두 또는 문미)에 나타날 수 없고 대동사로도 사용될 수 없다.

>Won't you try again? ~ Yes, I *will* / *I'll.
>
>I can swim across the river in ten minutes. ~ I *cannot* / *I *can't*.

13. 서법조동사는(부정문과 의문문에서의 운용소로 쓰이는) 문법적 기능과 어휘적 의미(의지, 가능성, 허락, 필연성, 의도, 의무, 기대, 추론, 능력, 확실성)를 가지고 있다(더 자세한 것은 제12장 조동사를 참조할 것).

>He *will* do everything himself. although he has a secretary.
>
>(= He *insists on* doing everything himself.)
>
>There *may* / *could* be another rise in the price of gas soon.
>
>(= It is *possible* that there will be.)
>
>*May* I say something?
>
>(= Do you *allow* me to say something?)
>
>You *must* stop smoking.
>
>(= It is *necessary* that you stop.)
>
>Jack was an excellent tennis player. He *could* beat anybody.
>
>(= He *had the ability* to beat anybody.)
>
>*Shall* I open the window?
>
>(= *Do you want* me to open the window?)
>
>You've been traveling all day. You *must* be tired.
>
>(= *I am sure* that you are tired.)

11.3 의미상의 분류

동사는 그것이 나타내는 동작이나 상태에 따라 동작동사, 상태동사, 자세동사의 세 가지로 분류할 수 있다(쿼크 외, 1985, 4.27-4.35).

11.3.1 동작동사

동작동사(dynamic verbs)는 동사의 의미속성 중에서 사건(events), 행동(actions), 과정(processes), 성취(accomplishment) 등을 나타내는 동사를 말한다. 동작동사는 그것이 나타내는 동작의 지속성에 따라 지속동사와 일시동사로 나눌 수 있다.

1. 지속동사는 지속적인 행동이나 과정 또는 성취 등을 나타낸다.

>   A cold *wind* blew across the river from the east.
>   I had to *run* to catch the bus.
>   The leaves *change* colour in the autumn.
>   It began to *grow* dark.
>   Could you *finish* this typing off for me?
>   I'm *knitting* a sweater for my nephew.

2. 일시동사는 순간적이고 과도적인 사건이나 행위를 나타낸다.

>   Be careful not to *knock* your head when you get up.
>   She *nodded* her head in agreement.
>   We *arrived* home at about midnight.
>   Can you *stop* the printer once it's started?

3. 일시적 동작동사는 행위자(agent)에 의한 통제 여부에 따라 사건과 행동을 의미할 수 있다.

 The window *broke*. [사건]
 John *broke* the window. [행동]

4. 순간적 사건을 나타내는 행위동사가 진행형으로 쓰이면 사건의 반복을 나타내고, 과도적 사건을 나타내는 행위동사가 진행형으로 쓰이면 상태의 변화를 나타낸다.

 He *was knocking* on the door. [사건의 반복]
 The train *is* (now) *arriving* at Platform 4. [상태의 변화]

11.3.2 상태동사

1. 상태동사(stative verbs)는 어휘동사의 의미속성 중에서 상태(state)를 나타내는 동사를 말한다. 상태란 어떤 사물이 일정 기간 동안 변화하지 않는 것을 의미한다.

 Laura *resembles* her brother.
 Whisky *contains* a large percentage of alcohol.
 Nobody *believes* a word she says.
 He can *understand* English but he can't speak it.
 My mother *dislikes* seeing me with you.
 The pudding *tasted* of orange.
 The spots *itch* terribly.

2. 상태동사는 동작동사가 요구되는 구문에는 사용될 수 없다.

*I *was knowing* the answer. [진행형]
*What I did was *know* the answer. [의사 분열문]
*If you *know* the answer, you *did so* because you had listened at the door. [do so 구문]
*Bill knows more than he's ever done before. [대동사 *do*]
*Bill *does* more *knowing* now than before. [do + 동명사 구문]

3. 상태동사는 상황이 행위자에 의해 통제되는 구문에는 사용될 수 없다.

*_Know_ the answer! [명령문]
*I persuaded her to *know* the answer. [*persuade, order, urge, convince, command*와 같은 동사의 보문]

[참고] 상태동사가 동작동사로 쓰이는 경우도 있다.

We *have* dinner at Maxim's *quite frequently*. [동작동사]

11.3.3 자세동사

자세동사(stance verbs)는 상태동사와 동작동사의 성질을 함께 갖는 동사로서 *lie, live, sit, stand* 등이 대표적인 자세동사이다.

1. 자세동사는 진행형을 쓰지 않으면서도 상태동사처럼 장기간의 상태(permanent state)를 나타낼 수 있다.

James *lives* in London.
The city *lies* on the coast.
His statue *stands* in the city square.

2. 자세동사는 일시적인 상태(temporary state)를 나타내기 위하여 동작동사처럼 진행형을 쓴다.

James *is living* in London.
The people *were lying* on the beach.
He *is standing* over there.

11.4 보충어에 의한 분류

동사는 목적어나 보어를 취하여 그 의미를 완전하게 한다. 이러한 목적어나 보어를 동사의 보충어(complements of verb)라 한다. 동사는 그것이 취하는 보충어의 유형에 따라 동사의 유형을 분류할 수 있다.

11.4.1 자동사의 보충어

자동사는 보충어를 취하느냐 취하지 않느냐에 따라 완전자동사와 불완전자동사로 나눌 수 있다.

11.4.1.1 완전자동사
1. 완전자동사(intransitive verbs)는 보어를 취하지 않고 주어와 결합하여 문장을 만드는 자동사이다.

The dogs *barked* furiously.
John has *arrived*.
Your views do not *matter*.
What *happened*?

2. 완전자동사 중에는 타동사처럼 목적어를 취하는 것들이 있다. 이러한 부류의 동사(*begin, break, change, close, grow, hang, hurt, melt, move, shake, shut, stop, turn* 등)를 능격동사(ergative verbs)라고 한다.

The vase *broke*. ⇒ Antonia *broke* the vase.
The stone *moved*. ⇒ John *moved* the stone.
The car *stopped*. ⇒ She *stopped* the car.

3. 완전자동사 중에는 부사를 보충어로 취하여 수동의 의미를 나타내는 것들이 있다.

His book *reads well*.
The actress *photographs well*.
These shirts *wash easily*.

11.4.1.2 불완전자동사

1. 불완전자동사는 그 보충어로 주어보어나 서술관계 부가어(predication adjunct)를 취하는 자동사이다.

This survey *is* the work of a real professional.
John *is* very busy tonight.
He *is* at home now.

It *sounds* too bad.

2. *be* 동사 유형(*be, appear, feel, look, seem, smell, sound, stand, taste*)의 보어인 명사나 형용사는 주어가 그 당시 가진 속성을 나타낸다.

Ann *is a happy girl*.
The girl *seemed very restless*.
The water *feels cold*.
This coffee *tastes bitter*.

3. *become* 동사 유형(*become, come, fall, get, grow, turn*)의 보어인 명사나 형용사는 주어가 결과적으로 갖게 된 속성을 나타낸다.

The girl *became a lawyer*.
It is *getting dark*.
All my misgivings *came true*.
Morris *turned socialist*.

4. 불완전자동사인 *be*는 부사를 보어로 취할 수 있다. 이러한 부사는 주로 장소를 나타내지만, 주어가 사건을 나타내는 명사(eventive subject)일 때는 시간을 나타내는 부사도 보충어로 취한다.

The kitchen is *downstairs*.
John is *out*.
The party will be *at nine*.
The outing is *tomorrow*.

5. be 동사 유형의 불완전자동사는 명사나 형용사보다는 to be가 있는 부정사 구문을 더 많이 쓴다. 특히 미국식 일상어는 이러한 동사 다음에 like를 더 자주 쓴다.

It *appears* the only solution.
It *appears to be* the only solution.
It *seems like* the only solution.

6. be 동사 유형의 불완전자동사는 *as if*나 *as though*로 시작되는 부사절을 보어로 취하기도 한다.

It *seems as if* the weather is improving.
Jill *looked as if* she had seen a ghost.
He *behaved as though* nothing had happened.

7. be 동사가 아무런 보충어도 취하지 않고 완전자동사로 쓰이면 *exist*의 의미로 쓰인다.

Whatever will *be* will *be*.
What *is* is right.
To *be* or not to *be*, that is the question.

8. 불완전자동사 중에는 그들이 취할 수 있는 보어에 강한 어휘적 제약을 가지고 있는 것들이 있다.

He *blushed scarlet* / *green.
You may *rest assured* I will do my best.

The doors *sprang open*.
Trade deficits *loomed large*.
The candle *burned low*.
The bagger *fell down dead*.

11.4.2 타동사의 보충어

타동사는 그들이 취하는 보충어의 수에 따라 단일목적타동사와 이중목적타동사로 나누고, 보충어를 취하느냐 취하지 않느냐에 따라 완전타동사와 불완전타동사로 나눌 수 있다.

11.4.2.1 단일목적타동사

단일목적어타동사(monotransitive verbs)는 하나의 직접목적어(DO)만을 취하는 타동사로서 명사구(NP), 시제절, 비시제절을 그 목적어로 취할 수 있다.

1. 명사구를 직접목적으로 취하는 타동사
(1) 이 유형의 타동사는 직접목적어를 그에 상응하는 수동문의 주어로 취할 수 있다.

Everybody *understood* the problem.
⇒ The problem *was understood* (by everyone).
Tom caught the ball.
⇒ The ball *was caught* (by Tom).

(2) 전치사동사(*pay for*)와 구동사(*put up with*)의 전치사목적어는 수동문의 주어가 될 수 있다는 점에서 이 유형에 포함시킬 수 있다.

The management *paid for* his air fares.

⇒ His air fares *were paid for* by the management.

Nobody can *put up with* his drinking.

⇒ His drinking cannot *be put up with* by anybody.

(3) 상태를 나타내는 단일목적 타동사인 중간동사(middle verbs: *have, fit, suit. resemble, equal, mean, contain*(= *hold*), *comprise, lack*)는 수동문을 만들 수 없다.

They *have* a large house. ⇒ *A large house *is had* (by them).

This dress *fits* her. ⇒ *She *is fitted* by this dress.

The hall *holds* over three hundred people. ⇒ *Over three hundred people *is held* by the hall.

2. 시제절을 직접목적으로 취하는 타동사
(1) *that* 절을 취하는 타동사
① 사실동사(factual verbs: *admit, agree, bet, claim, insist, predict, realize, report, suppose, think*)가 취하는 *that* 절에는 직설법 동사가 사용된다.

They *agree / admit / claim* that she *was* misled.

It is wrong to *suggest* that there are easy altermatives.

② 설득동사(suasive verbs: *agree, command, decide, demand, insist, propose, recommend, suggest*)가 취하는 *that* 절에는 추정의 *should*, 가정법 동사, 직설법 동사(특히 영국영어)가 쓰인다.

He *proposes* that the Government *should* hold an inquiry.

People are *demanding* that he *should leave / leave / leaves* the company.

[참고] *intend*와 같은 설득동사는 *that* 절 대신 부정사절을 취할 수 있다.

They *intended* the news *to be* suppressed.
They *intended* that the news (*should*) be suppressed.

③ 감정동사(emotive verbs : *annoy, concern, marvel, rejoice, regret, surprise, wonder, worry*)가 취하는 *that* 절에는 직설법 동사나 추정을 나타내는 *should*가 쓰인다.

I *regret* that she *worries* about it.
It *surprises* me that he *should worry* about it.

④ 가정동사(hypothesis verbs : *wish, suppose, would rather*)가 취하는 *that* 절에는 가정법과거나 과거완료가 쓰인다.

I *wish* (that) she *taught* us.
I *wish* (that) she *were* here.
She *wished* she *hadn't spent* the money.
Suppose that one of us *died*.

⑤ 목적어 기능을 하는 *that* 절에서 접속사 *that*은 생략할 수 있지만, *that* 절이 수동문의 주어가 되면 *that*은 생략할 수 없다. 그러나 수동문에서 *that* 절이 외치되면 *that*은 생략할 수 있다.

Everybody hoped (*that*) she would sing.
    ⇒ *That she would sing* was hoped by everybody. [격식체]
    ⇒ It was hoped by everybody (*that*) she would sing.

⑥ *that* 절은 *seem, appear, happen, come about*(= happen), *turn out* (= *transpire*) 등과 같은 동사의 외치된 주어로 쓰일 수 있다. 이 경우 접속사 *that*은 생략할 수 있다.

It *seems* (*that*) you *are* mistaken.
It *appears* (*that*) you *have lost* your temper.

(2) wh- 절을 취하는 타동사
that 절을 목적어로 취할 수 있는 사실동사의 대부분(*ask, confirm, decide, depend, doubt, find out, forget, hear, know, notice, prove, realize, remember, say, see, think, wonder*)은 wh- 의문사절을 목적어로 취할 수 있다.

She *asked* what he wanted.
Can you *confirm* which flight we are taking?
I haven't yet *decided* (*on*) which flight I will take.
Have you *heard* whether she's coming with us?
I *doubt* whether the flight has been booked.

3. 비시제절을 직접목적으로 취하는 타동사
타동사의 목적어로 쓰이는 비시제절은 다섯 가지 유형이 있다.
(1) wh- 부정사절을 취하는 타동사(*decide, discuss, explain, forget, know, learn, remember, say, see, tell, think*)

The Curies *discovered how to isolate radioactive elements*.
Right now we must *decide where to go first*.

(2) 주어가 없는 *to* 부정사절을 취하는 타동사(*ask, forget, hate, help, hope, learn, like, need, offer, prefer, promise, try, wish*)

Ruth *prefers* to go by bus.
You've got to *promise* not to tell anyone.

(3) 주어가 없는 *-ing* 절을 취하는 타동사(*can't bear, like, dislike, enjoy, hate, can't help, not mind, miss, remember, start*)

I *can't bear* having cats in the house.
They *like* talking about their work.
I *remember* posting the letters.

(4) 주어를 가진 *to* 부정사절을 취하는 타동사(*advise, believe, consider, like, persuade, report, suppose*)

The doctor *advised* me to take a complete rest.
The governors *like* all parents to visit the school.
Please *persuade* her to come with us.
They *supposed* her to be dead.

(5) 주어를 가진 *-ing* 절을 취하는 타동사(*dislike, hate, hear, like, love, prefer, see, watch, wish*)

I *hate* them / their gossiping about our colleagues.
We could *hear* the rain splashing on the roof.
Tim *watched* Bill mend / mending the lamp.
I *saw* him lying on the bench.

11.4.2.2 이중목적타동사의 보충어

이중목적타동사(ditransitive verbs)는 간접목적어(IO)와 직접목적어(DO)를 취하는 타동사를 말한다. 이중목적타동사는 그것이 취하는 간접목적어와 직접목적어의 종류에 따라 다음과 같이 나눌 수 있다.

1. [NP(IO) + NP(DO)]를 취하는 타동사

(1) 이 유형에 속하는 타동사의 간접목적어(IO)는 대개 유생명사이고, 직접목적어(DO)는 무생명사이다.

He *taught* us physics.
They *wished* him good luck.
John *offered* her some help.

(2) 이 유형에 속하는 타동사의 간접목적어(IO)는 생략되는 경우가 많다.

She *gave* (us) a large donation.
He *taught* (us) that the earth revolves around the sun.

(3) 이 유형에 속하는 타동사 *ask, pay, teach, tell, show* 등은 두 목적어 중 어느 것이나 생략할 수 있다.

He *taught* (us) (physics).
You haven't *paid* (me) (the money you owe me).

(4) 이 유형에 속하는 타동사 *bring, give, lend, serve, teach* 등은 두 개의 수동형이 가능하다.

The girl was given a doll.
A doll was given (to) the girl.

2. [DO + 전치사 목적어]를 취하는 타동사
(1) 이 유형에 속하는 타동사 *address, offer, blame, serve, remind* 등은 직접목적어(DO)만 수동문의 주어가 될 수 있다.

We *addressed* our remarks *to* the children.
⇒ *Our remarks* were addressed to the children.
We *reminded* him *of* the agreement.
⇒ *He* was reminded of the agreement.

(2) 11.4.2.2에서 1의 유형의 타동사는 대부분 간접목적어를 [*to* + 목적어]로 나타낼 수 있다.

Robert read *me* a chapter.
⇒ Robert read a chapter *to me*.

(3) *envy, excuse, forgive*와 같은 동사는 직접목적어를 [*for* + 목적어]로 나타낼 수 있다.

Matthew envied me my video-recorder.
⇒ Matthew envied me *for my video-recorder.*

(4) *ask*는 간접목적어를 [*of* + 목적어]로 바꾸어 나타낼 수 있다.

Robert asked Benjamin a favour.
⇒ Robert asked a favour *of Benjamin.*

3. [IO + that 절]을 취하는 타동사(*advise, convince, inform, remind, instruct, tell*)
(1) 이 유형의 타동사는 간접목적어만 수동문의 주어가 된다.

Natali *convinced* Derek (that) she was right.
⇒ *Derek* was convinced (by Natalie) (that) she was right.
⇒ **That she was right* was convinced Derek.

(2) 이 유형의 타동사는 *that* 절이 간접서술문(indirect statement)이면 그 절은 직설법 동사를 쓰고, *that* 절이 간접지시문(indirect directive)이면 그 절의 동사는 가정법 동사, 추정의 *should*, 그리고 다른 양상조동사를 쓴다.

① 간접서술문을 취하는 동사(*advise, bet, convince, inform, persuade, promise, remind, show, teach, tell, warn, write*)
May I *inform* you that your order *is* ready for collection?
Ava *told* Jack that dinner *was* ready.
② 간접지시문을 취하는 동사(*ask, beg, command, instruct, order, petition, tell*)

A dozen students *petitioned* the college chef that he *should provide / might provide / provide* them with vegetarian meals.

[참고] 이 유형의 *that* 절이 간접지시문인 경우에는 *that* 절보다는 보통 부정사구문을 더 많이 쓰고, 간접목적어를 쓰지 않는 경우도 있다.

? I *begged* her that she *would / should help*.
I *begged* her to help.
The judge *ordered* that the prisoner *should be* released.

4. [IO + wh- 절]을 취하는 동사(*ask, tell, order, inform, persuade, remind*)는 wh- 절 앞에 전치사를 쓰기도 한다.

Martin *asked* me what time the meeting would end.
Wendy didn't *tell* me whether she had phoned earlier.
Would you *remind* me (*about*) how we start the engine?
Jim was reluctant to *inform us* (*of*) where he got the money.

5. *advise, ask, instruct, remind, show, teach, tell, warn*과 같은 동사는 [IO + wh- 부정사절]을 취하기도 한다.

She advised us *what to wear for the party*.
Please remind me *where to meet you after lunch*?
Could you please suggest to me *which museums to visit*?

6. [IO + to 부정사절]을 취하는 동사(*advise, ask, beg, command, forbid, implore, instruct, invite, order, persuade, remind, request, recommend,*

teach, tell, urge)

(1) 이 유형의 동사는 간접목적어만 수동문의 주어가 된다.

I persuaded *Mark* to see a doctor.
Mark was persuaded to see a doctor.

(2) 이 유형의 간접목적어는 부정사절의 의미상의 주어가 된다.

I *advised / told / persuaded* Mark *to see a doctor.*
⇒ I *advised / told / persuaded* Mark that *he* should see a doctor.

(3) 그러나 *promise*는 부정사절의 의미상의 주어가 상위문의 주어라는 점에서 이 유형의 예외이다.

I *promised* Howard to take two shirts for his father.
⇒ I *promised* Howard that *I* would take two shirts for his father.

11.4.3 불완전타동사의 보충어

불완전타동사는 보충어로 목적어와 목적어보어를 취하는 타동사이다. 불완전타동사의 목적어와 목적어보어는 주어-술어 관계를 가지고 있다.

11.4.3.1 [목적어 + 목적어보어]를 취하는 타동사

1. 이 문형(SVOC)의 타동사는 목적어보어(AP, NP)가 목적어의 현행속성(current attributes)을 나타내는 것과 목적어의 결과속성(resulting attributes)을 나타내는 것으로 나눌 수 있다.

(1) 목적어의 현행속성을 나타내는 타동사(*hold, keep, leave, pronounce,*

wish)

> You should *keep* the cabbage *fresh*.
> The doctors *pronounced* her condition *hopeless*.
> The secretary *left* all the letters *unopened*.
> I have often *wished* myself *a millionaire*.

(2) 목적어의 결과속성을 나타내는 타동사(*drive, get, make, prove, render*)

> That music *drives* me *sad*.
> The long walk *made* us all *hungry*.
> I *proved* them *wrong*.
> The earthquake *rendered* hundreds of people *homeless*.

2. 이 유형에 속하는 동사의 목적어는 수동문의 주어가 될 수 있다.

> *All the letters* were left unopened (by the secretary).
> *Hundreds of people* were rendered homeless by the earthquake.

3. 이 유형에 속하는 동사의 목적어가 *that* 절이면 후치하고 가목적어 *it*을 보통 사용한다. 그러나 *make sure*나 *make certain*과 같은 연어표현(collocations)은 가목적어 *it*을 사용하지 않고 *that* 절만 후치시킨다.

> I think *it* very odd *that nobody is in*.
> Please make sure *that you enclose your birth certificate*.

11.4.3.2 [목적어 + 부가어]를 취하는 타동사
1. 이 유형에 속하는 타동사의 부가어는 장소나 방향을 나타낸다.
(1) 부가어가 장소를 나타내는 타동사(keep, leave, see)

> Always *keep* your eyes *on the road* when driving.
> May I *see* you *home*?
> They *left* the papers *at my office*.

(2) 부가어가 방향이나 방향개념을 나타내는 타동사(show, slip, take, talk)

> The attendant *showed* us *to our seats*.
> I *slipped* the key *into the lock*.
> *Take* your hands *out of your pockets*.
> They *talked* me *into it*.

2. 이 유형에 속하는 타동사의 목적어는 수동문의 주어가 된다.

> *We* were caught off our guard (by the attackers).
> *We* were showed to our seats (by the attendant).

11.4.3.3 [목적어 + *to* 부정사절]을 취하는 타동사(*report, believe, tip, intend, elect, lead, allow, encourage*)
1. 이 유형에 속하는 *to* 부정사절은 직설법 동사를 가진 *that* 절로 바꾸어 쓸 수 있다.

> The police reported *the traffic to be heavy*.

⇒ The police reported *that the traffic was heavy*.
John believed *the stranger to be a policeman*.
⇒ John believed *that the stranger was a policeman*.

2. 이 유형에 속하는 타동사는 목적어를 주어로 하여 수동형으로 바꿀 수 있다.

The police reported *the traffic to be heavy*.
⇒ *The traffic* was reported *to be heavy*.
They tipped *him to be the next president*.
⇒ *He* was tipped *to be the next president*.
They intended *Mary to sing an aria*.
⇒ *Mary* was intended *to sing an aria*.
My contract allowed *me to take one month's leave*.
⇒ *I* was allowed *to take one month's leave*.
Our teachers encouraged *us to think for ourselves*.
⇒ *We* were encouraged *to think for ourselves*.

3. 이 유형에 속하는 동사 중에는 능동형이 없고 수동형만 허용하는 것들이 있다(*rumour, say, see*).

The field marshal was said *to be planning a new strategy*.
⇐ *He said *the field marshal to be planning a new strategy*.
She is rumoured *to be on the point of resigning*.
⇐ *They rumour *her to be on the point of resigning*.
The man was seen *to enter the room last night*.
⇐ *They saw *the man to enter the room last night*.

11.4.3.4 [목적어 + 원형부정사절]을 취하는 타동사

1. 일부 사역동사(*have, let, make*)와 지각동사(*feel, hear, notice, observe, overhear, see, watch*)는 *to* 없는 부정사절을 보충어로 취한다.

> They *had* me *repeat* the message.
> You shouldn't *let* your family *interfere* with our plans.
> They *made* him *understand*.
> Did you *notice* him *come* in?
> The crowd *saw* Gray *score* two goals.
> She *watched* the children *cross* the road.

2. *help*와 *know*는 *to* 부정사절이나 원형부정사절도 보충어로 취할 수 있다.

> Sarah *helped* us (*to*) *edit the script*.
> I have *known* John (*to*) *give better speeches than that*.

3. 이 유형의 동사는 수동태로 바꾸면 원형부정사절 대신에 *to* 부정사절을 취한다.

> You must *make* John *take* notice of us.
> ⇒ John must *be made to take* notice of us.
> She *watched* the children *cross* the road.
> ⇒ The children *were watched to cross* the road.

4. 이 유형의 동사 뒤에 오는 부정사절이 보충어가 아니면 *to* 부정사절을 쓴다.

She *watched* the children *cross* the road *to keep* her words.
I saw her sit up late last night *to prepare* the exam.

11.4.3.5 [목적어 + -ing 분사절]을 취하는 타동사(feel, hear, notice, observe, catch, discover, find, leave, get, have)

1. 이 유형의 동사는 원형부정사와 -ing 분사절을 보충어로 취할 수 있다. 이때 원형부정사는 진행의 의미가 없는 반면, -ing 분사절은 진행의 의미를 가지고 있다.

Tim *watched* Bill *mend / mending* the lamp.
I *saw* Bill *climb / climbing* up the ladder.

2. 이 유형에 속하는 동사의 목적어는 소유격으로 바꿀 수 없다.

I saw *him / *his* lying on the beach.
Tim *watched* Bill / *Bill's* mending the lamp.

3. 이 유형의 동사는 수동태로 자유롭게 전환할 수 있다.

We could hear *the rain splashing* on the roof.
⇒ *The rain* could *be heard splashing* on the roof.
A teacher caught *them smoking* in the classroom.
⇒ *They were caught smoking* in the classroom (by a teacher).

11.4.3.6 [목적어 + -ed 분사절]을 취하는 타동사(see, hear, feel, watch, like, need, want, get, have)

Someone must have *seen / heard* the car *stolen*.
She *got / had* the watch *repaired* immediately.
I *want / need* my car *cleaned* immediately.
They *found / discovered / left* him *worn out* by travel.

1. 이 유형에 속하는 동사 중에는 to be를 -ed 분사 앞에 쓸 수 있다.

I *want* this watch (*to be*) *repaired immediately*.
I would *like* my room (*to be*) *cleaned*.
I *saw* the team (*be*) *beaten*.

2. 상위절의 동사가 see, hear feel, watch와 같은 지각동사일 때는 보통 수동형을 쓰지 않는다.

? The car must have *been seen* stolen.
(cf. The car was found abandoned.)

11.5 시제

실세계의 시간(time)은 전통적으로 과거, 현재, 미래로 나눈다. 그러나 언어는 실세계를 기술하면서도 언어세계가 가리키는 시간은 실세계의 시간과 일치하지 않는 경우가 있다. 예를 들면, 언어표현이 나타내는 현재동사는 실세계의 현재뿐만 아니라 과거나 미래를 나타내는 경우가 있다. 이 때문에 언어세계의 시간을 실세계의 시간과 구별하기 위하여, 시제(tense)라고 부르는데, 시제는 동사의 어형변화에 의해 실현된 문법 범주이다. 영어의 동사는 굴절접미사에 의해 미래를 표현하지 않으므로 영어의 시제는 형태상으로는 현재와 과거의 두 가지뿐이지만(에스퍼슨, 1933., 쿼크 외, 1990), 의미상으로는 현재, 과거, 미래의 세 가지 시제로 나눌 수 있다.

11.5.1 현재시제

1. 현재를 표현

(1) 현재시제는 현재의 상태나 진리를 나타낸다. 진리는 과거에도 존재했고 현재에도 존재하고 앞으로도 존재할 상황이기 때문에, 진리를 나타내는 현재를 '시간이 없는 현재(timeless present)'라고도 부른다.

Margaret *is* tall.
We *live* near Toronto.
Two and three *make* five.
Paris *lies* on the Seine.

(2) 현재시제는 동작동사와 함께 쓰여 반복적으로나 습관적으로 일어나는 사건을 나타낸다.

Water *boils* at 100°C.
The earth *moves* round the sun
He *calls* on me whenever he goes to town.
Bill *drinks* heavily.

(3) 현재시제는 동작동사가 나타내는 순간적인 사건을 나타낸다.

>Black *passes* the ball to Fernandez.
>I *enclose* a form of application.
>I *apologize* for my behaviour.

(4) 현재시제는 빈도부사(*always, often, usually, seldom*)의 수식을 받으면 습관적인 사건의 빈도를 나타낸다.

>The milkman *always comes* at 7 : 30.
>We *often / usually / seldom go* there.

2. 과거를 표현
(1) 과거사건을 더 생생하게 묘사하고 그 사건들을 청자에게 더 가깝게 느껴지도록 하기 위하여 현재시제가 일상적인 대화체나 문학작품에서 사용되기도 한다. 이러한 현재시제를 역사적 현재(historic present), 또는 극적 현재(dramatic present)라고도 한다.

>Albert was saying that coal prices *are going* up.
>Just as we arrived, up *comes* Ben and *slaps* me on the back as if we're life-long friends.
>We were told the police *are* still *looking* for him.
>The crowd *swarms* around the gateway, and *seethes* with delighted anticipation ; excitement *grows*, as suddenly their hero *makes* his entrance.

(2) 현재시제는 현재 관심의 대상이 되고 있는 역사적인 사실을 기록

하거나 책을 요약할 때도 사용된다.

May 1940 – Hitler *invades* Belgium and the Netherlands.
In his review of my book, C. N. Smith *writes* that he fails to see the relevance of….

(3) 전달하고자 하는 사건이나 내용을 현재의 관심사로 느낄 때, 화자는 전달동사나 인지동사의 현재형을 사용한다. 이런 경우의 현재시제는 발화시점 이전의 과거사건을 나타낸다.

They *tell* me you've been to Greece.
The Bible *prohibits* the committing of adultery.
I *see* there's been another earthquake in Turkey.
I *understand* that the game has been postponed.

(4) 작가, 작곡가, 그리고 그들의 작품을 언급할 때 쓰이는 현재시제는 과거를 나타낸다.

Dickens *draws* his characters from the London underworld of his time.
Beethoven's Ninth *is* his best composition.

3. 미래를 표현
(1) 현재시제는 미래를 나타내는 시간부사와 함께 미래사건에 대한 확신을 나타낸다. 특히, 주절의 동사가 미래이면, 시간이나 조건을 나타내는 부사절의 현재시제는 미래를 나타낸다.

He'll *do* it if you *pay* him.
I'll *let* you know as soon as I *hear* from her.

(2) 발화시점에서 이미 확정되어 변경할 수 없는 미래상황은 현재동사를 사용한다. 달력에 대한 기술이나 공공기관의 일정표가 여기에 해당된다.

Next year Whitsunday *falls* on 11 May.
The celebration *takes place* somewhere in July.
Flight 106 *takes off* at 11.45 p.m.

(3) 현재시제는 변경할 수 없는 계획에 의한 미래의 결과를 나타낼 때 사용된다. 이런 경우의 주어는 유생물이 된다.

The chairman *retires* at the end of the year.
My father *goes* to live in Spain when he is sixty-five.

(4) 지금까지의 관행으로 보아 미래에도 그러한 일이 확실히 일어날 것으로 생각할 때 현재가 사용된다.

The plane *leaves* for Ankara at eight o'clock tonight.
The gates of the park *open* in about fifty minutes.

(5) *go, come, leave, arrive, depart, start* 등과 같은 왕래발착을 나타내는 동사는 가까운 미래를 나타내는 부사와 함께 쓰일 때, 현재형은 확정된 미래상황을 나타내는 반면, 미래형은 확정되지 않은 미래상황이나 화자의 단순한 예측 내지 추측을 나타낸다.

The bus *leaves* at 4.17 p.m.
The bus *will leave* at 4.17 p.m.

11.5.2 과거시제

1. 단순과거는 어떤 사건이나, 행위, 습관, 상태 등이 과거에 일어났거나 있었음을 나타낸다. 과거시제는 보통 과거의 특정한 시간이나 일반적인 시간을 나타내는 부사와 함께 쓰인다.

The Normans *invaded* England in 1066.
We *spent* our holidays in Spain when we were children.
I once *liked* reading novels.

(1) 과거의 습관이나 상태는 *used to*로 표현될 수 있다.

I *used to* play tennis a lot, but now I'm too lazy.
This building is now a furniture store. It *used to* be a movie theater.

(2) 명백한 과거부사어가 없으면 과거시는 문맥에서 유추할 수 있다.

Did you switch off the lights? (when we left)
Did the ferry bring any visitors to the island? (when it came to the island, as it does every day)

(3) 장소부사가 때를 나타내는 의미로 시간부사 대신에 쓰일 수 있다.

I knew *in the army* (= *when I was in the army*).

I met her *at a conference in Oxford* (= *when I was at a conference in Oxford*).

When will you meet him? I will meet him *in Seoul*.

(2) 과거시제의 특별용법
(1) 주절의 전달동사가 과거이면 종속절의 과거동사는 대부분 현재와 관련이 있다.

She *said* that she knew you.
I *thought* you were in Paris.

(2) 과거시제는 화자가 갖는 현재의 마음의 상태를 더 공손하게 나타낼 때 사용된다.

Did you want to see me now?
I *wondered* whether you are / were free tomorrow.

(3) 가정법에 사용되는 과거시제는 화자가 갖는 현재의 믿음이나 기대감에 상반된 것을 나타낸다.

If you *knew* him, you wouldn't say that.
I wish I *had* a memory like yours.

(4) *will(shall)*이 완료형과 결합하면 미래완료가 되는데, 이것은 '미래에 있어서 과거(past in future)'를 의미한다.

By next week, they *will have completed* their contract.

11.5.3 미래시제

영어는 동사의 어형변화에 의해 미래를 나타낼 수 없기 때문에 다음과 같은 표현으로 미래를 나타낸다.

1. 미래조동사(*will / shall*)

(1) 시간이나 조건절과 함께 쓰여 무엇을 예측하거나 추정할 때, *will*이나 *shall*을 쓴다.

You*'ll change* your mind *after you've read this letter.*
We*'ll go* camping next week *if the weather is fine.*
Don't go near the puma. It*'ll bite* you (*if you go near it*).

(2) *will not*은 의지동사와 함께 쓰면 거절(refusing)을 나타내는 경우가 많다. 따라서 순수한 미래를 나타내려면 미래진행형을 쓰는 것이 보통이다.

He *won't lend* you his bike after what you've done to him. [거절]
He probably *won't leave* his house. [거절이나 미래]
He *won't be leaving* his house before eight o'clock. [미래]

(3) *will you*로 시작하는 의지동사가 본동사인 의문문은 요구, 제안, 초청을 의미한다. 이 경우 순수한 미래를 나타내기 위해서는 미래진행형을 쓰고, 의도를 가진 미래를 나타내기 위해서는 *be going to*를 쓴다.

Will you *use* this towel? [요구 / 제안]

Will you *be using* this towel? [미래]
Are you *going to* use this towel? [의도]

(4) *Shall I / we*로 시작하는 의문문은 상대방의 의지를 물어보는 경우에 사용된다. 그러나 미래에 대한 정보를 물어보는 의문문에서는 *will I / we*를 더 많이 쓴다.

What time *shall* I collect you night?
(= What time do you want me to come?)
What time *will* I be in Leeds if I take the 6.30 train?

2. 단순현재
(1) 주절의 동사가 미래이면, 조건이나 시간을 나타내는 종속절의 현재시제는 미래를 나타낸다.

What will you say if I *marry* the boss?
At this rate, the guests will be drunk before they *leave*.

(2) 미래에 일어날 일이 확실한 사실로 간주되거나 변동될 수 없는 미래의 계획 내지 사건을 나타내는 문장은 현재동사를 쓴다.

Tomorrow *is* Thursday.
School *finishes* on 21st March.
When *is* high tide?

(3) 왕래발착을 나타내는 동작동사(*arrive, come, leave*)나 상태동사는 현재시제로써 미래시제를 나타낸다. 동작동사는 현재진행형이 미래시제

를 나타내기도 한다.

> The plane *takes* off / *is taking* off at 20 : 30 tonight.
> I'*m* on vacation next week.

3. 현재진행형은 미래에 실현될 현재의 계획을 나타낸다.

> The orchestra *is playing* a Mozart symphony after this.
> The match *is starting* at 2.30 tomorrow.

4. *be going to*는 미래에 실현될 주어의 의도나 발화시점에서 미래상황에 대한 예측을 나타낸다.
  (1) 미래에 실현될 주어(행위자)의 의도

> Cheryl *is going to* marry Gordon when she has graduated.
> These trees *are going to* be cut down.

[참고] *will*도 현재의 의도가 미래에 실현된다는 것을 나타내지만, *be going to*는 그 의도가 분명히 미리 결정되었을 때 사용된다는 점에서 차이가 있다.

> What *are* you *going to do* with it?
>   (청자가 이미 이 질문에 대해 알고 있다고 추정)
> What *will* you do with it?
>   (청자로 하여금 이 질문에 대해 즉흥적 반응을 요구할 때)

  (2) 현재의 증거나 지식을 기초로 한 미래의 상황에 대한 예측

There's *going to be* a row in a minute.
(= I see that some people are getting angry.)
I think I'*m going to be* sick. (= I'm feeling queasy.)

[참고 1] *be going to*는 현재와 관련된 상황이 가까운 미래에 놓여 있다는 것을 의미한다. 따라서 시간부사나 문맥이 없으면 *be going to*는 가까운 미래를 나타낸다. 이러한 용법의 *be going to*는 will / shall로 대치할 수 없다.

Be careful! The bath-tub *is going to* spill over.
What *are* you *going to* read to us today?

[참고 2] *be going to*는 항상 미래상황에 대한 모든 조건이 충족되어 있다는 것을 전제한다. 이런 점에서 아직 이행되지 않은 조건과 관련된 *will*과 대조가 된다.

The glue *will* be dry in half an hour. (if you let it dry without interfering)
The glue *is going to* be dry in half an hour.

5. 미래진행형
(1) 미래진행형은 단순한 미래나 일상적으로 일어나는 미래상황을 나타낸다.

We *will not be using* the gymnasium for a couple of weeks because it is being refurbished.
When *will* you *be seeing* her again?

(그녀를 정기적으로 만남을 뜻한다.)

(2) 주절의 미래진행형은 종속절의 상황이 일어나는 미래의 기간을 나타낸다.

When you meet Joan at the airport, she*'ll be wearing* a yellow hat.
When you reach the end of the bridge, I*'ll be waiting* there to show you the way.

(3) 미래진행형은 미래의 상황이 당연히 일어나리라는 것을 나타낸다. 이러한 미래진행형은 *will, shall, be going to* 등이 나타내는 의지, 의도, 약속 등의 의미가 없다. 따라서 비행기 조종사가 승객에게 말하는 다음과 같은 문장은 30,000피트의 비행이 정상적으로 예상된 것임을 함축한다.

He*'ll be taking* his exam next week.
We*'ll be flying* at 30,000 feet.

6. *be about to*와 *be on the point of*는 가까운 미래를 나타낼 때 쓰지만 후자는 유생주어만을 허용한다.

Hold that rope. It*'s about to* get loose.
The doctor says *I am on the point of* having a nervous breakdown.

7. *be to*는 보통 공식적인 계획이나 결정, 외부의 의지에 의해 미리 조정된 미래상황을 나타낸다.

These collieries *are to* close down before the end of the year.

The ambassador *is to* return to Egypt tomorrow.

  8. 미래시제는 서법조동사, 반조동사(semi-auxiliaries : *be sure to, be bound to, be likely to*), 그리고 *hope, intend, plan*과 같은 어휘동사에 의해서도 표현된다.

The weather *may* improve (tomorrow).
You *must* have dinner with us (soon).
Be sure to tell me all your news tonight.
The weather *is bound to* get better tomorrow.
It's *likely to* rain this afternoon.
I *hope* to announce the winner shortly.
I hear they *intend* to marry.
When do you *plan* to take your holiday?

  9. 과거에 있어서 미래시는 과거진행, *was going to, was / were to* 등으로 나타내지만, 이들간에는 미세한 의미 차이가 있다.
  (1) 과거진행형은 과거에서 이미 계획된 미래를 나타낸다.

Mary was cleaning the house. She *was having* guests that evening.
The man was very nervous. He *was getting* married that morning.

  (2) *was going to*는 과거를 기준으로 앞으로 일어날 상황을 예측하거나 이행하지 못한 과거의 의도를 나타낸다.

He told me confidentially that he *was going to* leave the firm.

I *was going to* pay you a visit this afternoon, but I'll have to attend an emergency meeting of the board.

(3) *was / were to*는 과거를 기준으로 가까운 미래의 계획이나 일정을 나타낸다.

In the afternoon the Princess left for New Zealand, where she *was to* join her husband.
The meeting *was to* be held the following week.

11.6 상

동사가 의미하는 행위가 시간과 관련하여 일어나는 방식을 나타내는 문법범주를 상(aspect)이라 한다. 영어의 상은 의미와 형태에 따라 다음 과 같이 분류할 수 있다.

11.6.1 의미상의 분류

단순동사의 상은 그것이 나타내는 의미에 따라 지속상(durative aspect), 기동상(ingressive aspect), 결과상(effective aspect), 종결상(terminate aspect), 반복상(iterative aspect) 등으로 분류할 수 있다(컴, 1931, 373-387., 프리드, 1979).

11.6.1.1 지속상
지속상은 행위의 계속성을 나타내는 것으로 [*remain, keep, keep on, go on, continue* + 현재분사 / 부정사 / 동명사] 등으로 표현된다.

She *remained / kept* silent.
He *kept working* until he was tired out.
If you *go on* drinking like this, you'll make yourself ill.
He was tired, but he *kept on working*.
He *continued to work / working* until he was tired out.

1. 단순동사에 *on, on and on*을 추가하거나 같은 동사를 *and*로 열거하여 반복하면 지속의 개념이 강조된다.

When the Elsmeres were gone, Hester *sat on* alone in the drawing-room.
The prayers and talks *went on and on*.
When they are under stress of any kind, they *comb and comb* their hair.

2. 동사의 지속성은 진행형에 의해 표현될 수 있다.

He *is eating*.
Dogs *are barking*.

11.6.1.2 기동상
기동상은 행동이나 상태의 시작 단계를 나타내며, [*begin, commence, start* + 부정사 / 동명사] 등으로 표현된다.

When we scold her, she *begins to cry / crying*.
He *started working* on the report.

1. 기동상을 나타내는 동사의 단순시제는 시작이 습관적이라는 것을 나타내는 반면, 진행형은 현재에 있어서 동작이나 행위의 시작을 나타낸다.

> The baby *begins to cry*.
> The baby *is beginning to cry*.

2. 행위의 시작개념은 [*get, grow, fall, turn, wax, become, run, go, come, set, start* + 서술적 형용사 / 분사 / 명사 / 전치사구] 등으로 표현된다.

> He often *gets* sick.
> She *turned / became / got / grew* pale.
> The cow *ran* dry.
> He *went* to sleep.

3. 기동상의 개념은 *up, down, out, off, away* 등의 불변사에 내포될 수 있다.

> He stood / hurried / showed *up*.
> He sat *sown*.
> The lilacs have come *out*.
> He dozed *off*.

[참고] *be* 동사는 오랫동안 지속상과 기동상으로 사용되었지만 오늘날에는 지속상의 의미만 가지고 있다. 기동상을 나타내는 *be* 동사는 대부분 이제 *become, get* 등과 같은 다른 기동동사로 대치되었다. 그러나

옛날 흔적이 아직 남아 있기도 하다.

He *was* (= *became*) both out of pocket and out of spirits by that catastrophe.
I must *be* going.

11.6.1.3 결과상

결과상은 행동이나 상태의 마지막 시점, 즉 도달한 결과를 나타낸다. 이러한 결과상은 [*cease, domplete, stop, leave off, finish, quit, end* + 부정사 / 동명사] 형식으로 표현된다.

She *ceased to cry*.
She *stopped crying*.
I have *quit smoking*.

1. [*become, catch, come, get, turn* + 술어명사 / 형용사 / 전치사구]는 마지막 목표나 상태를 나타낸다.

He *became* a lawyer.
His predication *came true*.
They at last *came to terms*.

2. 결과상은 부사나 전치사구에 의해 표현될 수 있다.

He passed *away* quietly in the night.
They were paid *off* and discharged.
The two friends *fell out*.

He shot the hat *to pieces*.
He developed *into a strong man*.

11.6.1.4 종결상

종결상은 종결동사, 특히 종결동사의 단순시제에 의해 표현된다.

1. 종결상은 동사의 행동이 제한된 시간에 시작하고 끝나는 것을 의미한다. 대부분의 동사가 여기에 해당된다.

He *motioned* to me.
He *hit* the mark.
The bullet *pierced* his heart.

2. 기동상이나 결과상이 하나의 행동점을 나타내는 반면, 종결상은 전체적인 행동을 나타낸다.

As soon as I shot, I saw the bird *drop*. [종결상]
She *dropped* asleep. [기동상]
She *dropped* dead. [결과상]

11.6.1.5 반복상

반복상은 여러 번 반복되는 연속적인 행동을 나타내며 *cackle, crackle, gabble, giggle, flicker* 등과 같은 동사에 의해 나타난다.

Hens *cackle*. Geese *gabble*.
The fire *crackles*. The flame *flickers*.

1. 진행형은 한정된 기간 동안에 일어나는 반복되는 행위를 나타낸다.

I *am seeing* a lot of Johnson these days.
Maria is in Canada for three months. She *is learning* English.
It happened at a time when I *was climbing* regularly.

2. 진행형이 나타내는 반복상은 불만이나 불평이 습관적이라는 것을 의미한다.

He *is always getting* angry.
He *is perpetually complaining*.

3. 반복상은 부사나 동사를 반복하거나 또 숙어적 표현으로 표현될 수 있다.

She sang it *over and over again*.
I've t*ried and tried*, but I've not succeeded.
He *is accustomed to* think before he speaks.
She *was in the habit of* singing it.

11.6.2 형태상의 분류

영어의 상은 형태에 따라 완료상(perfect)과 진행상(progressive)(쿼크 외, 1985, 4.17)으로 나눌 수 있다. 완료상과 진행상은 시제와 결합하여 다음과 같이 아홉 가지 형태로 실현된다.

He *has examined* the report.
He *had examined* the report.
He *will have examined* the report.

He *is examining* the report.
He *was examining* the report.
He *will be examining* the report.
He *has been examining* the report.
He *had been examining* the report.
He *will have been examining* the report.

11.6.2.1 완료상
영어의 완료상에는 현재완료, 과거완료, 미래완료가 있다.

11.6.2.1.1 현재완료
1. 상태동사의 현재완료형은 과거에서 시작하여 현재까지 이르고 미래까지 계속될 상태를 나타낸다.

We *have lived* in Amsterdam for five years.
I've always *liked* her.

2. 동작동사의 현재완료형은 동사가 나타내는 사건이 과거로부터 현재까지 계속되는 기간 동안 적어도 한 번 일어난 것을 나타낸다. 이 사건은 최근에 일어난 뉴스가 될 수도 있고 먼 과거에 일어났지만 그 사건이 일어나는 기간이 현재로 이어지는 그런 사건이 될 수도 있다.

The Republicans *have won* the election.
I've just *got* a new job.
She *has given* an interview only once in her life (but she may yet give another interview).
Have you *seen* the new production of King Lear at the National

Theatre? (You still can do so).

3. 최근에 일어난 사건을 나타내는 경우, 미국영어에서는 현재완료보다 단순과거가 더 자주 사용된다.

   I just *got* a new job.
   I *lost* my key. would you help me?

4. 최근에 일어난 사건에 현재완료를 쓰면 그 사건의 결과가 아직도 남아 있다는 것을 의미한다.

   He's *broken* his arm. (= His arm is broken.)
   I've *emptied* the basket. (= The basket is empty.)
   The train *has arrived* on Platform 4.
     (= The train is now on Platform 4.)

5. 동작동사의 현재완료형은 동사가 나타내는 동작이 과거에서부터 지금까지 반복되고 있다는 것을 나타낸다.

   The magazine *has been* published every month (since 1975).
   Socrates *has influenced* many philosophers (till now).

6. 현재완료형은 어떤 동작이나 상태가 발화시간 이전에 시작해서 발화시간까지 관계가 있다는 것을 나타낸다. 따라서 현재완료형은 명백한 과거를 나타내는 부사 *ago*나 *then*과 같은 명백한 과거를 나타내는 부사와 함께 쓸 수 없다. 그러나 현재완료형은 과거에서부터 시작하여 현재까지 계속되는 시간을 나타내는 *since, till, up to now, so far* 등과 같은

부사와 함께 쓸 수 있다.

I have lived here *since I was born*.
So far nothing has happened.

7. '지금(now)'과 관련된 기간의 개념을 함유하는 경우에는 현재완료가 사용된다.[1] 그러나 이미 죽은 사람이나 이제는 존재하지 않은 상황을 나타낼 때처럼 현재와 관련된, 표현되지 않은 기간의 개념이 생략된 경우 과거시제가 사용된다. 아래 문장 (1)의 현재완료형은 루스벨트가 지금까지 그의 대학을 방문한 사람들 중의 하나이고, 그가 아직도 살아 있다는 것을 함축한다. 반면, 문장 (2)의 과거형은 '아버지가 지금 돌아가셨거나 은퇴하셨다'는 것을 함축하고, *all his life*는 완전히 끝난 기간이라는 해석을 가능하게 한다.

(1) President Roosevelt *has visited* our university.
(2) My father *worked* in a bank all his life.

---

1) 현재완료형이 현재와 관련된다는 사실은 그것의 발생기원에서 찾아볼 수 있다. 현재완료형은 타동사의 현재시제가 발전한 것이다. 예를 들면, *I have written the letter*는 원래 *I have the letter written* (= *in an written state*)이었다. 그런데 '쓰여진 상태의 편지를 가지고 있다'는 말은 이전의 행동을 함축하기 때문에 *have … written*은 점차 현재보다는 과거와 관련하여 쓰이게 되었다. 그리하여 과거와 현재와의 관련성을 표현하기 위해 초기 고대영어에서 새로운 현재완료형이 만들어지게 되었다. 이러한 현재완료형의 발달은 자연스럽게 과거완료를 형성하게 했다. 이제는 현재완료형을 시제보다는 상의 범주로 분류하지만, 그것이 완전히 과거가 아니라 여전히 현재와 밀접한 관계에 있을 때 보통 사용된다는 점에서 현재완료형은 아직도 본래 가진 과거의 의미를 많이 가지고 있다.
My brother bought two hats this morning.
My brother has bought two hats this week. (컴, 1931 : 358)

8. 한정적 명사구를 목적어로 취하는 창조동사(creation verbs)는 현재완료를 쓰지 않는다. 한정적 명사구는 청자가 알 수 있는 지시대상을 함축한다. 즉, 한정적 명사구를 사용하는 화자는 창조동사를 포함한 문장을 사용할 때 그 지시대상이 과거부터 지금까지 존재해 온 사실에 관심이 있는 것이 아니라 새로운 정보를 제공하는 데 관심이 있다. 이 정보는 지시대상의 상황(언제, 어떻게, 누가 등)에 대한 것이다. 그리하여 화자는 지금이 아니라 그때에 관심이 있기 때문에 현재완료를 사용할 수 없다.

John *wrote* / *has written this poem.
John *has read* this poem. [창조의 동사가 아님]

9. 현재완료형 *have got*은 현재형 *have*를 대신하기도 한다.

I *have got* (=have) a cold.
I *have got* (=have) to do it.

10. 최근에 발생한 행동의 결과로 얻어지는 것을 나타낼 때는 *have got*을 더 자주 쓰지만, 행동을 나타낼 때는 *have got*을 쓰지 않고 *have*를 쓴다.

He *has* a blind eye.
Look at John! he *has got* a black eye.
Did you *have* a good time last night? (= enjoy)
I always *have* a big breakfast in the morning. (= eat)
We're *having* a party on Saturday. (= give)

11.6.2.1.2 과거완료

1. 과거완료는 과거 이전의 시점에서 동작이 완료되거나 일어났음을 나타낸다. 그러나 두 상황간의 시간관계가 분명한 경우에는 과거완료 대신에 단순과거가 쓰이기도 한다.

We hailed a cab and sped to the dock, but his ship *had* already *sailed*.
They *moved* into the house before the baby was born.

2. 과거완료는 또한 현재완료의 과거를 나타낼 수 있다. 아래 예문에서 과거완료는 지금은 그 집을 소유하고 있지 않음을 의미하는 반면, 현재완료는 지금도 그 집을 소유하고 있음을 의미한다.

She *had owned* the house since her parents died.
 (cf. She *has owned* the house since her parents died.)

3. 과거완료는 단순과거에 상응하는 특별용법을 가지고 있다.
(1) 간접화법 구문에서 과거완료는 상황을 더 먼 과거로 역이동시킨다.

He said that he *had been* in England for ten years.
I told her the parcel *had not arrived*.

(2) 태도(attitudes)를 나타내는 과거완료는 단순과거보다 현재의 마음상태를 더 공손하게 표현한다.

I *had wondered* whether you are / were free now.
I *had hoped* you would give me a hand with my work.

(3) 가정법 구문에서 과거완료는 그 상황이 (과거에) 일어나지 않았다는 것을 의미한다.

If I *had been* there, it would not have happened.
If I *had known* that you were sick, I would have gone to see you.

11.6.2.1.3 미래완료
미래완료는 미래의 어떤 시점 그 이전에 어떤 사건이 완료되리라는 것을 나타낸다.

By this time I *shall have crossed* the Channel.
His ship *will have sailed before* we reach the dock.
Before I hear from you again, I *shall have landed* at Naples.

1. 미래완료는 미래에 있어서의 결과를 나타낸다.

He *will have built* a new house in a year.
The painters say they*'ll have finished* the downstairs rooms by Sunday.

2. 미래완료는 미래에 있어서의 경험을 나타낸다.

I*'ll have been* there in London two times this winter.
By the end of next month he *will have driven* the car for ten years.

3. 미래완료는 미래의 어떤 시점까지의 동작이나 상태의 계속을 나타낸다.

I *shall have been* reading for three hours by lunch time.
I*'ll have lived* here for seven years next July.

4. 미래완료는 미래에 있을 법한 일에 대한 강한 추정을 나타낸다.

I must go back to her. She *will have missed* me.
Hurry up! You*'ll have handed down* the report by the 4th of this month.

11.6.2.2 진행상

진행상은 어느 한 시점에서 진행되고 있는 동작이 한정된 시간 안에서 진행되고 있다는 것을 나타낸다.

1. 진행상은 동사가 나타내는 동작이 발화시점과 관련하여 어느 시점에서 진행되고 있느냐에 따라 보통 현재진행형, 과거진행형, 미래진행형, 현재완료진행형, 과거완료진행형, 미래완료진행형의 형태로 나타난다.

What *are* you *doing*? ── I'*m writing* a letter. [현재진행형]
I *was reading* an economics book last night. [과거진행형]
I'*ll be meeting* the Home Secretary next week. [미래진행형]
I'*ve been writing* a letter to my nephew. [현재완료진행형]
The fire *had been raging* for over a week. [과거완료진행]
By Friday, we *will have been living* here for ten years. [미래완료진행]

2. 진행형은 계속성이 전혀 없는 상황에 쓰일 수도 있고, 반대로 상당한 계속성이 있는 상황에 단순시제가 쓰일 수도 있다.

John *was closing* the door.

They *stayed* in the mountains for several days.

3. 진행형은 한정된 기간 동안에 반복적으로 일어나는 행위를 나타낸다.

He's *teaching* in a comprehensive school.
Chris *is getting* up at 6 o'clock every day this week to have a run in the park.
At that time he *was driving* a Ford.
I'll *be using* this bike until they bring mine back.

4. 진행형은 일시적인 지속성을 나타내지만, 비진행형은 영속적인 지속성을 나타낸다.

Water drops *are falling* from the trees that *line* the road.
He *teaches* in a comprehensive school. (= He's a teacher in the school.)

5. 신체적인 감각을 나타내는 동사가 일시적인 상태를 나타낼 때는 진행형과 비진행형을 모두 쓸 수 있다.

My back *aches* / *is aching*.
I *feel* / *am feeling* cold.

6. 비지속적(일시적, 순간적) 상황을 나타내는 동사의 진행형은 멈춰 있는 행동(frozen action)이나 일시적으로 반복되는 동작을 나타낸다.

In this photograph John *is winking* at the camera. [동결된 행동]
Gordon *was nodding* his head. [한정된 기간 동안 반복]

7. 습관적인 행위를 나타내는 동사의 진행형이 *always, all the time, for ever, continually*와 같은 빈도부사의 수식을 받으면 일시적인 의미를 상실하고 불평이나 비난을 나타낸다.

Bill *is always working* late at the office.
Even when a little girl she *was always running* after the boys.
We *shall soon be having* rain, rain, and nothing but rain.

8. 진행형의 *be* 동사에 강세를 부여하면 감정이 가미된 실현성 (actuality)의 개념을 강조한다.

Why aren't you studying? ——I AM studying.
Don't disturb him now. He IS working.

9. 의문문에서 현재분사에 강세를 두면 진행형은 대부분 상대방에 대한 호기심을 나타낸다.

What are you DOing, children?
Why aren't you STUdying? (censure)
How are you FEEling this morning? (sympathy, concern)

10. 일반적으로 상태동사는 진행형으로 쓰일 수 없다. 상태동사는 상황(states of affairs)의 진전에 대한 개념이 없기 때문이다.

*I *am liking* your sister.
*He *was knowing* English.

11. 상태동사의 진행형은 동적인 의미를 갖는 경우가 있다. 이러한 진행형은 제한된 지속성을 가진 유형의 행위를 나타낸다.

You *are being* obstinate.
He *was being* silly.

12. 정서나 태도를 나타내는 상태동사의 진행형은 일시적인 상황을 나타낸다.

I'*m hoping* to take my exam soon.
I *was wondering* whether you could help me.

13. 단순완료형은 완료된 상황을 나타내는 반면, 진행완료형은 아직 어떤 결과에 도달하지 못한 상황을 나타낸다.

The boy *has been learning* how to swim. (implies he cannot swim yet.)
The boy *has learned* how to swim. (implies he can swim now.)

11.7 요약

동사는 동작이나 상태를 나타내는 낱말로서 다른 품사와는 달리 수, 인칭, 시제, 상에 따라 여러 가지 형태를 갖는다. 동사는 명사구와 결합하여 문장을 만드는 기능을 가지고 있으며, 형태, 기능, 의미에 따라 여러 가지로 나눌 수 있다. 동사는 시제의 변화에 따라 시제동사와 비시제동사로 나누고, 형태에 따라 단순동사와 복합동사로 나눈다. 동사는 문장을 만들 수 있느냐에 따라, 완전동사, 두기능동사, 조동사로 나눌 수 있다. 동사는 그것이 나타내는 의미에 따라 동작동사, 상태동사, 자세동사로 나누기도 한다. 동사는 또 어떤 보충어를 취하느냐에 따라 완전자동사, 불완전자동사, 단일목적타동사, 이중목적타동사, 불완전타동사 등으로 나눌 수 있다.

제12장
조동사

12.0 서론

동사는 의미나 기능면에서 그 자체만 가지고 본동사(main verbs)로 쓰일 수 있느냐의 여부에 따라 완전동사(full verbs)와 조동사(auxiliary / helping verbs)의 두 가지로 나눈다.

1. 완전동사는 본동사로 쓰일 수 있는 동사로서 그 용어 자체가 나타내는 바와 같이 다른 동사의 도움을 받지 않고도 완전한 의미를 나타낼 수 있으며 형태상으로는 동사가 갖는 모든 어형변화의 형태(원형, 현재, 삼인칭단수, 과거, 현재분사, 과거분사)를 갖고 있다.

2. 조동사는 그 자체만 가지고는 본동사가 되지 못하지만 완전동사가 그 자체로서 나타낼 수 없는 상(aspect), 태(voice), 서법(modality)과 같은 것을 나타낼 수 있도록 본동사를 돕는 기능을 갖고 있다. 조동사는 형태적으로 완전동사가 갖추고 있는 형태의 일부만 갖고 있다. 조동사는 완전동사와는 달리, 의미상으로는 다른 동사를 도와 상과 서법을 나타내고, 통사적으로는 의문문과 부정문에서 운용소(operators)의 기능을 한다.

3. 조동사는 두기능동사(primary verbs)와 서법동사(modal verbs)로 나눌 수 있다. 두기능동사는 완전동사와 조동사의 두 가지 기능과 의미를 모두 갖고 있는 동사로서 be, have, do가 여기에 속한다. 두기능동사가 조동사로 쓰일 때는 본동사가 상이나 태를 나타내는 것을 돕고, 의문문과 부정문을 만드는 운용소로 쓰인다.

4. 서법동사는 본동사를 도와 서법성(modality)을 나타내는 조동사를 말한다. 서법동사는 조동사로만 쓰이느냐, 아니면 서법동사로도 쓰이고 본동사로도 쓰이느냐에 따라 서법조동사((modal auxiliaries)와 주변조동사(marginal auxiliaries)의 두 가지로 나눌 수 있다.

5. 서법조동사는 본동사로는 쓰이지 않고 조동사로만 쓰이면서 서법을 나타내는 조동사로서 *can, may, will shall, could, might, would, should, must*가 여기에 속하며, 중심서법조동사라 하여 주변조동사와 구별하기도 한다.

6. 주변조동사는 서법을 나타내면서도 조동사로도 쓰이고 본동사로도 쓰이는 동사를 말한다. 주변조동사는 또다시 그 의미와 통사적 특성에 따라 주변서법조동사(marginal modals : *dare, need, ought to, used to*), 서법숙어(modal idioms : *had better, would rather, have got to, be to*), 준조동사(semi-auxiliaries : *be able to, be bound to, be going to, have to*), 그리고 연쇄동사(catenative verbs : a*ppear to, come to, fail to, get to, happen to, manage to*)의 네 가지로 나누기도 한다.

7. 이와 같은 조동사의 분류에 의하면, 영어의 조동사는 두기능동사, 서법조동사, 주변서법조동사, 서법숙어, 준조동사, 연쇄동사의 여섯 가지로 나눌 수 있다. 이러한 분류를 표로 정리하면 다음과 같다.

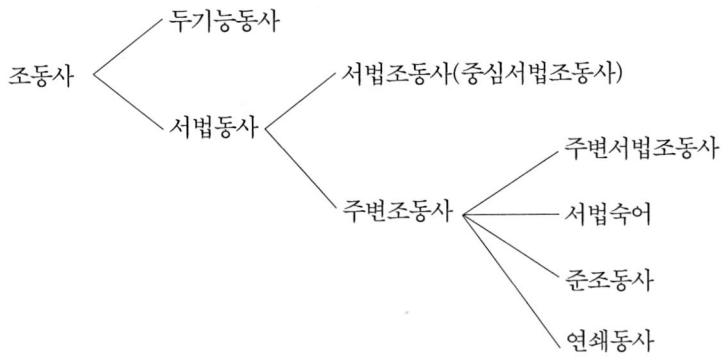

12.1 조동사의 일반적 특성

조동사는 일반적으로 완전동사와 구별되는 다음과 같은 특성을 가지고 있다.

1. 술부(predicates)의 맨 앞에 오는 조동사는 의문문과 부정문을 만드는 운용소로 쓰인다.

(1) 조동사는 주어 앞으로 도치하여 서술문을 의문문으로 바꾼다. 다만, 주어가 의문사인 의문문에서는 주어와 조동사가 도치되지 않는다.

    She *will* come. ⇒ *Will* she come?
    Who will try first?
    Which can be better than this?

(2) 조동사는 그 다음에 *not*과 결합하여 긍정문을 부정문으로 바꾼다. 이때 조동사는 *not*과 축약이 가능하다.

He *has* seen it. ⇒ He *has not* seen it. ⇒ He *hasn't* seen it.
She *can* see it. ⇒ She *cannot* see it. ⇒ She *can't* see it.

2. 대부분의 조동사는 축약하여 주어의 뒤에 붙여 쓰거나, 뒤에 오는 부정어 *not*의 축약형 *-n't*와 붙여 쓸 수 있다.

I'll do it tomorrow.
You'd better leave right now.
John *doesn't / won't* want to change his original plan any way.

3. 중심서법조동사, 주변서법조동사, 서법숙어는 수, 인칭, 현재시제를 나타내는 -s형이 없다.

She *can* do it.
The man *ought* to be here at five.
You / she *must* write.
She *had / would* better leave right now.
He *daren't / needn't* escape.

4. 조동사가 긍정문에서 강세를 받으면 그 문장은 강한 긍정의 의미를 갖는다.

Won't you try again? ── Yes, I *WILL* try again.
You must speak to the teacher. ──I *HAVE* spoken to her.

5. 조동사는 본동사가 생략되면 대동사(proverb)의 기능을 겸한다.

Won't you try again? ──Yes, I *will*.
Can you drive a car? ──No, I *can't*.
He stayed and so *did* she. / He didn't stay, nor *did* she.

6. 조동사는 빈도를 나타내는 부사나 이접적 의미의 부사(문장부사) 앞에 나타난다.

She *would never / probably* believed his story.
(cf. She *never / probably* believed his story.)

7. 주어를 직접 수식하는 양화사는 본동사 다음에는 나타날 수 없지만, 조동사 다음에는 나타날 수 있다.

All the boys will be there. ⇒ The boys *will all* be there.
(cf. The boys *all are* there. ⇒ *The boys *are all* there.)
Both my parents are working. ⇒ My parents *are both* working.
(cf. My parents *both work*. ⇒ *My parents *work both*.)

8. 조동사는 주어와 의미상 독립되어 있기 때문에, 완전동사와는 달리 주어에 대하여 의미상의 공기제약을 받지 않는다. 그러므로 조동사는 *there* 구문과 수동문에 쓰일 수 있다.

The man / the bus *ought* / *hopes* to be here at five.
There *used* / **hoped* to be a school on the island.
The president *will* / *hopes to* be met by thousands of people.

9. 조동사는 현재형은 물론 과거형도 현재나 미래의 시간을 나타내는

데 사용될 수 있다.

> I think he *may / might* retire next May.
> (cf. *I think he retired next May.)
> Will / would you phone him to tomorrow?
> (cf. *Did you phone him tomorrow?)

12.2 두기능동사

두기능동사(*be, have, do*)는 완전동사로 쓰일 수 있다는 점에서 다른 조동사와 구별되며, 의문문이나 부정문 등에서 운용소로 쓰일 수 있다는 점에서 완전동사와 차이가 있다. 두기능동사가 조동사로 쓰일 때는 시제(tense), 상(aspect), 태(voice)와 같은, 동사의 이차문법범주를 나타낸다.

> John *is* going to do it now.
> (cf. John *is* a student now.)
> Mary *has* just finished her work.
> (cp. Mary *has* several old friends.)
> This house *was* built by John last summer.
> The flight *was* cancelled after we *had* paid for the tickets.
> The detective *was* murdered by the butler.

12.2.1 두기능동사 *be*

1. *be*는 다른 두기능동사인 *have*나 *do*와는 달리, 조동사이면서도 시제

형(*am, are, is, was, were*), 비시제형(*be, being, been*)의 형태를 모두 갖고 있다.

>I / you / he *am / are / is* surprised at the news.
>You will *be* surprised at the news.
>*Being* surprised at the news, he couldn't find any words to console her.
>Have you ever *been* skiing in the Alps?

2. *be*는 -ing형 분사와 결합하여 동작의 진행상을 나타낸다.

>Mary *is learning* Spanish.
>The weather has *been improving*.

3. *be*는 -ed형 분사와 결합하여 동작의 수동의 의미를 나타낸다.

>Mary *was awarded* a prize.
>Our team has never *been beaten*.

12.2.2 두기능동사 *have*

1. *have*는 서법조동사와는 달리 시제형(*have, has, had*)과 비시제형(*have, having*)의 형태를 가지고 있다. 그러나 조동사 *have*는 과거분사형이 없다.

>*Have* you ever been a teacher?
>Their dog *has* been missing for three days.

He told me he *had* been a waiter before he became a taxi-driver.
By the end of next week, I will *have* been a teacher for 25 years.
Having invited him here to speak, we'd better go to his lecture.

2. *have*는 -*en*형의 분사와 결합하여 동사가 나타내는 상태나 동작의 완료 / 계속 / 경험을 나타낸다.

I *have finished*.
What *has* she *bought*?
They may *have been* eaten.

3. *have*는 부정문에서 세 가지 다른 형태를 가지고 있다.

I *have not* seen her.
I *haven't* seen her.
I*'ve not* seen her.

[참고] 부정형 have not은 문어체에서 많이 쓰이고, 축약형인 *haven't*나 *'ve not*은 구어체로 많이 쓰인다. 축약형 *haven't*가 축약형 *'ve not*보다 일반적으로 더 많이 사용된다.

12.2.3 두기능동사 *do*

1. 조동사 *do*는 평서문을 부정문, 의문문, 강조문으로 바꾸는 운용소로만 쓰일 뿐, 상이나 서법성과 같은 조동사가 나타내는 의미는 나타내지 않는다.

Does she have coffee with her breakfast?
Did you have a nice holiday?
She *doesn't* want to stay.
I *didn't* like English at school.
I *did* give him the book.
They *DO* want you to come.

2. 조동사 *do*는 시제형으로 do, does, did가 있을 뿐, be나 have와는 달리 비시제형(*to do, *doing, *done)이 없다. (to) do, doing, done은 do가 완전동사로 쓰일 때의 비정형이다.

3. *do*의 시제형 do, does, did는 술부동사가 완전동사인 서술문을 의문문으로 바꾸는 운용소로 쓰인다.

Do you do your shopping once a week?
Does she have coffee with her breakfast?
Did you have a nice holiday?
What *do* you say?
They didn't make any mistakes, *did* they?
I don't like him, *do* you?

4. *do*의 시제형 do, does, did는 *not*과 함께 술부동사가 완전동사인 서술문을 부정문으로 변환하는 데에 운용소로 쓰인다.

She *doesn't* want to stay.
I *didn't* like English at school.
He knows how to drive a car, *doesn't* he?

4. *do not*과 그 축약형 *don't*는 모든 긍정명령문을 부정명령문으로 바꾸는 운용소이다.

>*Do not* make a noise.
>*Don't* smoke here.
>*Don't* be a racing driver!
>*Don't* be so impatient!

5. *do*는 본동사를 수반하지 않는 부가의문문이나 문두에 부정어가 오는 도치문에서 주어 앞에 놓여 운용소로 쓰인다.

>He knows how to drive a car, *doesn't* he?
>They didn't make any mistakes, *did* they?
>I don't like him, *do* you?
>Never *did* he think the book would be finished so soon.

6. *do*는 강조 구문에서 운용소로 쓰인다. 또한 명령문에서 명령을 보다 설득력 있게 하기 위하여 *do*를 쓴다(persuasive imperatives).

>They *DO* want you to come.
>Michael *DID* say he would be here at nine, didn't he?
>*DO* sit down!/*DO* be quiet!/*DO* be careful with that vase!
>May I sit here? ——Yes, by all means *DO*.

7. *do*는 생략구문에서 생략된 술부를 대신하는 대용어로 쓰인다.

>Mary reads books faster than I *do*. (*do* = read books)

Did you watch the game on TV? No, but my brother *did*.
(*did* = watched the game on TV)

12.3 서법동사

서법동사는 서법조동사와 주변조동사로 나눈다.

12.3.1 서법조동사(중심서법조동사)

서법조동사는 문장이 나타내는 사건에 대한 허가, 의무, 의지와 같은 화자의 태도를 나타내거나, 사건의 발생에 대한 가능성, 필연성, 예측과 같은 화자의 판단을 나타낸다. 허가, 의무, 의지와 같이 인간의 통제력이 가능한 화자의 태도를 내재적(의무적) 서법(intrinsic / deontic modality)이라 한다. 그리고 화자의 통제력이 미칠 수 없는 가능성, 필연성, 예측과 같은 사건의 발생의 여부에 대한 화자의 판단을 외재적(인식적) 서법(extrinsic / epistemic modality)이라 하여 서법을 구별하기도 한다(재켄도프, 1972 참조).

(1) 내재적 서법성(intrinsic modality)과 외재적 서법성을 나타내는 서법조동사가 따로 있는 것이 아니라 동일한 서법조동사가 이들 두 가지 기능을 함께 갖고 있으면서 문맥이나 상황에 따라 이들 두 기능 중에서 어느 서법성을 나타내느냐가 결정된다. 경우에 따라서는 하나의 서법조동사가 동일한 문장 안에서도 두 가지 법성을 나타내는 중의성을 갖기도 한다. 예를 들면, *I will see you tomorrow then*에서 *will*은 화자의 의지를 나타내는 내재적 의미(그러면 내일 만나겠다)를 가질 수도 있고, 내일 만날 것을 예측하는 외재적 의미(그러면 내일 만나겠구먼)로도 해석할 수도 있다.

(2) 대부분의 서법조동사는 현재형과 과거형(*can / could, may / might, shall / should, will / would*)이 있지만, 서법조동사의 과거형이 현재시제의 문맥에서 쓰일 때는 과거를 나타내는 것이 아니라, 현재형으로 쓰는 것보다 주저함이나 겸손함을 더 나타낸다.

(3) 서법조동사는 동사구의 첫 번째 요소로만 쓰이고, 부정사(infinitives)나 분사(participles)와 같은 비시제형(nonfinite forms)이 없다.

서법조동사	두기능동사	일반동사
*to may	to have	to eat
*(is) maying	(is) being	(is) eating
*(has) mayed	(has) been	(has) eaten

(4) 가능성, 필연성, 예측과 같은 외재적 서법성을 나타내는 서법조동사는 완료형이나 진행형과 함께 쓰일 수 있다. 그러나 허가나 의지와 같은 내재적 서법성을 나타내는 서법조동사는 완료형이나 진행형과 함께 쓰일 수 없다. 바꾸어 말하면, 완료형이나 진행형 앞에 쓰이는 서법조동사는 외재적 서법성만 나타낸다. 왜냐하면, 완료형이나 진행형은 어떤 사건이 완료되었거나 진행중임을 나타내기 때문에, 이에 대한 가능성이나 추측 같은 것은 할 수 있지만, 이미 완료되거나 진행중인 사건에 대하여 화자가 허가한다거나 하겠다는 의지를 나타낸다는 것은 논리에 맞지 않기 때문이다.

He *may / might have missed* the train. [가능성]
She *can't / couldn't be swimming* all day. [가능성]
He *must have left* his umbrella on the bus. [필연성(강한 추측)]
You *must be dreaming*. [필연성(강한 추측)]

The guests *will / would have arrived* by that time. [예측]
Hussein *will / would* still *be reading* his paper. [예측]
I *ought to be working* now.(but I'm not.) [의무]
You *should have finished* it.(but you haven't.) [의무]

[참고] 의무를 나타내는 *should*나 *ought to* 다음에 완료형이 오면, 이것은 의무가 완료되었음을 나타내는 것이 아니라, 의무가 성취되지 못했음에 대한 유감을 나타낸다.

1. can / could
(1) *can / could*는 외재적 서법성인 가능성과 능력을 나타내기도 하고 내재적 서법성인 허가를 나타내기도 한다.

① *can*이 나타내는 가능성은 이론상의 가능성(theoretical possibility)이며 *may*가 나타내는 사실상의 가능성(factual possibility)과 보통 구별할 수 있다. 이들 두 서법조동사 *can*과 *may* 대신에 형용사 *possible*을 사용할 경우, *can*이 나타내는 이론상의 가능성은 [It is possible for … to …]의 부정사 구문으로 바꾸어 나타낼 수 있다. 반면, *may*가 나타내는 사실상의 가능성은 [It is possible that …]의 절의 구문으로 바꿔 쓸 수 있다. 왜냐하면, 절이 부정사구로 나타내는 것보다 더 사실적(factive)이기 때문이다.

Even expert drivers *can* make mistakes. [이론상의 가능성]
Her performance was the best that *could* be hoped for. [이론상의 가능성]
A friend *can* betray you. [이론상의 가능성]
(= It is possible for a friend to betray you.)
A friend *may* betray you. [사실상의 가능성]
(= It is possible that a friend will betray you.)

② *can*이 이론상의 가능성을 나타내지만 강한 의문과 부정을 나타내는 의문문과 부정문에서는 사실상의 가능성에 대한 강한 의문과 부정을 나타낸다.

 Can the news be true? (= Is it possible that the news is true?)
 The news *cannot* be true. (= It is impossible that the news is true.)

③ 능력을 나타내는 *can*은 *be able to*나 *know how to*로 바꿔 쓸 수 있다. 능력은 외재적 서법성인 가능성의 특수한 경우로 볼 수 있기 때문에, 능력을 나타내는 *can* 구문은 *possible* 구문으로 바꿔 쓸 수 있다

 Can you remember where they live?
 Magda *could* speak three languages by the age of six.
 They say Bill *can* cook better than his wife.
 I *could* swim all the way across the lake.
  ⇒ It was / would be possible for me to swim all the way across the lake.

④ *can*은 내재적 서법성인 허가를 나타낸다. 이러한 *can* 구문은 *be allowed to* 구문으로 바꿔 쓸 수 있다. *may*도 허가의 서법성을 나타낸다. 그러나 *may*가 주로 격식체에서 쓰이는 반면, *can*은 보통 일상체로 사용된다.

 Can we borrow these books from the library?
 (= Are we allowed to borrow these books from the library?)
 In those days only men *could* vote in election.
 You *may* borrow my bicycle if you wish.

Might I ask whether you are using the typewriter?

(2) *could*는 과거를 나타내는 문맥에서는 *can*과 같은 의미로 쓰인다.

There were no rules : we *could* do just what we wanted. [허락]
In these days, a transatlantic voyage *could* be dangerous. [가능성]
Few of the tourists *could* speak English. [능력]

(3) 능력이나 허락을 나타내는 과거형 *could*는 *was/were able to*나 *was/were allowed to*와 의미상으로 유사하지만, *was/were able to*나 *was/were allowed to*는 *could*와는 달리 그 행위가 성취되었음을 함축한다.

We *were able/permitted to* leave the camp early.
(= ⋯ and we did leave the camp early.)

(4) 행위의 성취를 함축하는 문맥에서는 *could*가 사용될 수 없지만, 부정문에서는 *was/were able to*나 *was/were allowed to*, 그리고 *could*가 모두 사용될 수 있다.

I ran after the bus, and *was able to* catch it.
*I ran after the bus, and *could* catch it.
I ran after the bus, and *wasn't able to* catch it.
I ran after the bus, and *couldn't* catch it.

(5) *could*는 *can*에 비해 실제의 상황이 아닌 가공의 조건이나, 더 나아가, 그에 대한 화자의 기대를 나타낸다.

If United *can* win this game, they may become league champions.
If United *could* win this game, they might become league champions.

(6) [*could* + 완료형]은 과거의 사실에 반대되는 가정을 나타낸다.

If United *could* have won win this game, they might have become league champions.

(7) 의문문에서 *could, would, might*는 완곡하고 정중한 요청을 나타낸다.

Could I see your drive licence?
Could you open the door?
I wonder if I *might* borrow some coffee?
Would you tell me the time, please?

(8) 서술문에서 *could*는 가능성을 완곡하게 표현하는 데 쓰인다.

There *could* be something wrong with the light switch.

2. *may / might*

*may / might*는 외재적 서법성을 나타내는 가능성과 내재적 서법성인 허가나 기원을 나타낸다.

(1) 가능성을 나타내는 *may*는 주어진 명제가 참이거나 또는 참이 될 가능성을 나타내기 때문에 *it may be that, perhaps, possibly*를 포함한 문장으로 바꿔 쓸 수 있다. 이러한 *may*는 보통 강세를 받는다.

You *may* be right. (= It is possible that you are right.)
There *might* be some complaints.
It *may* be that you are right.
Perhaps / possibly you are right.

(2) 허가를 나타내는 *may*는 [*I permit you*…] 구문으로 바꾸어 쓸 수 있다. 다만, 허가를 나타내는 *may*는 같은 의미를 가진 *can*보다 격식체의 문장에서 더 많이 사용된다. *may* 문장은 화자로부터 받은 허락의 의미를 나타낼 때 사용되며, *can*은 보다 일반적인 허락의 의미를 나타낼 때 사용된다. 양보절에 쓰이는 *may*도 화자의 허가를 나타낸다.

You *may* borrow my bicycle if you wish.
Might I ask whether you are using the typewriter?
You *may* leave when you like. (= I permit you….)
You *can* leave when you like. (= You are permitted….)
Whatever you *may* say, I will not believe you.

(3) 기원을 나타내는 주어 앞에 놓인 *may*는 기원을 나타낸다. 기원은 화자의 바램을 나타낸다는 의미에서 이런 용법의 *may*는 내재적 서법성을 나타낸다.

May you live and die happy!
May he never set foot in this house again!
May the best man win! (= Let the best man win!)
May God bless you! (= God bless you!)

3. *shall / should*

(1) *shall*은 일인칭주어를 포함한 격식체 문장에서 그 문장이 나타내는 사건이 미래에 일어나리라는 외제적 서법성인 화자의 예측을 나타낸다. 현대영어에서는 보통 *will*이 이러한 용법의 *shall* 대신에 쓰인다.

    I *shall / will* be seventeen next week.
    When *shall / will* we know the results of the election?

(2) 주어가 일인칭인 의문문에 쓰일 때, *shall*은 청자의 의견을 묻거나 화자가 어떤 제의나 권고를 나타내는 내재적 서법성을 갖는다.

    Shall I open the door?
    Shall we go to the theater?
    Shall I / we deliver the goods to your home address?
      (= Do you want me / us to deliver⋯?)
    What *shall* we do this evening?

(3) *shall*은 이인칭이나 삼인칭 주어를 포함한 문장에서 상대방이나 제삼자의 행위를 통제하거나 지배하려는 화자의 강한 의지를 나타낸다.

    You *shall* stay with us as long as you like.
    You *shall* do as I say.
    He *shall* be punished if he disobeys. (= I will punish him⋯.)
    He *shall* be rewarded if he is patient.

(4) *shall*은 어떤 법규나 규정과 관련된 표현에서는 삼인칭주어의 강한 의무를 나타낸다.

The vendor *shall* maintain the equipment in good repair.

Every member *shall* pay his annual subscription within the first fortnight of the year.

(5) should는 화자의 놀라움, 섭섭함, 그 밖의 주관적인 판단을 나타내는 구문에 사용된다.

It's unfair that so many people *should* lose their jobs.
They *should* have met her at the station.
Why *should* anyone object to her enjoying herself?

(6) 주절의 술부가 화자의 명령, 주장, 권고, 요구, 필요성 등을 나타내는 구문의 종속절에 쓰이는 should는 종속절이 나타내는 내용이 아직 사실이 아님을 나타낸다.

He commanded / ordered that the prisoner *should* be shot at once.
The employees have demanded that the manager *should* resign.

4. will / would

(1) 서법조동사 *will*은 외재적 서법성을 나타내는 조동사로서 문장이 나타내는 사건에 대한 발생시점인 미래(*will*)나 과거(*would*)의 사건발생에 대한 예측이나 추측을 나타낸다. 과거형인 *would*는 과거시점에 있어서의 미래에 대한 추측을 나타낸다.

I'*ll* be seventeen next year.
He *will* be here in half an hour.
You *will* feel better after this medicine.

I was told I *would* feel better after this medicine.

[참고] 영국의 남부지방에서는 주어가 *I*일 때는 *will* 대신에 *shall*을 쓰기도 한다.

No doubt I *shall* see you next week.

(2) *will*은 드물기는 하지만 현재에 대한 추측을 나타내기도 한다. 이 경우의 *will*은 외재적 서법성인 가능성이나 강한 추측을 나타내는 *must*와 같은 의미를 갖는다.

She *will* have had her dinner by now.
That*'ll* be the postman. (on hearing the doorbell ring)

(3) 외재적 서법성인 예측을 나타내는 *will*은 항상 똑같이 반복되어 예측이 가능한 사실을 진술할 때도 사용된다.

If litmus paper is dipped in acid, it *will* turn red.
Oil *will* float on water.

(4) *will*과 *would*는 개인적인 습관이나 반복되는 특정한 행위를 나타낼 수 있다.

He*'ll* talk for hours, if you let him.
Every morning he *would* go for a long walk.

(5) *used to*도 *would*처럼 과거의 반복된 행위를 나타내지만, *would*는

*used to*보다 더 격식체의 표현에서 사용된다.

① *would*는 과거에 반복되었던 습관적 행위만을 나타내지만, *used to*는 과거에 지속되었던 어떤 상태도 나타낸다.

When I was a child, I *would / used to* get up early. [동작]
He **would / used to* wear a moustache. [상태]

② *used to*는 상대적으로 길고 막연한 과거를 전제로 하기 때문에 구체적인 시간을 지칭하는 표현과 함께 사용되지 않지만, *would*는 그러한 시간적인 표현과 함께 사용된다.

I *would / *used to* get up early.
I *used to* get up early, when I was a child.

(6) *will*과 *would*는 내재적 서법성인 의지(volition)를 나타낸다. 이들이 나타내는 의지는 그들이 들어 있는 문장의 주어의 의지이다. 이러한 의지는 그 정도에 따라 가장 약한 단계인 자발적인 의사(willingness), 가장 강한 단계인 고집(insistence), 그 중간 단계인 의도(intention)로 구별할 수 있다. 자발적인 의사를 나타내는 *will*이나 *would*는 주어가 *you*인 의문문에 쓰일 때는 화자의 부탁이나 제의를 나타낸다.

① 자발적인 의사

George *will* help you.
I'll do it, if you like.
Will / would you help me to address these letters?

② 고집(will에 강세가 있고, 따라서 주어와 축약될 수 없음)

I *will* go to the dance, and no one shall stop me.
She *would* keep interrupting me.

③ 의도

We *won't* stay longer than two hours.
The manager said he *would* phone me after lunch.

7. 내재적 서법성인 화자의 요구나 바램을 나타내는 *will*은 가벼운 명령을 나타내는 데 사용될 수 있다.

You *will* wait here till I return.
All staff *will* leave the building at once.

8. *would*는 과거를 나타내는 문맥에서는 *will*과 같은 의미로 쓰인다.

Later, he *would* learn his error. [예측]
The old lady *would* sit in front of the television continuously. [습관]
We tried to borrow a boat, but no one *would* lend us one. [자발적인 의사]
He *would* leave the house in a muddle. [고집]

5. *must*
(1) *must*는 화자 자신이 이미 알고 있거나 관찰한 것으로부터 문장이 나타내는 내용이 어떠한 경우(세계)에도 사실(참)이라는 화자의 결론이

나 강한 추측을 나타낸다. 화자의 이러한 판단이나 강한 추측은 화자의 의지나 요구와 같은 주관적인 주장을 나타내는 것이 아니라 객관적인 사실에 근거하고 논리적인 법칙에 근거하여 추론하고 있다. 이런 점에서 논리적 필연성(logical necessity) 내지 강한 추측은 *must*가 갖는 외재적 서법성이다.

There *must* be some mistakes.
The Smiths *must* have a lot of money.
You *must* be feeling tired.
He *must* be 70 now.
To be healthy, a plant *must* receive a good supply of both sunshine and moisture. (= It is necessary for a plant to receive⋯.)

(2) 논리적 필연성을 나타내는 *must*는 부정문이나 의문문에서는 보통 사용되지 않고 그 대신에 *can*이 사용된다.

You *must* be joking (= it is necessarily the case that you are joking).
⇒ You *can't* be serious (= it is impossible that you are serious).
She *must* be asleep. ⇒ She *can't* be awake.
She *must* be the one you mean. ⇒ *Can* she be the one you mean?

(3) 내재적 서법성인 의무를 나타내는 *must*는 그것이 들어 있는 문장의 술부가 나타내는 내용을 그 술부의 주어가 실현해야 한다는 의무 내지 필요성과 같은 화자의 요구를 나타낸다. 따라서 이러한 용법의 *must*는 어떤 행위에 대한 화자의 권위적인 주장을 함축한다.

You *must* be back by ten o'clock.

(= You are obliged to be back⋯. = I require you to be back⋯.)
Productivity *must* be improved, if the nation is to be prosperous.
I *must* remember to write to Aunt Anna.

(4) *must*는 과거를 나타내는 문맥에서도 따로 과거형이 없이 그대로 과거형으로 쓰인다. 그러나 과거나 미래를 분명히 나타내고자 할 때는 *had to*나 *will / shall / 'll have to*를 써서 과거와 미래를 나타낸다.

The crew *had to* leave the sinking ship.
He told us that we *must* all be careful here.
We *shall have to* hurry up or we shall be late.
We*'ll have to* be patient.

(5) *must*와 *have to*는 부정문에서는 의미가 달라진다. *must not*은 금지를 나타내고, *don't have to*는 불필요성을 나타낸다.

You *must not* come. (= I do not allow you to come.)
You *don't have to* come. (= It is not necessary for you to come.)

(6) *must*가 필요성을 의미할 경우, 영국식 영어에서는 *must* 대신에 *need*가 부정문과 의문문에서 쓰인다.

Need they make all that noise?
  (= Do they *need / have to* make all that noise?)
You *needn't* worry about the test.
  (= You *don't need / have to* worry about the test.)

(7) 필연성을 나타내기 위하여 미국식 영어에서는 *must* 대신에 *have(got) to*를 쓰기도 한다. 그러나 *have (got) to*가 *must*보다 더 단호한 의미로 사용된다.

There *has (got) to* be some mistake.
To be healthy, a plant *has (got) to* receive a good supply of both sunshine and moisture.

(8) 의무나 강한 요구를 나타내는 문맥에서 *have (got) to*는 *must*처럼 화자의 권위와 같은 개인적인 감정을 함축하지 않는다.

You *have (got) to* be back by ten o'clock.
We *have* all *got to* share our skills and knowledge.
Productivity will *have to* be improved, if the nation is to be prosperous.

(9) *must*는 자기 의무를 나타내지만, *have (got) to*는 외부적인 힘에 의한 의무를 나타낸다.

I'm afraid I *must* go now. (= I promised to be home at ten.)
I'm afraid I *have (got) to* go now.
　(= I'm afraid I'll be forced to go now.)

12.3.2 주변조동사

주변조동사는 의미, 형태, 기능에 따라 주변서법조동사, 서법숙어, 준조동사, 연쇄동사로 나눌 수 있다.

12.3.2.1 주변서법조동사

주변서법조동사 dare, need, ought to, used to는 의미상으로는 중심서법조동사와 같은 기능을 하지만 통사적으로는 몇 가지 차이가 있다. 주변서법조동사는 서법성을 나타낸다는 점에서는 서법조동사와 비슷하고, 의문문과 부정문에서는 운용소로 쓰이기도 하지만 do 운용소를 취하기도 한다는 점에서는 완전동사와 비슷하다. 주변서법조동사는 의미상으로는 서법조동사와 비슷하고, 통사적으로는 완전동사와 비슷하다는 점에서 주변서법조동사라고 부른다.

1. dare

(1) *dare*는 의미상 별다른 차이 없이 조동사로도 쓰이고 본동사로도 쓰인다. *dare*가 주어의 의지나 용기와 같은 내재적 서법성을 나타내는 조동사로 쓰일 때는 의문문이나 부정문과 같은 비단언문맥에서만 쓰이고 긍정서술문에서는 쓰이지 않는다.

>He *daren't* escape.
>*Dare* we escape?
>*Dare* he not escape?
>*We *dare* escape.

(2) *dare*가 완전동사로 쓰일 때는 to 부정사를 취하며, 의문문과 부정문은 do를 써서 만든다.

>He *dared* to escape.　　He *doesn't dare* to escape.
>*Do* we *dare* to escape?　*Doesn't* he *dare* to escape?

(3) *dare*가 조동사로 쓰일 때 현재형, 삼인칭단수 현재형, 과거형이

모두 *dare* 하나뿐이며, 원형부정사를 취한다.

    The king was so hot-tempered that no one *dare* tell him the bad news.
    How *dare* he take my bicycle without even asking?

  (4) 조동사 *dare*는 완전동사와 조동사의 두 기능을 함께 나타내는 경우도 있다. 그리하여 조동사로 쓰이면서도 *do*를 써서 의문문과 부정문을 만들기도 하고, 완전동사처럼 과거시제는 *dared*를 써서 나타내기도 한다. 이처럼 완전동사처럼 쓰이면서도 그 다음에 *to* 없는 동사의 원형을 취하는 것을 보면 조동사처럼 쓰인다. 이처럼 하나의 낱말이 두 가지 낱말의 기능이나 의미를 겸하는 문법현상을 혼합/혼성(blendings)이라고 한다.

    How *dared* he tell everybody I was looking for a new job!
    They *dared* not carry out their threat.
    They do not *dare* ask for more?
    Do they *dare* ask for more?

  (5) 주변서법조동사 *dare*는 주로 부정문이나 의문문에서 많이 쓰이지만, 부정을 함축하는 표현(*hardly*, *only*)이 있으면 긍정문에서도 쓰이는 경우가 있다.

    Dare you do it? ──I *daren't* do it.
    I *hardly dare* tell him what happened.
    Sally is the *only* person in our class who *dares* (to) answer Miss Thompson back.

(6) *dare not*이 *dared not*처럼 과거를 가리키기도 하지만 *dared not*이 더 격식을 갖춘 표현이다.

Mother *dare(d) not* tell Father she'd given away his old jacket.

(7) *dare*는 진행형의 문장에서는 쓰이지 않지만 완료형의 문장에서는 간혹 쓰인다.

I didn't like their new house, though I *daren't have said* so.

(8) 서법조동사 *dare / daren't*는 긍정문(혹은 부정문)에서 *(not) be afraid to*나 *(not) have the courage to*로 바꾸어 쓸 수 있다.

I'd like to ask for the day off, but I *daren't*. (= I'm afraid to.)

2. need
(1) *need*는 의미상 별다른 차이 없이 조동사로도 쓰이고 본동사로도 쓰인다. *need*가 내재적 서법성인 의무나 필요성을 나타내는 조동사로 쓰일 때는 의문문이나 부정문과 같은 비단언문맥에서만 쓰이고 긍정서술문에서는 쓰이지 않는다.

He *needn't* escape.
Need / needn't we escape?
*We *need* escape.

(2) *need*가 완전동사로 쓰일 때는 *to* 부정사를 취하며, 의문문과 부정문은 *do*를 써서 만든다.

He *needed* to escape.　　He *doesn't need* to escape.
Do we *need* to escape?　*Doesn't* he *need* to escape?
When will you next *need* to go to the dentist?
I *need* / *needed* to go to the dentist every morning.

(3) *need*가 조동사로 쓰일 때는 현재형, 삼인칭단수 현재형, 과거형이 모두 *need* 하나뿐이며, 원형부정사를 취한다.

The king was so hot-tempered that no one *need* tell him the bad news.

(4) 긍정의문문의 *need*는 보통 부정적인 대답을 기대한다.

Need you leave so soon? ——Surely not. I hope not.
Need you have told him about my plans?
You *needn't* have told him about my plans.

(5) 조동사 *need*를 포함한 '예/아니오' 의문문의 긍정대답은 *must*로, 부정대답은 *needn't*로 대답할 수 있다.

Need I type this letter again?
Yes, you *must.* / No, you *needn't.*

(6) 조동사 *need*는 *hardly, never, seldom, rarely, scarcely*와 같은 부정적인 의미를 가진 부사가 있으면 서술문에서도 쓸 수 있다.

She *need never* know what you have just told me.

I *need hardly* tell you how badly I feel about her departure.
All you *need* do is to take a taxi from the airport.
   (i.e. you *need* to do *nothing* except take a taxi)
I *don't* think you *need* leave yet.

(7) *needn't*는 현재의 불필요성을 나타내며, 과거의 불필요성은 [*needn't* + 완료형]이나 *didn't have to*, 또는 *didn't need to*로 나타낸다. 이러한 불필요성은 화자의 주관적인 판단을 나타낸다는 점에서 *need*가 갖는 내재적 서법성이다.

You *needn't* go there. (또는 You *don't need to* go there. / you *don't have to* go there. / you *haven't got to* go there.)
You *needn't have gone* there. / You *didn't have to* go there.
(= you went there unnecessarily.)

[참고] 그러나 You *didn't need to* go there(= there was no necessity to go there, whether you go or did not)는 갔든 안 갔든 갈 필요가 없었음을 나타낸다.

3. ought to

(1) *ought to*는 내재적 서법성인 의무를 나타내며, 삼인칭단수 현재형이나 과거형이 따로 없으며 원형부정사를 취한다.

You *ought to* stop smoking.
We *ought* to give him another chance.

(2) 의문문에서는 *ought*만 문두로 나오며, *ought* 바로 다음에 *not*을

써서 부정문을 만들고 부정축약형은 *oughtn't to*이다.

Ought you *to* smoke so much?
Such things *ought not* to be allowed.
You *oughtn't to* smoke so much.

(3) *ought to*나 *should*는 *must*나 *have (got) to*와 마찬가지로 필연성이나 의무를 나타낸다. 그러나 *ought to*나 *should*는 기술된 사건이나 상태에 대한 화자의 확신이 함축되지 않는다. 따라서 *ought to*나 *should*를 포함한 문장 다음에는 기술된 사건이나 상태에 대한 부정문이 나타날 수 있지만, *must*나 *have (got) to*를 포함한 문장 다음에는 그러한 부정문이 나타날 수 없다. 이러한 *ought to / should*의 용법을 화자가 확신할 수 없는 불확실한 필연성(noncommitted necessity) 또는 겸손한 추론(tentative inference)이라고 한다.

Sara *ought to / should* be home by now, but she isn't.
*Sara *must / have to* be home by now, but she isn't.

(4) *ought to*나 *should*는 화자가 알고 있는 어떤 근거를 바탕으로 그 진술이 참임을 임의로 결론짓는 것일 뿐, 그 진술의 진위를 알고 있는 것은 아님을 나타낸다. 또한 *ought to*나 *should*는 미래시제를 표현하는 데 자주 사용된다는 점에서도 *must*와 구별된다.

The job *ought to / should* be finished by next Monday.
The mountain *ought to / should* be visible from here.

(5) *ought to*나 *should*는 *must*와 같이 화자의 권위를 함축한다. 그러

나 *ought to*나 *should*를 포함한 문장에서 화자는 자신의 권고가 실행될 것이라는 확신이 없다. 더욱이, *ought to*나 *should*의 완료상은 그러한 권고가 실행되지 않았음에 대한 강한 유감을 함의한다.

They *should / ought to* have met her at the station.
She *ought to have been* more tactful.
You *ought to have apologized*.

4. *used to*
(1) *used to*는 항상 과거시제로만 사용되며 과거의 습관이나 상태를 나타낸다.

She *used to* attend regularly. (= She was in the habit of attending.)
I *used to* be interested in bird-watching.

(2) *used to*는 부정문에서 운용소로 쓰이기도 하고, 완전동사처럼 *do* 의 도움을 받아 부정문을 만들기도 한다. 이때 *used*는 그대로 쓰거나 *use*로 바꾸어 쓰기도 한다.

He *usedn't / used not to* smoke. [영국영어]
He *didn't used / use to* smoke. [영국영어와 미국영어]

[참고] *used to*가 갖는 또 하나의 특성은 다른 조동사와는 달리 두 낱말인 *used*와 *to*로 구성되어 있으면서도 *used*만 조동사의 기능을 하는 것으로 보아 *used to*는 *to* 부정사를 취한다고 말할 수 있다. 이렇게 보면 *used to*가 아니라 *used*가 조동사이고, *used*는 *to* 부정사를 취하는 것으로 분석할 수도 있겠다.

(2) *used to*는 보통 *do*를 써서 의문문이나 부가의문문을 만든다.

Did he *use to* smoke?
He *used to* smoke, didn't he?

12.3.2.2 서법숙어

서법숙어는 두 개 이상의 낱말이 결합하여 조동사가 나타내는 서법성을 나타낸다는 점에서, 그리고 이러한 서법성의 의미는 그들 구성표현의 의미로부터 합성해 낼 수 없다는 점에서 서법숙어라고 한다. 서법숙어에는 *had better, would rather, have got to, be to* 등이 있다.

1. 서법숙어는 동사원형을 취하여 문장을 형성한다.

We *had better* leave soon.
We'*d better* leave soon.
I'*d rather* not say anything.
I'*ve got to* pay some bills today.
How many of these tablets *have* you *got to* take each day?
The conference *is to* take place in Athens.

2. 서법숙어는 비시제형을 갖지 못하므로 다른 조동사와 결합하여 동사구를 형성할 수 없다는 점에서 중심서법조동사와 같은 속성을 갖고 있다.

*I *will have got to* leave soon.
*The conference *has been to* take place in Athens.

3. 서법숙어는 의문문이나 부정문을 형성할 때, 그들 낱말군의 첫번

째 낱말이 운용소로 기능한다는 점에서 전형적인 조동사의 특성을 갖고 있다.

> *Hadn't* we *better* lock the door?
> *Would* you *rather* eat in a hotel?
> We *haven't got to* pay already, have we?
> I *wasn't to* know that you were waiting.

4. had better와 would rather는 그들 뒤에 not을 써서 부정문을 형성할 수 있다. 이러한 부정문은 서술된 내용을 부정하는 의미를 나타내기 때문에 이들 서법숙어의 첫 낱말인 had나 would 바로 다음에 not을 쓴 부정문과는 의미상의 차이가 있다.

> *Had* we *better* not go? (= Would it be advisable if we didn't go?)
> *Hadn't* we *better* go? (= I think we *had better* go, don't you agree?)

5. would rather는 수동태를 형성하지 못한다는 점에서 중심서법조동사나 주변서법조동사와도 다르다.

> I'd *rather* rent the cottage.
> *The cottage *would rather* be rented by me.

6. have got to와 be to는 -s형을 포함한 전형적인 현재/과거시제의 어형변화를 한다는 점에서 서법조동사와 다른 특성을 가지고 있다.

> The committee *is to* meet today.
> The committee *was to* meet yesterday.

She *has got to* leave tomorrow.
She *had got to* leave by the next day.
　(*had got to*는 영국식 영어에서는 드물게 사용된다.)

7. *had better*는 권고를 나타내며, 이는 *ought to*나 *should*가 갖는 의무의 용법과 비슷하다.

You *had better* do this work right now.
You'*d better* not say that.
I *had better*(i.e. I think I should) begin by introducing myself.

8. *would rather*는 *would prefer to*를 의미하므로 의지를 나타낸다고 볼 수 있다.

She'*d rather* die than lose the children.
Would you *rather* walk or take the bus?

9. *have got to*는 *must*와 같이 의무나 논리적 필연성을 나타낸다. 이는 준조동사 *have to*의 변형으로 볼 수 있다.

I'*ve got to* get up early tomorrow!
She's *got to* go to the bank this afternoon.

12.3.2.3 준조동사

준조동사는 두기능동사 *be*나 *have*로 시작되는 동사 숙어를 지칭하며 서법성이나 상을 나타낸다. 준조동사에는 다음과 같은 것들이 있다.

be able to, be bound to, be likely to, be supposed to, be about to, be due to, be meant to, be willing to, be apt to, be going to, be obliged to, have to

1. 준조동사는 부정문이나 의문문을 형성할 때 동사군의 첫번째 낱말인 *be*나 *have*가 운용소의 기능을 한다.

    Ada *isn't going to* win.
    Is Ada *going to* win?

2. 준조동사는 주어의 의미에 관계없이 수동태 구문이나 *there* 구문을 형성할 수 있다는 점에서 조동사와 비슷하다.

    Brazil *is going to* win the World Cup.
    ⇒ The World Cup *is going to* be won by Brazil.
    Several home teams *are going to* be beaten tomorrow.
    ⇒ There *are going to* be several home teams beaten tomorrow.

3. 준조동사는 *been willing to*나 *to be able to*와 같은 비시제형으로 사용될 수 있고, 두 개 이상의 준조동사가 연속적으로 함께 사용될 수 있다는 점에서 완전동사와 유사하다.

    We have always *been willing to* help.
    No one is likely *to be able to* recognize her.
    Someone *is going to have to* complain.

4. 준조동사는 서법조동사가 사용될 수 없는 위치, 즉 다른 조동사 다음이나, 부정사 구문에도 쓰이면서 서법조동사가 나타내는 서법성을

표현할 수 있다.

    We *haven't* *could / been able to* solve problem. (be able to = ability)
    To *can / be allowed to* speak freely is a human right.
      (be able to = permission)

  5. 준조동사는 중심서법조동사가 갖는 내재적 서법성과 외재적 서법성을 공유한다. 가령, 준조동사 *be bound to*와 *be supposed to*의 용법은 중심서법조동사 *must*와 *should*의 용법과 같다.

    The plan *is bound to* fail.
      (= The plan must inevitably fail. ── 논리적 필연성)
    You *are bound to* pay your debts.
      (= You are compelled to pay your debts. ── 의무)

12.3.2.4 연쇄동사

  연쇄동사(catenatives)는 서법성과 관련된 의미를 갖는 *appear to, come to, fail to, get to, happen to, manage to, seem to, tend to, turn out to* 등과, *start, go on, keep (on)*과 같은 상과 관련된 동사구를 말한다. 연쇄동사는 통사적으로는 조동사보다는 완전동사에 더 가까운 속성을 갖고 있다.

  1. 연쇄동사는 *to* 부정사를 취한다.

    Sam *appeared to* realize the importance of the problem.

  2. 연쇄동사는 다른 조동사와는 달리 부정문이나 의문문에서 완전동사처럼 운용소 *do*를 쓴다.

Sam *didn't appear to* realize the importance of the problem.

3. 연쇄동사는 주어와 의미상으로 독립되어 있다는 점에서 조동사의 일부 속성을 공유하고 있다.

The importance of the problem *appeared / came / seemed to* be realized by Sam.

4. *start(working)*, *go on (talking)*, *keep (on) (smoking)*과 같은 연쇄동사는 -*ing*형의 동사를 취하여 동작의 시작이나 계속과 같은 상을 나타낸다. 반면, *get (trapped)*는 -*ed*형의 동사를 취하여 수동적인 행위의 시작과 같은 상을 나타낸다.

5. 연쇄동사와 준조동사는 비시제형으로 나타날 수 있기 때문에 중심 서법조동사로는 표현할 수 없는 둘 이상의 서법성을 나타내는 데 사용된다. 이러한 경우에는 외재적 서법성을 나타내는 표현이 내재적 서법성을 나타내는 표현보다 선행해야 한다.

    We *may have to* play it again. [가능성 · 의무]
    You *should be able to* find enough food. [잠정적인 추론 · 능력]
    She *must have been willing to* help. [논리적 필연성 · 의무]
    The students *are going to have to be able to* play three different instruments. [예측 · 필연성 · 능력]

[참고] 연쇄동사의 연쇄라는 용어는 부정사 구문을 쇠사슬처럼 연결해서 쓰일 수 있다는 데서 나온 것이다.

Our team *seems to manage to keep on* getting beaten.

12.4 요약

 조동사는 완전동사와는 달리 그 자체만 갖고는 본동사가 되지 못하고, 완전동사가 나타낼 수 없는 상, 태, 서법성을 나타낸다. 조동사는 두 기능동사와 서법동사의 두 가지가 있다. 두기능동사는 본동사와 조동사의 두 기능을 갖고 있다. 두기능동사가 갖는 조동사적 기능은 본동사를 도와 완료, 진행, 태를 나타낸다. 서법동사는 다시 서법조동사와 주변조동사의 두 가지로 나눌 수 있다. 서법조동사는 가능성, 의지, 추측, 허가 등을 나타내며, 주변조동사는 서법성을 나타내면서 동시에 본동사로도 쓰이는 동사를 말한다. 주변조동사는 다시 의미와 통사적 특성에 따라 주변서법조동사, 서법숙어, 준조동사, 연쇄동사로 나누기도 한다.

제13장
준동사

13.0 서론

 분사, 부정사, 동명사를 준동사(verbal 또는 verbid)라 한다. 준동사는 동사로부터 파생되어 동사의 성질을 갖고 있으면서도 주어와 결합하여 문장을 만들 수 없다는 점에서 동사와 구별된다. 주어와 결합하여 문장을 만드는 동사는 인칭, 수, 시제의 제한을 받아 형태가 정해진다는 점에서 정형동사 또는 시제동사(finite verbs)라고 하는 반면, 준동사는 수, 인칭, 시제의 제약을 받지 않는다는 점에서 비정형동사 또는 비시제동사(infinite verbs)라고도 한다. 동사는 문장 안에서 술부(predicate)로 쓰이지만, 준동사는 명사, 형용사, 부사로 쓰인다.

13.1 분사

 분사(participle)는 동사와 형용사의 기능을 함께 갖고 있으며, 현재분사와 과거분사 두 형태가 있다. 현재분사와 과거분사는 이들 명칭이 갖는 의미와는 달리, 이들은 모두 문맥에 따라 현재, 과거, 미래를 나타낼 수 있다. 이런 점에서 분사는 그 자체가 갖는 시제는 없다.

13.1.1 분사의 형태

분사에는 현재분사와 과거분사가 있다.
1. 현재분사(present participle)는 동사의 어간에 *-ing*를 붙여 만든다.

   drinking, beginning, breaking

2. 과거분사(past participle)는 규칙동사의 경우, 동사의 과거형을 만드는 것처럼 동사의 어간에 *-ed*를 붙여서 만들고, 불규칙동사는 동사의 어간에 *-ed*를 붙이지 않고 불규칙인 변화에 의해 만들어진다

   worked, stopped, hit, beaten, kept, spun, built

13.1.2 분사의 특성

1. 분사는 동사적으로도 쓰이고 형용사적으로도 쓰인다. 이러한 통사적 기능에 따라 분사를 각각 동사적 분사(verbal participle)와 형용사적 분사(adjectival participle)로 구별하기도 한다.

   Who's *talking* to Elizabeth?
   They seem to be *having* some difficulty in *starting* the car.
   People go out and enjoy *flowering* trees in spring.
   I have *been* and am an admirer of Mozart.
   The *living* are more valuable than the dead.

Students have to take both an oral and a *written* examination.

2. 분사는 상(aspect)이나 태를 나타낼 수 있다.

I noticed him *leaving* the room. [진행상]
With her husband *waiting* for her, she had to hurry up. [진행상]
The gates *having been locked* by the janitor, no one could leave. [완료상]
Once *deprived* of oxygen, the brain dies. [수동태]

3. 현재분사는 능동과 진행의 의미를 가지며 역동적인 상황을 나타낸다.

This is a new type of *time-saving* device.
He greeted me with a very reassuring expression.
She *was crying* when I saw her.

4. 과거분사는 수동의 의미를 갖는다.

I've got a *broken heart*.
You'll be *told* as soon as possible.
An *injured* player was *taken* to the hospital immediately.
We saw many travelers in front of the *closed* museum.
The *above-mentioned* point is very important, I think.
You're *fired*.
He *was arrested* in 1980.

5. 단순분사의 시제는 그 분사가 속한 문장의 시제와 같고, 완료분사

는 그 분사가 속한 문장의 시제보다 앞선 시제를 나타낸다. 이런 점에서 분사 그 자체가 갖는 시제는 없다.

The guards stood on the landing, *watching* the people below.
The young man, *being mistaken* for a sniper, was shot by the soldiers.
Having lost all my money, I went home.
All the money *having been spent*, we started looking for work.

13.1.3 분사의 용법

분사는 통사적으로 동사, 형용사, 부사의 기능을 갖고 있다.

13.1.3.1 동사적 용법
1. 현재분사는 *be* 동사와 결합하여 진행상을 나타낸다.

He *is working*.
While I *was working* in the garden, I hurt my back.
This time next week I'll probably *be lying* on a beautiful beach.

2. 과거분사는 *have* 동사와 결합하여 완료상을 나타낸다.

I*'ve forgotten* your name.
We're late. I guess the movie will already *have started* by the time we get to the theater.

13.1.3.2 형용사적 용법

분사는 형용사처럼 명사의 앞이나 뒤에서 명사를 수식하거나, 주어나 목적어 뒤에서 보어로서 이들을 서술할 수 있다.

1. 분사는 형용사처럼 명사를 수식한다.

(1) 명사 앞에서 명사를 수식하는 분사는 대부분 명사가 갖는 지속적인 특성을 나타낸다.

This is a new type of *self-winding* watch.
I've got a *broken* heart.
I'll never get married; I don't want to spoil my life by *screaming* children.

(2) 분사가 목적어를 갖거나 부사 등과 함께 복합형용사로 쓰일 때는 앞자리수식을 한다.

English-speaking Canadians, *a fox-hunting* man, *long-playing* records, *home-grown* vegetables, *man-made* fibres, a *recently-built* house

(3) 분사가 명사 뒤에서 명사를 수식할 때는 동작(action)을 함축한다.

We were able to find a man *climbing* on a rock.
The problems *discussed* at the meeting are about our academic schedules.
He had to repair himself the window *broken* last night.
Something *unexpected* forced us to change our plans.
A shot *heard* at a distance can be mistaken for the noise of an exhaust.

Did you hear that child *screaming*?

(4) 뒷자리수식 분사는 관계대명사절에서 관계대명사와 조동사 *be*가 생략되어 파생된 것으로 볼 수 있다.

None of the people (who were) *living* in the area heard her cry.
The people (who were) *questioned* did not know anything.

2. 분사는 수식 위치에 따라 의미가 달라지기도 한다(스윈, 1980, 453).

the people *concerned*
    = the people who were *affected* by what was happening
a *concerned* expression = a *worried* expression
the people *involved* = the people *concerned*
an *involved* explanation = a *complicated* explanation

3. 분사는 불완전자동사 뒤에서 주어를 서술하는 보어로 쓰인다. 이때 현재분사는 능동적 의미를 나타내고, 과거분사는 수동적 의미를 나타낸다.

All these instructions are *confusing* rather than helpful.
The old man seemed very *embarrased*.
They stood / lay / sat *talking* about what should be done.
The boy stood *fascinated* by the spectacle.
He spends every evening *working* on his dissertation.

4. 분사는 직접목적어나 전치사의 목적어 뒤에서 보어의 기능을 한다. 이때 이들 목적어는 분사의 의미상의 주어가 된다. 현재분사는 목적어의 능동적 동작을 나타내고, 과거분사는 목적어의 수동적 동작을 나타낸다.

>I caught him *stealing* point.
>They watched the dancer slowly *taking* her clothes off.
>I heard it *said* only this morning.
>No dog should be kept *chained* up all day.
>She had heard it *rumoured* that there were clinics where you could get your baby *aborted*.

5. 사역의 의미를 가진 동사(get, keep, send, start, take, have 등)는 현재분사를 목적어보어로 취할 수 있다.

>The police were doing their best to get the spectators *moving* from the scene of the accident.
>His jokes and puns set us all *laughing*.
>Only after the banquet will they start the music *playing*.
>The girl asked me to take her *hunting*.
>We left the others *standing* in front of the church.
>The Gulf conflict sent oil prices *soaring*.

6. 경험이나 참여를 의미하는 동사(catch, find, get, have 등)는 현재분사나 과거분사를 목적보어로 취할 수 있다.

>She had the lights of the car *shining* in her eyes.

We found the village *deserted*.
My mother had / got the same thing *happening* to her.
We found him *lying* on his back in the domitory.
The police have caught a boy *throwing* stones at the mayor's house.

7. 명령이나 소원을 나타내는 동사(*desire, have, wish, want* 등)는 현재분사나 과거분사를 목적보어로 취할 수 있다.

The Unions do not wish that question *discussed* yet.
We won't / can't have you *leaving* your things about everywhere.
I want you *standing* up until I have finished speaking.
I won't have such a lie *told* of my wife.
I prefer / want the window *shut*, if you don't mind.
We'd like to see the baby *looked* after by someone who is really reliable.
Just a minute! I'm not having you *playing* football in the drawing room.

8. 지각동사(*feel, glimpse, hark at, hear, listen to, look at, notice, observe, perceive, see, smell, spot, watch, discover* 등)는 현재분사나 과거분사를 목적보어로 취할 수 있다.

She could feel her heart *beating* in her throat.
The rebels feel themselves *betrayed* by the rest of the world.
I noticed you *admiring* out paintings.
We haven't seen Edberg *beaten* yet this year.
We could hear the hymn *being sung* in the chapel.

13.1.3.3 부사적 용법

분사는 부사처럼 쓰여서 동사를 수식하기도 하고, 부사절을 이루어 문장 전체를 수식하기도 한다.

1. 종속절을 대신하는 분사절에 주어가 없으면 부가절(supplementive clause)이라고 한다. 이러한 부가절은 다음과 같은 특징이 있다(데클럭, 1991, 456).

(1) 부가절의 의미상의 주어는 주절의 주어와 같다.

Having known him so well, I was very distressed to hear he had had an accident.

The gentleman, *opening* the closet, took out a bottle of whisky.

(2) 부가절과 주절 사이에는 휴지가 있다.

Upset by the news of the revolution, they decided to fly home as soon as possible.

I left the pub immediately after the fight started, not *wishing* to get involved with the police.

(3) 부가절은 문장의 맨 앞, 맨 끝, 또는 주절의 주어 바로 뒤에 올 수 있다.

Used economically, one tube of toothpaste should be sufficient for at least three weeks.

She went out, *slamming* the door.

The gentleman, *opening* the closet, took out a bottle of whisky.

(4) 부가절은 이유, 시간, 조건, 양태 등을 나타낸다. 이러한 부가절은 그 앞에 접속사나 전치사를 더하면 그 의미가 더 분명해진다.

He closed the lid quickly, *as if wanting* to hide from us what was inside the box.
She was very relieved, *when being told* that she was no longer needed.
While visiting Rome, I met a friend of yours.
If examined carefully, the whole business will no doubt turn out to be a hoax.

2. 분사는 주절 동사의 동작이 어떻게 혹은 왜 일어났는가를 서술한다.

She went *running* out of the room.
Deeply *shocked*, I decided never to speak to her again.

3. 두 행동이 같은 주어에 의해 동시에 일어났을 때, 그중 한 행동을 나타내는 동사는 분사로 표현할 수 있다.

He rode away. He whistled as he went. ⇒ He rode away *whistling*.
He holds the rope with one hand and stretches out the other to the boy in the water. ⇒ *Holding* the rope with one hand, he stretches out the other to the boy in the water.

4. 한 행동 뒤에 즉시 다른 동작이 일어날 때, 첫번째 일어났던 동작은 현재분사로 표현될 수 있다. 이때 그 분사절은 문두에 놓인다.

He opened the drawer and took out a revolver.
  ⇒ *Opening* the drawer, he took out a revolver.
She raised the trapdoor and pointed to a flight of steps.
  ⇒ *Raising* the trapdoor, she pointed to a flight of steps.

5. 뒤에 오는 동사는 앞에 오는 동사가 나타내는 동작의 일부이거나 결과일 때, 뒤에 오는 동사를 현재분사로 바꿀 수 있다.

He fired, *wounding* one of the bandits.
I fell, *striking* my head against the door and *cutting* it.

6. 분사절의 주어와 주절의 주어가 다를 때, 분사절의 주어는 생략하지 않는다. 이러한 주어를 가진 분사절을 절대분사절(absolute participle clause)이라고 한다.

No further points being raised, the chairman declared the meeting closed.
A little boy went past us, *his scarf dragging behind him on the pavement*.
Everything considered, it seemed best to give up the whole project.
A wounded soldier was brought in, *blood streaming down his face*.
His prayers finished, he got into his bed and switched off the light.
The plumber repaired the sink and the bath. *That done*, he turned his attention to the drainpipe.

7. 분사절의 주어와 주절의 주어가 같지 않으면, 분사절의 주어는 원칙적으로 생략할 수 없다. 그러나 주절과 주어가 달라도 주어를 생략한

분사절을 현수분사절(misrelated / unattached / dangling participle)이라 한다. 현수분사절은 대부분 숙어처럼 쓰인다. 현수분사절의 생략된 주어는 화자이거나 일반적인 주어라서 문맥으로 알 수 있지만, 학교문법은 현수분사절을 비문법적인 것으로 취급하고 있다.

Jogging through the park, a brilliant idea suddenly came to me.
Since seeing her off at the station, life has been dreary and unbearable.
Granted / granting that you are cleverer than myself, you are not infallible, are you?
Strictly speaking, the claim is not quite correct.

8. 현수분사 중에는 전치사(*during, according to, regarding, including, notwithstanding*)나 접속사(*provided that, providing that, assuming that, supposing that*)처럼 쓰이는 것들이 있다.

According to the president, the escalation will soon stop.
Regarding your order, we will ship it today.
She came *notwithstanding* the rain.
He will forgive you *provided* you promise never to do it again.
You can camp here *providing* you leave no mess.
Assuming that he arrives on time, we can start our meeting soon.
Supposing you are offered the job, will you accept it?

13.2 부정사

인칭, 수, 시제를 나타내는 형태상의 구별이 없이 쓰이는 원형동사를 부정사(infinitive)라 한다. 수, 인칭, 시제의 변화가 없다는 점에서 부정사를 비정형동사 또는 비시제동사(infinite verbs)라 하여, 이러한 변화를 하는 정형동사 또는 시제동사(finite verbs)와 구별하기도 한다.

13.2.1 부정사의 형태

부정사는 원형동사 앞에 *to*가 있는 부정사와 *to*가 없는 부정사의 두 가지가 있다.[1] *to* 부정사는 형태에 따라 단순부정사, 완료부정사, 진행부정사, 완료진행부정사, 수동부정사, 완료수동형부정사로 나눌 수 있다.

He began *to walk*.
To see is *to believe*.
I made them *give* me the money back.
She said she was sorry *to have missed* you.
It's nice *to be sitting* here with you.
He seems *to have been sitting* there all day.

---

1) 고대영어에서는 부정사가 명사처럼 굴절하여 동사형 명사(verbal noun)처럼 쓰였고, 전치사 *to*의 목적어로 쓰이던 용례가 일반화되어 대부분의 영어 부정사 앞에는 *to*가 붙게 되었다(컴, 1931, 455). 스위트(1891, §243)는 *to*를 전치사 내지 부사로 보고 있지만, *to*가 전치사라기보다는 그 뒤에 부정사가 온다는 것을 알리는 단순히 부정사 표지(infinitive marker)일 뿐 어휘적 의미가 없는 기능어로 보는 입장도 있다(데클럭, 1991, 467). 그러나 *to*도 하나의 낱말인 이상 단순히 기능어라기보다는 그것을 분류할 품사가 있어야 할 것이다. 이러한 문제는 전통문법의 품사체계가 갖는 한계를 드러내는 경우의 하나이다. *to*가 있는 부정사를 라틴문법 용어인 '동사상 명사(**supine**)'라 하고 *to*가 없는 부정사를 '부정사(**infinitive**)'라 하여 이들을 구별하여 부르기도 한다(스위트, 1891, §243).

I didn't expect *to be invited*.

Nothing seems *to have been forgotten*.

13.2.2. 부정사의 특성

부정사는 문장 안에서 동사, 명사, 형용사, 부사의 기능을 할 수 있다.

You must *start* your work right now.
To see you is always a great pleasure.
It always pays *to tell* the truth.
The next thing *to be considered* was food.
She is not the kind of girl *to encourage* lovers.
He opened his lips *to make* some remarks.
To tell the truth, it does not always pay to tell the truth.

1. 부정사는 분사와 마찬가지로 엄밀한 의미에서 그 자체의 시제는 없다. 단순부정사는 주절의 시제와 같은 시제를 나타내고, 완료부정사는 주절의 시제보다 앞선 시제를 나타낸다.

It seemed impossible *to save* money.
  (= It seemed impossible that you *saved* money.)
I'm sorry not *to have come* on Thursday.
  (= I'm sorry that I *didn't come* on Thursday.)

2. 단순부정사는 문맥에 따라 미래를 나타내기도 하지만, *be going to*, *be about to* 등의 부정사 구문을 사용하여 미래를 나타내기도 한다.

I will go there tomorrow *to visit* her.
The vistor *is about to leave* soon.

3. 부정사는 능동형과 수동형이 있다. 일반적으로 능동형은 능동의 의미를 갖고 수동형은 수동의 의미를 나타내지만 능동형의 부정사가 수동의 의미를 갖는 경우도 있다.

I have work *to do*.
These carpets are *to be cleaned* as soon as possible.
There's a lot of work *to do / to be done*.
There are six letters *to write / to be written* today.
Give me the names of the people *to contact / to be contacted*.
House *to let / to be let*.

13.2.3. 부정사의 용법

부정사는 통사적으로 동사, 명사, 형용사, 부사처럼 쓰인다.

13.2.3.1. 부정사의 동사적 용법
1. *to* 없는 부정사는 조동사와 결합하여 술부동사로 쓰인다.

She doesn't *go* to school on Sunday.
I can *do* such a thing with ease.
You have to *practice* playing the piano an hour a day.
 (cf. *Live* and let *live*.)

2. [*for* + 명사구나 목적어] 뒤에 오는 부정사는 의미상으로 명사구

나 목적어를 서술하는 동사의 기능을 가지고 있다.

The latest trend in fashion is for ladies *to wear* colorful jackets.
The President has a bodyguard *to protect* him.
It's time for you *to realize* that you're not the most important person in the world.

13.2.3.2 부정사의 명사적 용법
1. to를 가진 부정사는 문장이나 절의 주어로 쓰일 수 있다. 현대영어에서는 주로 가주어(prepartory subject) *it*을 문두에 세우고 부정사를 뒤로 외치(extraposition)시킨다. 특히 *be, seem, appear*와 같은 연결동사(copulas)에서 부정사구가 동사구보다 길 때는 부정사구의 외치가 흔히 일어난다.

To err is human, *to forgive* divine.
To be accused like that was quite a shock to him.
It is for the jury *to decide* now.
It seemed unnecessary *to take further precautions*.
It will need sometime *to form a government after the elections*.

2. 명사적으로 쓰이는 부정사는 대부분 동명사로 대치할 수 있다.

To steal from the poor is disgraceful.
 ⇒ *Stealing* from the poor is disgraceful.
To be poor need not mean that one is unhappy.
 ⇒ *Being* poor need not mean that one is unhappy.
To protect people is the chief task of the police.

⇒ *Protecting* people is the chief task of the police.

[참고] 부정사는 일시적이고 구체적인 행위를 나타내는 반면, 동명사는 지속적이고 일반적인 행위를 나타낸다. 그러므로 *To see is to believe*는 '보면 믿게 된다'는 말이고, *Seeing is believing*은 '보는 것이 믿는 것'이라는 말이다. 부정사와 동명사가 갖는 이러한 의미상의 차이는 다음과 같은 문장에서 분명히 나타난다. *To see her is to love her*는 '그 여자를 보면 사랑하게 된다'를 의미하는 정상적인 문장이다. 그러나 *Seeing her is loving her*는 '그 여자를 보는 것이 그 여자를 사랑하는 것'을 의미하므로 비정상적인 문장이다. 왜냐하면 '그 여자를 보는 사람은 모두 그 여자를 사랑하는 사람'이라는 말이 되어버리기 때문이다(예스퍼슨, 1924).

3. 명사적으로 쓰이는 부정사는 주어의 보어가 될 수 있다. 특히 *appear, happen, seem, turn out* 등의 동사 뒤에서는 부정사 구문을 *that* 절로 바꿀 수 있다.

   Our first aim is *to restore* peace and quiet.
   ⇒ Our first aim is *that we should / must restore peace and quiet.*
   What you should do is *to have* your children help you more often.
   ⇒ What you should do is *that you should have your children help you more often.*
   His cottage turned out *to be* an enormous bungalow.
   ⇒ It turned out *that his cottage was an enormous bungalow.*

4. 명사적으로 쓰이는 부정사는 동사의 목적어가 될 수 있다.

She agreed *to pay* $950.
I managed *to put* the fire out.
We've not prepared *to wait* any longer.

5. 다음의 동사들은 부정사를 목적어로 취한다.

afford, agree, arrange, ask, attempt, bear, beg, care, choose, consent, dare, decide, determine, expect, fail, forget, gurantee*, hate, help, hesitate, hope, intend, learn*, like, love, manage, mean, neglect, offer, prefer, prepare, pretend*, proceed, promise*, propose, prove*, refuse, regret, remember*, resolve, start, swear*, tend, treaten*, trouble, try, want, wish*

6. 위 5.의 동사 중에서 *표의 동사는 *that* 절도 목적어로 가질 수 있다.

I *promise to wait.* ⇒ I *promise that I will wait.*
He *pretended to be angry.* ⇒ He *pretended that he was angry.*

7. 부정사가 동사의 목적어로 쓰일 때, 부정사의 의미상의 주어가 주절의 주어나 목적어와 같으면 부정사의 의미상의 주어는 생략된다(예스퍼슨, 1924, 143).

I like to *travel*. (*travel*의 주어는 I)
It amused her to *tease* him. (*tease*의 주어는 she)

8. 명사적으로 쓰이는 부정사는 목적보어가 될 수 있다.

She wants me *to go*.

They don't allow people *to smoke*.
I didn't ask you *to pay for* the meal.
Nothing would induce me *to do business with* them.
They persuaded us *to go* with them.

9. 다음 동사들은 부정사를 목적어보어로 취할 수 있다.

advise, allow, ask, bear, beg, cause, command, compel, encourage, entitle, expect, feel*, forbid, force, hear*, get, hate, help, implore, induce, instruct, intend, invite, leave, let*, like, listen to*. make*, mean, need, notice*, oblige, order, permit, persuade, prefer, press, recommend, request, remind, see*, teach, tell, tempt, trouble, urge, want, warn, watch*, wish

10. 위 9의 동사 중에서 *표가 붙은 동사는 *to* 없는 부정사를 목적보어로 취한다.

He suddenly *felt* someone *touch* him on the shoulder.
Please, let me *show* the brochure of our university.
We *listened* to the old woman *tell* her story from the beginning to the end.
Did you *notice* anyone *go* out?
I didn't *see* the girl *fall* into the river.

11. *think, believe, consider, know, find, imagine, suppose, feel* 등의 동사는 [목적어 + *to* 부정사] 구문을 목적어로 취할 수 있지만, 이들 동사는 수동태로 쓰이는 경우가 아니면 *that* 절을 목적어로 취하는 경우가 더 많다.

He is thought *to be* an excellent choice.
　　　He is supposed *to be* washing the car.
　　　I thought *him to be an excellent choice.*
　　　　⇒ I thought *that he was an excellent choice.*
　　　I consider *him to be* the best candidate.
　　　　⇒ I consider *that he is the best candidate.*

12. 그러나 이들 동사가 수동태로 쓰일 때도 *that* 절을 목적어로 취할 수 있다.

　　　She *was believed to have taken part in revolutionary activities.*
　　　　⇒ It was believed *that she had taken part in revolutionary activities.*

13. 부정사가 목적보어로 쓰이는 경우, 목적어가 생략된 경우가 있다. 이런 경우 생략된 목적어는 일반적인 사람(generic person)을 나타낸다 (예스퍼슨, 1924, 143).

　　　Live and let *live.*
　　　The children made *believe* that they were Indians.
　　　I have heard *say* that your country is very beautiful.

14. 부정사는 형용사의 목적어가 될 수 있다.

　　　I was afraid *to do* it.
　　　I am sure *to see* her again.

13.2.3.3. 형용사적 용법
부정사는 명사 뒤에서 명사를 직접 수식할 수 있다.
1. 부정사는 명사의 바로 뒤에서 수식한다.

> Another attempt *to blow up* the dam will be made next week.
> She expressed the wish *to have* more pocket-money.
> His refusal *to sell* the shares disappointed his partners.
> There have been frequent demands for the remaining dunes *to be* legally protected.

2. 부정사를 취하는 형용사나 분사에서 파생되는 명사도 부정사의 수식을 받을 수 있다.

> He showed a clear determination / reluctance / willingness *to tackle* the problem.
> His readiness / inclination / anxiety *to listen to* her stories rather surprised me.

3. 명사 뒤에 쓰이는 부정사가 그 명사를 주어로 하거나 목적어로 하여, 어떤 일이 행해질 것인가, 그 일이 어떤 효과를 가질 것인가를 말할 수도 있다.

> Have you got *a key to unlock* this door?
> Have you *anything to cure* a bad cold?
> It was *a war to end* all wars.
> Is there *any milk to put* on the cornflakes?
> He needs *a place to live in*.

Can you give me some *work to do*?

4. 특별한 행위가 아니고 일반적인 행위를 나타낼 때는 부정사 대신에 [*for* + 동명사] 구문을 사용한다.

A vase is a kind of pot *for holding* flowers.
What's that stuff *for*? —— *Cleaning* silver.

5. 명사를 수식하는 부정사는 관계대명사절로 바꿀 수 있다. 이때 관계사절은 필요나 의무를 나타낸다.

He loves parties ; he is always *the first to come* and *the last to leave*.
⇒ He is always *the first who comes* and *the last who leaves*.
Harrop's is *the place to go to* (= *the place you should go to*) if you want to buy fresh meat.
The way to stop the engine (= *The way in which you can / must stop it*) is to pull this handle.
The time to arrive is 8 p.m. (= *The time that we should arrive*.)

13.2.3.4. 부사적 용법
1. 부정사는 부사적으로 쓰여 형용사나 동사를 수식하고, 목적, 결과, 이유, 조건 등을 나타낸다.

We'd better stop *to ask* somebody the way. [목적]
They ran *to save* the drowning child. [목적]
To get a visa for the U.S. one must fill in a lot of forms. [목적]

[참고] *in order to*나 *so as to* 다음에 오는 부정사는 목적을 나타낸다.

I got up early *in order to have* time to pack.
He stopped for a minute *so as to rest*.

He rushed to her bedroom, only *to find* that it was empty. [(기대하지 않은) 결과]
She only has to look at the boy for him *to be* quiet. [(기대하지 않은) 결과]
The next thing I knew, I woke *to find* myself in jail. [(기대하지 않은) 결과]
Your father will no doubt live *to be* ninety. [(기대하지 않은) 결과]
You will live *to regret* this foolish decision. [(기대하지 않은) 결과]

I'm glad *to have been* invited. [이유]
I'm sorry *to hear* he's not well. [이유]
I was very pleased *to see* you yesterday. [이유]
She was upset *to hear* that her sister was ill.
I'm sorry *to have caused* a misunderstanding.
　(= because I have caused a misunderstanding.) [이유]

He'd be stupid *not to report* the incident to the police. [조건]
You have *to be* headstrong to make it in this profession. [조건]
For a decision *to be* valid, more than half of the members must support it. [조건]
He'd be unwise *to leave* her after all those years. [조건]

2. 부정사는 문두나 문미에 놓여서 문장부사처럼 문장 전체를 수식하기도 한다.

To tell the truth, I hadn't expected to be elected.
He only thinks of beer and women, *to tell you the truth*.
To be quite honest with you, I'm convinced it worn't work.
To cut a long story short, he got the girl he wanted and married her.
To begin with, who will believe we didn't do it on purpose?

[참고] 이러한 부정사는 화자나 필자가 이런 말을 하는 이유를 설명하기 위하여 쓰기 때문에 부정사의 의미상의 주어와 그것이 수식하는 문장의 주어가 같지 않은 경우가 많이 있다. 이런 점에서 문장부사처럼 쓰이는 이러한 부정사를 화자나 필자의 부정사(the speaker's or writer's infinitive) 혹은 독립부정사(absolute infinitive)라고도 한다(예 스퍼슨, *MEG* V, §16.5).

13.2.3.5. 부정사의 기타 용법
부정사는 동사, 명사, 형용사, 부사적인 용법 외에도 다음과 같은 다양한 용법을 가지고 있다.
1. [*be* + *to* 부정사]
(1) [*be* + *to* 부정사]는 명령이나 지시를 나타내는 비인칭적인 용법으로 주로 삼인칭과 함께 쓰인다.

No one *is to leave* this building without the permission of the police. (= no one must leave.)
He *is to stay* here till we return. (= he must stay.)

[참고] 명령문 *Stay here, Tom*은 화자 자신이 Tom에게 명령하고 있는 것이고, *You are to stay here, Tom*은 Tom에게 제삼자의 명령을 단순히 전달하고 있다는 차이가 있다.

(2) [*be* + *to* 부정사]는 보고체의 글에서 계획을 나타낼 때 쓰인다.

    She *is to be* married next month.
    The Prime Minister *is to make* statement tomorrow.

(3) [*were / was* + *to* 부정사]는 운명을 나타낸다.

    They said good-bye, little knowing that they *were* never *to meet* again.
    He received a blow on the head. It didn't worry him at the time but it *was to be* very troublesome later.

2. [의문사 + *to* 부정사]

[의문사 + *to* 부정사]는 know, ask, tell explain, show, wonder, consider, find out, understand 등과 같은 동사의 목적어로 쓰인다. 단, 의문사 who 와 why는 이러한 구문의 부정사와 결합할 수 없다(파머 & 블랜포드, 1938, §325).

    Can you tell me *how to get* to the station.?
    Show us *what to do*.
    I don't know *whether to answer* his letter.
    Ask my brother *where to put* the car?
    I wonder *who / *why to write.

3. 분리부정사(split infinitive)

[to + 부정사] 구조는 부정 운용소 not도 to와 부정사 사이에 들어 갈 수 없을 만큼 매우 밀접한 구조이다. 그러나 구어체에서는 흔히 부사를 그 사이에 넣어 말하기도 한다.

>The wisest policy would *not to do* anything at all. (*to not to)
>He began *to slowly get up* off the floor.
>He was too short-sighted *to clearly see* the figure.
>I'd like *to really understand* Nietzsche.
>I am trying *to consciously stop* feeling guilty about her death.

4. 부정사를 대신하는 *to*

부정사의 반복을 피하기 위해 *to*만 사용할 수도 있다. 이러한 *to*를 대부정사(pro-infinitive)라 한다.

>I went there because I wanted *to*. (= I wanted to go there.)
>Perhaps I'll go to Brazil this summer. I'd very much like *to*.
>I don't dance much now, but I used *to* a lot.

13.2.3.6 원형부정사 (to 없는 부정사)

원형부정사는 동사원형이 그대로 부정사로 쓰이는 *to* 없는 부정사로서 plain infinitive, bare infinitive, naked infinitive, unmarked infinitive 등 여러 가지 이름을 갖는다. *to*가 있는 부정사는 spine이라고 하여 원형부정사와 구별하기도 한다.

1. 원형부정사는 조동사(*will, shall, would, should, can, could, may, might, must*)의 뒤에, *had better, had best, would rather, would sooner, would just as soon* 등과 같은 관용표현 뒤에, 그리고 조동사로 쓰이는

*need*와 *dare*의 다음에 쓰인다.

> I must *go* now.
> Can you *help* me?
> I'd rather *go* alone.
> How dare you *call* me a liar?

2. *let, make, see, hear, feel, watch, notice* 등 사역동사나 지각동사의 목적보어로 원형부정사가 쓰인다. 그러나 이들 동사가 수동태로 쓰일 때는 *to* 부정사를 쓴다.

> I heard a horse *approach*.
> She saw / watched the girl *light* a fire.
> She never lets the children *play* in the drawing-room.
> Ken is letting his beard *grow*.
> We must make *do* with whatever food we've got.
>   (= We must manage with whatever food we've got.)
> What made you *change* your mind?
> She was made *to open* the safe.
>   ⇐ They made her *open* the safe.
> She was heard *to say* that she disagreed.
>   ⇐ They heard her *say* that she disagreed.

3. 대화체 문장에서는 *help* 뒤에 원형부정사를 쓴다.

> Can you *help* (me) (to) *repair* the car? Shall I help you (to) *do* the washing-up?

I'll *help* you (to) *answer* the letters.

4. *have*가 사역의 의미를 가질 때나, 경험이나 참여를 표현할 때 목적보어로 원형부정사를 쓴다.

I had the hairdresser *cut* my hair.
I had an architect *examine* for foundations.
I'll have you *know* who I am!
Why don't you have someone else *do* the paper work?
With his long hair, John has often had people *mistake* him for a girl.
He's had three wives *run out on* him.

5. 원형부정사는 *why* (*not*)로 시작하는 주어가 생략된 문장의 술부동사로 쓰인다.

Why *pay* more at other shops? We have the lowest prices in town. [멍청하거나 의미없는 일이라는 걸 알려줌]
Why not *keep* it secret? [충고]
Why not *let* me give you a hand? [제안]

6. 두 개의 부정사 구문이 *and, or, except, than* 등으로 연결될 때, 두 번째 부정사는 *to*가 생략될 수도 있다.

I'd like you *to have* a look at this *and tell* me what you think of it.
Would you like *to see* her now *or wait* until later?
It is more tiring for her to show her children how *to do* it *than* (to)

do it herself.

They don't want to do anything *except* (to) *play* football.

(cf. There seems to be no choice *but* (to) *force* people to use public transport by making petrol more expensive.)

7. 주어로 쓰이는 명사절이 *all*이나 *what*으로 시작하고 그 절의 동사가 *do*인 경우, 주절의 동사인 *be* 동사의 보어로 쓰이는 부정사는 *to*를 생략할 수 있다. 이러한 문장의 보어인 부정사 구문을 문두로 도치할 때도 *to*는 생략할 수 있다.

All you need to do to get the job is (to) *pass* the test.
What the bastard did was (to) *steal* money from his own children.
What this machine does is (to) *purify* the blood of the patients whose kidneys are no longer working.
Tell her a few jokes was *all* I had to do to make her feel better.
Remove the old paint is *what should be done first*.

8. 감탄을 뜻하는 의문문에서는 원형부정사가 술부동사로 쓰일 수 있다.

Show mercy to him? Why should I?
Bill *join* a sports club? Never!

13.3. 동명사

동명사는 본래 *-ing*로 끝나는 동사적 명사(verbal noun)로 고대영어에서는 어형변화(굴절)도 하였다. 그러나 오늘날에는 동사적 의미를 지닌 것 외에는 동사의 다른 특징을 갖지 않는 단순한 명사이다. 동명사는 한정사(관사, 소유격, 대명사적 한정사)가 앞에 나올 수 있다는 점, 그리고 형용사의 수식을 받을 수 있다는 점에서는 명사와 같다. 또한 동명사는 주어, 직접목적어, 간접목적어, 목적어보어, 주어보어, 전치사의 목적어, 부사적 부가어를 가질 수 있다는 점에서는 시제동사와 같은 동사적 성격을 가지고 있다.

동명사는 현재분사와 형태는 같지만 문법기능이 다른 일종의 동음이의어(grammatical homophones)이다(예스퍼슨, 1933, 73). 현재분사는 형용사적 용법으로 명사를 수식하는 데 쓰이거나, 진행형시제에서 동사적으로도 쓰이는 반면, 동명사는 항상 명사적으로만 쓰이기 때문이다.

> The policeman tried to separate the *fighting* soldiers. [분사]
> I'm *playing* now. [분사]
> He enjoys *fighting*. [동명사]
> They have a *sleeping* car(= a car for sleeping). [동명사]
> Look! There's a *sleeping* lion(= a lion which is sleeping). [현재분사]

13.3.1. 동명사의 형태

동명사도 현재분사처럼 동사의 어간에 -*ing*를 붙여 만든다. 그 형태와 의미에 따라 단순동명사, 수동동명사, 완료동명사, 수동완료동명사 등이 있다. 과거의 동작을 나타낼 때 완료동명사가 쓰인다. 그러나 단순형이 더 일반적이다.

> Please go on *working*.
> I don't like *being told* off in front of the others.
> She will not admit to *having been* in the pantry.

He was disappointed at *having been beaten* by a player ranked lower than himself.

He was accused of *deserting* his ship.

He was accused of *having deserted* his ship.

13.3.2 동명사의 특성

1. 통사적으로 볼 때 동명사는 동사의 의미를 지니면서 명사의 기능을 한다. 문장의 주어, 목적어, 보어 등이 될 수 있으며, 관사나 소유형용사, 지시형용사 등과 함께 쓰일 수 있다. 동명사가 관사와 함께 쓰일 때는 목적어 앞에 전치사 *of*를 쓴다.

Beating a child will do more harm than good.
His questioning of our basic principles was ridiculous.
This painting represents *the killing of Caesar by Brutus*.
One of my bad habits is *biting* my nails.
I hate *all this useless arguing*.
He demonstrated *the designing of a new factory*.
*He demonstrated the designing a new factory.
This continuous breaking of the rules is irritating.
*This continuous breaking the rules is irritating.

2. 동명사는 주어와 보충어가 생략된 문장의 의미를 갖는 명사이다. 이런 점에서 예스퍼슨(1924, 1933)은 동명사를 서술관계-실사(nexus-substantive)로 분류하고 있다.

Gossiping is her main delight.

Seeing is *believing*.

Fred has given up *smoking*.

3. 서술관계-실사로 쓰이는 동명사는 핵어의 기능을 갖고 있다. 이러한 동명사는 주어, 목적어, 보어, 부가어 등을 취할 수 있다.

I was dismayed at the editor *rejecting my article*.
We should avoid *breaking the rules all the time*.
I wouldn't like the idea of *you travelling to some exotic country on your own*.
I don't like them *gossiping endlessly*.

4. 동명사는 의미상의 주어로 소유형용사를 취한다.

I don't mind *your / John's using* my bedroom.

5. 문어체에서는 동명사 앞에 소유형용사를 쓰지만, 구어체에서는 목적격대명사를 쓰는 것이 더 일반적이다. 또한 명사의 경우에도 구어체에서는 -'s를 탈락시키는 경향이 있다.

I can't stop *his / him writing* to the papers.
He disliked *my / me working* late.
I object to *his / him making* private calls on this phone.
He resented *my / me being promoted* before him.
I do not remember *my mother's complaining* about it.
I don't remember *my mother complaining*.

6. 동명사 앞에 소유형용사나 대명사가 있으면 이들이 동명사의 주어이고, 소유형용사나 대명사가 없으면 동명사의 주어는 동명사가 들어있는 문장의 주어와 같다.

Tom insisted on *reading* it. (= Tom had to read it.)
He insisted on *my / me reading* it. (= I had to read it.)

7. 동명사는 관사나, 소유형용사, 지시형용사의 수식을 받을 수 있다.

a questioning of our basic principles
That endless gossiping of theirs is driving me crazy.
I hate *all this useless arguing*.

8. 동명사는 명사와 결합하여 복합명사를 이룰 수 있다.
(1) [명사 + 동명사] 구문의 명사는 의미상 동명사의 직접목적어이다.

money-making, bull-fighting, sight-seeing, leave-taking, horse racing, goldmining, fortune-hunting

(2) [동명사 + 명사] 구문의 동명사는 강세를 받는다.

swImming-suit, wOrking-clothes, wrIting-paper, bOiling point, lIving-room, chEwing-gum, lAUghing gas, rIding horse, bOwling ball, lIving room, shAving cream, slEEping pill, drInking water, drEssing room, snEEzing powder, swImming pool, sElling-price, hEAring aid

9. 동명사는 사실을 나타내거나 능동적인 상황을 나타낸다. 이러한 경우 동명사구를 *that* 절이나 간접의문문으로 바꾸어도 의미가 변하지 않는다.

>I don't deny *being there yesterday*.
>⇒ I don't deny that it is a fact that I was there yesterday.
>We doubt *being able to finish in time*.
>⇒ We doubt if we will be able to finish in time.
>I hate *swimming*.
>⇒ Swimming is an action that I don't like.

10. 동명사는 짧은 금지나 경고문에 쓰인다. 그러나 금지문이 목적어를 가지고 있을 때는 동명사 구문 대신에 명령문을 쓴다.

>*No parking,   No smoking,   No fishing*
>Do not touch these wires.
>Do not feed the animals.

13.3.3 동명사의 용법

1. 동명사는 주어의 기능을 한다. 이러한 동명사는 그 문장의 동사가 연결사(linking verb)일 때는 외치될 수 있다.

>There *being* no handle to the suitcase makes it difficult to carry.
>Your *having* met him is rather remarkable.
>*Talking* about it will not solve the problem.
>It is hopeless *trying to escape from her*.

It was nice *visiting Oxford with them.*

2. 동명사가 주어보어로 쓰일 경우에는 단순동명사가 온다.

　　Going to London is not *making* a real journey.
　　Perhaps this is *expecting* too much of her.
　　His main occupation is *riding* on horseback.
　　Her hobby is *painting.*

3. 동명사는 타동사의 목적어가 될 수 있다.

　　He admitted *taking* the money.
　　Avoid *over-eating*
　　Would you consider *selling* the property?
　　He detests *writing* letters
　　If we buy plenty of food now it will save *shopping* later in the week.

4. 다음의 동사들은 동명사를 목적어로 취한다.

　　admit*, keep*(= continue), anticipate*, loathe, appreciate, mean*(= involve), avoid, mind(= object), consider*, miss, defer, pardon, delay, postpone, deny*, practise, detest, prevent, dislike, propose*(= suggest), dread, recollect*, enjoy, remember*(= recollect), escape, resent, excuse, resist, fancy*(= imagine), risk, finish, save, forgive, stop(= cease), imagine*, suggest*, involve, understand*

[참고] 위에서 *표가 있는 동사는 *that* 절도 목적어로 취할 수 있는 동

사이다.

He *suggested that a reward should be offered.*

5. 동명사는 전치사의 목적어가 될 수 있다.

He was accused of *smuggling.*
What can you do besides *studying*?
I have no objection to *hearing* your story again.
Touch your toes without *bending* your knees!
He is good at *diving.*
She is fond of *climbing.*
I'm not been on *gambling.* I'm afraid of *losing.*
He was fined for *being* drunk in charge of a car.
I'm against *saying* anything.
I'm for *saying* nothing.
After *swimming* I felt cold.
What about *leaving* it here and *collecting* it later?
Aren't you interested in *making* money?

6. *be for / against, care for, give up, keep on, leave off, look forward to, put off, see about, take to* 등 대부분의 복합동사(phrasal verb)는 동명사를 목적어로 취한다.

Eventually the dogs *left off barking.*
I am *looking forward to meeting* her.
He *put off making* a decision till he had more information.

He *took to ringing* us up in the middle of the night.

7. *as, like, than, any / some / no good, any / some / no use, worth* 다음에 동명사가 쓰인다.

As well *as getting* on everybody's nerves, he's got a habit of borrowing money and forgetting to pay it back.
Why don't you do something useful, *like cleaning* the flat?
There's nothing that depresses me more *than waking* up with a hangover on a wet Monday.
Is it *any good trying* to explain?
It's *not much use my buying* salmon if you don't like fish.

8. 동명사는 동사 *need, require, want* 뒤에서 수동의 의미로 쓰인다.

Your hair needs cutting (= to be cut).
Does your suit require pressing, sir?
The car wants servicing.

9. 위의 8과 같은 구문에 수동부정사가 올 수 있으나, 동명사가 더 일반적으로 쓰인다.

The grass wants *cutting*.
(cf. The grass needs *to be cut*.)

10. 다음에 열거한 동사는 부정사와 동명사를 모두 목적어로 취할 수 있다.

advise, agree, allow, begin, can / could bear, cease, continue, forget, hate, intend, like, love, mean, need, permit, prefer, propose, recommend, regret, remember, require, start, stop, try, used to, want

The baby began *to cry / crying*.

He continued *to work / working* after his illness.

I love *to meet / meeting* people.

She hate *to wash / washing* dishes.

My husband can't bear *to live / living* in the city.

I intend *to sell / selling* the car.

11. *regret, remember, forget* 뒤에 부정사가 오는 경우에는 동사 그 자체가 먼저 일어났음을 나타내고, 동명사가 올 경우는 그 동명사에 의해 표현된 행동이 먼저 일어났음을 나타낸다.

I'll remember to call Bill.

I didn't forget to lock the door.

I regret spending so much money.

I remember reading about the earthquake in the papers.

13.4 요약

준동사는 동사에서 파생되어 동사의 성질을 갖고 있으면서도 명사와 결합하여 문장을 만들 수 없다는 점에서 동사와 차이가 있다. 준동사에는 분사, 부정사, 동명사의 세 가지가 있다.

분사는 형태와 기능에 따라 현재분사와 과거분사로 나눈다. 현재분사는 동사적으로 쓰일 때는 진행상을 나타내고 과거분사는 완료상과 수동태를 나타낸다. 분사가 형용사적으로 쓰일 때는 명사를 수식하거나 동사의 보어가 된다. 분사가 형용사적으로 쓰일 경우, 현재분사는 능동과 진행의 의미를 나타내고, 과거분사는 수동과 완료의 의미를 나타낸다. 분사가 부사적으로 쓰일 때는 이유, 시간, 조건, 양보 등을 나타낸다.

부정사는 수, 인칭, 시제의 변화를 하지 않으며, *to* 부정사와 (*to* 없는) 원형부정사의 두 가지가 있다. 부정사는 동사, 명사, 형용사, 부사적 기능을 가지고 있다.

동명사는 형태적으로는 현재분사와 같지만 명사적으로만 쓰인다는 점에서 분사와 구별된다. 동명사는 주어, 목적어, 보어가 될 수 있고, 명사처럼 관사, 소유형용사, 지시형용사의 수식을 받을 수 있다.

제14장
부사

14.0 부사의 정의

부사(adverbs)는 동사, 형용사, 또 다른 부사는 물론 문장, 명사, 대명사를 수식한다. 부사는 이처럼 그 수식대상뿐만 아니라 형태, 기능, 의미면에서도 너무나 이질적이고 다양하여 부사가 갖는 공통점은 다만 수식어라는 점 하나일 뿐, 또 다른 공통점을 찾기 힘들다. 그리하여 낱말을 품사별로 분류하면서 분류하기 힘든 것은 모두 부사로 분류해 버리지 않았나 해서 부사는 '쓰레기통 품사(wastebasket category)'라는 별명까지 갖고 있을 정도이다.

단순부사, 부사구, 부사절을 통털어 부사어(adverbials)라고 부르기도 하지만, 여기서는 특별히 구별할 필요가 있는 경우를 제외하고는 부사를 부사어의 의미로도 사용하겠다.

14.1 부사의 분류

전통문법은 보통 부사를 형태, 의미, 기능에 따라 대강 다음과 같이 분류할 수 있다.

14.1.1 형태상의 분류

부사는 그 형태에 따라 단순부사, 복합부사, 파생부사의 세 가지로 나눌 수 있다. 단순부사와 복합부사는 그 수가 한정되어 있다는 점에서 닫힌 집합(closed set)이고, 파생부사는 새로운 부사가 만들어질 수 있다는 점에서 열린 집합(open set)이다.

1. 단순부사는 하나의 형태소로 된 부사로서 일차부사(primary adverb) 또는 기본부사(basic adverb)라고도 한다.

   just, only, well, now, so, thus, fast, hard, back, down

2. 복합부사는 두 개의 형태소가 결합하여 하나의 낱말로서 기능을 하는 부사이다.

   anyway, likewise, therefore, somehow, somewhere, anyhow, nowhere, always

3. 파생부사는 형용사나 다른 낱말에 접미사를 붙여 만들어진 부사이다.

   oddly, interestingly, slowly, possibly, likely, likewise, otherwise

14.1.2 의미상의 분류

부사는 그 자체가 갖는 의미와 기능에 따라 다음과 같이 분류할 수 있다.
- 시간부사: *now, then, yesterday, before, early*
- 장소부사: *here, there, inside, indoors, outdoors, within, without, home*
- 양태부사: *bravely, clearly, happily, hard, quickly, well*
- 강의/완화부사: *completely, extremely, greatly, too, very*
- 초점부사: *even, too, also, only*
- 주어지향부사: *willingly, intentionally, deliberately*
- 격식부사: *cordially, kindly, please*
- 관점부사: *scientifically, linguistically, politically*
- 지시부사: *here, there, now, then, thus, so, therefore*
- 의문/관계부사: *when, where, why, how*
- 부정부사: *somewhere, anywhere, everywhere, nowhere, ever, never, always, somehow, anyhow*
- 대명부사: *here, there, when, where, somewhere, anywhere*
- 연결부사: *again, however, in addition, in conclusion, in effect, therefore, thus, well*

14.2 부사의 수식기능과 통사적 특성

부사는 수식대상과 통사적인 기능에 따라 부가부사(adjunct), 종속부사(subjunct), 부연부사(disjunct), 접속부사(conjunct)의 네 가지로 나눌 수 있다(쿼크 외, 1985).

14.2.1 부가부사

부가부사(adjunct)는 [동사 + 보어/목적어]로 구성된 동사구(verb phrase)를 수식하며, 통사적으로 동사구의 필수구성 요소가 된다.

> He hurriedly disappeared *into the house*.
> Did he walk *to the church*?
> They were standing *outside*.
> John arrived *yesterday*.

14.2.1.1 부가부사의 통사적 특성

1. 부가부사는 문두에 쓰일 때 쉼표(comma)로 문장의 나머지 부분과 분리할 수 없다. 그러나 부연부사와 접속부사가 문두에 쓰일 때는 쉼표로 문장의 나머지 부분과 분리할 수 있다.

> He hurriedly disappeared *into the house*.
> * *Into the house*, he hurriedly disappeared.
> She went *abroad* to make a deal.
> * *Abroad*, she went to make a deal.
> *Frankly*, I didn't like that film.
> *However*, they came too late.
> *Morally*, you are under no obligation to do anything.
> *Fortunately*, he was hired.

2. 부가부사는 의문이나 부정의 영역에 속할 수 있다. 그러나 종속부사, 부연부사, 접속부사는 의문이나 부정의 영역에 속할 수 없다.

Did he walk *to the church* (or somewhere else)?
Were they standing *outside* (or inside)?
He didn't walk *to the church* (but somewhere else).
*?Is he *certainly* or *possibly* unemployed?
*?He isn't *probably* ill, but he is *possibly* ill.
*Don't you like that film *frankly* or *honestly*?
*Was he hired *fortunately* (or *unfortunately*)?

3. 부가부사는 강조구문에서 강조되는 부분이 될 수 있다. 그러나 종속부사, 부연부사, 접속부사는 강조구문에서 강조되는 부분이 될 수 없다.

It was *to the church* that he walked.
Was it *outside* that they were standing?
It was *with great pride* that he showed the trophy to his father.
*It is *honestly* that I don't know anything about his plans.
*It was *even* that John was not happy about it.
*It is *however* that they came too late.
*It is *frankly* that I didn't like that film.

4. 부가부사는 동사구(VP)가 대동사의 형으로 대치되거나 생략될 때 그 생략된 의미 속에 포함될 수 있다. 그러나 종속부사, 부연부사, 접속부사는 동사구가 대동사로 대치되거나 생략될 때 그 의미 속에 포함되지 않는다.

John arrived *yesterday*, but Mary did not.
 (= ⋯ but Mary did not arrive *yesterday*.)
John arrived *yesterday*, but not Mary.

(= ⋯ but Mary did not arrive *yesterday*.)

John *probably* arrived *yesterday*, but Mary did not.

(= ⋯ but Mary did not arrive *yesterday*.)

John *probably* arrived *yesterday*, but not Mary.

(= ⋯ but Mary did not arrive *yesterday*.)

John *hardly* knew the answer, but Bill did.

(= ⋯ but Bill knew the answer.)

14.2.1.2 부가부사의 종류

술부부사는 그 자체의 의미와 수식기능에 따라 양태부사, 방법/도구부사, 시간부사, 공간부사, 관점부사, 원인/이유부사, 양보부사로 하위 분류할 수 있다.

1. 양태부사

(1) 양태부사는 주로 동사와 보어의 뒤에, 장소부사와 시간부사 앞에 온다.

Gladys sang *beautifully* in the concert hall yesterday.

The child behaved *well* during the visit to the museum this morning.

The kids are struggling *desperately* in the water.

(2) -ly로 끝나는 양태부사는 동사의 뒤에 명사구나 부사가 있으면 동사 앞에 온다. 그러나 동사 바로 앞의 양태부사는 동사 뒤에 올 때보다 좀더 강조된다.

The boy *quickly* hid the book when he heard footsteps approaching.

    She *slowly* spelt out her name to the policeman.
    The manufacturers *helpfully* provide an instruction manual.
    You *carelessly* dropped your glasses.
    I *completely* agree with you.

(3) 양태부사가 중요한 새로운 정보를 제공하는 필수적인 부사로 쓰일 때에는 동사구 뒤에 온다.

    He *slowly* opened his eyes and looked around him.
    The fog was so thick that he had to drive his car *slowly*.
    He has treated all of us *badly*.
    He *ate* all the sandwiches *hastily*.
    She runs the business *very effectively*.

(4) 수동문에서 양태부사는 과거분사 앞에 온다.

    The child was *quickly* examined by a physician who happened to pass by.
    The concert was *badly* organized / organized *badly*.
    The building was *well* designed.
    The plan has been *comprehensively* rejected.
    We're *firmly* committed to reducing unemployment.

(5) 양태부사는 동사구의 구성요소인 전치사의 앞이나 뒤에 올 수 있다.

    We looked for the missing papers *carefully*.

We looked *carefully* for the missing papers.
The actors would like to run *quickly* through Act 2.
The actors would like to run through Act 2 *quickly*.

(6) 양태부사는 동사구의 구성요소인 불변사의 앞에 올 수 없다.

He walked on *quietly*.
*He walked *quietly* on.
He looked up the new words *quickly*.
He *quickly* looked up the new words.
*He looked *quickly* up the new words.
*He looked the new words *quickly* up.

(7) 불변사를 포함한 동사구 뒤에 전치사구가 있을 경우, 양태부사는 동사의 바로 뒤에 올 수 있다.

Go on with this *quietly*.
Go *quietly* on with this.
*They went *quietly* through with the business.

(8) -*ly*로 끝나는 양태부사는 문두에 올 수 있다.

Slowly he made his way to the top of the hill.
Gently he took her in his arms.
Effectively we have to start again from scratch.

(9) 양태부사가 두 개 있는 경우에는 짧은 것은 앞에, 긴 것은 뒤로

하여 접속사로 연결한다.

> The girl moved *lightly and gracefully*.
> He spoke these words *softly but distinctly*.
> It was operated *quickly and effectively*.

2. 방법 / 도구부사
(1) 방법 / 도구부사는 동사구 뒤에 쓰이고, 장소부사와 시간부사가 있으면 그 앞에 쓰인다.

> He goes to school *by bus*. (∗He goes *by bus* to school.)
> The patient will have to be treated *surgically*.
> The police had the hair examined *microscopically*.
> He was stabbed *with a knife* in his bathroom yesterday.

(2) 방법 / 도구부사는 장소를 나타내는 필수부사의 뒤에 온다.

> I want to send this parcel to France *by airmail*.
> He had to return home *by subway*.
> She went overseas *by ship*.

3. 시간부사
시간부사는 *when?, since when?, until when?, for how long?, how often?, how many times?* 등의 질문에 대한 답이 되는 것들로 시간, 지속, 빈도, 반복, 시간관계 등을 나타낸다.
(1) 시간부사는 다음과 같은 것들이 있다.

전치사구: The music stopped *at midnight*.
명사구: They visit her *every month*.
비시제 절: *Traveling in Europe*, I miss the English pub.
부사: She *always* leaves home before 8 a.m.

(2) 시간부사가 나타내는 의미는 다음과 같다.

한정적 시간: *now, yesterday, then, tomorrow, at 3 o'clock, today, after, since(then)*

비한정적 시간: *some day, long ago, before, once(= at some time in the past)*

한정적 지속: *all night long, throughout that afternoon, for 2 hours, since this morning*

비한정적 지속: *still, continuously, long, for a long time, for some time, forever, momentarily, temporarily, permanently*

한정적 빈도와 반복: *hourly, daily, nightly, weekly, monthly, quarterly, annually, yearly, biannually, again(= another time), once(= one time only, on one occasion), twice, three times, on four occasions*

비한정적 빈도와 반복: *always, nearly always, ever, hardly ever, scarcely ever, constantly, continually, frequently, generally, habitually, incessantly, invariably, never, normally, occasionally, ordinarily often, perpetually, rarely, (ir)regularly, seldom, repeatedly, sometimes, usually, several times a week, from time to time*

상대적 시간부사: *already, just, lately, recently, so far, soon, yet, of late*

(3) 시간부사의 위치
① 시간부사와 한정적 빈도부사는 절의 끝에 온다.

I went to Ireland *last summer*.
I'd like to go there *again*.
The staff meetings take place *weekly*.
I've been in New York *once*.

② 수의적인 시간부사는 강조하기 위하여 문두에 올 수 있다.

Shortly before midnight I heard footsteps in the garden.
All afternoon she was chatting with another woman.
On several occasions he forgot to keep his appointments.
Sometimes at midnight he was awakened by a phone call.

③ 시간을 명시하는 부사를 제외한 비한정적 시간부사는 본동사의 바로 앞에 올 수 있다.

He was *momentarily* taken aback by her impertinence.
His eyesight has been *permanently* damaged by the accident.
English museums are *usually / always* worth visiting.
She *never* asks me any questions about my past.
They have *already* decided to buy the shares.
I *once* met a girl who was writing a dissertation on this subject.
I have *recently* been reading Irish poetry.
The shop is *temporarily* closed for repairs.
The elderly *seldom / occasionally / usually* like this kind of music.
She hadn't *long* left university.

④ 두 개 이상의 시간부사가 문장 끝에 올 때는 더 긴 시간을 나타내

는 시간부사가 더 짧은 시간을 나타내는 시간부사의 뒤에 온다.

I went to my grandmother's *for a couple of days every month last year*.
He has already phoned me *three times today*.
He practises playing the piano *for three hours every day*.
The plane took off *at 6 a.m. on 25 June, 1987*.
He has gone to Sweden *in August every year for as long as I can remember*.
How about going out for dinner *some time this week*?

⑤ 시간의 순서를 나타내는 서수와 *last*는 문장 끝에 온다.

Bill won the race and John came in *second*.
Susan finished *last*.
They will be able to enter the theater *first*.

4. 공간부사
(1) 공간부사는 *at what place?*, *towards what place?*, *how far?* 등의 의문에 대한 대답이 되는 것으로서 장소, 방향, 목표, 거리 등을 나타낸다.

I met him *at the opera*.
The boy was running *towards the village*.
The boy jumped *off / onto the platform*.
He swam *across the river*.
The horse will jump *over the fence*.
They went right *into the house*.

We drove (*for*) *fifteen kilometers.*

(2) 위치나 목표를 나타내는 공간부사는 필수적인 부사이다. 따라서 생략될 수 없다.

The suspect was taken / driven *to the place of the murder.*
It was the year that the Americans put a man *on the moon.*
We must put a new lock *on the front door.*
*The suspect was taken / driven.

(3) 장소나 거리를 나타내는 공간부사는 필수적으로도 쓰이고 수의적으로도 쓰인다.

Did you see Mary yesterday? Yes. I happened to meet her *in the park* at lunchtime. [수의적]
We lived *in New York* at the time. [필수적]
The road goes *through the village.* [필수적]
The money lay / was *in the safe.* [필수적]
The children were playing noisily *in the garden.* (*in the garden*이 What were the children doing?에 대한 답이면 수의적이고, Where were the children playing?에 대한 답이면 필수적이다.)

(4) 공간부사는 일반적으로 술부 뒤에 온다.

He put the chair *on the lawn.*
Who carried the trunk *to the station*?
I will see you *in the library.*

He saves some of the money *in the bank*.

(5) 필수적인 공간부사는 술부 뒤에 온다. 이때 공간부사가 둘 이상 있으면, 거리부사, 방향/목표부사, 장소부사의 순서로 온다.

She walked *a few steps towards him into the darkened room*.
He was thrown overboard *near the shore*.
He came *out of a nightclub in Soho*.
The dog jumped *over the bench in the garden*.

(6) 필수적인 공간부사는 양태부사나 도구부사의 앞에 온다.

We went *home by train*.
*We went *by train home*.
They left *for the hospital in a hurry* ten minutes ago.
The man went *to the station by taxi* at about 8 a.m.

(7) 공간부사가 양태부사보다 더 길면, 양태부사의 뒤에 오는 경우도 있다.

I walked *angrily out of the office* and slammed the door behind me.
I walked *out of the office angrily* and slammed the door behind me.
The man takes the two people *directly to the front of the line*.

(8) 수의적인 공간부사는 도구부사나 양태부사의 뒤에 오지만, 시간부사의 앞에 온다

I broke the news to her quietly *in her house* last week.
They have been working hard *in the garden* all morning.
Let's get together *in groups in front of the restaurant* just before 7.

(9) 위치부사가 두 개 이상 있을 때는 좁은 장소의 부사가 넓은 장소의 부사 앞에 온다.

We lived *at number 13, Church Street, Northiam*.
He had spent the night *on a bench in a public park in London*.

(10) 수의적인 공간부사가 두 개 이상 있을 때 넓은 영역의 부사는 문두에 올 수 있다.

He found a ten dollar bill *on the floor in Mrs Hare's kitchen*.
In Mrs Hare's kitchen he found a ten dollar bill on the floor.
*On the floor he found a ten dollar bill *in Mrs Hare's kitchen*.
I met her *in a museum in London*.
In London I met her *in a museum*.
*In a museum I met her *in London*.

(11) 방향부사가 둘 이상 있을 때 그 순서는 기술된 상황이 일찍 시작된 곳을 나타내는 부사가 앞에 온다.

He ran *from his home down the hill over the bridge to the village*.
We flew *from cairo to Istanbul*.

(12) 전치사 *with*는 공간과 관계 있는 개념이라기보다는 동반의 의미

를 나타낸다. 이러한 부사구는 대개 방향이나 목표를 나타내는 부사구 뒤에 온다.

> He went to the pub *with Tom.*
> He arrived in LA *with nothing but the clothes.*
> He spent several seasons there *with a man called Cartwright.*

5. 원인 / 이유부사

원인이나 이유를 나타내는 부사는 why?와 같은 의문에 대한 대답이 되는 부사이다.

> I did it *for the children's sake / because of the children.*
> He retired last month *because of illness.*
> Tom could not come to school *on account of the railway accident.*
> The battle was lost *owing to the lack of ammunition.*
> It's true *because I say it's true.*

6. 양보부사

양보부사어구는 의문사를 사용하여 물을 수 없다. 양보부사어구는 주절이 나타내는 내용을 강조하는 일종의 강조표현이다.

> He went through with his plan *in spite of our warnings.*
> *Though he hadn't stopped working all day,* he wasn't tired.
> *Although the room was newly furnished,* I did not like the decor.
> I wouldn't marry her *though she was the last girl in the world.*
> *Short as it is,* the book is useful and interesting.
> *Poor though I am,* I can afford beer.

For all her kind words, she was still not to be trusted.
With all his talent he could not get a job.

14.2.2 종속부사

종속부사(subjunct)는 절 전체나 문장의 한 구성요소를 수식한다. 따라서 종속부사는 요소부사(constituent adverb)라고 바꾸어 말할 수 있다. 종속부사는 그것이 나타내는 의미와 기능에 따라 관점부사, 향주어부사, 주어평가부사, 초점부사, 정도부사, 강조부사, 격식부사 등으로 세분할 수 있다.

1. 관점부사(viewpoint adverbials)

관점부사는 '어떤 관점에서?(*from what point of view?*)'라는 의문에 대한 대답이 되는 부사이다. 관점부사는 보통 문장 앞에 오지만, 문장 끝에 오는 경우도 있다. 관점부사가 문장 끝에 올 때는 쉼표를 그 앞에 쓴다. 관점부사는 쉼표가 없으면 양태부사의 의미를 갖는다.

Scientifically (= from a scientific point of view), the problem we are referring to is highly interesting.

The problem will be approached *scientifically*. (= in a scientific way)

Theoretically (*speaking*), these measures should be amply sufficient.

Technically, there should be no problem connecting this printer to your personal computer.

Linguistically, orthography is not very important.

Socially, she's a disaster. (= She's always offending someone)

The soldiers are exhausted, both *mentally and physically*.

2. 향주어부사

향주어부사(subject-oriented adverbials)는 주어의 태도나 감정을 표현한다.

Enthusiastically, he mounted the platform and addressed the crowd.
  (= He was enthusiastic when he mounted….)
Sadly, he tore up the letter and threw it into the waste-paper basket.
Proudly / With great pride, he announced that his manuscript had been accepted for publication.
  (= He felt very proud when he announced….)

(1) 향주어부사는 문장 앞에 나타난다.

With great reluctance, she called the police to arrest her guest.
Intentionally, he kept us in the dark until it was too late to act.

(2) 향주어부사는 동사의 바로 앞에 쓰이기도 한다.

He *deliberately* told us nothing about it.
  (= He was being deliberate when….)
The young man *resentfully / reluctantly* followed the policeman.
The chairman *consistently* ignores the remarks we make.

(3) 중요한 새로운 정보를 나타내는 향주어부사는 그것이 수식하는 절의 끝에 나타난다.

You did it *deliberately*, to provoke me!

He left the room *reluctantly* because he would have liked to have heard what was said.

(4) 향주어부사는 주어에 대한 언급이고, 양태부사는 동사에 대한 언급이다.

Carefully, she checked whether the door was locked.
　(= She was being careful when….)
She locked the door *carefully*. (= in a careful way)

3. 주어평가부사(subject-evaluating disjuncts)는 문장이 나타내는 상황과 관련하여 주어에 대한 화자의 평가를 나타낸다.

Stupidly, she refused to take his advice.
Rightly, the servant complained about the incident.
Sensibly, she phoned before she goes and asks for directions.
Foolishly, I allowed myself to be influenced by their arguments.
They *quite sensibly* concluded that this wouldn't be a good idea.
cf. The offer was not rejected ; acceptance was *prudently* postponed.

[참고] 향주어부사는 문장이 나타내는 상황과 관련하여 주어의 감정이나 태도를 나타내는 반면, 주어평가부사는 주어에 대한 화자의 평가를 나타낸다.

4. 초점부사
초점부사(focusing adverb)는 문장의 어느 한 구성요소에 주목을 끌게 하는 부사이다. 초점부사는 그 기능에 따라 제한적 초점부사

(restrictive focusing adverbials)와 추가적 초점부사(adding focusing adverbials)로 나눌 수 있다.

(1) 제한적 초점부사는 오직 그것이 수식하는 구성요소에만, 문장이 나타내는 내용이 적용되는 것을 나타낸다.

>I am not complaining. I am *simply / merely / just / only* telling you what happened.
>The charge was based *exclusively / purely / mainly* on Kim's statements.
>There was damage *primarily* in the older section of Cairo.
>I chose my job *simply / just* because I liked it.

(2) 추가적 초점부사는 그것이 수식하는 구성요소뿐만 아니라, 그 외에도 문장이 나타내는 내용이 적용되거나 적용되지 않는 것이 있다는 것을 나타낸다.

>We took some apples *as well*.
>Bill did not say anything *either*.
>*Even* Jason turned up.

(3) 초점부사는 보통 그것이 수식하는 요소의 앞에 온다.

>*Especially* Alison was unhappy about the decision.
>She was *solely* responsible for causing the accident
>I know *just* how you feel.

(4) 초점부사 *also*는 주어의 앞에 올 수 없다.

> JOHN *also* tried one of the pills. (∗Also John tried one of the pills.)
> Mary had *also* guestioned her patients the previous week.
> ∗Also Mary had guestioned her patients the previous week.
> Fred had also invited his mother-in-law.
> ∗Also Fred had invited his mother-in-law.

(5) *only*는 초점이 되는 요소의 앞이나 뒤에 올 수 있다.

> *Only* two people know the answer.
> Two people *only* know the answer.

(6) *alone, too, as well*은 항상 초점이 되는 요소의 뒤에 온다.

> The Bible says one cannot live on bread *alone*.
> John *too* wants a pieces of cake.
> JOHN wants a pieces of cake *too*.
> We'd better buy some honey *as well*.

(7) 동사 바로 앞에 오는 초점부사는 문장의 어떤 요소든지 수식할 수 있다.

> Bill *only* borrowed a book this morning. (초점은 Bill, borrowed, a book, 또는 this morning.)
> I *merely* wanted to know his name.

(8) 동사 앞에 오는 초점부사는 강세를 가진 요소가 있으면 그 요소만 초점이 되게 한다.

He *also* gave me some FLOWERS.
They *only* sell FURNITURES.
  (= They sell only furniture, They sell furniture only.)
Mary was *particularly* worried about the ADDRESS.

5. 정도부사

정도부사(degree adverbials)는 '어느 정도?(*to what extent?*)'라는 물음에 대한 대답이 되는 부사이다.
(1) 정도부사는 그것이 수식하는 요소의 의미를 강화하거나 약화시키는 기능을 한다.

They *partly* / *quite* agree with what you say.
She *much* prefers jazz music.
My final decision has been *somewhat* influenced by your remarks.

(2) 정도부사는 보통 수식하는 요소 앞에 오지만, *enough*는 항상 수식하는 요소의 뒤에 온다.

Would you be good *enough* to take it upstairs for me?
It's hot *enough* in here.
I suppose the lake is far *enough*, but I really love to go there.

(3) 동사구 전체를 수식하는 정도부사는 동사 바로 앞이나 문장의 끝에 올 수 있다.

I *quite* forgot sending you this postcard.
They *absolutely* refused to eat Chinese food.
We *fully* appreciate the gravity of the situation.
I can *perfectly* understand why you don't like him.
If only he didn't cheat *so*!
I don't like poetry *much*.
I remember her *perfectly / vividly*.

(4) 정도부사가 비교급이나 최상급의 형태를 취하면 항상 문장 끝에 온다.

I like her *more / most / better / best*.

(5) 정도부사가 구일 때는 대개 문장 끝에 온다.

I like him *very much*.
I don't mind having to wait *at all / in the slightest*.

(6) *by no means, in no way, very much, more or less, to some extent* 등과 같은 정도부사는 동사의 앞에도 올 수 있다.

I *very much* like him.
It is *by no means* certain that we will be able to move to our new office.
The reports *in no way* suggest the existence of extraterrestrial life.
He *more or less* admitted he'd done it.
Straightening the road has reduced the risk of accidents and *to*

some extent has made it safer.

(7) 정도부사 중에는 특별한 동사하고만 쓰이는 것들도 있다.

>I *badly* need a hot bath.
>She was *deeply* interested / distressed / wounded / impressed.
>He always works / tries *hard*.
>You always speak *highly* of him.
>He is still *highly* thought of by his colleagues.
>You can *seriously* damage your knees running on the roads.

6. 강조부사

강조부사(emphasizers)는 문장이 나타내는 내용을 주장할 때, 그 주장을 강조하는 역할을 한다.

(1) 강조부사(*actually, certainly, clearly, definitely, frankly, honestly, indeed, just, literally, obviously, plainly, really, simply, surely, nearly*)는 그것이 들어 있는 문장이나 그 일부를 수식하는 것이 아니라, 상위문의 동사를 수식한다.

>I *honestly* don't think that's true.
>   (= I *assert honestly* that I don't think that's true.)
>He *definitely* said that the film started at 7 p.m.
>   (= There is no doubt that he said that the film started at 7 p.m.)

(2) 강조부사는 동사 바로 앞에 오면 그 문장의 내용에 대한 주장을 강조하는 데에 사용된다.

I *honestly* don't think that's true.
He *actually* took me by the arm and tried to lead me away.
I *just / simply* can't understand why he should have left her.
She will *surely* kick up a fuss.
They have *obviously* been misled by her.
She *definitely* ruined his chances to be elected president.
She doesn't seem to enjoy the performance. No, she's *literally* bored to death.

(3) *actually, definitely, really* 같은 강조부사는 부정의 영역에 들어가거나 들어가지 않는다.

I *really* don't know. (= It is really true that I don't know.)
I don't *really* know. (= It is not really true that I know.)

(4) 긍정문에서 *really*는 모든 동사의 앞에 온다.

You *really* should look after your children better.
I *really* think I've had enough for the day.
You don't *really* expect me to believe that.

7. 격식부사

격식부사(markers of politeness)는 요청이나 초대 등을 할 때 정중함을 나타내는 부사이다. 대표적인 격식부사로는 *kindly*와 *please*를 들 수 있다. *kindly*는 동사 앞에 오고, *please*는 문두나 문미에 모두 올 수 있다.

Will you *kindly / please* sit down and wait here?

Please, sit down and wait here.
Sit down and wait here, *please*.

14.2.3 부연부사

부연부사(disjuncts)는 문장에 대한 화자의 태도나 평가를 나타낸다. 다시 말하면, 부연부사는 발화의 방식이나 문장이 나타내는 내용에 대한 화자의 평가를 나타내는 부사이다. 부연부사는 그 기능과 의미에 따라 문체부사와 평가부사로 나눌 수 있다.

1. 문체부사(style disjuncts)는 화자가 그 문장을 말할 때, 말하는 방식을 나타낸다. 따라서 문체부사는 그 문장의 어떤 요소를 수식하는 것이 아니라, 그 문장을 말하는 화행동사를 수식하여 그 양태를 나타낸다. 문체부사는 대개 문두에 오지만, 문장 끝에 오기도 한다.

In short, she hates him. (= I *tell* you *in short* that she hates him.)
Seriously, do you intend to move to Spain?
(= I *ask* you *seriously* whether you intend to move to Spain.)
In a word, she's as mad as a hatter.
(= I *tell* you *in a word* that she's as mad as a hatter.)
To cut a long story short, there was a terrific plane crash and they all died.
(= I *pinpoint* that there was a terrific plane crash and they all died.)
Personally, I find it difficult to believe her.
I find it difficult to believe her, *personally*.
Strictly speaking, we are all of us to blame for what happened.
I won't second the motion, *confidentially*.

2. 평가부사(sentence disjuncts)는 발화의 내용에 대한 화자의 평가를 나타낸다.

(1) 평가부사는 그 의미와 기능에 따라 진위평가부사와 사실평가부사의 두 가지로 나눌 수 있다.[1]

① 진위평가부사(truth-evaluating disjuncts)는 화자가 한 말이 사실이라는 것을 확신하는 정도를 나타낸다.

Obviously / Evidently, he had forgotten about the appointment.
Really, I find your behaviour disgusting!
Surely, there must be a mistake somewhere!
You will *probably / perhaps / undoubtedly* be asked to stay with her.
Actually, this is only half the answer.
Arguably, euthanasia should not be considered a crime.
I trust you didn't tell your father? *As a matter of fact*, I did.

② 사실평가부사(fact-evaluating disjuncts)는 상황에 대한 화자의 평가를 나타낸다.

Naturally / Understandably, they were deeply distressed to hear about her death.
Luckily for me, the bullet merely grazed my cheek.
What's even more remarkable, he has sold most of his shares in the

---

[1] 데클라크(Declerck, 1991, 232)는 진위평가부사, 사실평가부사, 주어평가부사를 내용부연부사(content disjuncts)로 묶고, 이들이 문장 전체의 내용에 대해 언급하고 있다는 점에서 문장부사로 보고 있다. 그러나 내용부연부사의 내용이 이들 부사에만 적용될 수 있느냐가 문제이고, 주어평가부사는 문장 전체와 관련된 것이 아니라 주어에만 관계된다는 점에서 종속부사의 한 하위범주로 분류해야 할 것이다.

company.

(2) 평가부사는 보통 문두에 오지만, 동사 앞에 올 수도 있다.

My wife had *naturally* asked for further details.
She may *unfortunately* have got the number wrong.
He will *probably* try to talk you over.
He has *no doubt* got wind of what they intend to do.

14.2.4 접속부사

접속부사(conjuncts)는 접속사의 의미와 부사의 기능을 함께 갖고 있는 부사를 말한다.
1. 접속부사는 문장의 앞, 중간, 끝에 올 수 있다.

The candidate is a fine teacher, a broadcaster of some experience, and a respected drama critic. *All the same,* there is a feeling on the committee that someone younger should be appointed.

My wife is very busy this evening, and (I tell you something) *in addition,* she is not feeling very well.

So, You are better again, Bill!

I hear you've bought a new house ; *well,* when are you moving?

I see her regularly because she is, *by the way,* a friend of my brother's.

It's not really a nice neighbourhood. *Still,* she apparently likes living there.

Aren't you going to attend the conference in Paris? —— No, I don't like flying. And it didn't seem to be a very interesting conference, *anyhow*.

See you later, then. ——Yes. Oh, *incidentally / by the way*, don't forget to bring your photo-album.

The tickets for the concert are rather expensive. ——*None the less*, I think we should attend it.

This is settled, then. *Now*, there is one more problem to solve.

2. 접속부사는 주어의 뒤나 동사의 바로 앞에 오기도 한다.

We have, *however / therefore*, decided to adopt a different policy.

Jim is not a particularly good student. His sister, *by contrast*, is one of the best.

The most urgent question, *though*, is that of political reforms.

3. 접속부사는 두 개 이상의 사항을 열거하는 데에 사용된다.

In the first place, the economy is recovering, and *secondly* unemployment is beginning to decline.

I don't think we should accept his offer. *For one thing*, it is not a very generous offer. *For another*, I am not sure he is to be trusted. *Furthermore*, I have just received another offer from Lloyd's, which I think is more interesting.

4. 접속부사는 어떤 사항을 첨가하는 데 쓰인다.

She has the ability, the experience, and *above all* the courage to tackle the problem.

Computer chess games are still a bit expensive, but they are getting cheaper all the time. *Furthermore* their chess-playing strength is rising.

5. 접속부사는 앞에 열거한 사항에 근거한 종합적인 결론을 나타낸다.

He was late for work, he quarrelled with a colleague, and he lost his wallet; *all in all*, it was a bad day.

We have a growing population and *therefore* we need more and more food.

All in all, I think you've done well.

6. 접속부사는 동격적인 의미를 나타낸다.

There was one snag, *namely*, the weather.
John is a New Yorker, *that is*, he lives in New York.
Susan is a good student, *that is to say*, she gets good grades in school.

7. 접속부사는 결과를 나타낸다.

I got there very late, *so* I missed most of the fun.
All didn't study. He failed the test, *therefore*.

8. 접속부사는 추론적인 의미를 나타낸다.

You haven't answered my question; *in other words*, you disapprove of the proposal.

Why doesn't she look for a holiday job? *After all*, she's old enough to start looking after herself.

9. 접속부사는 양보를 나타낸다.

My age is against me; *still*, it's worth a try.
The weather looks nice; I'll take my umbrella, *though*.

10. 접속부사는 정반대의 의미를 나타낸다.

They had expected to enjoy being in Manila but *instead* they both fall ill.

He can learn anything from you. *On the contrary*, he could teach you quite a lot of things.

It rained every day of our holiday; *all the same*, we had a good time.

14.3 요약

부사는 다른 낱말이나 표현을 수식하는 수식어이지만 수식대상이 다양할 뿐만 아니라 형태, 기능, 의미도 다양하여 수식한다는 것 외에는 부사들간에 공통점을 찾기가 어렵다.

부사는 형태상으로는 단순부사, 복합부사, 파생부사로 나눌 수 있다. 부사는 수식대상과 기능에 따라 부가부사, 종속부사, 부연부사, 접속부사의 네 가지로 나눌 수 있다. 부가부사는 술부/동사구를 수식하는 부사로서 그 자체가 나타내는 의미에 따라 양태부사, 도구부사, 시간부사, 공간부사, 관점부사, 이유/원인부사, 양보부사 등으로 나누기도 한다. 종속부사는 문장 전체나 문장의 요소를 수식하는 부사로서 관점부사, 향주어부사, 주어평가부사, 초점부사, 정도부사, 강조부사, 격식부사 등이 있다. 부연부사는 문장에 대한 화자의 태도나 평가를 나타내는 부사로서 문체부사와 평가부사가 있다. 접속부사는 부사의 의미를 갖고 접속사의 기능을 하는 부사이다.

제15장

서법

15.0 서론

서법(mood)은 말하고자 하는 내용에 대하여 화자가 갖는 심적 태도(mental attitude)를 나타내는 표현방식이다. 화자가 말하고자 하는 내용이 사실(fact)이냐 아니면 생각(thought)이냐에 따라 서법은 사실법(fact-mood)과 생각법(thought-mood)의 두 가지로 나눌 수 있다(스위트, 1891, §298). 서술문, 의문문, 감탄문은 사실을 나타낸다는 점에서 사실법에 속한다. 그리고 명령문, 기원문, 가정문, 조건문은 요구, 바램, 조건과 같은 사실이 아닌 생각을 나타낸다는 점에서 생각법에 속한다. 사실법은 의미상으로는 더 이상 세분하지 않고 다만 그 명칭만 바꾸어 직설법(indicative mood)이라고 부르고 있다.[1] 반면, 생각법은 학자에 따라 그것이 나타내는 의미에 근거하여 명령법(imperative mood), 가정법(subjunctive mood), 조건법(conditional mood), 기원법(optative

---

[1] 파우츠머(1926, II-2, 161)는 사실법을 화자의 심적 태도와 관계가 없다는 점을 들어 중립서법(neutral mood)이라고 부르고 있다.

mood), 부정법(infinitive mood), 강제법(compulsive mood), 권장법(hortative mood), 원망법(desiderative mood) 등과 같이 여러 가지로 분류하기도 한다.[2]

15.1 서법 표현

굴절형이 풍부하던 고대영어에서는 서법이 동사의 어형변화에 의해 확실하게 나타났다. 그러나 중세영어 이후에는 동사의 굴절형이 점차 상실되어 동사의 어형변화가 대부분 없어짐에 따라 동사의 형태로써 서법을 충분히 나타낼 수 없게 되었다. 그리하여 현대영어에서는 문장의 내용에 대한 화자의 심적 태도를 나타내는 서법이 동사의 형태뿐만 아니라, 조동사, 접속사, 주절의 동사, 부사 등을 통하여 표현된다.[3]

1. 동사의 형태

직설법 동사는 시제, 주어의 수와 인칭에 따라 변화한다. 그러나 가정법 동사는 그 문장이 나타내는 시제나 주어의 수나 인칭을 나타내지 않는다. 아래 예문에서 *if* 절이 나타내는 내용은 현재이지만 과거형 *were*를 쓴 것이나 주어가 *I*인데도 *am*을 쓰지 않고, *were*를 써서 시제나 인칭과 수를 일치시키지 않음으로써 *if* 절이 나타내는 내용이 사실이 아니라는 것을 나타낸다.

---

[2] 소년샤인(1929)과 컴(1931)이 서법을 의미범주로 간주하고 기술한 반면, 예스퍼슨(1924, 313)은 동사의 형태변화로 나타내는 서법만 문법범주로 보고, 서법을 의미범주로 분류하지 않았다.
[3] 가정법을 나타내는 표현으로 전통문법은 보통 동사의 형태와 조동사를 들고 있지만, 여기서는 접속사나 주절에 쓰이는 동사, 부사도 가정법을 나타내는 형태의 일종으로 보겠다.

If I *were* you, I would not do such a foolish thing.

2. 서법조동사

서법조동사는 그것을 뺀 문장이 나타내는 내용에 대하여 화자가 그럴 가능성이 있다거나 그래야 한다는 심적 태도를 나타낸다. 따라서 서법조동사를 포함한 문장은 사실이 아니라 화자의 생각을 나타낸다. 아래 예문은 '존이 그것을 한다'는 사실을 나타내는 것이 아니라, '존이 그것을 할 수 있다'는 화자의 믿음이나 '존이 그것을 해야 한다'는 화자의 주장을 나타낸다(서법조동사에 대한 자세한 것은 제12장 조동사를 참조).

John *can* do it.
John *must* do it.

3. 접속사

if, unless, provided (that), supposing 등이 이끄는 부사절은 사실을 나타내는 것이 아니라, 바램, 요구, 예측과 같은 화자의 심적 태도를 나타낸다. 이들 부사절이 나타내는 내용이 사실이 아니거나 사실로 실현될 가능성이 없다고 생각하면 가정이라고 하고, 사실이거나 사실로 실현될 가능성이 있다고 생각하면 조건이라 하여 가정과 조건을 구별하기도 한다.

If it *were* to rain, I *would*n't go. [가정]
If it rains, I'll not go. [조건]
Unless something unexpected happens, I'll see you tomorrow. [조건]
I will agree to go *provided / providing (that)* my expenses are paid. [조건]
Supposing that you couldn't write, what would you do? [가정]

4. 주절의 동사

request, wish, move, second 등과 같은 동사는 그들이 취하는 목적절의 내용이 사실이 아니라, 그 내용에 대한 화자의 요구, 바램, 제안, 동의 등을 나타낸다. 따라서 이들 동사의 목적절은 직설법 동사를 쓰지 않고 서법조동사 *should*나 동사의 원형을 쓴다.

I *request / wish / move / second* that the meeting *be* closed in an hour.

5. 부사

certainly, maybe, perhaps, probably 등과 같은 부사는 그것이 수식하는 문장의 참일 가능성에 대한 화자의 심적 상태를 나타낸다.

Sandy is *certainly* a saleswoman.
Next year I shall *probably* be looking for a new job.
Maybe he'll be a prime minister one day.
Nobody will believe it, except, *perhaps*, John.

6. 어순

어순을 바꾸어 동사를 주어 앞으로 도치시킨 문장(절)은 가정이나 조건을 나타내기도 한다.[4]

Were she alive today, she would be grieved at such changes.

---

[4] 이처럼 어순과 같은 문법적인 형태를 이용하여 화자의 심적 상태를 나타내는 서법을 문법적 서법(grammaticalized moods)이라 하고, 가정법동사, 조동사, 접속사, 부사 등을 가지고 화자의 심적 상태를 나타내는 서법을 어휘적 서법(lexicalized moods)이라고 하여 서법을 표현방식에 따라 두 가지로 나누기도 한다.

Should you change your place, please let me know.
Did I possess the book, I would let it to you.

15.2 서법의 종류

서법은 크게 직설법, 명령법, 가정법의 세 가지로 나눌 수 있다.[5] 직설법은 화자의 심적 태도가 반영되지 않는다는 점에서, 그리고 명령법은 그 표현방식이나 의미가 비교적 간단하다는 점에서 서법의 논의에서 커다란 비중을 차지하지 않는다. 그러나 가정법은 그 형태나 의미가 다양하고 복잡하여 서법이라면 가정법을 연상할 정도이다.

15.3 직설법

직설법은 사실을 사실대로 진술하거나, 사실에 대한 의문을 나타내는 표현양식으로서 직설법이 쓰이는 문장은 평서문, 의문문, 감탄문 등이 있다.

The sun *rises* every morning.
Who *did* it?
What a noise they *are* making!

1. 직설법 동사는 시제변화를 한다.

---

[5] 이들 세 가지 서법을 예스퍼슨(1924, 313)은 스위트의 영향을 받아 직설법은 사실법(fact mood), 명령법은 의지법(will mood), 가정법은 생각법(thought mood)이라고 명명하기도 했다.

There *was / is* little chance that anybody heard the shot.
Is it any use trying to pacify her?
Did you meet anybody on your way home?

2. 직설법 동사에는 인칭과 수의 일치가 있다.

A pupil *has* seen the headmaster's office from the inside.
Scientific books *are* a rarity in such countries.

3. 두기능동사 *be*와 *have*는 직설법 동사로 쓰일 때는 명령법 동사로 쓰이는 경우와는 달리 부정문에서 운용소(operator)로 쓰인다.

He *is not* aware of the danger.
She *has not* any real power.
   (cf. *Don't be* late!)

15.4 명령법

명령법은 화자의 강한 명령, 요청, 권유, 경고, 금지 등을 나타내는 서법으로서 명령문의 형태로 나타난다.

Fly to me, my dearest!
Watch your step ; the road is muddy.
Be sure to wear some flowers in San Francisco.
Please *listen* carefully for the telephone bell while I'm upstairs.
Have a cup of tea, won't you?

15.4.1 명령법의 실현

1. 전형적인 명령문은 주어가 없고 동사의 원형으로 시작한다.[6]

    Be quiet!
    Be here at noon.
    Give us this day our daily bread.

(1) 조동사와 상태동사는 명령법이 없다.

    *Must do this right now!
    *Know the answer!

(2) 명령법은 시제 구별이나 완료상은 없지만, 진행상이나 수동태의 형태를 가지고 있다.

    Be working busily when the boss comes in.
    Be seated. / *Be gone*! / Don't *be seen*.
    Study your failures and *be instructed* by them.
    Don't be swayed by such considerations!

(3) 명령문에 쓰이는 완료형은 완료상을 나타내는 것이 아니라, 강한 명령을 나타내는 일종의 강조 표현이다. 이러한 명령문에 *do*를 써서 더 강한 명령을 나타내기도 한다.

---

[6] 형태를 중요시하는 학자 중에는 명령법을 서법으로 인정하지 않고 부정사의 한 용법으로 간주하기도 한다. 그러나 예스퍼슨(1924)은 문법범주를 설정할 때 형태를 중요하게 여기면서도 명령법을 인정하고 있다.

Have done with such nonsense! (그런 말도 안되는 소리, 그만 해!)

Do have done with such nonsense! (그런 말도 안되는 소리, 정말 그만 해!)

(4) 강세가 있는 *do*를 동반한 명령법은 간청이나 설득의 의미를 나타낸다.

Dó be quiet.

Give me a penny, Papa! I have nothing for you. *Dó give* me just one penny.

Dó fínish your work.

2. 명령문의 주어는 대개 생략된다. 그러나 관용적인 표현에서, 그리고 누군가를 지명하여 명령을 나타낼 때나, 대조, 충고, 경고를 생생하게 나타내고자 할 때는, 주어 *you*를 생략하지 않는다.

Yóu begin first. [대조]

Yóu come here, Jack, and *yóu*, go there, Mary. [대조]

Yóu mínd your own business. [충고나 경고]

Yóu márk my work. [충고나 경고]

You stand up and *read* the first paragraph. [충고나 경고]

You go ahead of me. This street is too narrow to walk side by side. [충고나 경고]

You give me the needle and cotton and I'll mend the net. [충고나 경고]

3. 명령문의 주어 *you*는 생략할 수 있지만 그 자리에 모인 모든 사람

을 가리키는 *everybody*는 생략하지 않는다.

> *Everybody* shut their/your eyes.

4. 명령법은 명사나 부사로 실현되기도 한다. 이러한 명령문은 간결한 효과와 동사보다 더 중요한 요소를 드러나게 하는 효과가 있다.

> *The salt*, please!
> All *aboard*!
> *Down* in front!
> Hats *off*!
> *Forward*, brave companions!
> *Away* with him! (= Take him away!)
> *Out* with you!

5. 퉁명스런 어조의 명령법은 *will*을 사용한다.

> You *will* wait here.
> You *will* do nothing of that sort.

6. 명령의 퉁명함을 완화시키기 위해 *please, kindly, perhaps, I know*를 첨가하거나, 의문문에 *will*이나 가정법 과거형 *would*를 쓰기도 한다.

> You will *kindly* excuse me as I must go back to my work.
> As you are going to the post office, you will, *I know*, mail this letters for me.
> Mrs. Johns, *won't* you sit down?

I wish you *would* come over soon to see me.

7. 우호적인 충고를 나타내는 명령법은 *shall*이나 가정법 과거형 *should*를 사용한다.

Positively, you *shall* not do that again.
You *should* go at once.

8. 이미 결정된 것을 전달할 뿐이라는 화자의 심적인 태도를 나타내는 명령법은 *be to*로 실현된다.

You *are to* come down! Mamma wants you.

9. *do, don't, let's*는 생략된 명령문을 대신한다.

Shall I open the window? ——Yes, *do.* / No, *don't.*
Shall we watch the game? ——Yes, *let's.*

10. 명령을 하고 그 이행 또는 불이행에 따른 결과를 말해 주기 위해 명령문 다음에 *and*나 *or*로 시작되는 문장을 덧붙일 수 있다.

I didn't pass the monthly exam.
——Work hard next time, *and* you will succeed.
——Work hard next time, *or* you will fail again.
(*Go*) A step further, *and* you will fall into the pond.
Start at once, *or* you will miss the train.
Keep away from the high tension wire, *or* you will be electrocuted.

15.4.2 명령문의 부정

1. 명령문의 부정은 *don't* 또는 *never*를 쓴다. 이때 부정어는 강세를 받지 않는다.

> *Don't tálk* so lóud.
> *Never méntion* it again.
> *Don't say* anything about it.
> *Never mind.*

2. *be* 동사를 포함한 명령문의 부정도 *do not*이나 *don't*를 써서 부정 명령을 만든다.

> *Don't be* silly.
> *Don't be* so innocent as to believe everything the politicians say.

3. *let's*의 부정은 *let's not*을 주로 쓰지만, 애원하는 어조에서는 *let's don't*나 *don't let's*를 쓰기도 한다.

> *Let's not* see it.
> *Don't let* us do that.
> *Let's don't* be serious.

4. 긍정명령문에서는 부가의문을 쓸 수 있지만, 부정명령문에서는 부가의문을 쓸 수 없다.

> Just hold the light, *will you*? Let's look into it, *shall we*?

Come down quietly, *can't you*?
Don't be silly!
*Don't be silly, *will you*?!

5. 부정명령문은 *no*와 동명사를 사용하여 실현되기도 한다.

No parking here.
No smoking here.

15.4.3 특수명령문

명령문은 일반적으로 명령문의 동사가 나타내는 행위를 청자가 수행하기를 요구하는 표현형식이다. 특수명령문은 청자가 아닌 화자나 제삼자에게 어떤 행위를 수행할 수 있도록 청자에게 요구하는 명령표현이다. 이러한 특수명령표현에는 다음과 같은 것들이 있다.

1. *let*로 시작하는 명령문
(1) *let*으로 일반 동사들과 똑같이 명령문을 만든다.

Let her do it for this once.
Don't *let* the fire go out.
If you need more information, *let* me know about it.

(2) *let*과 *us*를 축약한 *let's*로 시작하는 명령문은 보통 권유를 나타내는 명령문이다.

Let's start early, shall we?

Now *let's* have no misunderstanding.
Let's knock off for 30 minutes and have a cup of coffee.
I'm willing to discuss the matter, but *let's* not split hairs.

(3) *let*으로 시작하는 명령문은 목적어보어인 부정사를 부정하는 것이 일반적이다. 그러나 *don't*를 사용하여 명령문 전체를 부정하기도 하고, 목적어보어를 *don't*로 부정하기도 한다.

Let's *not talk* about it any more.
Don't let's start yet.
Let's *don't have* a serious talk.

(4) *let me*로 시작하는 명령문은 화자가 어떤 행위를 하겠다는 취지를 정중하게 표현한다.

Let me introduce myself to you.
Let me start by asking you. What is the institute's main aim?

(5) *let me see*, *let's see* 또는 *let me think* 등과 같은 명령표현은 다음에 이어질 말을 생각해 낼 시간을 벌기 위해서 사용된다.

His address was, *let me see*, 10 Keller Street.
Your husband is ── *let's see* ── a lawyer.
She's ── now *let me* think a second ── she is about twenty eight.

(6) *let's say*나 *let us say*는 여러 가능한 예 가운데 하나를 들 때 사용된다.

More Italians express themselves in music compared, *let's say*, to Germans.

(7) *let*으로 시작하는 명령표현은 자신감이나 가정의 뜻으로 쓰이기도 한다.

Let the wind blow.
Let AB be equal to CD.

(8) *let alone*…은 더욱 불가능한 요소에 대비하여 어떤 사태를 부정하는 데에 쓰인다. 이러한 *let alone*…은 '…은 물론' 또는 '…은 말할 것도 없이'의 의미를 갖는다.

He can't speak French, *let alone* English.
He can't speak French, *let alone* write it.
The house is uninhabitable in summer, *let alone* in winter.

2. [*suppose* + 문장] 형식의 명령문은 조건이나 가정을 나타낸다.

Suppose your father saw us together, what would he say?
Suppose you had a large sum of money ── say one million dollars ── what would you do with it?

3. 명령법의 *say*는 실제 예를 드는 데에 쓰이기도 한다.

The stranger in London, especially he has come, *say*, from Paris, finds London a little dull at first.

What would you do with a large sum of money, *say*, one million dollars?

4. 다음과 같은 예문은 명령문의 형식을 취하면서도 그것이 나타내는 의미는 양보의 의미를 갖고 있다.

Say what you will, you can't change her mind.
Come what may, we must not lose our courage.
Be a life long or short, its completeness depends on what it was lived for.
The morals of a child cannot attended to too early, *let* his situation be what it may.
Say what you like, women have an intuition that is denied to men.
Cost what it may, I'll buy it for you.
Try as you may, you cannot succeed.

15.5 가정법

가정법은 사실이 아닌 가정, 기원, 계획, 바램, 조건 등 화자의 생각이나 상상 등을 나타내는 표현양식이다. 가정법 동사는 직설법의 동사와는 다르게 굴절하여 문장이 표현하는 내용이 사실이 아님을 나타낸다.

15.5.1 가정법의 분류

가정법은 전통적으로 동사의 형태에 따라 가정법현재와 가정법과거로 분류한다. 가정법현재와 가정법과거라는 용어는 동사의 형태가 각각 현재형과 과거형이라는 사실에 근거한 것이다. 그러나 가정법과거도 가정법현재와 마찬가지로 현재나 미래의 시간을 나타낸다는 점에서, 이들 두 가지 가정법 범주는 시제와 관련이 있다기보다는 서법과 밀접한 관계가 있다. 왜냐하면, 가정법현재는 가정법현재 동사를 포함한 문장이나 절이 나타내는 내용이 사실일 가능성이 많다고 화자가 생각할 경우에 쓰이고, 가정법과거는 가정법과거 동사를 포함한 절이나 문장의 내용이 사실이 아니거나 사실일 가능성이 더 적다고 화자가 생각할 경우에 쓰이기 때문이다.

15.5.1.1 가정법현재

가정법현재는 사실로 실현될 수도 있고 실현되지 않을 수도 있는 사태, 즉 불확실한 사태를 표현한다. 가정법현재 동사는 굴절이 없는 원형 동사이고, 그 원형동사가 나타내는 시제는 현재 또는 미래이다.

1. 제안, 요구, 추천, 주장 등을 나타내는 동사(*propose, demand, recommend, urge*)의 종속절은 동사의 원형을 쓴다. 이들 동사의 종속절이 나타내는 내용은 발화 당시 사실도 허구도 아니기 때문이다.

> I propose that the money be spent on library books.
> I demand(ed) that the committee reconsider its decision.
> They recommended that this tax be abolished.
> We asked that the government be circumspect.
> We all urged that this privilege be extended to others.

2. *suggest*나 *insist*가 '제안하다'나 '주장하다'의 의미로 쓰일 때는 이들 동사의 종속절은 동사의 원형을 쓴다. 그러나 이들 동사가 '넌지시 말하다'나 '사실이 …하다'의 의미로 쓰일 때는 종속절의 동사는 직설법,

즉 시제동사를 쓴다. 아래에서 괄호 속에 든 문장은 직설법 문장이다.

> What can he do? ──I *suggest* that he *see* the doctor.
> (He suggested that he saw the doctor.)
> She *insists* that he *be* admitted to hospital immediately.
> (She insists that he is guilty of fraud.)
> They *insisted* that we *not eat* meat.
> (They insisted that they don't eat meat.)

3. *hope, desire, wish*는 의미가 비슷하지만 화자의 심적 태도가 서로 다르기 때문에 각각 직설법, 가정법현재, 가정법과거 또는 과거완료 문장을 목적절로 취할 수 있다.

> I hope this insurance is / will be paid to my wife.
> In case of my death, I desire that this insurance be paid to her.
> I wish that this insurance could be paid to the beggar.
> I wish that this insurance had been paid to the beggar.

4. *wish, suggestion, requirement*와 같은 명사의 동격절은 가정법동사를 취한다.

> It is my ardent *wish* that he *be* discharged.
> Her requirement that he leave the room this instant will be fulfilled.

5. 제안, 요구, 희망, 추천 등의 의미를 가진 동사(*propose, demand, recommend, urge*)가 수동형으로 쓰일 때도 이들 동사의 목적절은 원형 동사를 쓴다.

It *is suggested* that he *see* the doctor.

It *was demanded* that the committee *reconsider* its decision.

It *is requested* that every candidate *write* legibly and that no one *leave* the hall till half an hour after the commencement of the exam.

6. 불확실한 상황을 나타내는 형용사(*desirable, advisable, anxious, imperative, essential, necessary*)의 보충절은 가정법현재 동사를 취한다.

It is *desirable* that the money *be* spent on library books.

It is *advisable* that she *start* early in the morning.

We are *anxious* that the bill *be* passed.

It is *essential* this mission not *fail*.

It is imperative that he *take* the next plane.

It is *necessary* that the room *be* well lighted.

7. 희망 등의 의미를 가지는 명사구와 동격절인 문장도 가정법현재를 쓴다.

The judge assented to the suggestion that the prisoner *be* sentenced to death.

His sole requirement [is / was] that the system *work*.

Our decision is that the school *remain* closed.

(Our decision is that the school remains closed.)

The regulation is that no student *stay* out of the dormitory after midnight.

8. 희망 등의 의미를 가지는 종속절은 한편으로는 사실인지 허구인지

가 정해지지 않은 사태인 반면에 다른 한편으로는 의무나 당연성을 지니는 사태이다. 따라서 가정법현재, 즉 원형동사 대신에 [should + 원형동사]의 형태로도 쓰일 수 있다([should + 원형동사]에서 should가 생략된 것이 아님).

    I propose that the money *should* be spent on library books.
    They insisted that we *should* not eat meat.
    It is necessary that the room *should* be well lighted.
    Our decision is that the school *should* remain closed.

15.5.1.2 가정법과거

가정법과거와 과거완료는 실재 사실에 반대되는 가정을 표현한다. 가정법의 영어 명칭 'subjunctive'가 암시하듯이 가정법 문장은 독립된 문장으로보다는 종속절로 쓰인다. 독립된 선언문(declaratives), 의문문(interrogatives)은 실재 사실임을 전제로 한 발화이기 때문이다.

1. 가정법과거는 당해 문장의 내용이 기준시점 당시의 사태에 반대되는('현재 사실의 반대'가 아님에 유의) 가상적 사태임을 나타낸다. 가정법과거 문장의 동사는 과거형이다. 다만 be 동사의 가정법과거형은 *were*이다. 가정법과거는 현재사실에 반대되는 가정을 나타낸다. '가정법과거'라는 명칭은 동사의 형태가 과거형이기 때문에 붙여진 이름, 즉 동사의 형태에 주목한 결과이다. '현재사실의 반대'라는 것은 가정법과거가 현재의 사태(위의 예문에 상응하는 실재 사실은 각각 *In fact, the exam is not over*와 *In fact, I make mistakes everyday*)에 반대되는 사태를 표현하는 경우가 많기 때문이다.

    If I *were* a bird, I would fly to her.

I think I could be justly blamed if I *saw* only people's faults and *were* blind to their virtues.

I wish the exam *were* over.

I wish I *didn't* make mistakes everyday.

He acts as if he *were* a millionaire.

2. 가정법과거 문장을 내포하는 상위절 술어의 시제가 과거이면 가정법과거는 현재가 아니라 과거사실에 반대되는 가정을 표현하게 된다. 따라서 가정법과거는 '현재사실'에 반대되는 가정이 아니라 '기준시점 당시'의 사태에 반대되는 가상적 사태를 표현하는 서법이다. '가정법과거'라는 명칭도 동사의 형태만을 고려한 이름이므로 더 적절한 이름이 모색될 수도 있다.

He said that if he *were* a bird, she would fly to her.

(He was not a bird.)

She felt if she *could* remain a few days longer in London she would be sure to meet her friend again.

(She couldn't remain any longer.)

I wished the exam *were* over.

(The exam was not over.)

I wished I *didn't* make mistakes everyday.

(I made mistakes everyday.)

3. 가정법미래로 불리기도 하는 아래 예문의 가정법은 가정법 과거에 속한다. 조건절의 [should + 원형동사]는 [shall + 원형동사]의 과거형이고 should는 '의외의 일임'을 나타내는 조동사가 된다. 귀결절의 동사는 일반 가정법과거와 같이 [과거형 조동사 + 원형동사]를 쓰기도 하고

[조동사 + 원형동사]를 쓰기도 한다. 조건절의 '의외의 일'은 가능성이 완전히 배제되지는 않은 사태이므로, 불가능 쪽으로 판단이 기울어 있을 때에는 일반 가정법과거와 동일한 귀결을 하고, 가능성 쪽으로 기울어 있을 때에는 [shall + 원형동사]를 쓴다.

He had a constant fear that he might have to leave the post if it *should* fail.
I don't think it will rain tomorrow, but if it *should* rain I would(will) go.

4. 역시 '가정법미래'로 불리기도 하는 were to… 가정법은 귀결절에 반드시 [과거형 조동사 + 원형동사]를 써야 하는데, 이러한 가정은 가능성이 전혀 없는 것이기 때문이다. 조건절이 [should + 원형동사]이거나 [were to 원형동사]인 경우를 가정법미래로 말하기도 하는 것은 이들 조건이 미래사태에 대한 조건이기 때문이다. 그러나 이들은 [shall + 원형동사]와 [be to + 원형동사]의 과거형이고 미래의미는 각각 그 원래의 의미에서 나온 것이다.

If I *were* to tell you all I know, you *will / would be amazed.
Even if you *were* to try, you wouldn't be able to do it.
What would happen if we *were* to lose the secret of making fire.
If all the Antarctic ice *were* to melt, the level of the sea would rise to drown most of the seaports of our planet.

15.5.1.3 가정법과거완료

가정법과거완료는 문장의 동사를 과거완료형으로 쓰고 기준시점보다 앞선 때에 있었던 사태에 반대되는 가정을 표현한다. 가정법과거완료도

'과거사실'에 반대되는 가정이 아니라 '기준시점 이전의 사실'에 반대되는 가정을 표현함에 유의해야 한다.

>Did you enjoy the show last night?
>——Yes, but I wish I *hadn't* had a cold.(I had a cold.)
>I wish Professor Jones *had* taught me this equation.
>(He didn't taught me this equation.)
>I wished Professor Jones *had* taught me this equation.
>(He hadn't taught me this equation.)

1. 문장이 표현하는 의미내용이 기준시점 당시의 사태와는 반대되는 가정이면 동사를 과거형으로 쓰고, 기준시점 이전의 가상적 사태이면 과거완료형으로 쓴다. '당시', '이전'은 상위절 시제를 기준으로 하여 동일 시제 또는 앞선 시제를 말하는 상대적인 개념이다. 따라서 가정법의 시제는 독자적인 시제를 갖지 못하고 상위절 시제에 의존한다고 말할 수 있다. 아래 예문에서, 상위절 시제를 기준하여 그 이전의 사태를 나타내는 가정법과거완료 *had not killed*는 상위절 시제인 현재보다 앞선 시제, 즉 과거에 대한 서술이다. 상위절 시제와 동시 사태를 나타내는 가정법과거 *would have*…는 …*say*…와 동일한 때, 즉 현재의 사태를 서술한다.

>They say that if Kenedy *had not killed*, the country would have fewer problems than it has now.
>(Kennedy was killed and the country have many problems.)

2. 가정법은 전형적으로, 가상의 조건을 설정하는 조건절과 그에 따르는 추정을 말하는 귀결절이 짝을 이루고 있는 표현에 나타난다.

If you *pressed* that bottom, the engine would stop.

If I *were* rich, I would buy you anything you want.

If Kenedy *were* alive today, the country would have fewer problems than it has now.

I'd be grateful if someone *would* hold the door open.

If he *had* answered the detective honestly, he would not have been arrested.

What he might have said if he *had* been at the place.

If you *had* not been hanging about, you would not have been late.

3. 가정법과거완료에는 조건절과 귀결절 동사의 두 가지 형태가 있다. 가정법 조건절은 실재 있었던 사태의 반대를 나타내기 때문에 단순 과거형 또는 과거완료형 동사가 쓰이는 경우가 많지만, 조동사가 있는 과거형인 [과거형 조동사 + 원형동사] 또는 과거완료형인 [과거형 조동사 + 원형 have + 과거분사형 동사]가 쓰일 수도 있다. 반면, 가정법 귀결절은 조건절의 가정에 따른 추측이기 때문에 반드시 조동사가 있는 과거형 또는 과거완료형이 쓰인다.

If I were a math teacher, I could teach you the solution.
(I am not a math teacher.)
If I could solve the problem, I would teach you the solution.
(I can't solve the problem.)
If I could have solved the problem, I would have taught the solution. (I couldn't solve the problem.)

15.5.1.4 가정법미래

가정법미래는 미래의 사건이나 상태에 대한 가정이나 불확실함을 나타낸다. *if* 절의 동사가 [*should* + 동사의 원형]인 가정법미래는 실현될 가능성이 희박하다는 것을 나타낸다. 반면, *if* 절의 동사가 직설법 동사이면 실현 가능성이 있다는 것을 나타낸다.

If it *should* turn up, please send it to this address.
If it *turns* up, please post it to this address.

15.6 여러 가지 가정법 표현

15.6.1 혼합가정문

1. 조건절과 귀결절의 시점이 달라 가정법과거완료와 가정법과거가 섞여 있는 경우가 있다. 이때에 대부분 조건절은 가정법과거완료, 귀결절은 가정법과거인 경우가 대부분이다.

If you *had studied* the problem carefully yesterday, you *would* not *find* any difficulty now.
If he *had taken* his doctor's advice, he *might still be* alive.
(he might not have died.)
We're in danger now.
──If you *had listened* to me, we *wouldn't be* in danger.
If I *had* not *become* a millionaire, I *would have* fewer worries.

2. 드물기는 하지만 조건절이 가정법과거, 귀결절이 가정법과거완료인 경우도 있다.

You are so credulous, dear, so easily gulled. If you *were* older and *had* more experience of life, you *would have been* on your guard at once.

15.6.2 조건절

1. 조건절의 조건접속사가 생략되면 그 대신 조건절이 도치된 구조 [조동사 + 주어 + 본동사]로 재구성된다.

> I would give you my favorite book, *should* she smile at you.
> *Were* I rich, I would buy you anything you want.
> *Had* he listened to me, John would not have failed.
> He would remained innocent, *had* he not possessed a knife.

2. 조건절의 접속사로 반드시 *if*가 쓰여야 할 필요는 없고 조건의 의미를 지니는 다른 어구도 쓰일 수 있다(*if* 이외 조건접속사).

> *Suppose* you suddenly became blind now, could you find your way home?
> Just *suppose* everyone gave up smoking and drinking.
> *Supposing* that you couldn't write, what would you do?

3. 가정법 문장으로 자주 쓰이는 문형 가운데 *if it be not for*…는 '…때문이 아니라면 / 아니었더라면'의 뜻이다(조건절 *if it be not for*…).

> *If it were not for* the immense income from advertising, newspapers could not be sold so easily.

I do not know what I should for relaxation, *were it not for* the innumerable detective stories.

If it had not been for his broken leg, he would have become a great athlete.

What a delightful parent my father would have been, *had it not been for* strict piety.

4. 조건절 전체를 *if* 절이 아닌 다른 어구가 대신할 수도 있다. [*without* + 명사구], [*with* + 명사구], [*but for* + 명사구]는 어떤 사태의 유발 원인과 관련하여 쓰인다.

Without printing it would be impossible to have education on a broad scale.

With promptness, you might have arrived in time.

But for the thick trees, the wind would blow the house to pieces.

You finally made it, didn't you?

——Yes. *But for* your help, I would not have succeeded.

5. 부정사도 조건절을 대신할 수 있다. 이때의 부정사는 조건을 나타내는 부사적 용법이거나 주어가 되는 명사적 용법이다.

To hear him talk, one would take him for an American.

You would do well *to apologize* to him for the blunder.

It would be wiser *to leave* it unsaid.

It would have been better for Beethoven *to have become* blind.

To attempt a thing like that would be quite crazy.

6. 분사구문의 조건을 나타내는 부사적 용법이 조건절을 대신한다.

The same thing, *happening*(if it should happen) in war time, would amount to a great disaster.

Freed(If it were to be freed) from the tremendous weight of ice, the Antarctic continent would rise to a total of 500 to 600 meters.

7. *otherwise*도 단독으로 조건절을 대신할 수 있다.

Finish your work by noon, *otherwise* you would not be paid today.
Where have you been?
——I got caught in traffic; *otherwise* I would have been here sooner.
Through worldly loss he gained an insight into spiritual truths to which he might *otherwise* have been a stranger.
New knowledge he may make the course of events completely different from what it would *otherwise* have been; this was, for instance, a result of the discovery of America.

8. [명령문 + *and*]가 조건절의 기능을 대신할 수도 있다.

A little earlier, *and* you would have been in time.
The bullet lodged in my left shoulder——an inch lower, *and* I should have been in Paradise long ago.

9. 다음은 여러 가지 부사구가 조건절을 대신하는 예이다.

On most men this clothes would have looked very shabby.

A hundred years ago not a doctor in the world could have assured a patient that an operation would be painless.

At your age I should certainly have welcomed the prospect of "going abroad," especially to Switzerland, with unbounded delight.

Things which would be absolutely unthinkable *at home* are not only thinkable, but do-able and actually done in India.

10. 문장의 주어에 조건 또는 양보의 의미가 내포되어 있는 가정문이 있다.

A true friend would have acted otherwise.

A life-time of happiness! No one can bear it; it would be hell on earth.

Already most of the stones had been laid and *two more day's work* would have completed the road.

Not even a professional could do better than that.

15.6.3 조건절-귀결절

1. 불확실하지만 실현가능성이 있는 조건을 나타내는 조건절의 동사는 가정법 현재를 쓴다.

If that *be* the official view, it cannot be accepted.

A good book may be compared to your good neighbour. If it *be* good, it cannot be wrong; if bad, you cannot get rid of it too early. And thus, if it *please* me, I may sit all day long and into the profounder quiet of the night.

2. 조건-귀결의 짝에서 직설법과 가정법현재, 가정법미래, 가정법과거는 아래에 보는 바와 같은 의미 차이가 있다.

> If it rains, I will plant the apple tree.
> (반드시 비가 와야 사과나무를 심는다.)
> (*If it will rain, I will plant the apple tree.)
> If it rain tomorrow, I shall not go out.
> (비가 안 오면 외출하고, 오면 포기한다.)
> If it should rain I should(shall) not go out.
> (비가 올 리 없지만 예상을 뒤엎고 올 수도 있다.)
> If it rained I should not go out.
> (비가 오지 않는다.)

15.6.4 기원문

기원문은 조동사 *may*와 원형동사를 쓰는 것이 일반적이지만 가정법 현재를 쓰기도 한다.

> May God save the Queen!
> May he rest in peace!
> God save the Queen!
> God bless you!
> Heaven help us!
> The devil take you!

15.6.5 *lest*가 이끄는 가정법

*lest*가 이끄는 절도 '…가 …하지 않도록'의 뜻이므로 불확실한 사태를 나타낸다.

Hide it *lest* he (*should*) *see* it.
The President must reject this proposal, *lest* it (*should*) *cause* strife and violence.
I was afraid *lest* he (*should*) *come* too late.

15.6.6 *wish*의 목적절에 나타난 가정법

실재 사태에 반대되는 소망을 동사 *wish*로 표현할 때, *wish*의 목적절에는 가정법 동사를 쓴다.
1. 가정법과거

I *wish* he *were* here to help us.
Alice wishes that she *might* have a dozen birthdays in one year.
How I *wish* I *could* be with you again!
How the people of Europe wished there *were* a short and safe way to India!

2. 가정법과거완료

I wish Professor Jones *had taught* me this equation.
Did you enjoy the show last night?
——Yes, but I wish I *hadn't had* a cold.

William wishes that he *had studied* English instead of French when he was in high school.

15.6.7 기타 여러 가지 가정법 표현

1. 이룰 수 없는 소망은 [*wish* + 가정법 문장] 외에도 아래와 같은 여러 문형으로 표현된다.

If only the rain would stop.
Oh that I could be with you again!
O had he only been here.
Would that he were here to help us.
I *would rather* he should come tomorrow than today.
I'd *rather* you didn't anything for the time being.
I'd *just as soon* you didn't take those important papers with you.

2. *as though*와 *as if*로 표현된 가정법

Tim always speaks quietly on the phone, *as though* he were telling a secret.
It looked *as if* Professor Baker would come tomorrow.
I felt *as if* I hadn't long to live.
As if (she were) conscious of my gaze, she opened her eyes.
He looked at her *as if* he had never seen her.
He looked *as if* he had been in some strange land where age advanced at a double pace.

[참고] *as if*가 가정법 문장만을 접속하는 것은 아니다. *The town looks as if it's very old*와 *It seems as if she is likely to win the singing contest* 에서처럼 *as if*가 직설법 문장을 접속하는 경우도 있다. *as if*로 접속되는 문장에 직설법을 허용하는 것은 상위절의 동사의 의미이다. *seems*와 *look*은 확인은 되지 않았지만 사실인 것으로 보이는 상황에서도 쓰일 수 있기 때문이다.

(1) *as if* 다음에 가정법 문장이 아니라 부정사가 오는 경우도 있다. 이러한 표현들은 *as if (he were) to say*…에서 주어와 *be* 동사가 생략된 것이다.

He opened his lips *as if to say* something.
He smiled *as if to welcome* her.

(2) *as if* 자체의 부정 또는 상위절의 부정은 우회적인 의미를 지니므로 주의해야 한다.

As if you didn't(don't) know! (모르는 체 시치미 떼지 마!)
It isn't *as if the bridegroom were poor*. (설마 가난뱅이는 아니겠지.)

(3) *as if*와 형태는 다르지만 사실과는 다른 과장된 느낌을 주는 표현을 쓸 때에는 *as it were*(*so to speak* ; 실제로는 그렇지 않지만 과장해서 말하자면)를 삽입한다. 반면, 직설법 동사가 쓰인 *as it is*는 잘못된 소문이나 생각에 반하여 사실을 표현하는 데에 쓰인다.

He is, *as it were*, a eternal boy.
Man is, *as it were*, a parasite of machines.

I would pay you if I could. But *as it is*, I can not.
The situation is bad enough *as it is*.
Don't take on any more jobs. You have too many *as it is*.

3. 이행하지 못하고 있는 의무를 표현하는 가정법
(1) 어떤 일을 해야 할 시간임에도 불구하고 아직 이행하지 않고 있음을 표현할 때에는 아래와 같은 표현을 쓴다.

It is (high) time she put her toys away.
It is about time she were getting married.
Are you going to stay? ——No, *it's (about) time* we were leaving.
What will you do on Christmas vacation?
——I don't know, but *it's time* I'd decided on something.

(2) 위의 (1) 표현은 아직 이행하지 못하고 있지만 해야 할 일, 즉 의무를 표현하기 때문에 아래에서와 같이 가정법 동사형 대신에 [should + 원형동사]를 쓸 수도 있다.

It is time you *should put* the toys away.
It's time I *should have decided* on something.

4. 가정법 문장과 직설법 문장이 섞여 있는 경우
(1) 직설법 문장은 실재 사실, 가정법 문장은 허구를 표현하므로 이에 따라 서법을 판단하면 되지만 가정법과 직설법이 섞여 있으면 혼동이 되는 경우가 있다.

I *would* buy that book, but I do not have enough money.

I *would* have bought that book, but I did not have enough money.

Jean *would* be a very attractive girl, but she pays no attention to her clothes.

Why didn't you help him?

——I *would* have but I didn't have the money.

Why didn't Mary go?

——She *would* have gone except she didn't have time.

I *would* wear my red dress save it has a stain in the front.

I wish I *were* as smart as you are.

Reptiles can live in deserts where other animals *would* starve.

(2) 아래 예문에서는 거의 동일한 구조에서 의미의 차이에 따라 직설법도 쓰이고 가정법도 쓰임을 볼 수 있다.

Suppose that a boy who *wanted* to see a unicorn started his journey without a map.

Suppose that a boy who *is* three years old started to build a radio set.

5. 독립절 문장의 가정법

가정법 문장이 조건-귀결의 짝을 이루지도 않고, 종속절로 쓰이지도 않고, 독립절로 쓰이는 경우가 있다.

(1) 귀결절의 일부 또는 전부가 생략되고 조건절만 남은 가정문이 있다.

He *would* go to see you. ——What if he did not come?

Would you like to visit Los Angeles? ——If I *had* a week off.

If I *had* a week off every month!

(2) 조건문이 생략되고 귀결문만 남은 문장도 있다.

No one was to blame. *The accident could not have been prevented.*
You oughtn't to have driven that car with the brake out of order. You might have had a serious accident.
You'd be the prettiest girl in town.
Do they really come to you? ── *You'd be surprised.*
How is the weather there? ── *It couldn't be better.*
What do you think of this picture frame? ──Ohmm, *it could be better.*
Where should I get my tickets? ── *You should have gotten your tickets last month.*

(3) 조건절이 생략되고 귀결절만 있을 때에는, 생략된 조건문이 쉽게 파악되는 것도 있고 굳어져서 생략된 조건문을 복원하기가 어려운 것도 있다. 아래 예문에서는 가정법 표현이 관용화되어 있어서 조건절을 생각해 내기가 매우 어려우나 *If I were to ask you to…, if possible, if you would allow me to…* 등의 조건절을 보충해 볼 수 있다.

I would do anything for you (if I could).
I should not call her beautiful.
I couldn't think of leaving you at such a time.
Could I see your driving licence?
Would you help us, please?
How old he might be?

(4) 아래와 같은 관용적 표현도 오랫동안 굳어져 있어서 조건문의 실

마리가 희미하기는 하지만 가정법에서 유래한 표현임을 알 수 있다.

    You had better go home and get to sleep.
    I would rather be deaf than blind.
    I would rather you come tomorrow than today.
    You might as well wait upstairs.

15.7 요약

서법은 문장이 나타내는 내용에 대하여 화자의 심적 태도를 나타내는 표현방식이다. 서법은 일차적으로 사실법과 생각법으로 나눌 수 있다. 사실법은 문장이나 절이 나타내는 내용이 사실이라는 것을 나타내는 표현양식으로서 서술문, 의문문, 감탄문이 있으며 사실법 동사를 쓴다. 생각법은 문장이나 절이 나타내는 내용이 사실이 아니라 화자의 생각을 나타내는 표현양식으로서 명령문, 기원문, 가정문이 있다.

제16장
태

16.0 서론

태(voice)는 문장의 의미를 바꾸지 않으면서 그것이 나타내는 행위를 두 가지 관점에서 바라볼 수 있게 하는 표현방식이다. 행위자의 입장에서 문장의 행위를 바라보는 방식을 능동태(active voice)라 하고 능동태의 문장을 능동문이라 한다. 피행위자의 입장에서 행위를 바라보는 방식을 수동태(passive voice)라 하고 수동태로 쓰여진 문장을 수동문이라 한다.[1]

---

[1] 전통적인 용어 태(*voice*)는 그것이 가리키는 문법현상을 나타내는 데에 적합하지 않다는 점에서, 예스퍼슨(1924, 164-5)은 태를 행위를 바라보는 화자의 관점의 전환으로 보고, *voice*라는 용어 대신에 *turn*이라는 용어를 쓰고 있다. 관점의 전환은 능동문과 수동문에서뿐만 아니라, 두 개의 사물에 대한 전후, 다소, 노소, 상하 등을 나타내는 문장에서도 찾아볼 수 있다. 그러나 능동문과 수동문이 나타내는 관점의 전환은 하나의 행위에 초점을 맞추고 있다는 점에서 아래 예문에 나타난 관점의 전환과 구별된다.

    A *precedes* B ⇒ B *follows* A
    A is *over* B ⇒ B is *under* A

1. 목적어를 포함한 문장, 즉 동사가 타동사인 문장은 대부분 수동문으로 바꿀 수 있다. 능동문(Lisa wrote this paper)을 수동문(This paper was written by Lisa)으로 바꾸려면, 동사(wrote)를 [be + 과거분사](was written)로 바꾸고, 목적어(this paper)를 주어의 자리로 옮긴 후, 주어(Lisa) 앞에 by를 붙여 그것(by Lisa)을 동사구(was written) 뒤에 놓으면 수동문이 된다.

Lisa wrote this paper. ⇒ This paper was written by Lisa.

2. 직접목적어와 간접목적어가 있는 문장은 직접목적어를 주어로 바꾸거나, 간접목적어를 주어로 바꾸면 수동문이 된다.

Mary gave John a dime. ⇒ (1) *John was given* a dime by Mary.
(2) *A dime was given to* John by Mary.

16.1 수동문을 써야 할 경우

대부분의 능동문은 그에 상응한 수동문과 문체나 강조/초점면에서 차이가 있을 뿐, 의미(진리조건)의 차이가 없다는 점에서 이들은 동의문이라고 말할 수 있다. 그러나 다음과 같은 경우에는 수동문을 쓴다 (예스퍼슨, 1933, 120-121).

1. 능동문의 주어를 알 수 없거나 말하기 곤란할 경우

A is *bigger* than B ⇒ B is *smaller* than A
A is *older* than B ⇒ B is *younger* than A

Her father was killed in the Boer war.
The city is well supplied with water.

2. 문맥상 분명하여 능동문의 주어를 밝히는 것이 오히려 이상할 경우

Wine is made from grapes.
He was elected Member of Parliament for Leeds.

3. 능동문의 주어보다 목적어가 더 관심의 대상이 될 경우

The house was struck by lightening.
His son was run over by a truck.

4. 능동문의 주어가 화자나 필자일 때, 겸손한 마음에서 자신을 밝히고 싶지 않을 경우

This book was written at a seashore cottage last summer.
Enough has been said here of the subject

5. 문장의 연결을 쉽게 하기 위하여

He rose to speak, and was listened to with enthusiasm by the great crowd present.

16.2 태의 제약

일반적으로 타동사를 포함한 능동문은 수동문으로 바꾸어 쓸 수 있다. 그러나 동사에 따라, 목적어에 따라, 그리고 주어에 따라 능동문이나 수동문 중의 어느 한 가지로만 쓰이는 경우가 있다. 이러한 제약을 태의 제약(voice constraints)이라고 한다(쿼크 외, 1985, 162-166).

1. *have, become, lack* 등과 같은 동사는 중간동사(middle verbs)라 한다. 이러한 동사는 목적어를 취하지만 수동문으로 바꿀 수 없다.

> They *have* a nice house.
> This dress *becomes* you.
> He *lacks* confidence.
> The auditorium *holds* 5000 people.
> The coat does not *fit* you.
> He *resembled* his father.

[참고] 다음과 같은 수동문은 그에 해당하는 능동문이 없다.

> John *was said / reputed* to be a great teacher.
> *They *said / reputed* John to be a good teacher.

2. 미래진행형의 문장은 수동문으로 바꿀 수 없다(로버츠, 1954, 129).

> Mother will be whipping John. ⇒ *John *will be being whipped* (by Mother).
> (cf. John *is being whipped* (by Mother)).
> John *was being whipped* (by Mother).

John *has been being whipped* (by Mother).

  3. 목적어가 부정사, 동명사, 절일 때는 이들 목적어를 수동문의 주어로 취하면 비문법적(*)이거나 잘 쓰이지 않는(?) 문장이 된다.

    John hoped to meet her. ⇒ *To meet her was hoped by John.
    John enjoyed seeing her. ⇒ *?Seeing her was enjoyed by John.
    John thought that she was attractive. ⇒ *?That she was attractive was thought by John.

  그러나 이들 수동문의 주어인 부정법이나 절을 동사구 뒤에 놓고, 그 자리에 가주어(anticipatory pronoun) *it*을 쓰면 문법적인 문장이 된다.

    It was thought that she was attractive.
      (cf. she was thought to be attractive.)
    ?It was hoped to meet her.

  4. 목적어가 재귀대명사이거나, 주어를 가리키는 소유대명사/형용사의 수식을 받을 때는 이들 목적어를 포함한 문장은 수동문으로 바꿀 수 없다.

    John saw himself in the mirror.
      ⇒ *Himself was seen in the mirror.
    The woman shook her head.
      ⇒ *Her head was shaken by the woman.

16.3 수동문의 의미변화와 중의성

양화사나 서법조동사를 포함한 문장을 수동문으로 바꾸면 의미가 변하거나 중의성이 생기는 경우가 있다.

1. 주어와 목적어가 양화사의 수식을 받을 경우, 수동문에서 어순이 바뀌고 작용범위(scope)가 바뀜으로써 의미상의 변화가 생긴다.

Every man loves a woman. ⇒ A woman is loved by every man.

능동문의 *a woman*은 어느 한 특정한 여인을 가리키지 않는 반면, 수동문에서는 어느 한 특정한 여인을 가리킨다. 다시 말하면, 수동문은 '오직 한 여인을 모든 사람이 사랑한다'는 의미를 갖고 있는 반면, 능동문은 '모든 남자가 각각 사랑하는 여인이 있다'는 의미를 갖고 있다.

2. 고유명사를 제외하면, 주어의 자리에 오는 명사는 일반적인 의미를 갖지만, 동사 다음에 오는 명사는 일반적인 의미를 갖지 않는다. 따라서 이러한 문장을 수동문으로 바꾸면 의미상의 변화가 생긴다.

(1) Beavers build dams. ⇒ Dams are built by beavers.
(2) Excessive drinking causes high blood pressure.
  ⇒ High blood pressure is caused by excessive drinking.

위의 예문 (1)에서 능동문은 댐을 짓는 것이 비버가 가진 일반적인 속성, 즉 비버는 모두 댐을 짓는 속성을 갖고 있다는 것을 나타낸다. 반면, 수동문은 댐은 모두 비버가 짓는다는 것을 의미한다. 예문 (2)의 능동문은 과음이 고혈압을 유발하는 원인의 하나라는 것을 나타내는 반면, 수동문은 과음이 고혈압을 일으키는 유일한 원인이라는 것을 나타낸다.

   3. 서법조동사(modal auxiliaries)를 포함한 문장을 수동문으로 바꾸면 조동사의 의미가 바뀌거나, 능동문에서 갖는 의미 외에 또 하나의 의미를 갖는 경우가 있다.
   (1) 능력을 나타내는 서법조동사 *can*이 있는 부정문을 수동문으로 바꾸면 수동문의 *can*은 능력뿐만 아니라 가능성도 나타내기 때문에 중의적인 문장이 된다.

    John *cannot* do it. ⇒ It *cannot* be done by John.

   (2) 능동문에서 주어의 의무를 나타내는 서법조동사 *must*는 수동문에서는 사건이나 행위의 당연성을 나타낸다.

    You *must* reprimand every one of them. (= it's your duty to do so).
    ⇒ Every one of them *must* be reprimanded. (= every one of them is to blame).

   (3) 주어의 의지를 나타내는 서법 조동사 *will*은 능동문에서는 능동문의 주어의 의지를 나타내고, 수동문에서는 수동문의 주어의 의지를 나타낸다.

    Why *wouldn't* John ride the grey mare? (= why did John refuse?)
    ⇒ Why *wouldn't* the grey mare be ridden by John? (= why did the grey mare refuse?)

16.4 수동문의 종류

수동문의 술부동사는 모두 [be + 과거분사]의 형태를 가지고 있다. 이러한 형태를 가지고 있는 수동문은 그 의미와 기능에 따라 완전수동문(central passives), 반수동문(semi-passives), 유사수동문(pseudo-passives)의 세 가지로 나눌 수 있다(쿼크 외, 1985, 167-170).

16.4.1 완전수동문

1. 완전수동문은 그에 상응하는 능동문을 가지고 있다.

   The GPSG framework *was developed* by Gerald Gazdar.
   ⇐ Gerald Gazdar developed the GPSG framework.
   This conclusion *is* hardly justified by the results.
   ⇐ The results hardly justify this conclusion.

2. 완전수동문 중에는 그에 상응하는 능동문이 두 가지가 있는 것들도 있다.

   Coal *has been replaced* by oil. ⇐ (1) Oil *has replaced* coal.
   (2) They *have replaced* coal by oil.

3. 완전수동문에서는 행위자를 나타내는 *by*-phrase를 생략할 수 있다.

   This difficulty *can be avoided* in several ways.

16.4.2 반수동문

반수동문에서는 대부분 행위자를 나타내는 *by* 어구가 표현되지 않으며, 반수동문의 과거분사는 동사의 성질과 형용사의 성질을 둘 다 갖고 있다.

1. 반수동문은 그에 상응하는 능동문이 있다는 점에서 과거분사는 동사의 성질을 갖고 있다.

We *are encouraged* to go on with the project. ⇐ The results encourage us to go on with the project.

John *was interested* in linguistics. ⇐ Linguistics interested John.

2. 반수동문의 과거분사는 형용사와 대등접속사로 연결될 수 있고, *quite, rather, more, very* 등의 수식을 받을 수 있으며, be 동사 대신에 형용사를 보어로 취하는 *feel*이나 *seem*과 같은 계사와 함께 쓰일 수 있다는 점에서 형용사의 성질을 갖고 있다.

We *feel rather encouraged and content*.

John *seemed very interested in and keen* on linguistics

3. 반수동문의 -ed형 형용사는 그에 상응하는 동사가 없어도 행위자를 나타내는 *by* 어구를 취하는 경우가 있다.

We were *unimpressed* by his attempts.
 ⇐ *His attempts *unimpressed* us.
 (cf. His attempts did not *impress* us.)

4. 수동문이 아니지만 행위자를 나타내는 *by* 어구를 취하는 경우가 있다.

I like poems *by Wordsworth*.

5. 반수동문 중에는 행위자를 나타내는 어구로 *by* 어구보다는 다른 전치사구를 취하는 것들이 있다.

We were all worried *about the complication*.
　⇐ The complication worried us all.
I was a bit surprised *at her behaviour*.
　⇐ Her behaviour surprised me a bit.
This edition was not known *to earlier scholars*.
　⇐ Earlier scholars did not know this edition.

6. 반수동문 중에는 행위자를 나타내는 어구가 *that*으로 이끌어지는 절일 때 *by*와 같은 행위자를 나타내는 전치사가 쓰이지 않는 것들이 있다.

I was surprised *that the food was so good*.
　⇐ *That the food was so good* surprised me.

16.4.3 유사수동문

유사수동문은 동사구가 [*be* + 과거분사]의 형태를 갖추고 있다는 점에서 형태상으로는 수동문과 같지만, 유사수동문은 그에 상응하는 능동문도 없고, 행위자를 나타내는 *by* 어구도 없다.
1. 유사수동문은 의미상으로 그에 상응하는 능동문과 시제가 일치하

지 않는다.

> The building *is* already *demolished*.
> ⇐ *Someone already *demolishes* the building.
> ⇐ Someone already *demolished* the building.

이러한 시제의 불일치는 유사수동문의 *is demolished*가 행위를 나타내지 않고 결과로 나타난 상태(resultant state)를 나타내는 반면, 능동문의 *demolishes*는 행위를 나타내기 때문이다. 그러나 과거시제의 능동문이 현재시제의 수동문에 상응하는 것은, 수동문의 *is demolished*가 완료형처럼 결과를 나타내고, 능동문의 과거시제도 완료의 의미를 나타낼 수 있다는 공통점이 있기 때문이다.

2. 유사수동문이 결과로 나타난 상태를 나타내는 경우, 이러한 유사수동문을 상태수동문(statal passive)이라고 한다. 아래 예문 (1)은 (2)와 같은 동적인 의미를 가진 완전수동문으로도 해석할 수도 있고, (3)과 같은 정적인 의미를 가진 유사수동문으로 해석할 수도 있다.

> (1) In 1972, the Democrats *were defeated*.
> (2) In 1972, someone *defeated* the Democrats.
> (3) In 1972, the Democrats were in a state of *having been defeated*.

3. 아래 예문 (1)은 완전수동문으로 해석할 때는 (1-1)과 (1-2)처럼 *by* 어구를 보충할 수도 있고 진행형을 취할 수도 있지만, 유사수동문으로 해석할 때는 이들 두 가지 변형이 모두 불가능하다.

> (1) In 1972, the Democrats *were defeated*.

(1-1) In 1972, the Democrats *were defeated by the Republicans*.
(1-2) In 1972, the Democrats *were being defeated*.

4. 이동, 자세(posture), 완료 등을 나타내는 자동사로 이루어진 유사 수동문의 과거분사는 능동의 의미를 가지고 있다.

All their cars *are stopped* at the corner.
By the time she got there, her friends *were gone*.
Grandfather *was sat* in the rocking chair.
I*'ve been stood* here for about an hour.

16.5 여러 가지 수동표현

수동문의 전형적인 술부는 [*be* + 과거분사]의 형태를 취하고 있지만, 수동의 의미에 시작, 완료, 결과 등의 의미를 덧붙이기 위하여 *be* 동사 대신에 *get, become* 등을 쓰는 경우가 있다

1. *get* 수동은 행위나 사건의 시작을 나타낸다.

When did you *get married*?
He is married now, but I can't tell you when he *got married*.
We are expecting him to *get punished*.

2. *become* 수동은 행위의 결과를 나타낸다.

Beatrice *became* more and more *influenced* by Randal's arguments.
She *became seized* with a profound melancholy.

Our patience is *becoming exhausted* by these constant annoyances.

After *becoming discouraged* by so much misfortune, he gave up entirely.

3. *come to* 수동은 사건의 전반부(preceding course)에 중점을 두고 있다는 점에서 사건의 최종 결과에 중점을 둔 *become to* 수동과 차이가 있다.

He used to be so hard-headed, but he has gradually *come to be influenced* by his wife. Eventually, he has *become softened* by gentleness and kindness.

He is *coming to be highly respected* by everybody.

4. [*have(get)* + 목적어 + 과거분사] 형태의 수동문은 과거분사가 나타내는 행위를 주어가 수동적으로 경험하는 것을 나타내는 수동표현이다. 이러한 수동표현을 경험의 수동(passive of experience)이라고도 한다.

Last week, I *had(got) my right leg hurt*.

In life I *have had this truth* repeatedly *driven* in on me.

Having had my chickens stolen twice, I took greater precautions to save them.

5. [사역동사(*have / get*) + 과거분사] 형태의 수동문은 제일 강세(')가 사역동사에 오느냐, 과거분사에 오느냐에 따라 의미가 달라진다.

아래 예문의 *have*에 제1강세가 오면 '누군가에게 일을 시켰다(we employ someone to do our work)'를 의미하고, *done*에 강세가 오면

'일이 완료됐다(our work is done, completed)'를 의미한다.

We *have* our work *done*.

6. 현재분사도 수동의 의미를 나타내는 경우가 있다.

The heel of my right shoe *is wearing* badly on the outer side.
There is a storm *brewing*.
There is a mischief *brewing*.
There is a new bridge *building*.

7. 자동사 중에는 능동형으로 수동의 의미를 나타내는 것들도 있다.

The hat *blew* (= was blown) into the river.
My coat *caught* (= got caught) on a nail.
The plans *worked out* (= were worked out) successfully.
The books *sold out* (= were sold out) in a week.

8. 능동형의 부정사가 수동의 의미를 갖는 것들도 있다.

This house is *to let* (= to be let).
He is *to blame* (= to be blamed).
It is not the place *to visit* (= to be visited).

16.6 요약

태는 문장이 나타내는 사건을 행위자나 피행위자의 관점에서 바라보는 표현방식이다. 행위자에 초점을 맞추어 사건을 보는 표현방식을 능동문이라 하고, 피행위자에 초점을 맞추어 사건을 바라보는 표현방식을 수동문이라고 한다. 수동문은 행위자를 알 수 없거나 말하기 곤란하거나 말할 필요가 없을 때 쓰지만, 피행위자를 강조하거나, 문장의 연결을 편리하게 하고자 할 때도 쓴다.

목적어를 포함한 문장은 원칙적으로 수동문으로 바꾸어 쓸 수 있지만 주어, 목적어, 동사에 따라 수동문으로 바꾸어 쓸 수 없는 경우도 있고, 수동문으로 바꾸어 쓰면, 그 의미가 달라지는 경우도 있다.

수동문의 전형적인 술부는 [be + 과거분사]의 형태를 갖고 있지만, *be* 동사 대신에 *get*, *become* 등과 같은 동사를 쓰기도 하고, 형용사나 현재분사도 수동의 의미를 갖는 경우가 있다.

제17 장
부정

17.0 서론

부정(negation)은 긍정(affirmation)에 대비되는 표현으로서, 어구 또는 문장에 부정요소(negative)를 덧붙여 본래의 어구나 문장에 의하여 표현된 의미와 반대 또는 모순임을 나타내는 기능을 한다. 부정은 문장 안에서 부정어나 부정요소가 미치는 작용역(scope)에 따라 문부정(sentence negation)과 요소부정(constituent negation)의 두 가지로 나눌 수 있다.

17.1 문부정

문부정은 문장이나 절 전체를 부정하며, 전체부정 또는 서술관계부정(nexus negation)이라고도 한다. 문부정은 의미상으로는 부정표현에 의해 부정된(부정표현이 없는) 문장의 내용이 사실이 아님을 나타낸다.

John is *not* a student.

   (= It is not the case / true that John is a student.)

I *never* want to see you again.

   (= It is never the case that I want to see you again.)

17.1.1 문부정의 형성

문부정은 일반적으로 부정어 *not*을 긍정문의 서술동사와 결합하여 만든다.

1. 긍정문에 두기능동사(*be, have, do*)나 조동사와 같은 운용소(operator)가 있으면 부정어 *not*을 첫 운용소 다음에 넣어 부정문을 만든다. 이러한 경우 구어체에서는 *not*의 축약형 *n't*를 두기능동사나 조동사에 붙여 쓴다.

   I *am not* busy now. I'*m not* busy now.
   The children *are not / aren't* playing.
   I *have not / haven't* finished. I'*ve not* finished.
   You *can not / can't* turn right here.
   I *must not / mustn't* stay long.
   He *may not / mayn't* be working.
   I *will not / won't* wash this plate. I'*ll not* wash this plate.
   I *would not / wouldn't* wash this plate. I'*d not* wash this plate.
   We *should not /* shouldn't leave soon.

2. *have* 동사가 소유와 같은 정적인 의미를 갖고 본동사로 쓰이는 문장에서는 *not*을 *have* 동사 뒤에 붙이거나 조동사 *do*와 *not*을 그 앞에 붙여 부정문을 만든다.

He *has not* enough money. / He *doesn't* have enough money.

  3. *have* 동사가 동적인 의미를 나타내는 본동사로 쓰일 때는 조동사 *do*와 *not*을 써서 부정문을 만든다.

    We *didn't have* a party last week.
      (∗We *hadn't* a party last week.)
    They *don't have* an argument every day.
      (∗They *haven't* an argument every day.)
    I *didn't have* a look at your material.
      (∗I *hadn't* a look at your material.)

  4. 긍정문에 운용소가 없으면 조동사 *do*와 *not*을 술부동사 앞에 넣어 부정문을 만든다. 그러나 격식을 갖추지 않는 문장이나 구어에서는 *not*을 *n't*로 축약하여 조동사 *do*에 붙여 쓴다.

    They *do not / don't* know you.
    This soup *does not / doesn't* taste very nice.
    We *did not / didn't* enjoy the holiday very much.

  5. 조동사를 포함한 문장이나 조동사 *do*를 써서 부정문을 만드는 경우는 가능한 한 부정어를 앞에 놓는 경향과 부정어를 동사 가까이에 놓는 경향을 함께 만족시킨다.

    He *is not* looking for the book.
    He *has not* worked hard.
    We *didn't* have much of breakfast.

He *doesn't* have to go to chapel.
Don't be afraid!

6. 부정문이나 부정표현을 만들 때 부정어나 부정형태소를 넣는 데에는 두 가지 경향이 있다.

(1) 부정어는 가능한 한 맨 앞에 놓는다. 따라서 한 문장 안에 두 개의 낱말이 모두 부정어나 부정형태소와 결합할 수 있을 경우에는 부정어는 앞에 있는 낱말과 결합한다.

*ne*ver, *no*where, *un*happy, *in*human, *im*possible, *ig*noble, *il*literate, *dis*order *not* happy, *not* he, *not* having heard, *not* to mince matters
No one ever saw him smile.
Never did any one see him smile.

(2) 부정어는 판단을 나타내는 표현이므로 또 하나의 판단어인 동사에 가깝게 놓는 경향이 있다. 두기능동사와 조동사를 포함한 부정문이 이러한 경향을 나타낸다.

I *haven't* seen such a thing in my life.
Many of us *didn't* want toe war.

7. 가정의 의미를 가진 *should*가 생략된 종속절의 경우에는 *not*을 가정법의 동사 앞에 넣어 부정절을 만든다.

It is important that he *not* stay beyond the end of the month.
  (cf. It is important that he should*n't* stay beyond the end of the month.)

I requested that they *not* interrupt me.
   (cf. I requested that they should*n't* interrupt me.)

8. 부정어가 문장 내에서 두 개 이상의 어느 단어와도 결합이 가능한 경우에는 거의 예외없이 처음 오는 단어와 결합한다.

No one ever saw him smile.
Never did *any one* see him smile.

9. 부정어는 언제나 논리적으로 알맞은 위치에만 놓이는 것은 아니다. 이와 같은 현상은 부정요소가 문장 내의 결합되기 쉬운 말에 끌리는 경향이 있기 때문이다. 이러한 현상을 부정견인(negative attraction)이라고 한다. 그 결과, 형태와 의미상의 차이가 생긴다. 예를 들면, 아래 예문 (1)은 의미상으로는 요소부정이지만 형태상으로는 문부정의 형태를 취하고 있다. 반면, 예문 (2)는 의미상으로는 문부정이지만 형태상으로는 요소부정의 형식을 취하고 있다.

(1) We *aren't* here to talk nonsense, but to act.
   (= We are here *not to talk* nonsense, but to act.)
(2) We've got a glass of *nothing* in the house, have we?
   (= We *haven't* got a glass of anything in the house, have we?)

10. 주절의 동사가 심적 상태를 나타내는 *think, believe, expect, anticipate, guess, suppose, want* 또는 *be likely*인 경우에는 종속절의 부정어 *not*을 이들 술부동사와 결합시켜도 의미상의 차이가 없다. 이러한 현상은 부정견인(negative attraction)의 일종으로서 보통 부정상승(Neg-raising 또는 negative floating)이라고 한다.

I *don't think* John will leave until tomorrow.

⇐ I think John *won't* leave until tomorrow.

11. 주절의 술부에 *ever*가 있을 때는 부정상승할 수 없다

*I *don't ever* think that John will leave until tomorrow.
*Didn't you ever suppose I need to accept anything from them?

12. 조건문과 의문문 중에는 형태상으로는 부정문이 아니지만 부정의 의미를 함축하는 경우가 있다.

If I had money enough, I should pay you.
Shall I ever forget her?
Who knows?
If ever I heard the like!
See if I do!
Much I care.
God knows.

17.1.2 문부정의 통사적 특성

문부정문은 긍정문과 구별되는 다음과 같은 통사적 특성이 있다.
1. 문부정문은 부가의문문에서 긍정의문문과 결합한다.

She *doesn't* work hard, *does* she?
(cp. She works hard, doesn't she?)

2. 문부정문에 그와 관련된 부정적인 의미를 덧붙일 때는 *and neither* 나 *nor*로 연결하고 주어와 작용어를 도치시킨다.

I haven't finished, (*and*) *neither* have you.
I haven't finished, *nor* have you.
He did not receive any assistance from the authorities *nor* did he believe their assurance that action would soon be taken.
They never forgave him for the insult, *nor* could he rid himself of feelings of guilt for having spoken that way.

3. *only*는 형태상으로는 긍정표현이면서도 부정적인 의미를 가진 표현을 포함한 문장에서는 부정표현처럼 해석되기도 한다. 특히 *only*를 반부정(half negative)이라고 부르는 것도 이처럼 긍정적인 의미와 부정적인 의미를 함께 갖고 있기 때문이다. nor가 앞 문장이 부정문일 때 쓰인다는 사실은 그 앞에 오는 문장이 부정문처럼 쓰인다는 것을 말해 준다.

(1) He has *only* one son. [그는 아들이 하나밖에 없다.]
(2) Many people are *only* deemly aware of the ways in which the environment can be protected. *Nor* have governments made sufficient efforts to educate them. [환경을 보호할 수 있는 방법을 어렴풋이밖에 모르는 사람이 많다.]
(cf. All the students were obviously very *miserable*. *Nor* were the teachers satisfied with the conditions at the school.)

4. 긍정문에 그와 관련된 긍정적인 의미를 덧붙일 때는 *and so*로 연결하고 주어와 작용어를 도치시킨다.

I have finished *and so* have you.

　5. 문부정의 부정문에서는 부정표현 다음에 비단언표현(nonassertives)을 쓴다. 따라서 부정문에서는 *pretty, quite, rather*와 같은 긍정적인 의미를 갖는 단언표현을 쓸 수 없다.

　　She *doesn't* notice *any* change in you.
　　She *won't* notice *any* change in you, *either*.
　　I've *never* travelled *anywhere* by air *yet*.
　　I *don't* give *any* pocket money to *any* of my children at *any* time.
　　*It isn't *pretty* late. (cf. It's *pretty* late.)
　　*They don't drive *quite* fast.　cf. They drive *quite* fast.
　　*They don't drive *rather* fast. cf. They drive *rather* fast.
　　*The food wasn't *far* better than I expected.
　　(cf. The food was *far* better than I expected.)

17.1.3 문부정과 비단언표현

　문장은 그것이 나타내는 내용이 단언적이냐 아니면 비단언적이냐에 따라 단언문과 비단언문으로 나눌 수 있다. 예를 들면, *I didn't meet John yesterday*라는 문장은 비단언문이다. '어제 존을 만나지 않았다면 그 전에 만났다'라는 말도 될 수 있고, '존을 전혀 만나지 않았다'라는 말도 될 수 있으며, 또 '존을 만나지 않고 다른 사람을 만났다'라는 말도 될 수 있고, '존을 어제 만난 사람은 내가 아니라 다른 사람이다'라는 의미일 수도 있기 때문이다. 이처럼 부정문은 그것이 나타내고자 하는 바를 확실하게 주장하거나 서술하지 않는다는 점에서 비단언적이라고 한다.

부정문과는 달리 긍정문인 *I met John yesterday*는 '내가 존을 만났다'는 것을 분명히 나타낼 뿐 다른 것을 의미하지 않는다. 이런 점에서 긍정문은 단언문이다.

문장 중에는 긍정서술문이 단언적이고, 부정문과 의문문은 비단언적이다. 의문문이 비단언적인 것은 화자가 무엇인가 알 수 없어서 그 내용을 확실하게 알기 위하여 청자에게 확실한 정보를 구하는 표현형식이기 때문이다.

부정문과 의문문 외에도 비단언표현(nonassertive items)으로는 한정사, 대명사, 부사 등의 일부가 비단언표현이다. 이들 비단언표현은 비단언적 문맥, 즉 부정문과 의문문에서만 쓰이며 부정극어(negative polarity items)라고도 한다. 반면, 단언표현(assertive items)은 단언적인 문맥, 즉 긍정서술문에서만 쓰이는 표현으로서 긍정극어(positive polarity items)라고도 한다.

1. 다음은 몇 가지 비단언표현을 긍정표현이나 부정표현과 대비한 것이다.

긍정표현	비단언표현	부정표현
some	*any*	*no*
some	*any*	*none*
something	*anything*	*nothing*
somebody	*anybody*	*nobody*
someone	*anyone*	*no one*
somewhere	*anywhere*	*nowhere*
sometime(s)	*ever*	*never*
already	*yet*	—
still	*any more*	*no more*
somewhat	*any*	*no, (none the)*

　　　　as well, too　　　　　*either*　　　　　　*neither*

　2. 긍정문에서는 단언표현이 그리고 부정문에서는 비단언표현이 쓰이는 예를 몇 가지 들면 다음과 같다. 부정문에 쓰이는 비단언표현은 *not*과 결합하여 부정표현으로 바꾸어 쓸 수 있다.

(1) We've had *some* lunch.
　　 We haven't had *any* lunch.
　　 We've had *no* lunch.
(2) We saw *one* man *or the other*.
　　 We didn't see *either* man.
(3) I've bought *something* for you.
　　 I haven't bought *anything* for you.
　　 I've bought *nothing* for you.
(4) They've arrived *already*.
　　 They haven't arrived *yet*.
(5) He's *still* at school.
　　 He's not at school *any longer/any more*.
　　 He's *no longer* at school.

　3. 단언표현은 구체적으로는 밝히지 않지만, 화자는 그 양이나 수를 알고 있다는 것을 함축한다. 반면 비단언표현은 화자가 그 양이나 수를 모른다는 것을 함축한다.

　I have *some* money on me. (a specific, though unspecified amount of money)
　I don't have *any* money on me. (an unspecified, and also

nonspecific mount of money; no limit on the amount is assumed)

4. 비단언표현은 부정문은 물론 다음과 같은 비단언문맥(nonassertive contexts)에서도 쓰인다.

(1) 부정적인 대답을 기대하거나, 그 대답의 긍정 혹은 부정에 대하여 중립적인 예/아니오 의문문

> Do you know *any* of the teachers here?
> Have you *ever* seen *anything* like that?

(2) 의문사 의문문

> Who has *ever* read the play?
> What have you *ever* tried to do for her?

(3) 추정의 *should* 절

> It's odd that he should *even* notice it.
> It's unthinkable that *anyone* should deny my request.

(4) 조건절

> If anyone *ever* says that, pretend not to hear.
> If you *ever* want *anything*, please ask.

(5) 비교절

   I have more stamps than I've *yet* shown you.
   She is more intelligent than *anyone* I know.

(6) 조건적인 의미를 가지고 총칭명사구를 수식하는 제한적 관계절

   Students who have *any* complaints should raise their hands.
   (= If students have *any* complaints, they should raise their hands.)
   All that he has *ever* said confirms my suspicions of his motives.

(7) 형태상 부정인 낱말이나 부정의 의미를 가진 낱말 뒤에서

   It's *unlikely* that she has *ever* been to Scotland.
   You still have time *before* you have *any* need to register.
   (= You don't have *any* need to register now.)
   He's *too* old to play *any* rigorous games.
   (= He doesn't play *any* rigorous games.)
   They can *prevent any* demonstrations.
   I *fail* to see *any* force in your arguments.
   I'm *reluctant* to give her *any* advice.
   It's *hard* to do *any* work under these conditions.

5. 부정문맥에 나타나는 단언표현은 모두 비단언표현으로 바꾸어 쓴다.

   I've never travelled *anywhere* by air *yet*.
   I haven't *ever* been on *any* of the big liners, *either*.

No one has *ever* said *anything* to *either* of us.
Not many of the refugees have *anywhere* to live *yet*.

6. 부정문에 쓰이는 비단언표현은 언제나 부정표현이 선행한다.

I *don't* give *any* pocket money to *any* of my children at *any* time.
I give *no* pocket money to *any* of my children at *any* time.
I give pocket money to *none* of my children at *any* time.
I give pocket money to my children at *no* time.

7. 표준영어에서 비단언표현을 쓰는 자리에, 사투리 영어에서는 부정표현을 쓰기도 한다.

No one *ever* said *anything* to *anybody*. (standard English)
No one *never* said *nothing* to *nobody*. (nonstandard English)

17.1.4 부정의 영역

부정의 영역(scope of negation)은 부정표현이 의미상으로 영향을 미칠 수 있는 범위를 말한다. 부정의 영역은 보통 부정표현으로부터 그것이 들어 있는 절의 끝까지를 말한다. 어떤 표현이 부정의 영역 안에 들어 있느냐 그렇지 않느냐에 따라 그 절의 의미가 달라지기도 한다. 그리고 부정의 영역 안에서는 비단언표현만이 쓰일 수 있다.

1. 부사 중에는 부정의 영역 안에 있느냐, 밖에 있느냐에 따라 그 의미가 달라진다. 다음 예문에서 이탤릭체로 표기된 부분이 부정의 영역이다.

She did*n't definitely speak to him.*

(= It's not definite that she spoke to him.)

(cf. She definitely did*n't speak to him.* = It's definite that she didn't speak to him.)

I was*n't listening all the time.*

(= It is not true that I was listening all the time.)

(cf. I was*n't listening* all the time. = For the whole time, I wasn't listening.)

I did*n't listen to any of the speakers.*

(= There were no (not any) speakers that I listened to.)

(cf. I did*n't listen* to some of the speakers. = There were some of the speakers that I didn't listen to.)

2. 문장부사나 접속부사는 그것이 나타나는 위치에 관계없이 부정의 영역 밖에 있으므로 부정의 영향을 받지 않는다.

She does*n't know him,* unfortunately.
She does*n't know him,* however.

3. 부정표현의 영향이 그것이 속한 절 밖에까지 미치는 경우가 있다.

She did*n't know I would come to her whenever she needed any advice.*
I would*n't like you to disturb anyone.*

17.1.5 부정의 초점과 전제

부정문의 의미를 이해하려면 부정의 영역은 물론, 부정의 초점과 전제를 먼저 알아야 한다. 부정의 영역은 보통 부정표현으로부터 그 절의 끝까지이고, 부정의 초점은 부정의 영역 내에 있으면서 강세(nuclear stress)를 받아 다른 표현과 분명히 대조되는 낱말이다. 그리고 부정문의 전제는 부정문에서 부정의 영역을 뺀, 부정되지 않는 나머지 부분이다. 부정의 초점은 부정문이 나타내고자 하는 의미의 대비를 나타낸다. 다시 말하면, 부정의 초점은 부정문이 전제하는 내용(전제)과 부정의 영역에서 부정된 내용을 대비시키는 기능을 가지고 있다. 부정문의 전제는 부정의 영역을 제외한 부분으로서 긍정적인 의미를 갖는다.

아래 예문에서 이탤릭체로 쓰여진 부분은 부정의 영역이고, 초점은 대문자로 쓰여진 부분이며, 부정문의 전제는 명조체로 쓰여진 나머지 부분이다.

1. I did*n't take Joan to swim in the POOL today*. —— I forgot to do so.

   I did*n't take JOAN to swim in the pool today*. —— It was Mary.

   I did*n't take Joan to SWIM in the pool today*. —— just to see it.

   I did*n't take Joan to swim in the POOL today*. —— I took her to the seaside.

   I did*n't take Joan to swim in the pool toDay*. —— It was last week that I did so.

   *I did*n't take Joan to swim in the pool today*. —— It was my brother who took her.

2. 부정의 영역은 분리되어 비연속적일 수도 있고 부정표현에 선행하는 부분도 부정의 영역이 될 수 있다. 이러한 부정의 영역을 불연속 영역(discontinuous scope)이라고 한다.

I did*n't* take Joan to swim *in the POOL* today.
I did*n't* take Joan to swim in the pool today.

3. 부정문이 전제하는 의미를 분명히 나타내고자 할 때는, (1) 선택부정의 형식(alternative negation)을 취하여, *but* 이하의 절에서 전제된 의미를 나타내기도 하고, (2) [*it…that…*]과 같은 강조부정의 형식(focused negation)을 취하여 *that* 이하에서 전제된 의미를 나타내기도 한다. 아래 예문에서 이탤릭 부분은 부정의 영역이고 대문자로 쓰여진 부분은 대조를 나타내는 강세를 받는 부분이다.

(1) I do*n't* like *COFfee*, but I like TEA.
(내가 좋아하는 것은 커피가 아니라….)
I do*n't* mind *the NOISE*, but I do mind the HEAT.
(내 마음에 거슬리는 것은 소음이 아니라….)
(2) It's *not COFfee* that I like(, but tea).
It's *not the NOISE* that I mind(, but the heat).

4. 부정의 초점은 부정에 함축된 의미의 대조(contrast of meaning)를 나타내는 부분을 드러낼 뿐만 아니라, 부정의 영역을 나타내는 기능도 갖고 있다. 이러한 기능을 가진 초점을 정보초점(information focus)이라고 한다. 부정의 영역은 보통 부정표현이 들어 있는 절 안에 국한된다. 그러나 종속절을 포함한 부정문의 경우, 예문 (1)과 같이 강세를 받는 낱말이 두 개 있으면, 첫 번째 강세를 받는 낱말까지가 부정의 영역이고, 예문 (2)와 같이 강세를 받는 낱말이 문장 끝에 하나만 있으면 종속절도 부정의 영역에 포함된다. 이와 같이 부정의 영역을 나타내 주는 강세된 낱말을 정보초점이라고 한다. 이탤릭체로 된 부분이 부정의 영역이다.

(1) I did*n't* leave *HOME* because I was afraid of my FATHER.

   (= Because I was afraid of my father, I didn't leave home.)

   She did*n't come to SEE him* when he ASKED.

   (= When he asked, she didn't come to see him.)

(2) I did*n't* leave home *because I was afraid of my FATHER*.

   (= I left home, but it was not because I was afraid of my father.)

   She did*n't* come to see him *when he ASKED*.

   (= She came to see him, but not at the time he asked her to come to see him.)

17.2 요소부정

요소부정은 문장의 구성요소를 이루는 표현인 낱말이나 구 또는 절을 부정하는 부정형식이다. 요소부정은 특수부정(special negation), 낱말부정(word negation), 국부부정(local negation)이라고도 한다. 요소부정은 *no*나 *not*을 써서 낱말이나 구를 부정하기도 하고 부정접두사(negative affixes)를 사용하여 낱말을 부정하기도 한다.

17.2.1 요소부정의 형성

1. 부정접두사를 붙여 낱말을 부정한다.

   never, *no*where, *un*happy, *in*human, *im*possible, *ig*noble, *il*literate, *dis*order

2. 단어나 구 앞에 *not*을 써서 낱말이나 구 또는 절을 부정한다.

    (1) She's a *not unattractive* woman in some ways.
        We meet *not in drawing-rooms*, but in the hunting-field.

3. *not*은 논리적으로 어려움이 없는 한 서술동사를 부정한다.

    I *do not admire* her face, but her voice.
      (= what I admire is her voice, *not her face*.)
    We *aren't* here to talk nonsense, but to act.
      (= We are here *not to talk nonsense*, but to act.)

17.2.2 요소부정의 통사적 특성

1. 문부정의 경우와는 달리 요소부정에서는 부정어 다음에 비단언적 표현을 쓰면 비문이 된다.

    *She's a *not unattractive* woman in *any* respects.
      (cf. She's *not* an unattractive woman in *any* respects.)

2. 부가의문문에서 요소부정문 뒤에는 부정의문문이 온다.

    The job's quite impossible, *isn't it*?
    She's a *not unattractive* woman in some respect, *isn't she*?

3. 요소부정표현이 문두에 오더라도 어순이 도치되지 않는다.

In no time we cleared the table.
   (= We cleared the table within a short time.)
   (cf. *At no time* was war as imminent as now.)
   (= War wasn't as imminent as now at any previous time.)
Not even ten years ago you were very weak.

17.2.3 요소부정의 형태

1. 다른 부정어가 문장 중에 있을 때는 *not*을 쓰지 않아야 한다.

*He's *not seldom* at home.
Nobody tells me anything. (= People don't tell me anything.)

2. *not*은 형용사나 부사의 정도를 나타내는 부사를 부정하여 그 정도가 낮다는 것을 나타낸다.

They own two *not very* fierce dogs. (= rather docile)
I saw a *not too* sympathetic report about you.
   (= rather unsympathetic)
I visit them *not very* often. (= I don't visit them very often.)
Janet arrived *not much* earlier than Bob.
Derek drives *not as* well as expected.

3. *not*은 거리나 시간의 정도를 나타내는 부사적 표현을 수식한다.

They live *not far* from us. (= They don't live far away from us.)
I saw Dave *not long ago*. (= fairly recently)

We were there *not many years* after the war. (= just a few years)

4. 명사 앞에는 *no*를 쓴다.

No music is allowed(or Music is not allowed) after eleven o'clock.
There are *no* shops(or There aren't any shops) in the village.

5. 전치사구도 그 안의 부정어에 의해 부정될 수 있다.

He was decorated *by none other than the President*.
I'll give it to you *for nothing*.
We declared the table *in no time*.
She replied *with not a moment's hesitation*.
The brothers set out on their hike *with never a worry in the world*.
Our house has one wall *with no windows*.
It was a decision *of no consequence*.

6. 술부가 축약된 명사구(서술관계의 명사구문)의 부정은 요소부정이다.

No news is good news. (= Receiving no news is good news.)
The company promised *no victimization*.
   (= The company promised that there would be no victimization.)
Something is better than *nothing*.
   (= Having something is better than having nothing.)
The children want *nothing* but TV.
   (= The children want to do nothing but watch television.)

7. 부정사(infinitive)의 앞에 놓인 *not*은 그 뒤에 오는 부정사를 부정하는 요소부정이다.

    Tom deserved *not to be hated*.
      (cf. Tom did *not deserve to be loved*.)
    She strongly wished *not to reflect*.
      (cp. She did *not wish to reflect*.)

17.2.4 요소부정의 의미

1. 부정어가 어떤 특별한 단어와 결합하는가, 아니면 문장의 서술동사와 결합하는가에 따라 의미가 달라진다.

    Many of us did *not* want the war, but many others did.
    Not many of us wanted the war. (not many = few)

2. 부정은 보통 그것이 부정하는 표현이 나타내는 의미의 반대 내지 모순을 나타낸다. 그러나 수량이나 정도를 나타내는 표현을 부정하면 부정은 보통 이들 부정된 표현이 나타내는 수량이나 정도보다 적거나 낮다는 것을 나타낸다.

    He does *not* read *three* books in a year.
      (= He reads *less than three* books in a year.)
    His income is *not* $10,000 a year.
      (= His income is *less than* $10,000 a year.
    He does *not* see her *once* in a week.
      (= He does not see less than once in a week.)

The bottle is *not half* full.

(= The bottle is *less than half* full.)

not much = *little*, *not many* = *few*,

not lukewarm = between lukewarm and cold, but not boiling hot

3. 부정하는 것보다 수량이나 정도가 많거나 높다는 것을 나타내려면, 부정표현 다음에 *but*을 연결하여 정확한 수량이나 정도를 나타낸다.

Not lukewarm, but really hot.

His income is not $10,000 a year but at least 30,000.

Not once, but two or three times.

Not once or twice = several times

4. *more than*이나 *less than*과 같은 비교급은 *no*나 *not*으로 부정되면 그 의미가 각각 달라진다.

no more than three = three *only*

not more than three = three *at most*

no less than three = as many as three

not less than three = at least three

He paid *no more than* three hundred dollars.

He paid *not more than* three hundred dollars.

He paid *no less than* three hundred dollars.

He paid *not less than* three hundred dollars.

17.3 부정극어

부정문이나 의문문과 같은 비단언적 문맥에서만 쓰이는 표현을 비단언표현 또는 부정극어(negative polarity items)라 한다. *any, ever, at all* 등이 이에 속한다(17.1.3, 1. 참조).

We don't have *any* wine.
Do we have *any* wine?

1. 동사 중에는 부정극어처럼 부정문맥이나 비단언적 문맥에서만 쓰이는 것들이 있다.

I can't / couldn't *bear / stand abide* that type of music.
 (cf. ? I can *bear* that type of music.)
They don't *mind* waiting.
 (cf. *They minded waiting.)
I wouldn't *care* to be in his shoes.
My parents didn't *budge* from their first offer.
I won't *let on* what I saw.
He knew the news but he didn't *let on*.

2. *much, many, far*는 부정문맥에서만 쓰인다. 그러나 이들 부정극어가 강조부사 *very*의 수식을 받으면 긍정문맥에서 쓰이는 긍정극어가 된다.

I don't like them *much*.
 (cf. I like them *very much*.)
I don't have *much* money.

We didn't see *much* on our last visit.
They don't live *far* from us.

3. *some, a great deal, a little , a few, quite, pretty, rather, far, no end (of)* 등과 같은 긍정극어(positive polarity items)는 긍정서술문과 같은 단언적 문맥에서만 쓰인다.

We have *some* wine.
 (cf. *We don't have *some* wine.)
I like them *a great deal / a little*.
We saw *a good many / a great many / a few* on our last visit.
I drive *quite / pretty / rather* fast.
 (cf. *I don't drive *quite / pretty / rather* fast.)
The food is *far* better than I expected.
 (cf. *The food is not *far* better than I expected.)
She praised the play *no end*.
It was *no end of* a mess.

17.4 부정강조표현

1. 부정강조표현은 부정의 뜻을 강조하기 위하여 쓰이는 표현으로서 긍정문에서는 쓰이지 않고 부정문에서만 쓰인다는 점에서 부정극어의 일종이다. 대표적인 부정강조표현으로는 *at all, by any means, in any way, in the slightest, a bit, in the least* 등이 있다.

They are not *at all* interested. They are not interested *at all*.

Not all of these people, *by any means*, opt for town life.
I will not forget my promise *in any way*.
I don't care *in the slightest* whether they come or not.
You don't care *a bit* about my feeling.
It will not help you *in the least* to lose your temper.

  2. 부정표현 *never*는 그것을 반복하거나 *in (all) my life*를 써서 부정의 뜻을 강조한다.

I'll *never, never* go there again.
I've *never in all my life* seen such a crowd.

  3. 가산명사의 한정사로 쓰이는 *no*를 강조할 때는 *not one*과 *not a (single)*를 쓴다.

Not a word came from her lips.
We left *not a single bottle* behind.

  4. 격식을 갖추지 않는 표현에서는 *a thing, a damn* 등과 같은 표현들도 부정의 뜻을 강하게 나타낼 때 쓰인다.

He didn't give me *a thing*.
I don't care *a damn* whether we win or lose.
She didn't say *a word* about it.
No way will I accept such an offer.

  5. 다음과 같은 부정극어 동사구는 강한 부정을 나타내는 데에 쓰인다.

He won't *lift a finger* to help you.
I won't *drink a drop*.
I didn't *sleep a wink*.
He didn't *move a muscle*.
She didn't *bat an eye(lid)*.

17.5 서법조동사의 부정

서법조동사를 포함하고 있는 부정문은 부정의 영역에 조동사가 들어 있느냐 그렇지 않느냐에 따라 부정을 조동사 부정(auxiliary negation)과 본동사 부정(main verb negation)의 두 가지로 나눌 수 있다. 이탤릭체로 된 부분은 부정의 영역을 나타낸다.

1. 조동사 부정

You *may not* smoke here. (= You are not allowed to smoke in here.)
You *may not* go swimming. (= You are not allowed to go swimming.)
You *can't* be serious. (= It is not possible that you are serious.)
You *can't* go swimming. (= You are not allowed to go swimming.)
He *can't* ride a bicycle. (= He is not able to ride a bicycle.)
You *needn't* pay that fine. (= You are not obliged to pay that fine.)
It *needn't* always be my fault. (= It is not necessary that it is my fault.)
I *daren't* quarrel with them. (= I haven't got the courage to quarrel with them.)

2. 본동사 부정

They may *not bother to come if it's wet*.
(= It is possible that they will not bother to come if it's wet.)
Don't worry. You sha*n't lose your reward*.
(= I'll make sure that you don't lose your reward.)
I sha*n't know you when you return*.
(= I predict that I will not know when you return.)
You must*n't keep us waiting*.
(= It is essential that you don't keep us waiting.)
You ought*n't to keep us waiting*. (의무)
(= It's not resonable to keep us waiting.)
He ought*n't to be long*. (잠정 추론)
(= He should be here soon.)

3. 서법조동사 *will*은 내적법성(의지)을 나타내거나 외적법성(예측)을 나타내거나에 관계 없이 조동사 부정과 본동사 부정의 차이가 중화되어 없어진다.

Don't worry. I *won't* interfere.
(= I don't intend to interfere ; I intend not to interfere.)
He *won't* do what he's told.
(= He refuses to do what he's told ; He insists on not doing what he's told.)
They *won't* have arrived yet.
(= It's not probable that they've arrived yet ; I predict that they haven't arrived yet.)

4. 외적법성인 논리적 필연성을 나타내는 *must*의 부정은 보통 *can't*로 나타낸다.

> They *must* be telling lies. (= It is certain that they are telling lies.)
> They *can't* be telling lies. (= It is not possible that they are telling lies.)

17.6 이중부정

하나의 절 안에 두 개의 부정표현이 들어 있는 부정을 이중부정이라고 한다. 이중부정은 논리적으로는 부정의 의미를 서로 부정하여 긍정의 의미를 나타내기도 하지만, 두 개의 부정이 약한 긍정의 의미를 완곡하게 나타내기도 하며, 부정의 의미를 강조하기도 한다.

1. 두 개의 부정이 부정의 의미를 서로 상쇄하여 긍정의 의미를 갖는다. 이런 경우의 이중부정문은 의미상으로는 긍정이지만 통사적으로는 부정문이어서 부가의문문으로 쓰일 경우 긍정부가의문문으로 연결된다.

> *Not* many people have *nowhere* to live.
>   (= Most people have somewhere to live.)
> *No* one has *nothing* to offer to society.
>   (= Everyone has something to offer to society.)
> *Nobody* has *nothing* to eat.
>   (= Everyone has something to eat.)
> *Not* all imperatives have *no* subject.
>   (= Some imperatives have a subject.)
> *Never* before had *none* of the committee members supported the

mayor.

  (= Some of the committee members had *always* supported the mayor before.)

None of us have *never* told lies.

  (= All of us have told lies at some time.)

I can'*t not* obey her.

  (= It's not possible for me not to obey her ; I have to obey her.)

She did*n't not* like them.

  (= She didn't dislike them.)

Not all imperatives have *no* subject, *do they*?

2. 이중부정은 부정을 반복하여 약한 긍정의 의미를 완곡하게 나타낸다. *not un*common, *not un*handsome, *not without* some doubt 등은 *common, handsome, with some doubt*보다는 더 약한 긍정적인 의미를 갖는다. 이러한 경우, 부정되는 표현이 중간단계가 있는 정도를 나타내는 표현일 경우 부정의 부정이 긍정이 아니라 부정과 긍정의 중간에 있는 어떤 단계를 가리킬 수 있다는 데서 생기는 부정의 효과이다.

  It's *not un*common that she makes such a foolish mistake in writing.

  Hugh Scanlon became *not without* some doubt one of the most powerful men in Britain.

3. 부정의 효과를 더욱 강하게 나타내기 위하여 일단 완결된 부정문에 또다시 부정표현을 첨가하는 경우가 있다. 이런 부정을 반복부정(resumptive negation)이라고도 한다.

I looked through my pockets and found *nothing*, *no* wallet, *no* letters, *no* identification of any kind.

There was *no* money, *not* even coins.

17.7 요약

부정은 긍정에 대비되는 표현으로서 부정표현의 작용역에 따라 문부정과 요소부정의 두 가지로 나눌 수 있다. 문부정은 보통 *not*을 술부동사와 결합시켜 만드는 반면, 요소부정은 부정하는 표현 앞에 부정접두어를 붙이거나 *not*을 부정하고자 하는 요소 앞에 놓아 만든다. 부정문은 긍정문과는 달리 어느 한 내용을 단언하는 것이 아니라는 점에서 의문문과 마찬가지로 비단언문에 속한다. 따라서 문부정문에는 보통 비단언표현이 쓰인다. 부정문에만 쓰이는 비단언표현을 부정극어라 하여 긍정문에만 쓰이는 긍정극어와 구별하기도 한다.

참고문헌

강석종 1983, 「Hamlet의 접속사 용법에 관한 연구」, 『공사 논문집』 16.
강영세 1979, 「영어 문형에 대한 연구」, 『청주사대 논문집』 8.
강청일 1982, 「Some-Any의 선택규칙과 그 응용」, 『영어교육』 24, 33-48.
고경환 1980, 「Jespersen의 문법이론 고찰」, 『영어영문학』(제주지부) 2.
―――― 1983, 「영어의 관사체계에 관한 연구」, 『제주대 논문집』 16.
―――― 1986, 「영어의 종속절에 관한 연구」, 고려대 박사학위 논문.
곽동벽 1980, "On Infinitival and Gerundive Complements in English", 『영어영문학연구』(충청지부) 16, 137-152.
권경원 1981, 「존재의 there에 대하여」, 『언어』 6.2, 195-210.
권정택 1981. 「접속사 and에 관한 연구: A Study of Conjunction in English」, 『대림공업전문대 논문집』 2, 93-107.
권종준 1980, "A Review on the Background of English Grammar", 『안동대 논문집』 2, 19-24.
김건수 1982, 「접속사의 통사 및 의미론적 분석」, 『영어영문학연구』(충청지부) 20.
김경란 1982, 「-ly형 부사에 관하여」, 『경상대 논문집』(인문계편) 21, 53-63.
김관영 1989, 「영어의 관계사절의 구조와 의미에 관한 연구」, 전남대 박사학위논문.
김권호 1967, 「언어학과 영문법의 발전」, 『영어영문학』 21, 15-26.
―――― 1968, "A Note on Scale and Category Grammatical Theory",

『영어영문학』 26, 118-130.
─── 1982, 「영어의 부정사보문의 파생」, Phoenix 24, 1-30.
김기홍 1984, 「Though Predicates의 공통적 특질」, 『영어영문학』 30.2, 419-428.
김대형 1967, 「프라그 학파의 언어이론」, 『어학연구』 3.2, 1-16.
─── 1971, 「등위접속사 'And'」, 『육사 논문집』 13, 118-129.
김덕기 1983, 「영어 관사에 관한 능력」, 『영어영문학』 29.3, 173-184.
김동석 1977, 「한정사 연구」, 『영주전문대 논문집』 1, 51-76.
김두식 1982, 「부가의문문의 분석 : 의미론과 화용론을 중심으로」, 『경상대 논문집』(인문계편) 21, 79-90.
─── 1986, 「확인문으로서의 영어분열문의 분석」, 『언어와 언어학』 12, 33-50.
─── 1987, 「영어의 주어-조동사 도치구문」, 『언어』 12.2, 217-247.
김민주 1986, 「영어 格에 관한 역사적 고찰」, 『영어영문학』 32, 153-177.
김방한 1969, 「현대언어학의 경향과 문제점」, 서울대 논문집.
─── 1990, 『어원론』, 서울, 민음사.
김봉주 1976, "Parts of Speech and", 『영어영문학연구』 12.
김상재 1999, 「영어 수동구문의 제약기반적 연구」, 전남대 박사학위 논문.
김석산 1981, 「Jespersen의 생성시형론」, 『영학논집』 5, 49-96.
─── 1982, 「Jesrpersen의 현대 음형 및 시형론에 미친 영향」, 『한글』 178, 117-152.
김순복 1981, 「Syntactic Analysis of Preposition 'of'」, 『영어교육』 21, 119-126.
김신곤 1975, "Studies on Genitive", 『마산교대』 논문집 6.
김영조 1968, "A Study on Use of the Pronoun One", 『대구교대 논문집』 3.
김완진 1970, 「문접속의 '와'와 구접속의 '와'」, 『어학연구』 6.2, 1-10.

김용석 1982, 「영어의 대명사 현상에 관한 통사적 고찰」, 『영어영문학』 28.4, 767-784.
김용성 1977, 「현대영어 서법의 일반적 특징」, Phoenix 19, 49-68.
─── 1978, 「현대영어의 한정사 연구」, 『영어영문학』 68, 201-224.
─── 1980, "A Study of Pronominalization", 『영어영문학』 17, 121-139, 원광대학교.
─── 1982, 「동격의 문법적 고찰──동격의 형태상의 결핍에서 오는 Ambiguity에 대한 분석을 중심으로」, 『영어영문학』 28.3, 551-580.
김우동 1982, "A Study on Determiners", 『부산여대 논문집』 12.
─── 1983, 「영어의 관사용법」, 『부산여대 논문집』 12.
김인숙 1975, "Phrasal Conjunction"(in English), 『영어영문학』 56, 143-153.
김재복 1976, 「Subject의 개념」, 『효성여대 연구 논문집』.
김종남 1989, 「삼위계설과 넥서스에 관한 연구」, 세종대 박사학위 논문.
김종도 1989, 「영어의 상 연구」, 연세대 박사학위 논문.
김종태 1980, 「부정과 수량사의 상호관계」, 『언어연구』 3, 25-42, 부산대학교.
─── 1981, 「Any가 나타나는 문맥에 대하여」, 『언어연구』 4, 107-116, 부산대학교.
─── 1985, 「부정에 관하여」, 『언어연구』 8, 1-18.
김진만 1962, 「中島文雄, 영문법 체계」, 『영어영문학』 11, 166-173.
─── 1983, 「영어의 관사용법」, 『부산여대 논문집』 12.
김태한 1964, 『영어 품사론』, 신구문화사.
김한곤 1967, 「영문법의 유형」, 『영어영문학』 21, 88-108.
김한창 1974, 「영어시제에 관한 몇 가지 고찰」, Taegu Review 16, 53-76.
─── 1982, 「영어 법조동사에 관한 연구」, 계명대 박사학위 논문.
남용우 1983, 「영어의 Do-form」, 『영어교육』 25, 49-66.
문 용 1978, 「어법 연구 -look at vs. take a look at의 문제」, 『영어영문

학』 69, 125-134.
―――― 1986, 「학교문법과 변이형」, 『영어영문학』 32.4, 947-962.
―――― 1994, 『고급 영문법해설』 서울, 박영사.
민재기 1981, "A Study of Tag Question", 『영어영문학』 27.2, 409-422.
―――― 1982, "Nexus, Revisited", *Phoenix* 24, 103-114.
―――― 1983, *A Study of English Adjectives*. 고려대 박사학위 논문.
―――― 1985, 「영어의 형용사 어순」, 『건국대 인문과학 연구소논총』 17, 101-122.
박 성 1969, 「통사론을 중심으로 한 변형생성문법의 변모과정」, 『영어영문학』 32, 39-56.
―――― 1989, 「Some과 Any의 환경에 관한 연구」, 세종대 박사학위 논문.
박근우 1977, 「현대 영어의 완료시제에 관한 고찰」, 『영어어문학』 5, 33-50.
박남식 1972, 「영어 관사에 관한 고찰」, 『언어교육』 4.1, 18-26.
―――― 1972, 「영어의 전치사에 관한 소고」, 『언어교육』 4.2, 24-38.
박노민 1986, 「진행형의 용법」, 『영어영문학』 32.3, 545-564.
―――― 1989, 「영어 진행형의 상」, 『영어영문학』 35.2, 329-350.
박덕재 1982, 「부가의문문에 관한 분석연구」, 『광운공대 논문집』 11, 161-167.
박병수 1973, 「문장 복잡성과 문법적 변형」, 『영어영문학』 48, 87-105.
―――― 1974, 「Tag Question 재고: Discourse Analysis의 한 시도」, 『영어영문학』 51. 52, 369-382.
―――― 1976, 「양태부사에 대하여」, 『언어』 1.1, 151-167.
―――― 1979, 「영어 형용사 보문구조에 대하여」, 『언어연구』 1.1, 1-9.
박순함 1970, "The Passive-Progressive Construction"(in English), 『영어영문학』 35, 91-108.
박술음 1970, 「Complement에 관하여」, 『외대 논문집』 3.
박승윤 1986, 「there 구문의 통사와 의미」, 『어학연구』 22.1, 1-18.

박영배 1987, 「관계대명사 that 의 통시적 고찰 : 구두해석・번역법」, 『영어영문학』 33.3, 575-586.

박정길 1981, 「등위절과 비제한절과의 구조해석에 관한 연구」, 『해양대 논문집』 16.

박정옥 1980, 「Tag Question 연구」, 『대전공전 논문집』(인문계・순수과학계) 27, 131-143.

박종홍 1964, 『철학개설』, 서울, 박영사.

박한기 1986, 「조동사 축약의 통사적 제약」, 『어학교육』 17집 41-56, 전남대학교 어학연구소

────── 1988, 「조동사 축약의 통사적 조건」, 『영어영문학』 Vol 34. No 1, 187-206, 한국영어영문학회

────── 1996, 「명사구의 문법소성」 논문집 10권, 111-128, 여수수산대학.

박효명 1980, 「관계사절과 복합명사구 이동제약」, 『어학교육』 11.21, 34.

배문숙 1998, 「영어담화의 상분석」, 『어학교육』 27.1, 전남대학교.

────── 1998, 「영어부정의 초점과 전제」 『인문과학』 4, 광주대학교.

배영경 1975, 「There 고찰」, 『어학교육』 7, 33-46.

────── 1977, 「영어 과거시제와 완료시제의 기능상의 역사적 발달」, 『부산대 문리대 논총』 16.

────── 1978, 「영어 현재시제와 현재진행형의 역사적 발달에서 본 기능상의 비교 연구」, 『부산대 문리대 논문집』(인문・사회과학편) 17, 91-115.

────── 1980, 「영어 동명사의 역사적 발달 : 현재분사 및 부정사와의 관계를 중심으로」, 『부산대 문리과대 논문집』(인문・사회과학편) 19, 91-110.

배영남 1973, 「영어 직접, 간접목적어 구문」, 『언어교육』 5, 전남대학교.

────── 1998, 「재분석에 의한 *Tough*-구조」 『생성문법연구』 8.2, 241-269.

배태영 1973, 「부가의문문에 관한 소고」, 『영어영문학』 47, 67-83.

───── 1975, 「비재귀대명사 재고」, 『영어영문학』 56, 155-172.
백종식 1976, 「영어 관사에 관한 고찰」, 『서울여대 논문집』 8, 263-279.
서석룡 1983, 「영어내포문의 통사적 특성」, 부산산업대 논문집.
서정일 1987, "To Contraction Debate", 『인문연구』 9.1, 27-62.
손명규 1981, 「Tag Question에 대하여」, 『군산대 논문집』 2, 85-97.
송병학 1967, 「Young as I am-유형양보절의 분석」, 21, 109-118.
───── 1969, 「Otto Jespersen 문법의 재평가 — 현대문법의 견지에서」, 『영어영문학』 32, 95-104.
신경구 1983, "Ambiguities in English Sentences", 『어학교육』 13, 전남대학교.
신길순 1974, "On Predicate Raising"(in English), 『영어영문학』 51-52, 457-473.
───── 1982, 「영어 수동태의 고찰」, Phoenix 24, 201-225.
───── 1983, 「영어의 부사 종류와 그 위치관계」, Phoenix 25, 331-363.
───── 1985, 「영어부사 연구」, 고려대 박사학위 논문.
───── 1986, 「문장부사(sentence adverb)와 그 위치」, 『영어영문학』 32.1, 127-151.
───── 1988, 「양태부사와 강의부사 연구」, 『조성식 교수 정년기념논총』 201-228.
신현제 1981, 「영어의 진행형에 관하여: 의미해석과 가능성을 중심으로」, Dongkuk Review 8.9, 179-193.
안동환 1984, 「영어 현재 완료형의 의미분석」, 『영어영문학』 30, 429-458.
안승신 1983, 「Try 동사를 중심으로 본 부정사와 동명사의 의미 차이」, 『영어교육』 25, 117-132.
───── 1986, 「영어의 사동동사 Have, Get, Make에 대하여」, 『영어영문학』 31.2, 317-340.
안호삼 외. 1984, 「영문법 개론」, 『영미어문학총서』 9, 신구문화사.

양동휘 1981, 「재귀적 대명사」, 『언어와 언어학』 7, 79-89.
―― 1987, 「관계화」, 『영어법개론』 233-357, 신아사.
양인석 1974, "Content Clauses in Englisl"(in English), 『영어영문학』 51-52, 383-401.
여갑기 1980, 「영어의 부정 표현 — the Adventures of Huckleberry Finn의 부정표현을 중심으로」, 『영남대 논문집』(인문·사회과학편) 13.
여중기 1979, 「Will, Shall 용법 소고」, 『영남대 논문집』(인문·사회과학편) 12, 19-34.
원성옥 1987, 「There 구문에 대한 일론」, 『영어영문학』 33.2, 333-354.
유귀열 1982, 「속격 표지 of의 의미와 그 통어상의 기능에 관한 연구」, 『영미어문학』(부산·경남지부) 14.
―― 1983, 「영어의 상」, 『경상대 논문집』 22.2.
윤석화 1983, 「변형문법과 'There'의 분석」, 『원광대 논문집』 17.
윤은정 1994, 「영어 양화사의 의미해석에 관한 연구」, 『광주여자대학교 논문집』 2, 39-59.
윤종열 1981, "A Study on the Scope of Negation in Discourse", 『국민대 어문학』 1.
윤종혁 1975, 「영국의 인명과 지명, 영어의 배경 〈특집〉」, 『NES 신영어』 3, 21-24.
윤희백 1988, 「영어 부가의문문에 관한 연구」, 부산대 박사학위 논문.
윤희수 1981, 「영어의 관용어에 관한 연구」, 계명대 박사학위 논문.
이강정 1986, 「시간과 시제」, 『인문학 연구』 24, 38-58, 강원대학교.
―― 1988, 「영어법조동사의 의미연구」, 명지대 박사학위 논문.
―― 1988, 「영어시제 체계에서의 '상'과 '법성'에 관하여」, 『영어영문학』 34.2, 397-414.
―― 1988, 「영어의 시제 체계 연구」, 고려대 박사학위 논문.
이금희 1995, 「'존재' There 구문과 '목록' There 구문」, 『어학연구』 31.1,

43-54.

이기동 1980, 「Over의 의미분석」, 『언어와 언어학』 6, 81-98.

―――― 1980, 「현재완료」, 『영어교육』 20, 81-100.

―――― 1982, 「영어 정관사 연구」, 『인문과학』 48, 69-94.

이기승 1964, 「Shall과 Will 고찰」, 『육사 논문집』 1.

이기용 1974, 「영어의 수동형 재분석 : Montague 문법에 입각하여」, 『어학교육』 6, 121-132.

―――― 1987, 「생성문법의 구조」, 장석진(편), 『영문법 개론(II)-생성문법』, 서울, 신아사, 93-206.

이남근 1983, 「영어의 조동사 Do에 관한 고찰」, 『외국문화연구』 6, 조선대학교.

이동우 1975, 「부가형용사의 위치에 관한 소고」, 『부산대 논문집』(인문·사회과학편) 19, 169-191.

이동호 1981, 「영어문자의 기원과 발달」, 『경상대 논문집』(인문·사회과학편) 20, 13-25.

이두섭 1987, 「영어 조동사 Shall과 Will에 대한 연구」, 고려대 박사학위 논문.

이상윤 1977, "On Quantifiers and Negation", 『영어영문학연구』(충청지부) 13, 127-139.

이상준 1978, 「명령문에 대한 논리적 고찰」, 『영어영문학』 68, 173-199.

이생근 1993, 「영어의 비정형절과 어휘기능통제」, 『영어영문학』 8, 261-285.

―――― 1996, 「영어의 2차 술어」, 『영어영문학』 42.1, 197-218.

이석무 1989, 「영어 합성술어에 관한 연구」, 조선대 박사학위 논문.

이영헌 1980, 「흔적이론의 몇 가지 문제점」, 『영어영문학』 73, 195-212.

이익환 1982, "Passive Constructions in English", 『언어』 7.2, 483-496.

―――― 1982, 「영어문법이론의 철학적 배경」, 『연세 영어영문학 연구』 6,

27-46.

이정민 1977, 「否定命令의 분석」, 『어학연구』 13.2, 105-114.

이춘희 1988, 「수동문의 의미역과 격 흡수 가설의 문제점」 전남대학교, 『어학교육』 18, 69-82.

이현복 1982, 「Jespersen의 생애와 말소리의 연구」, 『한글』 178, 185-206.

이혜숙 1967, 「변형-생성문법의 이론적 배경」, 『영어영문학』 21, 119-135.

이환묵 1970, 「영어 부정 표현의 애매성」, 『어학교육』 2, 15-24. 전남대학교.

―― 1973, 「전통문법의 재평가」, 『영어영문학』 47, 84-101.

―― 1974, 「영어 부사에 관한 연구―― 문장부사와 술부부사의 차이를 중심으로」, 『영어영문학』 51.52, 415-430.

―― 1984, 『의미와 통사 정보』, 『영어영문학』 30.4, 1005-1015.

―― 1992, 「전통문법의 전통: 희랍문법의 낱말범주」, 『언어학과 인지』 김태옥 교수 화갑기념논총, 한국문화사, 680-707.

―― 1993, 'Why We Should Still Read Otto Jespersen? *Proceedings of the Otto Jespersen Symposium April 29-30, 1993.* Vol. 20, Copenhagen University.

―― 1995, 「전통문법의 전통: 라틴문법」, 『한글』 229, 한글학회, 255-280.

―― 1996, 「중세사변문법의 윤곽」, 『언어학』 2, 대한언어학회, 419-434.

―― 「초기영문법의 성립」, 『어학교육』 27.1, 전남대학교 403-445.

―― 1997, 「학교문법의 성립과 윤곽」, 『영어사』 4, 영어사학회,

―― 1999, 「전통문법용어의 의미」, 『한글』 244, 한글학회, 173-189.

임동훈 1995, 「통사론과 통사단위」, 『어학연구』 31.1, 87-138.

임정성 1980, 「부사의 위치에 관한 소고」, 『경남대 논문집』(인문·사회과학편) 7, 213-235.

장석진 1972, "Some Remarks on 'Mixed' Modality and Sentence

Types"(in English), 『영어영문학』 44, 95-110.
─── 1973, 「시상의 양상 : '계속', '완료'의 생성적 고찰」, 『어학연구』 9.2, 56-72.
─── 1984, 「국어의 부가의문문 : 형식과 기능」, 『언어』 9.2, 259-278.
─── 외. 1986, 『영문법개론』 2, 신아사.
전상범 1967, "Bloomfield to Chomsky", 『영어영문학』 21, 27-53.
─── 1973, "The Port-Royal Grammar and Transformational-Generative Grammar", 『이종수 박사 송수논총』.
─── 1974, "Negative Transportation and Tag Question Formation" (in English), 『영어영문학』 51-52, 474-492.
─── 1978, "On the Category of Verb"(in English), 『영어영문학』 66, 141-146.
전춘배 1989, 「대용어 ONE의 구조와 기능에 관한 연구」, 영남대 박사학위 논문.
정성윤 1978, 「영어 인칭대명사에 대한 역사적 고찰」, 『영남대 이정호 박사 이임기념 논문집』, 형설출판사.
정연규 1974, 「품사론의 언어학적 이론 배경」, *Taegu Review* 16, 77-104.
─── 1979, 「통사 유형론의 언어학 의의」, 『영어영문학』 72, 351-370.
정영식 1981, "A Study on Latin Etymology and Syntax Appeared in English(Part 1)", 『한사실전 논문집』 6, 381-408.
조경숙 1997, 「영어 법조동사에 대한 의미분석」, 『언어학』 5.2, 대한언어학회, 77-98.
─── 1998, 「영어 법체계에 대한 이해」, 『어학교육』 27.1, 475-499.
조두상 1982, 「영어 수동태 고찰 ─ 수동구문 사용용도 및 agentless 구문 분류를 중심으로」, 『영어영문학』 28.1, 165-90.
조명원 1967, 「영어의 표면구조와 내면구조」, 『영어영문학』 22, 20-36.
조병태 1958, "Inversion of the Declarative Sentence"(in English), 『영

─── 『어영문학』 5, 51-66.
─── 1967, 「영어에 있어서의 이중목적」, 『영어영문학』 21, 68-87.
─── 1969, 「Otto Jespersen 문법의 재평가」, 『영어영문학』 32, 79-94.
─── 1972, "Some Remarks on the 'it seems' Construction", 『어학연구』 8, 79-122.
─── 1973, (서평) 「R. Quirkk, S. Greenbaum, G. Leech, and J. Svartvik, A Grammar of Contemporary English」, 『영어영문학』 47, 123-132.
─── 1973, 「영어 문장부사로서의 Epithet Adverbs와 관련구문의 고찰」, 『서울대 논문집』(인문·사회과학편) 5.
─── 1975, 「영어의 정도어(degree words)와 그와 관련된 구문의 연구」, 서울대 박사학위 논문.
─── 1982, 「Jespersen과 영문법 이론」, 『한글』 178, 153-184.
─── 1985, 「영어의 수사조건문에 관하여」, 『어학연구』 21.3, 255-287.
─── 1987, 「영어부사의 연구」, 『어학연구』 23.3, 351-377.
─── 1990, 「영어 관용구의 연구—주로 영역성서에 나타난 관용구를 중심으로」 『어학연구』 26. 1, 1-44.
조병태, 박경수, 송병학, 정연규, 김태한 1980, 『영문법개론(I)』, 신아사.
조성식 1958, 「영어학 이전-언어에 관한 몇 가지의 고찰」, 『영어영문학』 5, 78-98 .
─── 1958, 「Case 소론」, Phoenix 5, 17-29.
─── 1959, 「Mood론」, 『영어영문학』 7, 16-46.
─── 1960, 「시제론」, 『영어영문학』 8, 43-90.
─── 1961, 「수론」, Phoenix 8, 1-14.
─── 1961, 「문법이란 무엇인가?」 『영어영문학』 10, 1-34.
─── 1967, 「영어시제형의 역사적 고찰」, 『영어영문학』 21, 27-53.
─── 1969, 「Otto Jespersen의 문법이론(I)」, 『영어영문학』 32, 69-77.

─── 1974,「현대영어의 문법에 관한 몇 가지 문제점」,『영어영문학』51-52, 522-529.
─── 1979,「Otto Jespersen의 문법이론(II)」, Phoenix 21, 49-74.
─── 1980,『영문법개론(I)』, 서울, 을유문화사.
─── 1982,「한국에 있어서의 영어학」,『현대영어학연구』, 1-14.
─── 1985,『영문법개론(I)』, 서울, 을유문화사.
─── 1998,『영문법론』, 한국문화사.
조영순 1996,「영어 시제 의미와 합성과 해석」,『언어』21.3, 913-934.
─── 1997,「영어 시제와 상황의미론」, 고려대학교 박사학위 논문.
조용남 1984,「영어 관사에 관한 연구」, 한국외국어대 박사학위 논문.
조준학 1987,「영어 명령문의 구조 소고」,『영어교육』38, 113-142.
─── 1987,「영어의 Particle 소고」,『어학연구』23.3, 379-393.
조학행 1977,「영어의 수동문 재분석」,『조선대 종합논문집』3, 85-100.
주학능 1975, "On Adjective Equivalent in Modern English",『해사연구보고』9, 37-67.
최 선 1983,「관사류의 의미 내용」,『외국어연구』, 인천대 외국어교육원.
최기남 1982,「동명사와 그 문제점」,『강남사회복지학교 논문집』9, 23-24.
최병태 1972, "Some Remarks on the 'it seems' Construction",『어학연구』8.
최숙희 1985, "On Reflexive Pronoun",『언어와 언어학』11, 57-74.
최재서 1957,『고등영문법 제일부』, 연학사.
표한용 1981, "The Scope of Negation in English",『경기대 논문집』9.
─── 1982,「양상조동사 must와 have to의 의미론적 연구」,『영어영문학』28, 581-598.
─── 1984,「법조동사의 의미에 관한 연구(A Study of Modality in English)」, 단국대 박사학위 논문.
─── 1989,「영어 가정법의 의미구조」,『영어영문학』35.3, 559-588.

하영진 1976, "The Historical Present in English"(in English), 『영어영문학』 57, 113-122.
─── 1977, "A Short History of the English Verb"(in English), 『영어영문학』 61, 129-142.
한 승 1983, 「영어 품사에 대한 고찰」, Phoenix 25, 365-384.
─── 1987, 「Otto Jespersen의 문법이론 연구」, 고려대 박사학위 논문.
허 구 1984, 「Will, be to 및 be going to의 의미」, 『영어교육』 27, 205-226.
현 송 1988, 「영어 부정사의 통시적 고찰」, Parnassus 9.
현태덕 1982, 「영어의 주어에 관한 연구」, 계명대학교 석사학위 논문.
─── 1987, 「영의 비교구문에 관한 연구」, 계명대학교 박사학위 논문.
홍기선 1996, 「영어의 동사성 복합어 연구」 32.1, 43-60.
홍보엽 1975, 「영어 시제이론의 비교연구」, 『인하대 논문집』(인문과학편) 2, 109-126.
홍성룡 1994, 「등위구조와 일치현상에 관한 연구」, 경희대학교 박사학위 논문.
홍순서 1978, 「관계대명사 what의 특징」, Phoenix 20, 63-80.
─── 1986, 「영어 부정사보문의 연구 — 변형생성문법을 중심으로」, 고려대 박사학위 논문.
황귀룡 1980, 「영어의 관계사구조에 대한 분석 ─── 현대 희곡 2편을 중심으로」, 『영어영문학』 4, 91-120 원광대 사대.
황순진 1984, 「영어 부정사의 주어에 관하여」, 『언어』 9.1, 203-220.
황식모 1977, 「영어 관사에 관한 연구」, 영남대 박사학위 논문.
황해동 1976, 「Possessive의 형태와 기능」, 『영어영문학』 59, 113-127.
─── 1987, 「영어 속격 명사구 구조」, 『영어영문학』 33.3, 499-521.
황봉주 1972, 「강조형 'it is… that…' 구문의 통사론적 분석」, 『충남대학교 인문·사회과학』 11(별책), 61-70.

──── 1977, "A Study of Universal Grammar",『충남대 인문과학논문집』12, 319-343.

南雲堂版 不死鳥『英文法 라이브러리』vol. 1-14. 東京 : 南雲堂.

渡部昇 1965,『英文法史 東京 : 硏究社(김기현 역, 1992, 영문법사, 서울 : 한신문화사).

Aarsleff, H. (eds.) 1987, *Papers in the History of Linguistics*, John Benjamins Publishing Company, Amsterdam.

Aarts, F. G. A. M. 1969, "Approaches to English Grammar : From Henry Sweet to Noam Chomsky", Reprinted in Takanobu Otsuka(1971)(ed.) *Readings in English Grammatical Theory : from Sweet to Chomsky*. Tokyo : Kenkyusha. pp. 123-151.

──── 1975, "The Great Tradition of Grammars and Quirk's Grammar" (Review Article), *Dutch Quaterly Review 5*, pp. 98-126.

──── 1991, "Traditional Grammars of English : Facts and Explanations." In G. Leitner(ed.), *Englsh Traditional Grammar : An International Persfective*. Amsterdam : John Benjamins Publishing Company, 1991, pp. 293-308.

Aickin 1693, *The English Grammar*.

Alford, H. 1864, *The Queen's English*.

Anon 1695, *The Writing Scholar's Companion*.

Ash, J. 1760, *Grammatical Institutes*.

Gen, B. Ca 1580, *Le Maistre D'Escole Anglois*.

Barclay, J. 1774, *A Complete and Universal Dictionary*.

Barwick, K. : 1933, "Review of Sittig 1931", *Gnomon* 9.587f.

Bayly, A. 1756, *An Introduction Literary and Philosophical to Languages*.

Beattie, J. 1783, *Dissertations Moral and Critical*.

Beck, C. 1657, *The Universal Character*.
Bellamy, D. 1760, *A New Complete English Dictionary*.
Blome, R. 1686, *The Gentleman's Recreation*.
Brightland, J. 1711, *A Grammar of the English Tongue*.
Brinsley, J. 1612, *The Grammar School*.
Buchanan, J. 1762, *The British Grammar*.
Bullen, H. 1797, *The Rudiments of English Grammar*.
Bullokar, W. 1580, *Booke at Large for the Amendment of Orthographie for English Speech*.
────── 1586, *Bref Grammar for English*.
Bursill-Hall, G. 1966, "Aspects of Modistic Grammar", In F. P. Dinneen, S. J. (ed.) *Report of the Seventeenth Annual Round Table Meeting on Linguistics and Language Studies*, Georgetown University Press., Washington D. C.
────── 1971, *Speculative Grammars of the Middle Ages: the Doctrine of 'Partes Orationis' of the Modistae*, The Hague: Mouton.
────── 1974, "Toward a History of Linguistics in the Middle Ages, 1100-1450", in Dell Hymes(ed.) *Studies in the History of Linguistics: Traditions and Paradigms*, Indiana University, Bloomington.
Butler, C. 1634, *The English Grammar*.
Bynon, T. & F. R. Palmer(eds.) 1986, *Studies in the History of Western Linguistics: In Honour of R. H. Robins*, Cambridge University Press, Cambridge.
Carter, J. 1773, *A Short and Easy Introduction*.
Chomsky, N. 1964,. "Current Issues in Linguistic Theory." In J. A. Fodor & J. J. Katz (ed.), *The Structure of Language*. New Jersey:

Prentice-Hall, 1964.

—— 1965, *Aspects of the Theory of Syntax*, Cambridge, Mass.: The MIT Press.

—— 1966, "The Current Scene in Linguistics: Present Directions. *College English*, Reprinted in Takanobu Otsuka(1971)(ed.) *Readings in English Grammatical Theory: from Sweet to Chomsky*. Tokyo: Kenkyusha.

—— 1966, *Cartesian Linguistics*, Harper & Row: New York.

—— 1968, *Language and Mind*, New York: Harcourt, Brace & World, Inc.

—— 1969, "Should Traditional Grammar Be Ended or Mended?", An edited version of Professor Chomsky's main statement delivered informally in a debate with Professor Peter Geach at the University of Birmingham.

—— 1976, *Reflections on Language*. London, Temple Smith.

—— 1981, *Lectures on Government and Binding*. Dordrecht: Foris.

—— 1986, *Knowledge of Language: Its Nature, Origin and Use*. New York: Praeger.

Cobbett, W. 1819, *A Grammar of the English Language, In a Series of Letters*.

Collinge, N. E. 1986, "Greek (and Some Roman) Preferences in Language Categories", in Bynon, T. & F. R. Palmer(eds.), *Studies in the History of Western Linguistics: In Honour of R. H. Robins*, Cambridge. University Press, Cambridge.

Collyer, John 1735, *The General Principles of Grammar*.

Colson, F. H. 1914, "The Grammatical Chapters in Quintilian I. 4-8", Publishing Company, *The Classical Quaterly Vol. VIII*.

Cook, J. 1793, *The Westminster Spelling Book.*
Cook, V. J. and M. Newson 1996, *Chomsky's Universal Grammar*, (2nd edition), Oxford : Blackwell.
Cooke, T. 1775? *The Universal Letter-Writer.*
Cooper, C. 1685, *Grammatica Linguae Anglicanae.*
Coote, C. 1788, *Elements of the Grammar of the English Language.*
Coote, E. 1596, *The English Schoole-Maister.*
Covington, M. A. 1986, "Grammatical Theory in Middle Ages", in Bynon T. & F. R. Palmer(eds.) (1986), pp. 23-42.
Crane, L. Ben, E. Yeager, R. L. Whitman 1981, *An Intoduction to Linguistics.* Boston : Little, Brown and Company.
Curme, G. O. 1931, *Syntax.* Boston : D. C. Heath and Company.
―――― 1935, *Parts of Speech and Accidence*, D. C. Heath and Company : Boston.
Daines, S. 1640, *Orthoepia Anglicana.*
Dalgarno, G. 1661, *Ars Signorum.*
Dalton, J. 1801, *Elements of English Grammar.*
Declerck, R. 1991, *A Comprehensive Descriptive Grammar of English..* Tokyo : Kaitakusha.
Dilworth, T. 1740, *A New Guide to the English Tongue.*
Dinneen, F. P. 1967, *An Introduction to General Linguistics.* Holt, Rinehart and New York : Winston, Inc.
Douglas, J. 1720? *Grammatical Manuscripts.*
Dyche, T. 1707, *A Guide to the English Tongue.*
―――― 1735, *A New General English Dictionary.*
Edwards, S. 1765, *An Abstract of English Grammar.*
Falk, J. S. 1992, "Otto Jespersen, Leonard Bloomfield and American

Structural Linguistics", *Language* 68, pp. 465-491.

Farro, D. 1776, *The Royal Universal British Grammar.*

Firth, J. 1968, "Structural Linguistics", In F. R. Palmer (ed.), *Selected Papers of J. R. Firth 1952-59*, New York : Holt, Rinehart & Winston.

Fisher, A. 1750, *A New Grammar.*

Forbes, P. B. R. 1933, "Greek Pioneers in Philology and Grammar", *Classical Review* 47.

Freed, A. 1979, *The Semantics of English Aspectual Complementation.* Dordrecht : Reidel.

Fries, C. C. 1952, *The Structure of English : An Introduction to the Construction of English Sentences.* New York : Harcourt, Brace & World.

────── 1971, "Sentence Analysis and Parts of Speech", in Takanobu Otsuka(ed.) : 1971, *Readings in English Grammatical Theory : from Sweet to Chomsky.* Tokyo : Kenkyusha, pp. 79-102.

Gardiner, J. 1799, *The Young Ladies English Grammar.*

Gefen, R. 1968, 'Linguistic Theory and Language Description in Jespersen', *Lingua* 19, pp. 386-404.

Gill, A. 1621, *Logonomia Anglica.*

Gil, D. 1991, "Aristotle Goes to Arizona, and Finds a Language without "And"", in D. Zaefferer(ed.) *Semantic Universals and Universal Semantics*, Foris, Berlin. pp. 96-130.

Gleason, H. A. Jr. 1965, *Linguistics and English Grammar.* New York : Holt, Rinehart and Winston.

Godfrey, R. G. 1960, "The Language Theory of Thomas of Erfurt", *Studies in Philology* 57, pp. 22-29.

────── 1967, "A Mediaeval Controversy Concerning the Nature of a General Grammar", *General Linguistics* 2, pp. 79-104.

Grattan, J. H. G. 1926, "Review of E. Kruisinga, *A Handbook of present-Day English II*" (fourth edition), *The Review of English Studies* 2, pp. 243-244.

Greaves, P. 1594, *Grammatica Anglicana.*

Greenbaum, S. & R. Quirk 1990, *A Student's Grammar of the English Language.* London : Longman(이홍배 역 1994. 『새로운 대학 영문법』. 한신문화사).

Greenbaum, S., Leech, G., and Svartvik, J. (eds) 1979, *Studies in English Linguistics*, London : Longman.

Greenberg, J. H.(ed.) 1963, *Universals of Language.* Cambridge : MIT Press.

Greenwood, J. 1711-1722, *An Essay towards a Practical English Grammar.*

Greenwood, O. 1949, "The Curious History of English Grammar", *The Listener* 42, pp. 13-14.

Groombridge, H. 1797, *The Rudiments of the English Tongue.*

Halliday, M. A. K. 1961, "Categories of the Theory of Grammar". *Word* 17, pp. 241-292.

Hallifax, C. 1765, *Familiar Letters.*

Harris, J. 1751, *Hermes : Or, A Philosophical Inquiry Concerning Language and Universal Grammar.*

Harris, R. and T. J. Taylor 1989, *Landmarks in Linguistic Thought*, Routledge, London.

Hart, J. 1569, *An Orthographie and A Methode.*

Hazlitt, W. 1810, *A New and Improved Grammar of the English Tongue :*

For the Use of Schools.

Hewes, J. 1624, *A Perfect Survey of the English Tongue.*

Hiersche, R., E. Ising, and G. Ginschel 1955, 'Entstehung und Entwicklung des Terminus ptosis. Aus der Arbeit an Einem Historischen Woerterbuch der Sprachwissenschaftlichen Terminologie', *SBDAW* 3. Berlin, Akademie.

Hodges, R. 1644, *The English Primrose.*

Hoenigswald, H. M. 1953, "Review: R. H. Robins, *Ancient and Mediaeval Grammatical Theory in Europe*" *Language* 29, pp. 180-182.

Householder Jr., F. W. 1947, "A Descriptive Analysis of Latin Declension", *Word: Journal Of the Linguistic Circle Of New York Vol. 3.*

Hovdhaugen, Even 1982, *Foundations of Western Linguistics: from the Beginning to the End of the First Millenium A. D.*, Universitetsforlaget: Vojens.

Howatt, A.P.R. 1984, *A History of English Language Teaching*, Oxford: Oxford University Press.

Huddlestone, R. 1984, *Introduction to the Grammar of English.* Cambridge: The Cambridge University Press.

Hume, A. 1617, *Of the Orthographie and Congruitie of the Britan Tongue.*

Hunt, R. W. 1950, "Studies on Priscian in the 11th and 12th Centuries", *Medival and Renaissance Studies* 2. pp. 1-56.

Jespersen, O. 1909-1949, *A Modern English Grammar on Historical Principle*, London: George Allen & Unwin (vol. i, 1909; vol. ii, 1914; vol. iii, 1927; vol. iv, 1931; vol. v, 1940; vol. vi, 1942;

vol. vii, 1949, posthumous, N. Haislund (ed.)).

────── 1924, *The Philosophy of Grammar*, Londen : George Allen & Unwin.

────── 1933a, *Essentials of English Grammar*, London : George Allen & Unwin.

────── 1933b, "The System of Grammar", *Linguistica : Selected Papers in English, French and German*. Copenhagen : Levin & Munksgaard.

────── 1936, *Analytic Syntax*, New York : Holt Rinehart & Winston (reprinted 1969).

Johnson, C. 1779, *The Complete Art of Writing Letters*.

Johnson, S. 1755, *A Grammar of the English Tongue. Prefixed to the Dictionary*.

Jones, H. 1724, *An Accidence to the English Tongue*.

Jones, J. 1701, *Practical Phonography Or The New Art of Rightly Spelling and Writing Words by The sound thereof. Applied to The English Tongue*.

Jonson, Ben 1640, *The English Grammar*.

Karl, B. 1963, *An Outline of Middle English Grammar*. Cambridge : Harvard University Press.

Kent, R. G. (Translated) 1979, *Varro : De Lingua Latina*, Havard University Press : Cambridge, Massachusetts.

Kirkby, J. 1746, *A New English Grammar*.

Kittredge, G. L. 1906, 'Some Landmarks in the History of English Grammars', from *The Collection of George A. Plimpton*, New York.

Kruisinga, E. 1931-1932, *A Handbook of Present-Day English II* (fifth edition), Groningen: Noordhoff (vol. i, 1931; vol. ii, 1932a; vol. iii, 1932b).

Lancelot, C., & A. Arnould 1660, *Grammaire Generale et Raisonnee*.

Lane, A. 1700, 1709, *A Key to the Art of Letters*.

Langendoen, T. 1966, "A Note on the Linguistic Theory of Varro", *Foundations of Language* 2, pp. 33-36.

Leitner, G.(ed.) 1991, *English Traditional Grammars ——An International Perspective*. Amsterdam: John Benjamins Publishing Company.

Levin, S. R. 1960, "Comparing Traditional and Structural Grammar", *College English* 21: 260-265. Reprinted in H. B. Allen (ed.) (1964) *Readings in Applied English Linguistics*, New York: Appleton-Century-Crofts, pp. 46-53.

Lewis, M. 1670?, *An Essay*.

Lodowyck, F. 1652, *A Common Writing*.

Loughton, W. 1734, *A Practical Grammar of the English Tongue*.

Lowe, S. 1737, *English Grammar Reformed*.

Lowth, R. 1769, *A Short Introduction to English Grammar with Critical Notes*.

Lyons, J. 1968, *Introduction to Theoretical Linguistics*. Cambridge: Cambridge University Press.

Maittaire, M. 1712, *The English Grammar*.

Marckwardt, A. H. 1966, *Linguistics and the Teaching of English*. Bloomington and London.

Martin, B. 1748, *Institutions of Language*.

McCawley, J. D. 1970, "Review of Otto Jespersen", *Analytic Syntax, Language* 46, pp. 442-449.

—— 1991, "Review of Juul and Nielsen(ed.)", *Otto Jespersen: Facets of his life and work*, Language 67, pp. 117-120.

Meech, S. B. 1935, "Early Application of Latin Grammar to English", *Publications of the Modern Language Association of America* 50, pp. 1012-1032.

Meilan M. A. 1771?, *A Grammar of the English Language*.

Mica 1793, *Observations on Grammar*.

Michael, I. 1970, *English Grammatical Categories and the Tradition to 1800*. Cambridge : Cambridge University Press.

Monboddo, L. 1774, *Of the Origin and Progress of Language*.

Moon, G. W. 1864, *The Deans English*.

Murphy, R. 1989, *Grammar in Use*, Cambridge University Press

Murray, L. 1795, 1806, *English Grammar, Adapted to the Different Classes of Learners*.

Nelson, W. 1952, "The Teaching of English in Tudor Grammar Schools", *Studies in Philology* 49, pp. 119-143.

Nettleship, H. 1886, "The Study of Latin Grammar among the Romans in the First Century A.D.", *The Journal of Philology* vol. xv, pp. 189-214.

Ohlander, S. 1980, "Henry Sweet and Otto Jespersen as Transformational Grammarians", in J. Allwood and M. Ljung (eds) *ALVAR, a Linguistically Varied Assortment of Readings*, Stockholm : University of Stockholm, Department of English, pp. 128-169.

Onions, C. T. 1904, *An Advanced English Syntax*. Completely revised by B. D. H. Miller under the title *Modern English Syntax*, London : Routledge and Kegan Paul, 1971.

Outska T. ed. with Notes 1971, *Readings in English Grammatical*

Theory : *from Sweet to Chomsky*. Tokyo : Kenkyusha.

Palmer, H. E. & F. G. Blandford 1938, *A Grammar of Spoken English*. Tokyo : Maruzen Company.

Percival, W. K. 1987, "On Priscian's Syntactic Theory : The Medieval Perspective", in H. Aarsleff(eds.)(1987), *Papers in the History of Linguistics*, John Benjamins Publishing Company, Amsterdam.

Philips, J. T. 1726, *An Essay towards a Universal and Rational Grammar*.

Pinborg, J. 1967, *Die Entwicklung der Sprachtheorie im Mittelalter*. (Beitraege zur Geschichte der Philosophie und Theologie des Mittelalters, vol. 42, part 2.) Muenster : Aschendorff.

―― 1975, "Classical Antiquity : Greece", in T. A. Sebeok(ed.) pp. 69-126.

Poldauf, Ivan 1948, *On the History of some Problems of English Grammar Before 1800*,

Poutsma, H. 1904-1929, *A Grammar of Late Modern English*, Groningen : Noordhoff vol. i-i, 1904, (second edition) 1928 ; vol. i-ii, 1905, (second edition) 1929 ; vol. ii-ia, 1914 ; vol. ii-ib, 1916 ; vol. ii-ii, 1926).

Priestley, J. 1761, 1769, *The Rudiments of English Grammar*. London.

―― 1762, *A Course of Lectures on the Theory of Language, and Universal Grammar*.

Quirk, R. 1983, "The Changing Linguistic Scene in Britain" 『영어영문학』 29.1, 3-16.

―― and S. Greenbaum 1990, *A Student's Grammar of the English Language*. London : Longman.

――, S. Greenbaum, G. Leech, and J. Svartvik 1972, *A Grammar of Contemporary English*. London : Longman.

──, Greenbaum, S., Leech, G., & Svartvik, J. 1985, *A Comprehensive Grammar of the English Language*. London: Longman.

Radford, A. 1997, *Syntax: A Minimalist Introduction*. Cambridge: Cambridge University Press.

Reichling, A. 1948, "What is General Linguistics?". *Lingua* 1, pp. 8-24.

Reynolds, A. L. 1969, *On Grammatical Trifles: Otto Jespersen and his Linguistic Milieu*, Ph. D dissertation, Northwestern University.

────── 1971, "What *did* Jespersen say?", in *Papers from the 7th Regional Meeting*, Chicago: Chicago University Press, pp. 519-529.

Ries, J. 1931, *Was ist ein Satz?* Prague: Taussig.

Robins, R. H. 1951, *Ancient & Mediaeval Grammatical Theory in Europe*. London: G. Bell & Sons.

────── 1952, "Noun and Verb in Universal Grammar", *Language* 28, pp. 289-298.

────── 1957, "Dionysius Thrax and the Western Grammatical Tradition", in *Transactions of the Philosophical Society*, pp. 67-106.

────── 1966, "The Development of the Word Class System of the European Grammatical Tradition", *Foundations of Language* 2, pp. 3-19.

────── 1979, *A Short History of Linguistics*, (2nd edition), Longman: London.

Salus, Peter H. (ed.) 1969, *On Language: Plato to von Humboldt*, Holt, Rinehart and Winston, Inc., New York.

Saxon, S. 1737, *The English Scholar's Assistant*.

Scheurweghs, G. 1959, *Present-day English Syntax: a Survey of Sentence Patterns*. London: Longman.

Sebeok, T. A. 1975, *Current Trends in Linguistics, vol. 13: Historiography of Linguistics.* Mouton : The Hague.

Sheridan, T. 1783, *A Rhetorical Grammar of the English Language.*

Skydsgaard, J. E. 1968, *Varro the Scholar. Studies in the First Book of Varro's De re rustica*, Einar Munksgaard : Copenhagen.

Smith, T. 1568, *De Recta Et Elemendata Linguae Anglicae Scriptione Dialogus.*

Sonnenschein, E. A. 1916, *A New English Grammar.* Oxford : The Clarendon Press.

―――― 1929, *The Soul of Grammar.* Cambridge : Cambridge University Press.

Stockwell, R. 1964, "Transformational Grammar in Perspective", in *English Studies Today*, third series, ed. G. I. Duthie, Edinburgh, p.65.

Stuurman, F. 1988, "On Poutsma : a Context for *A Grammar of Late Mordern English*", Deutch Working Papers *in English Language and Linguistics* 4 : pp. 13-33.

―――― 1990, *Two Grammatical Models of Modern English.* London : Routledge.

Swaine, J. and Joseph Sims 1761, *Cryptography.*

Swan M. 1980, *Practical English Usage.* London : Oxford Univ. Press.

Sweet, H. 1891-1898, *A New English Grammar.* Oxford : The Clarendon Press.

Takanobu Otsuka (ed.) 1971, *Readings in English Grammatical Theory : from Sweet to Chomsky.* Tokyo : Kenkyusha.

Taylor, D. J. 1974, *Declinatio. A Study of the Linguistic Theory of Marcus Terentius Varro*(=*Amsterdam Studies in the Theory of Linguistic Science III. Studies in the History of Linguistics II*), John

Benjamins : Amsterdam.

―――― 1981, "Palaemon's Pig", *Historiographia Linguistica* VIII-1, pp. 191-193.

―――― 1987, "Rethinking the History of Language Science in Classical Antiquity", in D. J. Taylor(ed.) *The History of Linguistics in the Classical Period*, John Benjamins Publishing Company : Amsterdam.

――――(ed.) 1987, *The History of Linguistics in the Classical Period*, John Benjamins Publishing Company : Amsterdam.

Thomson, A. J & A. V. Martinet 1986, *A Practical English Grammar*, Oxford Univ. Press

Tooke, J. H. 1829, *Epea Pteroenta Or the Diversions of Purley I, II*

Turner, D. 1739, *An Abstract of English Grammar and Rhetoric.*

Urs, E. 1987, 'Stoic Syntax and Semantics' in D. J. Taylor(ed.) *The History of Linguistics in the Classical Period*, John Benjamins Publishing Company : Amsterdam.

Van Essen, A. J. 1983, E. *Kruisinga*, Leiden : Martinus Nijhoff.

Visser, F. Th. 1963-1973, *An Historical Syntax of the English Language*, I(1963), II(1966), III-1(1969), III-2(1973). Leiden : E. J. Brill.

von Fritz, K. -?-,"Ancient Instruction in 'Grammar' According to Quintilian", *American Journal of Philology* vol. LXX, 4, pp. 337-366.

Vorlat, E. 1975, *The Development of English Grammatical Theory 1586-1737-With Special Reference to the Theory of Parts of Speech*, Leuven : Leuven University Press.

Wallis, J. 1653, *Grammatica Linguae Anglicanae.*

Walmsley, J. 1991, "E. A. Sonnenschein and Grammatical Terminology", in G. Leitner(ed.) (1991), pp. 57-80.

Ward, H. 1777, *A Short but Clear System of English Grammar*.

Ward, W. 1767, *A Grammar of the English Language in Two Treatises*.

Webster, N. 1783-1785, *A Grammatical Institute of the English Language* (Part I, Spelling 1783; Part II, Grammar 1784; Part III, Reading 1785).

Wells, S. 1760, *The Construction of the English Language*.

Whorf, B. L. 1945, "Grammatical Categories". *Language* 21.

Wilkins, J. 1668, *Preface to An Essay towards a Real Character and a Philosophical Language*.

Wilkinson, L. P. 1963, *Golden Latin Artistry*, Cambridge University Press, Cambridge.

Willson, F. H. 1914, "The Grammatical Chapters in Quintilian I. 4-8", *The Classical Quaterly vol. VIII*.

Wynne, R. 1775, *An Universal Grammar*.

Zandvoort, R. W. 1937, "In Memoriam Hendrik Poutsma", *English Studies* 19-3: 120-122.

―――― 1971, "Three Grammarians: Poutsma, Jespersen, Kruisinga". Reprinted in Takanobu Otsuka(1971)(ed.) *Readings in English Grammatical Theory: from Sweet to Chomsky*. Tokyo: Kenkyusha.

―――― 1975, *A Handbook of English Grammar*. Groningen: Noordhoff.

영·한 인명대조표

A

Aelfric : 앨프릭
Aickin : 에이킨
Alexander of Villdieu : 알렉산더 오브 빌디어
Allen, W. S. : W. S. 앨런
Apollonius : 애펄로니어스
Aristotle : 아리스토텔레스
Ascham, Roger : 로저 애스컴
Ash, John : 존 애쉬

B

Bacon, F. : 프랜시스 베이컨
Barclay, James : 제임스 바클리
Barwick, K. : K. 배릭
Bayly, Anselm : 앤셀름 베일리
Beattie, James : 제임스 비티
Beck, Cave : 케이브 벡
Bellamy, Daniel : 대니얼 벨러미
Blome, Richard : 리처드 블롬
Bloomfield : 블룸필드

Boethius : 보이시어스
Brightland, John : 존 브라이트랜드
Brito, Radulphus : 러둘퍼스 브리토
Bullen, Henry St John : 헨리 존 불런
Bullokar, William : 윌리엄 블로카
Bursill, G.-Hall : G. 버실-홀
Butler, Charles : 찰스 버틀러
Buttenwiesser, H. : H. 보턴위서

C

Carter, John : 존 카터
Charisius : 샤리시어스
Chomsky, Noam : 놈 촘스키
Chrysippos : 크라이시퍼스
Cicero : 키케로
Clarendon : 클래른던
Cobbett, William : 윌리엄 코빗
Colet : 콜릿
Collinge, N. E. : N. E. 콜린지
Collyer, John : 존 콜리어
Consentius : 컨센티어스
Cook, J. : J. 쿡
Cooke, Thomas : 토머스 쿡
Cooper, Christoper : 크리스토퍼 쿠퍼
Coote, Charles : 찰스 쿳
Coote, Edmund : 에드먼드 쿳

Covington, M. A. : M. A. 커빙턴
Cratylus : 크래틸러스
Curme, G. O. : G. O. 컴

D

Dalgarno : 댈가노
Dalton, John : 존 돌턴
Democritus : 데모크리투스
Dinneen, Francis P. : 프랜시스 P. 디닌
Diogenes from Babylon : 디오게네스 프롬 바빌론
Donatus, Aelius : 일리어스 도나투스
Dositheus : 더시시어스
Douglas, James : 제임스 더글러스
Dyche, Thomas : 토머스 다이치
Dyscolus, Apollonius : 애펄로니어스 디스컬러스

E

Edwards, Samuel : 새뮤얼 에드워즈

F

Farro, Daniel : 대니얼 파로
Fisher, Anne : 앤 피셔
Fries, C. : C. 프리스

G

Gil, D. : D. 길
Gildon, Chalres : 찰스 길던
Gill, Alexander : 알렉산더 길
Gleason, H. A. Jr : H. A. 글리슨 주니어
Greaves, Paul : 폴 그레이비스
Greenwood, James : 제임스 그린우드
Groombridge, H. : H. 그룸브리지

H

Hallifax, Charles : 찰스 핼리팩스
Harris, James : 제임스 해리스
Harris, R. : R. 해리스
Hazlitt, William : 윌리엄 해즐릿
Helias, Peter : 피터 힐리어스
Heraclitus : 헤라클라이투스
Hermogenes : 허모지니스
Herodian : 헤로디언
Hewes, John : 존 휴스
Hielmslev : 히엠슬레브(엘음스레우)
Hiersche, R. : R. 하이어시
Honoratus : 호너레이터스
Hovdhougen, Even : 이븐 호브다우건
Howatt, A. P. R. : A. P. R. 하우왓
Hume, Alexander : 알렉산더 흄

J

Jespersen, Otto : 오토 예스퍼슨
Johnson, C. : C. 존슨
Johnson, Samuel : 새뮤얼 존슨
Jones, Hugh : 휴 존스
Jonson, Ben : 벤 존슨

K

Keil, H. : H. 킬
Kent, R. G. : R. G. 켄트
Kirkby, John : 존 커크비
Kittredge, George Lyman : 조지 라이먼 키트리지
Kruisinga, E. : E. 크라이싱어

L

Laertius, Diogenes : 디오게네스 레이어시어스
Lane, A. : A. 레인
Langendoen : 랑언돈
Lewis, Mark : 마크 류이스
Lily, William : 윌리엄 릴리
Lodowyck, Francis : 프랜시스 로더윅
Loughton, William : 윌리엄 라우튼
Lowe, Solomon : 솔로몬 로
Lowth, Robert : 로버트 라우스

Lyons, John : 존 라이언스

M

Macrobius : 머크로비어스
Maittaire, Michael : 마이클 메테르
Martin of Dacia : 마틴 오브 데이셔
Martin, Benjami : 벤자민 마틴
Maurus : 모러스
Meilan, Mark Anthony : 마크 앤소니 멜리언
Messius : 메시어스
Mica : 마이커
Michael, Ian : 이안 마이클
Milton 밀턴
Monboddo : 몬보도
Murray, Lindley : 린들리 머리

N

Nettleship, H. : H. 네틀십

O

Onions, C. T. : C. T. 오니언스
Otsuka, Takanobu : 타카노부 오츠카

P

Palaemon, Remius : 레이미어스 펄리몬
Parmendies : 파메니디스
Percival, W. K. : W. K. 퍼시블
Philadelphus, Xenodotus : 지노도터스 필러젤푸스
Philips, J. T. : J. T. 필립스
Pinborg : 핀보그
Plato : 플라톤
Plutarch : 플루타크
Pompey : 폼페이우스
Poutsma, H. : H. 파우츠머
Priestley, Joseph : 조셉 프리슬리
Priscian : 프리시언
Protagoras : 프로타고라스

Q

Quintilian : 퀸틸리언
Quirk, R. : R. 쿼크

R

Ramus : 레이머스
Robins, R. H. : R. H. 로빈스

S

Sacerdos : 세이서도스
Salus, Peter H. : 피터 H. 세일러스
Saxon, Samuel : 새뮤얼 색슨
Scaurus, Longus : 롱거스 스코러스
Septimius, Publius : 퍼블리우스
Sheridan, Thomas : 토머스 셰리든
Siger de Courtrai : 시제이 드 쿠트레이
Sims, Joseph : 조셉 심스
Sittig : 시티그
Skydsgaard, J. E. : J. E. 스카이스가드
Smith, Thomas : 토머스 스미스
Socrates : 소크라테스
Sonnenschein, E. A. : E. A. 소넌샤인
Steinhal, H. : H. 스타인할
Suetonius : 스위토니어스
Swaine, James : 제임스 스웨인
Sweet, Henry : 헨리 스위트

T

Taylor, D. J. : D. J. 테일러
Taylor, T. J. : T. J. 테일러
Thomas of Erfurt : 토머스 오브 에어푸엇
Thrax, Dionysius : 다이어니시어스 스랙스
Tooke, John Horne : 존 혼 툭

Turner, Daniel : 대니얼 터너

V

Varro, Marcus Terentius : 마커스 테렌시어스 배로
Victorinus : 빅터라이너스
Visser, F. Th. : F. Th. 비서
Vorlat, Emma : 에마 볼렛

W

Wallis, John : 존 월리스
Ward, H. : H. 워드
Ward, William : 윌리엄 워드
Wells, Samuel : 새뮤얼 웰스
Whorf, B. L. : B. L. 훠프
Wilkins, John : 존 윌킨스
Wilkinson, L. P. : L. P. 윌킨슨
William of Conches : 윌리엄 오브 콘체스
Wynne, Richard : 리처드 윈

Z

Zandvoort, R. W. : R. W. 잔트보엇
Zenon : 제논

찾아보기

ㄱ

가정동사 376
가정법 545
가정법과거 549
가정법과거완료 551, 560
가정법미래 550
가정접속사(suppositive conjunction) 132
『간략영문법(Bref Grammar)』 113
간접목적어 202, 243
간접서술문(indirect statement) 381
간접지시문 381
간접지시문(indirect directive) 381
감정동사 376
감탄문 232
감탄사(interiectio) 71
감탄의문문 224
강동격 270
강조부사(emphasizers) 522
강조형용사(emphasizers) 280
개별문법(particular grammar, instituted grammar) 128
get 수동 578
격 39, 40, 196, 325
격식부사(markers of politeness) 523
결과상 405
결합관계(and-relation) 10, 153
계사(copula) 245
계사접속사(copulatives) 132

계열통사론(paradigmatic syntax) 153
고발격(accusative case) 197
고유(inherent)형용사 285
고유명사 36, 203
고정표현(formulas) 182, 211
공간부사 510
과거분사(past participle) 460
과거시제 395
과거진행형 401
과학(tekhne) 47
과학문법 149
관계대명사 315, 332
관계부사 265, 316
관계절 262
관사 46, 114, 197
관점부사 515
관형대명사(article-cum-pronoun) 39
구동사 355
구-전치사동사(phrasal-prepositional verbs) 358
구조문법 6
구조언어학 6
국부부정(local negation) 599
굴절비교(inflectional comparison) 293
규범문법(normative / prescriptive grammar) 30
규칙비교(regular comparison) 293
규칙성(analogy) 30
그레이비스(P. Greaves) 102

찾아보기

그룸브리지(H. Groombridge) 138, 142
그린우드 111, 144
극적 현재(dramatic present) 391
긍정극어(positive polarity items) 591, 606
긍정문 210
기동상 403
기본의문문(categorical question) 215
기술(peira) 47
기술문법(descriptive grammar) 8, 30
기원문 559
길(A. Gill) 102
길(D. Gill) 34
길던 & 브라이트랜드(Gildon and Brightland) 138

ㄴ

낱말 59, 70
낱말문법(word grammar) 9
낱말범주 32
낱말의문문(word question) 217
낱말의 어원 52, 53
낱말의 파생(derivation) 58
낱말의 형태 61
내재적(의무적) 서법성 429
논리-서술관계어(logical-predicative nexus-word) 165
논리적 어형변화(natural inflection) 60

논설의 *we* 328
논리통사론(logical syntax) 174
능동적인 이해의 양식(modi intelli- gendi passivi) 87
능동태(active voice) 567
need 446

ㄷ

다이치(T. Dyche) 106, 138
다중의문문(multi-WH question) 219
다코타어(Dacota) 34
단순과거 394
단순구두점 110
단순동사(simple verbs) 355
단순부정사 472
단순현재 397
단언문 590
단언표현 223, 592
단일목적어타동사(monotransitive verbs) 374
대격(accusative) 40, 41, 196
대동사(proverb) 422
대명관사(pronominal article) 132
대명사 66, 46, 71, 198, 319
대명사적 관사(pronominal article) 141
대명의문문(pronominal question) 217
대부정사(pro-infinitive) 484
dare 444

651

찾아보기

대용어(pro-forms) 319
대표형용사 304
댈가노(C. Dalgarno) 138, 142
that 절 375, 377
더글라스(J. Douglas) 138
더글러스 142
[the + 비교급, the + 비교급] 300
데이셔의 마틴(Martin of Dacia) 93
데인스(S. Daines) 98
도나투스(Donatus) 49, 65
도나투스의 실용대문법(Ars Major) 65
도나투스의 실용소문법(Ars Minor) 65, 66
독립문장 212
돌턴(J. Dalton) 138, 139
동격절 273
동격표지 271
동격표현 267
동등비교 299
동명사 487, 489, 492
동사 32, 46, 67, 71, 353
동사-서술관계어(verbal nexus-words) 165
동사의 보충어(complements of verb) 370
동사의 어형변화(conjugation) 58
동사적 분사(verbal participle) 460
동작동사(dynamic verbs) 367, 397
동작형용사 284
두기능동사(be, have, do) 361, 362,

424
뒷자리수식(postpositive) 260, 289
뒷자리한정사(postdeterminers) 193, 255
등위접속사 290
디닌(Dinneen) 27

ㄹ

라우스(R. Lowth) 108, 120, 144
라우튼(W. Loughton) 138, 141
『라틴문법입문(A Shorte Introduction of Grammar)』 102
랑슬로우 & 아르누(Lancelot & Arnould) 135
랑언돈(Langendoen) 47
레인(A. Lane) 107, 138
로더윅(J. Lodowyck) 138, 142
로빈스(R. H. Robins) 25
로우(S. Lowe) 138, 141
롱거스(Longus) 64
류이스(M. Lewis) 138, 139

ㅁ

마이커(Mica) 137
마틴(B. Martin) 138, 141
머리(1806) 145
머리의 문법 122
must 440

may 443
메이슨(G. Mason) 107
메테르(1712) 107, 110
멜리언(M. A. Meilan) 137, 139
명령문 227
명령문표지어 228
명령법 536, 537
명사 32, 46, 71, 251
명사구 252
모음생략(apostrophus) 118
목적어 242
목적어보어(object complement) 247, 278
몬보도(L. Monboddo) 138
몬태규(Montague) 201
무규칙성(anomaly) 30
무변화범주 91
무형관계대명사(zero-form) 333
무형관계사 263
문(G. W. Moon) 100, 107
문법 111, 199
문법적인 요소(grammatical words) 92
문법적 직관(grammatical instinct) 158
『문법학(*Tekhne Grammatike*)』 44
문법학교(grammar school) 6, 101
문부정 583, 584
문장 207
문장문법(sentence grammar) 9

문장의문문(sentence question) 215
문체부사(style disjuncts) 524
문헌역사문법(philological-historical school) 181
미래분사(amaturus) 55
미래 조동사 396
미래진행형 399

ㅂ

바클리(J. Barclay) 138, 141
반모음 106
반복부정(resumptive negation) 611
반복상 406
반복적 반향의문문(replicatory echo questions) 226
반수동문 575
반의이접접속사(adversative disjunctive conjunction) 133
반향감탄문(echo exclamations) 233
반향의문문 226
배로(Marcus Terentius Varro) 49, 50, 52, 54
배로의 『라틴문법론』 50
배릭(Barwick) 40
버틀러 106
범주문법 7
법(mood) 43, 125, 131
베일리(A. Bayly) 138
벡(C. Beck) 138

653

찾아보기

벤 존슨(Ben Jonson) 100, 108, 143
벨러미(T. Bellamy) 138, 141
변형생성문법 7
보어 244
보충어(complement) 283
보턴위서(Buttenwiesser Speculum) 68
보통명사 36
보편문법(universal grammar) 99, 201
보편성(universals) 80
복합동사(complex) 355
복합부정대명사(compound indefinites) 346
복합어 297
볼렛(E. Vorlat) 97
부가부사(adjunct) 502
부가어 131, 385
부가어(adjunct-word) 160
부가의문문 222
부가절(supplementive clause) 467
부분동격 269
부분부정대명사(partitive indefinites) 347
부분의문문(partial question) 217
부사 46, 67, 71, 198, 499
부사접속사(adverbial conjunction) 132
부속어(accessories) 128, 141
부수적 양식(accidental modes) 86
부연부사(disjuncts) 524
부정(negation) 583

부정강조표현 606
부정극어(negative polarity items) 591, 605
부정대명사 343
부정명령문 230
부정문 210
부정사(infinitive) 471, 475, 479, 480
부정상승(Neg-raising) 587
부정의 영역(scope of negation) 595, 597
부정의 초점 596
분리부정사(split infinitive) 484
분사 39, 46, 67, 71, 199, 459
분사절 469
분사형 형용사 290
분열문(cleft sentences) 264, 328
분절규칙 123
불규칙 비교형 296
불런(H. Bullen) 138, 142
불변사(particles) 140, 158
불완전자동사 239, 371
불완전조동사(defective auxlliaries) 117
불완전타동사 239
뷰캐넌(J. Buchanan) 107
브라이트랜드(J. Brightland) 144
브루그먼 209
블로카(W. Bullokar) 97, 103, 113, 143
블롬(R. Blome) 138

블룸필드Bloomfield 5
비고유(noninherent)형용사 285
비교문법 8
비단언문 590
비단언표현(nonassertive items) 224, 591, 593
비대표형용사(adjective of description) 304, 306
be 동사유형 372
비생산적인 낱말(barren words) 59
비서 112
비시제동사 354
비정형기원문 234
비정형명령문 235
비정형문(amorphous sentences) 213, 234
비정형의문문 234
비제한동격 270
비제한적 336
비제한적 관계절 265
비제한적 용법 276, 315
become 동사유형 372
비티(J. Beattie) 137
비한정시제(indefinite tense) 130
비형식적 설명(informal explanation) 172
뽀오르-로와얄 문법(C. Lancelot) 127

ㅅ

사격(oblique case) 40
『사변문법(Grammatica Speculativa)』 80, 81, 83, 85, 88
사변문법학자 82
사실접속사(positive conjunction) 132
사실평가부사(fact-evaluating disjuncts) 525
사역동사(have, let, make) 387, 485
사역동사(have / get) 579
4품사설 36
3분법 35
3위어 160
3품사체계 142
상(aspect) 402
상대최상급 303
상태동사(stative verbs) 368, 369, 397
상태형용사 285
색슨(S. Saxon) 138, 141
생산적인 낱말(fruitful words) 59
생성-변화성(becoming) 90
서법(mood) 531
서법숙어 451
서법조동사 361, 363, 429, 430
서법조동사(modal auxiliaries) 224
서술관계(nexus) 163, 181
서술관계부정(nexus negation) 583
서술관계-실사(nexus-substantive) 164

찾아보기

서술관계어(nexus-word) 164
서술관계의문문(nexus question) 215
서술관계 표현(nexus) 163
서술문(declarative) 213
서술어(predicate) 245, 256
서술의문문 223
선택관계(or-relation) 10, 153
선택의문문 220
선행사 333
선행사가 문장인 관계절 267
선행사 없는 관계절 266
설득동사 375
설명문법(explanatory grammar) 8
설명적 반향의문문(explicatory echo questions) 226
성(gender) 39, 324
세부의문문(detail question) 217
세일러스(Salus) 64
소넌샤인(Sonnenschein) 41
소유격(genitive) 40
소유여격(dative of possessive) 64
소피스트 26
속격 259
속성(definitional properties) 277
속성사(attributives) 129
수(number) 38, 325
수동동사(verb passive) 125
수동명령문 229
수동태(passive voice) 567
수사의문문 225

수사통사론(figurative syntax) 144
수식관계(junction) 163, 181
수식관계 표현(junction) 163
수식-서술관계설 182
순행대명사(anaphoric pronoun) 326
술어-서술관계어(predicative nexus-words) 165
shall 436
스랙스(Dionysius Thrax) 44
스미스(T. Smith) 98, 105
스웨인 & 심스(J. Swaine and J. Sims) 138
스위트(H. Sweet) 5, 97, 151, 153, 173
스카이스가드(Skydsgaard) 50
스토아학파(Stoics) 36
시간부사 507
시간이 없는 현재 390
시세로(Cicero) 51
시제(tense) 43, 390
시제동사 354
시제이 드 쿠트레이(Siger de Courtrai) 87
시티그(Sittig) 40
실사명사(noun-substantive) 113
실용문법 149
실용적 지식(*empeiria*) 47
Some 348

656

ㅇ

아리스토텔레스(Aristotle) 32, 39, 84
아리스토텔레스의 『명제론(De Interpretatione)』 80
art 111
아폴로우니우스(Apollonius) 70
알렉산더의 『문법원리』 79
알렉산더 흄(A. Alexander Hume) 102
앞자리수식 형용사 286
앞자리한정사(predeterminers) 193, 254
any 348
애쉬(J. Ash) 137
애펄로니어스 디스컬러스(Apollonius Dyscolus) 30
and의 반복과 생략 171
앨퍼드(H. Alford) 100, 107
앨프릭의 라틴문법 78
약동격 270
약정론자(conventionalists) 27, 28
양보절 201
양식문법(modistic grammar) 85
양식문법가(Modistae) 84
어원론 51, 53
어포스트러피(apostrophe ') 170
어형변화 58
어형변화를 하는 품사(variable words) 72
어형변화를 하지 않는 품사(invariable words) 72
언어기원설 28
언어약정설 28
에드워즈(S. Edwards) 138, 141
엘음스레우(Hielmslev) 40
여격(dative) 40
역사문법 8
역사적 현재(historic present) 391
역행대명사(cataphoric pronoun) 326
연결사 132
연결접속사(conjunction copulative) 126, 132
연속접속사(continuatives) 132
연쇄동사(catenatives) 455
연접접속(copulative) 67
열등비교 300
『영문법대전(A Comprehensive Grammar of the English Language)』 191
영속적 속성 291
영어의 철자법 개정 98
예스퍼슨(O. Jespersen) 5, 37, 150, 157, 171, 179
oratio 70
오츠카 다카노부(大塚高信) 107
ought to 448
5품사설 139
완료부정사 472
완전동격 268
완전동사 360, 419

657

완전수동문 574
완전자동사(intransitive verbs) 239, 370
완전조동사(complete auxiliaries) 117
완전타동사 239
외재적(인식적) 서법성 429
요구문(requests) 211
요소부정 599, 600
우등비교 298
우언비교 295
운율론(prosody) 104
워드(H. Ward) 138
워드(W. Ward) 108
원인격(causal case) 41, 197
원인접속(causal) 67
원형부정사 484
웰스(M. Wells) 138
웹스터(N. Webster) 106
we 328
위계(ranks) 160
위계범주 159
위계설 161
윈(R. Wynne) 138, 142
will 437
윌리엄 릴리(William Lily) 102
윌리스(Wallis) 102, 117
윌킨스(1668) 142
윌킨슨(Wilkinson) 35
유사보어 246
유사서술어(quasi-predicatives) 246

유사수동문 576
used to 450
6품사설 139
의문대명사(interrogative pronouns) 339
의문문(interrogatives) 211, 214
의문사의문문(x-question) 217
의미론(semainomenon) 51
의미양식(modes of signifying) 85, 87
의지문(sentences of volition) 128
이론문법(grammatica speculativa-theoretical grammar) 83
이문자(allograph) 107
이분자질체계(binary featural system) 61
이유접속(rational) 67
이접접속사(disjunctive conjunction) 67, 126, 132, 133
이중목적타동사(ditransitive verbs) 379
이중부정 610
이차 구두점 110
이차범주(secondary category) 38
이차적인 실사(secondary) 129
인칭대명사(personal pronoun) 199, 320
일곱 가지 문형(sentence patterns) 238
일반문법(general grammar) 8
일반문장(general sentence) 211
일반의문문(general questions) 215

일시동사 367
1위어 160
일차범주(primary category) 38
일차적인 실사(primary) 129
일차 혼합구두점 110
1품사체계 142
it 327

ㅈ

자세동사(stance verbs) 369
자연문법(natural grammar) 127
자유표현(free expressions) 182, 211
자의적 어형변화(voluntary inflection) 59
자이틀린(Zeitlin) 158
작시법(laws of versification) 109
잔트보우엇(R.W. Zandvoort) 5
재귀대명사(reflexive pronouns) 330
전체부정 583
전치사 46, 71
전치사동사 357, 358, 374
전치사적 접속사(prepositive conjunction) 37
전통(tradition) 5, 6
전통과학문법 101
전통문법 8, 149
절대비교급(absolute comparative) 301
절대최상급(absolute superlative) 303

접속부사(conjuncts) 526
접속사 32, 33, 37, 46, 67, 72, 132
정규통사론(regular syntax) 144
정도부사(degree adverbials) 520
정음법(orthoepy) 107
정자법(orthography) 107
genitive 42
제1어형변화(the first declension) 117
제2어형변화(the second declension) 117
제외의 *we* 329
제한동격 270
제한적 관계절 262
제한적 용법 171, 276, 315, 336
젠 카(J. B. Gen) 107
조건절 555
조동사 419, 421
조동사 *do* 426
존스(H. Jones) 138
존스(J. Jones) 106
존슨(Samuel Johnson) 111, 137, 143
존재양식(modi essendi) 87
종결상 406
종속문장(dependent sentence) 212
종속부사(subjunct) 515
주격 41
주관적 판단(subjective measurement) 284
주변서법조동사 444
주변조동사 443

659

주변형용사(peripheral adjectives) 279
『주와 관찰』 119
주어 240
주어보어(subject complement) 247, 278
주어평가부사(subject-evaluating disjuncts) 517
주요어(principals) 128, 141
주장문(sentences of assertion) 128
준동사 459
준조동사 453
중심한정사(central determiners) 193, 254
중심형용사(central adjectives) 279
지각동사 389, 466, 485
지노도터스 필러델푸스(Xenodotus Philadelphus) 30
지배(regimen) 83
지속동사 367
지속상 402
지시대명사(demonstrative pronouns) 340
지주어(prop- word) 176
직격(upright case) 40
직설법 535
직접목적어 243
진리(episteme) 47
진위평가부사(truth-evaluating disjuncts) 525
짐의(royal) *we* 329

ㅊ

찰스 쿠트(Charles Coote) 108
창조동사 411
철자규칙 123
철자법(orthography) 104
초기영문법 97, 98
초점부사(focusing adverb) 517
촘스키(Chomsky) 25
추가의문문(appended questions) 222
축소형용사(downtoners) 281
축약의문문 219

ㅋ

카터(John Carter) 138
Can 431
커크비(J. Kirkby) 138
컴(George O. Curme) 5, 188
come to 수동 579
켄트(Kent) 50
코빗(W. Cobbett) 100, 107
콘체스의 윌리엄(William of Conches) 86
콜리어(John Collyer) 136
쿠크(T. Cooke) 138
쿠퍼(C. Cooper) 102, 104
쿡(J. Cook) 138, 141
쿼크(R. Quirk) 5
퀸틸리언(Quintilian) 49, 63

크라이싱어(E. Kruisinga) 5, 185
크라틸러스(Cratylus) 27, 31
크리스토퍼슨(P. Christophersen) 180
키트리지(G. L. Kittredge) 97
킬(H. Keil) 68

ㅌ

태(voice) 42, 567
터너(D. Turner) 138
테일러(Harris Taylor) 49
토마스 쉐리든(Thomas Sheridan) 107
토마스 에어푸엇(Thomas Erfurt) 87
토막표현(block language) 235
토머스 딜워스(Thomas Dilworth) 107
통사론(syntax) 104, 144, 152
통합통사론(syntagmatic syntax) 153
to 부정사 309
툭 107
특수명령문 542
특수문장(special sentences or idioms) 211
특수부정(special negation) 599
특수의문문(special question) 217

ㅍ

파니니(Panini) 25
파메니디스(Parmenides) 26
파생된 형용사(denominal adjectives) 282
파우츠머(Hendrik Poutsma) 5, 175
판단의문문(yes-no question) 215
패로(T. Farro) 138
펄리몬(R. Palaemon) 63
평가부사(sentence disjuncts) 525
포함의 we 328
폴도프(I. Poldauf) 97
표류양화사 345
품사 195
품사론(etymology) 104
품사체계 154
프로타고라스(Protagoras) 29, 39
프리슬리(Joseph Priestley) 108, 118
프리시언(Priscian) 49, 65, 67
프리시언의 『대문법』 68
프리시언(Priscian)의 『문법의 원리(Institutiones Grammaticae)』 67
플라톤(Plato) 27
플루타크(Plutarch) 40
피셔(A. Fisher) 138, 141
필러델푸스(Xenodotus Philadelphus) 30
필립스(J. T. Philips) 138
필수부사 239, 249
필수적 양식(essential modes) 86
필연론자(naturalists) 27

찾아보기

ㅎ

하이슬런드(N. Haislund) 180
하이어시(Hiersche) 40
하트(J. Hart) 98, 106
학교문법(school grammar) 6, 98, 99
한정사 254
한정시제(definite tense) 130
해리스(James Harris) 127
해즐릿(W. Hazlitt) 100, 108
핵어(head-word) 160, 252
핼리팩스(C. Hallifax) 138
행위동사 368
향주어 부사(s u b j e c t - o r i e n t e d adverbials) 516
허사접속(expletive) 67
헤로디언(Herodian) 30
held 169
현수분사 470
현수분사절(misrelated) 470
현재분사(present participle) 460
현재시제 390

형식적 설명(formal explanation) 172
형용대명사(adjective pronouns) 125
형용명사(noun-adjective) 113, 119
형용사 202, 275
형용사의 보충어 306
형용사의 어순 286
형용사적 분사(adjectival participle) 460
형용사절 315
형태론(accidence) 53, 152, 198
형태통사론(formal syntax) 174
호격(vocative) 40, 114
호브다우건(Hovdhaugen) 36
호지스(R. Hodges) 106
혼합가정문 554
확대형용사(amplifiers) 280
확인의문문(confirmed questions) 222
훠프(Whorf) 38
휴스(J. Hewes) 138
휴스(S. Hewes) 137
힐리어스(P. Helias) 81

이환묵

전남대학교 영문학과 졸업
서울대학교 문학박사(언어학 전공)
현재 전남대학교 영문학과 교수
저서 『英語文法論』(공저), 『훈민정음의 이해』(편), 『언어학 연구사』(공저),
　　『현대언어학-지금 어디로』(공저)
역서 『변형문법의 이론적 배경』(N. Chomsky)
　　『문법철학』(O. Jespersen)(공역)
　　『현대문법이론 강의』(P. Sells)(공역)

영어전통문법론
대우학술총서 453 논저

1판 1쇄 펴냄　1999년　9월 10일
1판 2쇄 펴냄　2002년 10월 20일

지은이　이환묵
펴낸이　이형진
펴낸곳　도서출판 아르케

출판등록　1999. 2. 25. 제 2-2759호
서울특별시 마포구 연남동 515-2 201호
대표전화 336-4784~5　팩시밀리 336-4786
E-Mail　arche21@kornet.net
Homepage　www.arche.co.kr

값 30,000원

ⓒ 이환묵, 1999
영어문법/KDC 745
Printed in Seoul, Korea

ISBN 89-88791-32-0　94740
　　　89-88791-00-2　(세트)